# GEONS, BLACK HOLES & QUANTUM FOAM
## A LIFE IN PHYSICS

# 约翰·惠勒自传

## 京 子 、黑 洞 和 量 子 泡 沫

〔美〕约翰·阿奇博尔德·惠勒〔美〕肯尼斯·福特 / 著　王文浩 / 译

湖南科学技术出版社

献给多年来启迪、引导我的良师益友和学生，

同时

献给那些仍在默默耕耘的人们，

他们在继续探索我们这个神奇美妙的世界

量子是怎么一回事？

存在又是怎么一回事？


只有当我们认识了宇宙的奇妙

我们才理解它是多么简单

# 目录

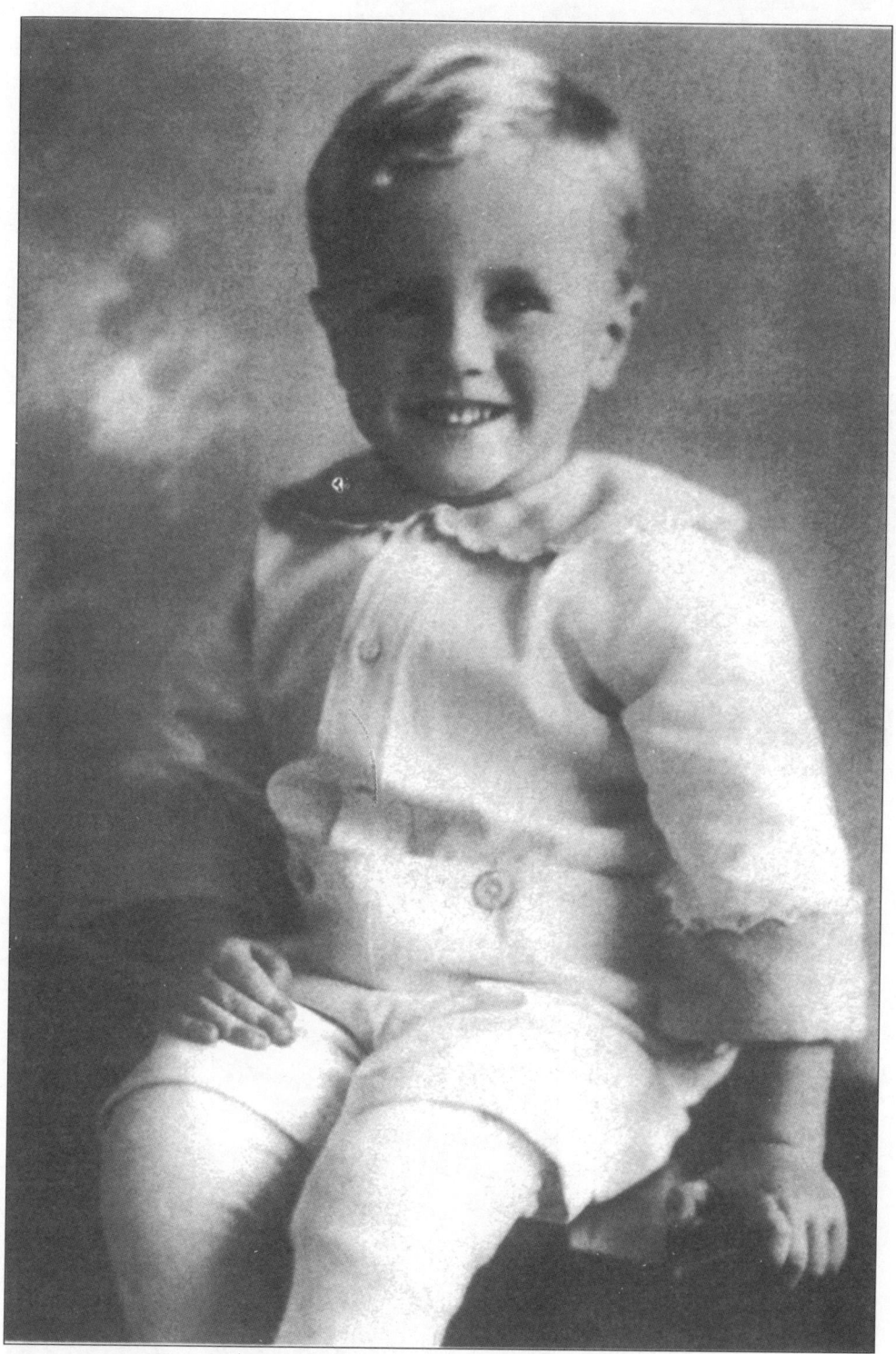

1913 年，在加州格伦代尔刚刚学会蹒跚走路的我

1934～1935 年，哥本哈根，作为
NRC 学者的我
（承蒙美国物理学会埃米里奥·
塞格雷视频档案馆，惠勒藏品许
可使用）

1938 年，作为北卡大学年轻教
工的我
（承蒙哥本哈根尼尔斯·玻尔
档案馆提供）

1953 年，与爱因斯坦和汤川秀树一起在普林斯顿散步
（照片由霍华德·施拉德拍摄，承蒙普林斯顿大学许可复制）

"每个困难都是一次机会。"由此引出 1971 年在普林斯顿的一次讨论。图中我正在向持
怀疑态度的同行证明：黑洞总有一天会被观察到，并且引力和量子总有一天会被证明是
相联系的。前排谢顶的那位是图里奥·雷吉（Tullio Regge）
（照片由罗伯特·马修斯拍摄，承蒙普林斯顿大学许可复制）

1973 年，与尼克松总统和基辛格国务卿合影的部分军备控制最高顾问委员会成员（从左至右）：詹姆斯·基利安、威廉·凯西、尼克松、基辛格、I. W. 阿贝尔、约翰·惠勒和塞勒斯·万斯

（承蒙白宫提供）

1973 年，拍摄于虫洞图案旁的我
（照片由罗伯特·马修斯拍摄，承蒙普林斯顿大学许可复制）

1976 年，我成了得州牛仔

1981 年，我访问加拿大新斯科
舍省的黑洞路
（承蒙埃米里奥·塞格雷视频
档案馆提供）

这是一幅挂在普林斯顿贾德温大厅的我的图片，由雷蒙德·金斯特勒（Ray-
mond Everet Kinstler）制作。当时我正在缅因州亥岛的一处宜人景点度假
（原照片由罗伯特·马修斯拍摄，承蒙普林斯顿大学许可复制）

1985 年拍摄的全家福照片。后排的三个孩子（从左至右）分别是：
艾莉森、杰米和雷蒂西娅

1987 年，我回到普林斯顿后不久
（照片由罗伯特·马修斯拍摄，承蒙普林斯顿大学许可复制）

20 世纪 80 年代，与珍妮特合影于亥岛
（照片由贝弗利·怀特·斯皮瑟拍摄）

1991 年，我与珍妮特
（照片由贝弗利·怀特·斯皮瑟拍摄）

1993 年，与肯·福特合影于纽约城
（照片由美国物理学会塞西莉亚·布莱西亚拍摄）

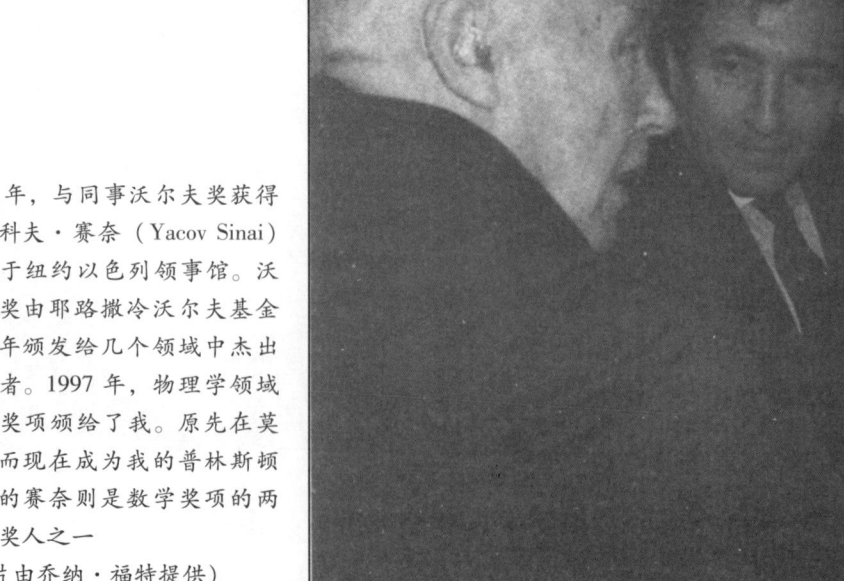

1997 年，与同事沃尔夫奖获得
者雅科夫·赛奈（Yacov Sinai）
合影于纽约以色列领事馆。沃
尔夫奖由耶路撒冷沃尔夫基金
会每年颁发给几个领域中杰出
贡献者。1997 年，物理学领域
的该奖项颁给了我。原先在莫
斯科而现在成为我的普林斯顿
同事的赛奈则是数学奖项的两
位获奖人之一
（照片由乔纳·福特提供）

# 第 1 章 "抓紧!"

1939 年 1 月 16 日,星期一,我在普林斯顿大学讲授完上午的课后,便乘火车去纽约,然后步行穿过市区赶往哈德逊河码头。丹麦物理学家尼尔斯·玻尔——几年前我曾与他共过事——今天将搭乘德罗特宁霍姆号轮船抵达这里。玻尔计划在普林斯顿高等研究院做几场演讲,并与他的朋友,当时执教于高等研究院的爱因斯坦会面。我这趟就是来迎接玻尔。

12 年来[1],玻尔与爱因斯坦,这两位也许是当时世界上最为杰出的物理学家,一直就支配亚原子领域物质运动和变化的绝妙理论——量子力学——的意义与解释争论不休。玻尔认为,不确定性和不可预言性是该理论的内在本质,因此也是我们所处的这个世界的本质。而爱因斯坦则坚持决定论的世界观,他无法相信上帝会玩"掷骰子游戏"。多年来,爱因斯坦提出了各种思想实验。这些实验起初时似乎暴露出量子力学结构的缺陷,但玻尔总是能够将每一个这种证据反转过来,比以往更清楚地表明,他的以概率为基本特征的量子理论的"哥本哈根解释"的稳固性。但在玻尔这次访问的大部分时间里,谈论的却是核裂变而不是量子的神秘性质。这种新现象是他从丹麦出发前才听说的。在越洋的旅行途中他一直在琢磨这件事情。

决定去迎接玻尔的并非只有我一个人。我在码头等待的时候,看到意大利物理学家费米(Enrico Fermi)和他的太太劳拉(Laura)以及他们的两个孩子也出现在那里。他们是两周前刚到美国来的。费米长得短小精干,孔武有力,是个习惯优雅、生活规律而且大脑一刻不停地在转动的人。劳拉肤色黝黑但很漂亮,在嫁给费米之前主修工程与科学,后来以作家闻名。有人打趣说,费米

---

[1] 一般认为,玻尔与爱因斯坦关于量子力学解释的这场争论从 1927 年 10 月的第 5 届索尔维会议算起。这年的 3 月,海森伯发表了他的不确定性原理;9 月,玻尔第一次陈述了互补性原理,由此标志着量子力学理论的建立正式完成。10 月,在布鲁塞尔召开的索尔维会议上,爱因斯坦第一次公开明确表示反对量子力学。自此,双方的分歧正式升级为论战。——译注

1930 年爱因斯坦与玻尔在布鲁塞尔。他们在这里进行
了著名的论战

（照片由保罗·埃伦菲斯特拍摄，承蒙美国物理学会埃
米里奥·塞格雷视频档案馆提供）

在 1938 年 12 月到瑞典领取了诺贝尔奖之后，是因为在回意大利的途中迷了路才来到纽约的。但事实上是他们希望摆脱祖国意大利的法西斯政权，因为劳拉是犹太人。这是一趟精心策划秘密实施的旅程，他们来到纽约，那里的哥伦比亚大学有个教席正虚位以待。

费米来到码头是想邀请玻尔在前往普林斯顿之前先在纽约与他待上一天。

13

玻尔脑中的核裂变新闻想必也会引起费米的极大兴趣，费米可同样是顶尖的核物理学家。然而事情就这么蹊跷，第一个得知这个新闻的却是我本人，而不是费米。

玻尔得知核裂变这件事是在他和他的儿子埃里克正要从哥本哈根搭乘火车前往古腾堡（德罗特宁霍姆号轮船的起锚地）的前四天——1 月 7 日。当时，一位在玻尔的哥本哈根理论物理学研究院工作的由德国移民到丹麦的物理学家奥托·弗里施（Otto Frisch）找到玻尔，向玻尔透露了由他（弗里施）和他姨妈莉泽·迈特纳（Lise Meitner）在 12 月份的最后一周所发展的核裂变基本假设，以便用来解释德国化学家奥托·哈恩（Otto Hahn）和弗里茨·斯特拉斯曼（Fritz Strassmann）在他们位于柏林的实验室里所发现的令人困惑的结果。实验中当哈恩与斯特拉斯曼用中子（不带电的亚核粒子）轰击铀材料时，他们发现有证据显示该过程中有钡元素产生。由于在周期表上钡元素与铀元素相距很远，而且钡原子核要远比铀核轻，因此他们不能理解这个实验结果。为此哈恩给在瑞典的迈特纳写了封信描述了这个谜团。迈特纳是一位物理学家，她在为逃避迫害而离开德国之前曾经在柏林与哈恩共事多年。当时她的外甥弗里施正好来度假，于是两人便在圣诞节的除夕到树林里一面散步——他滑着雪橇，她走路—— 一面讨论柏林实验室中的这个结果。突然间他们恍然大悟：铀原子核肯定是分裂成大的碎片，导致形成其他元素的原子核，这其中就包括钡原子核。

玻尔听了弗里施给出的这个解释后立刻表示赞同。"呵，我们一直以来真是不开窍!" 他说，"哦，但这个解释真是太绝妙了! 事实肯定就是这样的。"[1] 玻尔有一个有准备的头脑，他对原子核的了解在当时可谓无出其右。他立刻看出核裂变的解释非常合理——尽管直到那时之前，他和其他核物理学家都认为原子核最多只能分裂出微小碎片。

玻尔这趟美国之行，除了带着儿子埃里克以外，随同的还有一位年轻同事莱昂·罗森菲尔德（Léon Rosenfeld）。罗森菲尔德此行的角色是玻尔的学术秘书和交谈对象，任务是协助玻尔整理一路上琢磨出来的设想，记录下玻尔与爱因斯坦交流时所迸发出的星星点点的思想火花，以便将来出版之需。在九天的越洋行程中，玻尔想得更多的是核裂变的问题，而不是与爱因斯坦见面时将要

〔1〕 这段引文出自弗里施在其传记《我记得的东西是那么少》（*What Little I Remember*，England：Cambridge University Press，1979）一书中的回忆。

1936 年，弗里施在他位于哥本哈根的实验室中

（承蒙哥本哈根玻尔档案馆提供）

讨论的议题。玻尔一路上都在与罗森菲尔德讨论核裂变问题（玻尔住的特等客舱里有一面黑板可供他们讨论之用）。当玻尔上得岸后，和我以及费米握手时[1]，他对于理论上如何解释核裂变机制已经有明确的思路。在随后的几个月里，这个问题将是我们讨论的重点所在。

但在登岸后的彼此寒暄时他对核裂变却是只字未提。按他的个性和处世原

————————

[1] 那时还不流行拥抱，玻尔就更不习惯这样。他提到我时总是礼貌地称呼我的姓"惠勒"。有意思的是，玻尔的太太玛格丽特有一次告诉我，他希望我直呼其名"尼尔斯"，但我几乎不曾这么叫过他。

1937年，在哥本哈根莉泽·迈特纳与意大利物理学家塞格雷（Fmilio Segrè）进行激烈讨论

（承蒙哥本哈根玻尔档案馆提供）

则，他想等迈特纳和弗里施对提出核裂变这个概念的优先权得到认可之后再将这一消息传播开来。甚至在玻尔与费米共处的一天当中，他对此也是守口如瓶。这种克制想必使玻尔颇为难熬。当时，费米刚因中子轰击原子核的研究而荣获诺贝尔奖。事实上，他在几年前就已经在位于罗马的实验室里发现核裂变反应，只是不明所以。他曾将这些结果看成是产生出比铀还要重的元素的证据，而不是铀的裂变现象。甚至在1934年当德国化学家伊达·诺达克（Ida Noddack）认为事实上费米已经使铀核发生裂变的时候也没人予以注意，因为在当时这个想法实在太过超前。（我们不禁想到，如果当时诺达克的这个设想是由男性提出而不是由女性提出，会不会更容易为人们所接受？）事后回想起来，20世纪30年代中叶物理学家和化学学家在核裂变现象上的盲点真可谓上苍的恩典——如果当时是德国或其他地区的科学家按照诺达克的建议去做，那么就很有可能是德国而非盟军首先拥有原子弹，世界历史或许就会因此而

改写。

在码头寒暄之后，玻尔和他的儿子同意留在纽约与费米盘桓一天，罗森菲尔德则跟我先回普林斯顿。他可以先在拿骚俱乐部安顿下来，等候玻尔的到来。当时罗森菲尔德并不知道玻尔希望让迈特纳和弗里施享有这个发现的优先权的考虑，在火车上就将这个重大发现告诉了我，我当时非常兴奋。这可是我们一直忽略了的核子行为的新模式。

星期一，玻尔抵达纽约的当天，是物理系期刊俱乐部例行聚会的日子。在一学期里每周的周一这一天，教职员、研究生和客座访问学者将一起出席非正式的晚间聚会，由与会者介绍物理领域的新发现——通常是刚发表的最新结果。当时正好是由我负责安排期刊俱乐部的事务，因此在我从罗森菲尔德那里得知有关核裂变的信息后，我当即决定改变议程，邀请罗森菲尔德就核裂变现象做一场 20 分钟的简短报告，他答应了。因此当玻尔在第二天得知我们已经揭秘此事后，他感到非常沮丧。但玻尔的为人向来低调和宽厚，他并没有责备罗森菲尔德或我。

罗森菲尔德的报告引起轰动。所有人都立刻明白这不仅仅是核子的另一种有趣行为那么简单；它至少意味着存在链式反应并释放出大量能量的可能性。在那个年代，物理学家不可能立刻冲到电脑前用电子邮件将这个消息瞬间传播到全球各个角落，他们也没有长途电话可供使用。因此尽管这个消息在当晚的期刊俱乐部引起轰动，但还是经过好几天才散布到国内的其他实验室。

那天，来自哥伦比亚大学的著名实验物理学家拉比（I. I. Rabi[1]）正好在普林斯顿并且聆听了罗森菲尔德的报告。奇怪的是他并没有立刻将这个消息转告给他的新同事费米。反倒是哥伦比亚大学的年轻教员威利斯·兰姆（Willis Lamb，和拉比一样，日后都成为诺贝尔物理学奖获得者）后来才将这一消息告诉了费米。兰姆于 1 月 20 日星期五早晨乘火车赶到普林斯顿，一方面是为了和我一起继续我们在某些计算上的合作，另一方面是为了参加当天下午的理论研讨会。他吃了晚饭，并和普林斯顿的一些朋友做了些交流，然后赶半夜两点的火车回去，于凌晨四点左右回到纽约。"坐夜车我基本没怎么睡，"兰姆后来告诉我说，"我赶到浦品实验室去找约翰·邓宁（John Dunning，当时

---

〔1〕 拉比的全名原本叫作"以色列·艾萨克（Israel Issac）"，但由于开始上学时的一场误会，他的名字被改成了"艾希多尔·艾萨克（Isidor Isaac）"。因此他发表文章时总是署名"I. I. Rabi"，而他的同事、朋友、妻子和姊妹们则称他"拉比"或"拉伯（Rab）"。

是负责哥伦比亚大学回旋加速器的教授），但没有找到他，却遇见了尤金·布思（Eugene Booth，博士后研究人员）和赫布·安德森（Herbert Anderson，昵称 Herb，费米的学生），于是我把核裂变的事情告诉了他们。后来我找到费米并告诉了他这个消息。这是他首次听说这件事儿，并显示出极大的兴趣。"兰姆这个说法无疑过于克制了。

玻尔关于核裂变的正式报告是在 1 月 26 日，即罗森菲尔德在期刊俱乐部做的口头报告的 10 天以后。玻尔的报告是在华盛顿特区的乔治·华盛顿大学的理论物理学大会上做的。会议由俄裔理论物理学家乔治·伽莫夫（George Gamow）主持。伽莫夫当时是乔治·华盛顿大学的教授，他在移民美国之前曾在丹麦的玻尔研究院工作过一段时间。我们系的系主任哈里·史密斯（Henry Smyth）很爽快地答应了玻尔的请求，同意我离开普林斯顿几天去参加大会。但我因为事先与学生有约，因此没有赴会。

大会期间，丹麦的弗里施和美国的几个研究小组已经用物理实验（而不是化学实验）证实了裂变现象的存在——这些实验都直接探测到裂变发生时所释放出的巨大能量。说来也奇怪，一种效应，要经过多年的艰苦探索才得以发现，但要证实它则仅需几天时间就够了。这个确认过程之所以如此容易，全在于裂变过程会产生大量的能量。当时许多实验室都已经掌握了中子轰击靶这项实验技术，因此一旦物理学家知道他们要寻找的是什么，很快就知道实验需采用铀靶，选用适当的探测器，并对裂变所产生的大的能量脉冲特征峰进行测量。在哥伦比亚大学，赫伯特·安德森只花了一天时间——1939 年 1 月 29 日，星期日——就完成了整个实验测量。

在玻尔的报告发表的几天以后，大概是 1 月 30 日星期一的上午，物理学家路易斯·阿尔瓦雷兹（Luis Alvarez）——另一位日后的诺贝尔奖获得者——正在加州大学伯克利分校的校园理发厅里理发。他边理发边看报纸《旧金山纪事》。当浏览到一则有关玻尔宣布核裂变的发现的专题报道时，阿尔瓦雷兹不待理发师剪好头发，便跃起直奔大学的辐射实验室。他把这则消息告诉了他的学生菲尔·阿贝尔森（Phil Abelson）。第二天阿贝尔森就通过实验确认了核裂变现象。于是阿尔瓦雷兹邀请同事罗伯特·奥本海默（Robert Oppenheimer）到实验室来查看这一证据。也就几分钟，奥本海默便从怀疑转而相信这个事实。按照阿尔瓦雷兹的描述，奥本海默在一刻钟内就在脑海里复现了整个过程，并想象出链式反应。

裂变物理学领域的研究就此展开。但对这个现象的牢靠的理论解释仍付之阙如。

和大多数物理学家一样，当时我之所以对核裂变感兴趣，纯粹是因为这个现象揭示了基础科学所研究的自然本性，而不是因为它可以用来建造反应堆或原子弹。在1939年，尽管我们已了解了核裂变现象，知道链式反应很可能大有用途，甚至在第二次世界大战已在欧洲全面爆发之后，我对核裂变的兴趣依然还是只在授业解惑，做研究，希望更深入地了解这种自然本性。我是慢慢地才意识到自己或许有义务运用所学到的技能来为国家效力的。两年之后，也就是1941年秋天的一天，我正和我的绝顶聪明（而且相当风趣）的研究生迪克·费曼（Dick Feynman[1]）讨论一个令人振奋的研究性问题时，系主任史密斯在实验室里找到我让我坐下并说道："约翰，你最好将你和费曼的工作告一段落。你肯定很快就要参与到战事上来。"他所言不虚——就在我们交谈后不久，日本于1941年12月攻击了珍珠港，美国宣布参战。我立刻开始寻找途径，立志为战事做出贡献。

1942年初，美国各大学有大批的物理学教授和学生离开了实验室和教室去寻找为战争出力的途径，我也是其中一员。一部分人来到麻省坎布里奇的麻省理工学院的辐射实验室从事雷达研究。一部分人则前往芝加哥、纽约，以及伯克利从事裂变研究。还有一些人则留在各自的大学校园里，转换研究方向，以期为战争效力。在随后两年里，有大批的科学家集聚在新墨西哥州台地、田纳西州丘陵地区，以及华盛顿州东部沙漠里。我自己则在芝加哥和特拉华州的威尔明顿作短暂停留后于1944年秋天来到华盛顿州的里奇兰（Richland），在汉福德附近的一座大型反应堆上工作。这座反应堆设计用来生产原子武器所需的钚。我的许多朋友则选择前往新墨西哥州的洛斯阿拉莫斯国家实验室和田纳西州的橡树岭国家实验室工作。

到1944年10月25日，也就是汉福德的第一座反应堆启动后的几周后，德军在意大利境内已顺利推进到罗马以北。而高山、雨水和泥泞则延宕着克拉克将军指挥的盟军越过佛罗伦斯向波河（Po River）推进的速度。我的弟弟乔（Joe，比我小三岁，那年30岁整）就在这一天牺牲了。乔拥有布朗大学的史学博士学位，当时他是克拉克军队的蓝恶魔部队（Blue Devils Unit）的一等兵。起初我们接到通知说他"作战失踪"，过了很久才证实他已经阵亡。经过

---

〔1〕 即理查德·费曼，迪克是其昵称。——译注

了18个月，一直到1946年4月他们才发现乔的尸体，他的躯体已经腐化得只剩下一具枯骨，与一位战友的骸骨并躺在当初阵亡的山丘的散兵坑里。如今，乔与其他4401名战士一起被安葬在佛罗伦斯附近的占地70英亩的佛罗伦斯美国烈士陵园内。那是一处风景优美的地点，无数白色十字架整齐排列，与附近的葡萄园和树林形成强烈对比。每次我前往此地去祭拜乔，总是不禁要想，如果盟军能够提早一年发明出原子弹，我们是不是能够挽回包括乔在内的众多死难军民的生命。据我估计，死亡的人数高达数百万。

乔阵亡那天，位于田纳西州的克林顿兵工厂（Clinton Engineer Works，一个包括整个橡树岭新建小镇的综合体）的铀分离设备已经可以部分运行，并生产出若干克的浓缩铀235（U-235），但距制造一个原子弹所需的几千克的数量还为时尚早。同一地点的一处核反应堆也已生产出若干克的钚239（Pu-239），而要产出足够量（数千克）的核燃料则要等到第二年夏天汉福德工厂全力运行之后。在新墨西哥州的洛斯阿拉莫斯国家实验室里，科学家和工程师们也已经大体掌握了枪炮型武器的设计方法，只是他们还必须等待提炼出足够多的铀燃料才能使这种武器真正实用化。仅仅几个月前，实验才表明，如果要用钚做炸弹燃料，就必须将其设计成一种内爆型武器。1944年10月，一间重组的实验室开足马力刚好解决了内爆问题，并设计出能够采用钚的武器。[1]

1944年的夏秋之际，我收到乔从意大利前线寄来的明信片。明信片传递出的全部信息便是"抓紧！"1939年到1940年，报纸上关于铀和核裂变的大量报道已使得明眼人稍作思考就会明白，盟军，或是德国人、日本人，都正全力发展原子弹。对这方面乔比其他人更了解，他知道在1939年玻尔已和我合作发展核裂变理论。这个理论预言，同位素铀235（以及当时尚未发现的同位素钚239）在慢中子的轰击下会产生核裂变。他知道我曾放下普林斯顿的工作到芝加哥大学去从事战时研究，并为此前往特拉华州威尔明顿的杜邦公司，随后又转到华盛顿州的偏远地带。他很容易判断出我所从事的战时研究的工作性质。

乔希望能有某种神奇的手段来结束这场恐怖的战争。因此他告诉我要"抓紧！"

我确信，如果科学家与政治当权人物能够提早投入这项计划，那么美国在

19

---

〔1〕 枪炮型武器设计是在一个圆柱管里用一块铀材料去轰击另一块铀材料，而内爆型武器设计则是在球状核燃料物质周围安置高爆炸药，通过引爆对核燃料进行对称的压缩。

英国和加拿大等盟国的协助下就能够提早拥有原子弹，也就能提早结束战争——或许比 1945 年夏天还早一年。从 1944 年到 1945 年，战斗与轰炸夺走了超过 300 万条生命。由政府核准的杀戮总共夺走了至少 1200 万条生命，包括对犹太人的大屠杀在内。死亡总数惨重得超乎我们想象，战争造成的损失是如此惊人，令人完全目瞪口呆。然而任何人都不能否认：如果原子弹计划提前一年开始实施，战争就能提前一年结束，我们就可能挽救 1500 万条生命，包括我的弟弟乔的生命。

1942 年，格罗夫斯将军接掌曼哈顿计划之后，科学家与工业界被动员起来全力投入原子弹的制造，计划得到快速推进。但那时距离我们了解核裂变的基本概念已经过去了 3 年，距离爱因斯坦写信给罗斯福总统提醒他核裂变在军事上的潜在重要性也已经过去了 3 年。

历史固然不能重演，但我还是不禁会反思我自己的角色。我原本可以更早地了解德国威胁的严重性。如果当时我去尝试，说不定我可以影响决策者。过去 50 多年来，我一直对弟弟的死亡无法释怀，也很难排除这件事情对我的影响。但有一点是肯定的：一旦国家需要我，我就有责任接受征召以报效国家。

我在 1939 年与玻尔的合作又是怎么回事儿呢？当时我们对于原子核的研究主要是受好奇心的驱使，很少想到武器。那个时候他 53 岁，我 27 岁。玻尔是诺贝尔奖得主，领导着哥本哈根研究院，这所吸引着世界各地的研究人员来到地域狭小的丹麦。而我当时在普林斯顿任助理教授还不到一年，我的职责是协助推动高等研究院进入原子核物理学这一全新领域（在此之前，普林斯顿和我对此都没有任何概念，只知道原子核是奇妙的小块物质）。

1933 年，也就是来到普林斯顿的 5 年前，我获得了约翰霍普金斯大学的理论物理学博士学位。随后，我先在纽约大学跟着格利高里·布赖特（Gregory Breit）教授，后来又在哥本哈根大学跟着玻尔总共实习了一年时间，这之后我又到北卡罗莱纳大学做了三年的助理教授。在 1938 年来到普林斯顿之前，我已经结婚，并和太太珍妮特（Janette）有了两个孩子。直到 60 年后的今天，除了休假以及在奥斯汀的得克萨斯大学度过愉快的 10 年时光之外，我们都一直住在这里。

玻尔在越洋旅行期间与罗森菲尔德的交谈讨论正是他的典型的工作方式。他喜欢站着、走着、在黑板上写着来讨论问题，而且几乎总是会与在场的年轻同事进行讨论。他在船上的工作方式与他回到哥本哈根研究所后的工作方式并无二致。在登上纽约码头的时候他已经确信，原子核的液滴模型能够解释裂变现象。第一个提出核子与液滴具有某种程度的相似性的是乔治·伽莫夫。玻尔扩展了这一概念，并用它来描述因受到轰击而得到额外能量的原子核——即他所称的"复合核"——的行为。

尽管玻尔最初在提及核裂变时显得犹豫，但几篇早期文章的发表并未被耽

1930 年前后的玻尔和爱因斯坦。核裂变研究使得他们很少有时间享受这样惬意的同志般情谊
（照片由埃伦菲斯特拍摄，承蒙美国物理学会埃米里奥·塞格雷视频档案馆提供）

误。1939 年 2 月，《自然》杂志连续三期刊登有关这个主题的论文。由迈特纳和弗里施撰写的第一篇文章发表在 2 月 11 日出版的这一期上（提交的时间是 1 月 16 日，也就是玻尔到达纽约的当天），文中建议用裂变机制来解释用中子轰击铀靶产生钡的现象。在玻尔旅行期间，弗里施已经在实验室里观察到裂变所产生的大量能量的"印记"。他关于这个实验的另一篇文章也是在 1 月 16 日提交的，并于 2 月 18 日刊出。玻尔本人则在抵达普林斯顿之后随即花了几天时间撰写了一篇短文，描述他关于核裂变的一般概念。为了不掠人之美，造成不经意抢在迈特纳和弗里施之前发表，玻尔将论文完成日期注明为 1 月 20 日，并寄给弗里施请他转寄给《自然》。文章在 2 月 25 日刊出。这三篇论文的发表标志着裂变物理学研究正式起步。

几乎与此同时，玻尔询问我是不是愿意和他一起对核裂变理论做更深入的研究。罗森菲尔德对这个课题不是很感兴趣，经验也比较少。另外，玻尔希望罗森菲尔德仍能够专心为他的演讲以及他与爱因斯坦的讨论做记录（两位大师后来也的确进行了交谈，但讨论的范围却比原先计划的缩小了许多[1]）。我从 1934 年开始从事核物理学研究，1934～1935 年期间又跟随玻尔做博士后，他对我很了解，因此与他合作对于我是一种合理的选择，于是我很爽快地就答应了，尽管从事裂变研究工作偏离了我那时非常感兴趣的研究方向——超距作用。我曾经认为，粒子通过超距作用而作用到另一个粒子上的图像是一种要比标准"场论"更简单、更令人满意的电磁学描述，场论则是一种将"物质"指派给空间电场和磁场的理论。

因此，玻尔和我都改变了彼此原有的研究方向，他（暂时）停止了对量子的研究，我则（暂时）停止了对电磁学的研究。

我们合作得相当愉快。那是一段令人振奋的日子。别人对我说，我的工作作风，甚至我的某些癖好都变得与玻尔类似。这恐怕是事实。我也喜欢和同事以轻松自由的交谈方式来讨论工作课题，而且多半是提出问题而非解答；在评价比我资历浅的同事的研究结果时，我也总是会强调其优点，给他们应得的鼓励，建立起他们的自信心。但我们彼此对对方感兴趣究竟是因为我对人对事要比他更简单，还是我的行事风格根本就是从他那里学来的？我猜想可能两者

────────────

〔1〕 研究院负责接待玻尔的奥斯瓦尔德·韦布伦（Oswald Veblen）告诉我，他原本认为这两位泰斗之间见面后会发生激烈交锋，结果什么也没有发生，让他感到十分惊讶。没有跳脚，也没有挥拳相向。爱因斯坦安静地坐在那里，聆听玻尔的演讲，讨论都留待私下会面时再说。

都有。

"裂变（fission）"这个词是弗里施从细胞生物学领域借来的，用以描述新发现的原子核分裂成两个大的碎片的核过程。当时弗里施询问在哥本哈根工作的一位美国生物学家威廉·阿诺德（William Arnold），怎么称呼细胞分裂现象，对方给出的就是这个词。但玻尔对这个词的用法并不看好。"如果用 fission 作名词，"他跟我说，"那么与它对应的动词是什么？你总不能说'原子核 fishes'了吧。"于是我们开始合作的第一件事情，就是从我们在法恩楼二楼的办公室跑到三楼的数学物理学图书馆，花了一个多小时查阅各种字典和参考书，以便找到玻尔中意的词。但这些努力全都白搭了。经过几次"挑出一个想想又否决了"之后，我们又回到"fission"上来，并沿用至今（玻尔一度称能够产生裂变的原子核为"splitter"，好在这个词并没有被沿用下来）。22

在我看来，对玻尔也是如此，裂变似乎是个一眼看去就可信的事实。我觉得自己实在很笨，几年前就该认识到原子核应该可以分裂。早在北卡罗莱纳大学任教时，我的学生凯瑟琳·魏（Katharine Way）就用液滴模型研究过原子核的磁性。当时我们就知道，如果核旋转得太快，她给出的方程无解。这个结果表明，原子核在高速自旋的状态下会变得不稳定并发生解体。思忖会不会有其他途径使得核发生裂解，这对于我们原本是很自然的事情。假使我们当时能按照她的思路继续深入研究下去，说不定我们早就想到裂变了。23

普林斯顿大学给玻尔安排的办公室是法恩楼 208 室。地上铺有地毯，天蓬装有吊顶，一面墙上固定着书柜，另一面墙上是一块黑板，第三面墙则是一排的五扇窗户，窗外是树林。办公室 18 英尺（1 英尺＝0.305 米，下同）见方，相当宽敞，尽管谈不上豪华。法恩楼以亨利·法恩（Henry Burchard Fine）院长的名字命名，主要是一幢数学馆，同时也有部分物理学家在此办公，里面还有一间相当好的法恩图书馆，典藏着数学和物理学文献。我的办公室是法恩楼的 214 室，与玻尔的办公室只隔几个门，陈设也基本相同。这为我们喜欢的面对面交流提供了很大方便。我们的研究讨论大都以玻尔坐在或站在我的办公室里的黑板附近开始。他会一面陈述着基于他的复合核模型所得出的概念，一边在黑板上写写画画。很快，我们便轮流用粉笔在黑板上画出草图或写下公式。等到我的办公室开始显得局促，玻尔会带头离开，我们便沿着法恩楼二楼的走廊边走边谈，往往是转了几圈后停在玻尔的办公室门前，于是我们进去用他的黑板来继续交流更多的想法，直到我们决定分开各自进行思考或计算为止。有时候玻尔会显得相当激动，他用粉笔用力地敲着黑板，粉笔便断成几节。黑板的左边部分总是整齐地列着一个表单，那是玻尔要做的事情的清单，提醒他研究工作之外的职责。一旦工作告一段落或该去休息喝茶时，玻尔便会掀起地毯一角，将粉笔头踢到地毯下面——他知道如果不这样的话就会又被清洁工责骂了。

我们在讨论时没有想过将裂变用于制造炸弹或反应堆。我们只是想弄清楚这种新的核现象，而不是想要设计出什么东西。有一件事情是我们很快就认识到的：像铀这样的重核要分裂成为大的碎片，就必须先经过相当大的变形（我们假定核在吸收一个中子前呈球状。现在我们知道，即使处于非激发态，铀核以及其他大部分原子核也均呈椭球形——就像一个小橄榄球。但裂变要求球核暂时形变为非正常形态）。

如果你把一个橘子切成两半，这两半会分开，但这对于原子核不成立。想象我们将一个铀核切成两个半球，这时两个半球之间强大的核子作用力就会阻止这种分离。但如果我们采用某种方法让被切下来的是一小块，而且使它飞离的距离大于核子间的短程吸引力，那么这时长程的静电力就会起主要作用，使得带正电的两个被分开来的部分因同号电荷相斥而高速飞离。我们将这种情形称为核劈裂过程存在能量"壁垒"。到底需要多大的能量才能越过这个想象的能量壁垒，则取决于原子核分裂所采取的具体"路径"（专业术语称为反应道——译注），就好比登山者从一地到另一地所需攀爬的高度取决于他选取这两地之间的哪条路径。玻尔和我所证明的是：裂变需跨越的能量壁垒有一个最小值，为此原子核在裂变过程中必须经过一连串的变化——从橘子状到黄瓜状再到大个花生状，而不是像掰橘子那样直接将其掰成两半。这条"路径"堪比登山者找到的两地间最低的翻山越岭途径，使得他能在体力消耗最少的情形下由此及彼。一旦原子核获得了恰好足够的额外能量，并且形状也变形得合适，那么此时核就会处在能量壁垒的峰顶，其内部粒子基团之间的结合力接近"消失"，导致各部分之间由于静电斥力而分离。

那么是什么因素最先使原子核变形的呢？其实就是吸收一个中子所得到的额外能量。因为有这个额外能量，我们称原子核此时处于"被激发"的状态。激发态能够以各种不同的方式影响原子核。其中之一就是使核处于交替变形的状态——就好像雨滴，随着能量增加，它会在球形和卵圆形之间反复交替[1]。如果核的振动正好使它的能量超过了能量壁垒，那么这个核就不会回到初始形状而是分裂开。在裂变过程中，处于激发态的核会在 $10^{-15}$ 秒的刹那间从橘子状变形为黄瓜状再变成花生状。核也可以通过其他方式来释放多余的能量，例如辐射出伽马射线（电磁能的一种高能量子态），但发生这种情况的概率很小。铀原子核一旦吸收了额外能量而处于激发态，它多半会选择裂变而不是其他途径。

当时紧邻玻尔办公室隔壁的是物理系的尤金·威格纳（Eugene Wigner）教授的办公室（法恩楼 209 室）。威格纳可是曼哈顿计划的关键人物，也是我终生的朋友。他的这间办公室虽在拐角，但有壁炉，以前曾是爱因斯坦的办公室。1938 年，高等研究院在市区的另一处地方盖了新楼，爱因斯坦就搬过去了。威格纳比我大 9 岁，是一位匈牙利流亡者，学的是化工，但真正使他声名鹊起的却是数学物理。他最为人所称道的是他思维缜密且待人彬彬有礼。普林斯顿的研究生看到威格纳总是为别人开门，便引用圣经故事调侃道："都说富人上天堂难，可要让威格纳先你一步进门那更是难过穿针眼儿。" 1963 年，威格纳因在物理学上的卓越成就而荣获诺贝尔物理学奖。

玻尔和我在讨论变形铀核的能量变化时，自然会提出这样一个问题：原子核在吸收一个中子从而获得额外能量后，通过一系列形变导向核裂变而不是其他途径的机会有多大？我认为这个问题与下面这个问题是类似的：一个络合分子被给予额外能量后能够分解成较小碎片的概率有多大？我知道威格纳曾与柏林的物理化学家迈克尔·波兰尼（Michael Polanyi）[2] 研究过这类问题，因此我希望和威格纳谈谈，看他能否提供有用的线索。（每当研究遇到困难时，玻尔和我都会毫不犹豫地请教同事的意见）当时，威格纳正因为吃了被污染的

25

---

　　[1]　这个比喻非常贴切，但过于简洁，这里我们不妨多说几句。雨滴在下落过程中随着重力势能的减少其动能在增加（假定雨滴的总机械能是个恒量），雨滴的下落速度加快。这时原先呈圆形的雨滴（你可以这么想象，起先雨滴的重力与上升气流的热压强以及摩擦力平衡，雨滴处于匀速运动状态，故呈圆形）就会被拉长成下头大上头小的卵圆形。而卵圆形的表面积要大于圆形表面积（等体积形状中球形表面积最小），故此时雨滴的表面能（表面张力引起的势能）要大于圆形时的表面能，因此其动能将会变小，即下落速度放慢，雨滴的形状则向圆形回复，于是表面势能再次减小，速度再次加快……如此往复直到雨滴落到地面。所以说，雨滴的下落过程是一个其形状在圆形和卵圆形之间不断交替的过程。核结构的液滴模型就是这么来的。——译注

　　[2]　Michael Polanyi（1891～1976 年），英籍匈牙利犹太裔物理化学家和科学哲学家。于 1913 年、1917 年在布达佩斯大学分获医学博士学位、物理化学博士学位。1920 年任职于德国柏林威廉皇帝物理化学研究所，与爱因斯坦交换了一些书信和文章。1933 年逃往英国，在曼彻斯特大学任职。后转向哲学、社会问题的研究，是"朝圣山学会"的重要代表人物。——译注

生蚝而染上黄疸病住在大学附属医院里。我来到威格纳的床边，他虽然脸色蜡黄但还是热情地招呼我。他引导我沿着正确的方向去寻找答案。我这才能够在一两天内就得到了计算核裂变概率的公式，并回头继续与玻尔的合作。

我的办公室与威格纳的以及玻尔的办公室中间隔着一个聚会场所，即二楼的大厅或叫茶室。每天下午，数学系和物理系的老师和研究生都会到这里喝上一杯。正像奥本海默说的："茶室是我们彼此之间解释我们弄不明白的事情的地方。"玻尔和我是午茶聚会的常客。与茶室相对的环形走廊的另一端是另一个大房间——法恩楼 202 室，当时是"教授休息室"，现在则更名为琼斯楼（Jones Hall）202 室，用作东亚研究的办公场所。那间房间的壁炉上方的石台上至今仍刻着爱因斯坦的名言：

上帝难以琢磨，但不邪恶。

换句话说，我们是有希望搞清事情的来龙去脉的。

法恩楼的旁边是帕尔默物理实验室，是物理系其他教授的办公室、讲堂、教学实验室、仪器制造室、贮藏室，以及研究实验室等所在。（后来我的办公室也设在这里）帕尔默实验室的阁楼上有一台小型加速器，能够将氘核（重氢同位素的核[1]）加速。我们可以用这些带电粒子来打靶，引起放出中子的核反应。通过调节氘核的能量，我们可以控制中子的能量，然后再用这种中子去轰击其他的靶。从一月份开始，在玻尔和我进行理论研究工作的同时，在鲁道夫·拉登堡（Rudolph Ladenburg）教授的指导下，两位研究生——亨利·巴沙尔（Henry Barschall）和默顿·坎纳尔（Morton Kanner）——也在帕尔默实验室阁楼的加速器上开始了一系列实验，试图发现铀裂变的概率（专业术语叫靶核的"截面"）随轰击中子能量变化的规律。他们的结果令人费解。他们发现，对于高能中子，与所预料，反应截面较大，而且截面随着中子能量降低而减小。但令人惊奇的是，在中子能量非常低的情形下，反应截面又变大了。

那年冬天（1939 年 2 月份——译注）的一个早晨，乔治·普拉切克（George Placzek）与玻尔以及罗森菲尔德在拿骚俱乐部共进早餐。当时普拉切克 33 岁，有一头黑色卷发，戴着眼镜，鼻子很大，目光深邃，思维敏锐。他

---

[1] 普通的氢核是一个带正电的单个质子。氘核则由一个质子和一个中子组成（另一种更重的氢同位素氚则包含一个质子和两个中子）。

伫立在普林斯顿帕尔默物理实验室入口两侧的本杰明·富兰克林和约瑟夫·亨利的雕像（马修斯拍摄，承蒙普林斯顿大学提供）

非常适合当演员，饰演聪明绝顶、精通多种语言的捷克科学家。实际上他确是如此。他生于捷克的摩拉维亚，在荷兰获得博士学位。在不到 10 年的时间里他已经与多位世界上最杰出的物理学家共事过，包括莱顿的保罗·埃伦费斯特（Paul Ehrenfest）、哥本哈根的玻尔、罗马的费米，以及苏联哈尔科夫的列夫·朗道（Lev Landau）。他还曾在耶路撒冷的希伯莱大学任过教职，不久前刚在巴黎完成一项与奥地利物理学家汉斯·冯·哈尔班（Hans von Halban）的合作研究，因此没人对他出现在普林斯顿感到惊讶。

我第一次遇见普拉切克是 1934 年在哥本哈根。和其他知识分子一样，他在某些方面显得笨手笨脚，但他很合群而且是一位非常风趣的人。他的最大特长就是善于提出引人深思的问题。在普林斯顿与玻尔共进早餐之前的几周他在哥本哈根，告诉弗里施如何用最简洁的方法来证明核裂变的存在——弗里施很

27

乔治·普拉切克，1946 年

（承蒙美国物理学会埃米里奥·塞格雷视频档案馆，鲁道夫·皮尔斯藏品提供）

快就这么做了。现在，在与玻尔的交谈中，他看出巴沙尔、坎纳尔和拉登堡所获得的结果带来了一个对裂变如何解释的问题。"在快中子和慢中子条件下都出现大的反应截面，会有这等蹊跷的事儿？"普拉切克说道，其实对玻尔何尝不是如此。"按你对核反应的理解，你会如何解释这个现象？"

玻尔在早餐后步行穿过校园回到法恩楼，打算和我在那里会晤。途中玻尔向罗森菲尔德谈起普拉切克的问题。突然间他说："我明白了！"一到我的办公室，他就把这个想法告诉了我：低能中子的大的反应截面一定是由丰度较低的同位素铀235造成的，铀235在天然铀矿石中只占0.72%[1]。而在高能情形下，则是丰度很高的同位素铀238发生裂变，而且其反应截面随着中子能量

---

〔1〕 原句是"只占百分之一的四分之三"，即0.75%，准确的数据是0.7204%，其余的是铀238，丰度99.2742%；铀234，丰度0.0054%。——译注

28

的提升而增大（达到某个值之后趋于平稳）。[1] 低能量下的裂变行为受中子波动性质的影响。中子的能量越低，其波长就越长，因此就越能够"够到"靶核而与之发生相互作用。因此只要靶核——在本例中就是铀235——能够通过吸收低能中子而得到充分的激发，那么中子能量越低，发生裂变的概率反而越大。

玻尔和我赶紧检查裂变过程的物理图像，正如我们后来看到的，新概念与先前讨论的图像吻合得非常好。不同的同位素之间存在细微的差异，这种差异足以决定一种同位素在吸收了低能中子后是不是会发生裂变。对于低能中子，铀235可以裂变，但铀238就不行。这个思路让我们开始考虑其他原子核是不是也有可能用低能中子作用来使其发生裂变。我们有一定的信心预言其他元素的哪种（已知或未知的）同位素能够在低能中子的轰击下发生裂变，而我在普林斯顿的同事路易斯·特纳（Louis Turner）则率先看出这类（尚未发现的）同位素所具有的极大的潜在意义，这其中的一种同位素在周期表上的位置要比铀高两格（元素序号为94而不是92），其质量为239（而不是235）。这种元素在1941年被发现，被命名为钚，并且确实具有我们所预言的性质。工业发展史上最了不起的事件之一，就是尽管对钚的性质还不清楚，但却能在第二次世界大战期间由汉福德兵工厂生产出达数千克之多，并用于阿拉莫戈多[2]的核弹试验和对长崎的轰炸（投在广岛的是铀弹）。

搞清楚组成原子核的中子和质子的一些简单性质，那么有关裂变，甚至聚变以及核的各种其他性质就都可以理解了。中子和质子（二者合称为核子）彼此之间以大致相同的作用力相互吸引。这两种粒子属于称作费米子的一类粒子（费米早在20世纪20年代便描述过其性质）。这类粒子的一个重要特性是没有两个完全相同的费米子能在同一时间同一地点以完全相同的方式运动。就好像它们彼此都"不喜欢对方"。两个质子只有在二者的运动方式不同的情况下——例如，二者的自旋取向有明显差异——才能共存于同一个原子核中。同样，两个中子只有以不同的方式运动或自旋才能共处同一空间。但一个质子和

29

---

〔1〕 元素（包括铀）的原子核都有确定数目的质子。所谓同位素（像铀235和铀238）是指原子核内有相同数量的质子但中子数不同的核素。同一核素的同位素具有不同的物理性质，但化学性质相同。

〔2〕 Alamogordo，美国新墨西哥州南部城市，1945年7月世界上第一颗原子弹就是在该市西南97千米处试爆的。——译注

一个中子可以配对和谐地运动而不受任何限制。这就好比身着红色舞衣的舞者之间只能彼此兜圈而不能碰到对方，蓝衣舞者之间也同样有此限制，但红衣舞者与蓝衣舞者之间则可以在舞台上相互拥抱。

由于质子与中子都是费米子，因此轻核所包含的中子和质子的数目可以完全相同或几乎相同。例如，自然界中最常见的氮和氧（空气的主要成分）的同位素分别是氮 14 和氧 16，前者包含了 7 个质子和 7 个中子，后者包含 8 个质子和 8 个中子。而重的原子核则不遵循这种等粒子数法则。例如，铀 238 的核就包含 92 个质子和 146 个中子。为什么数目会不相同呢？这是由于质子之间存在静电排斥，而中子之间则没有。对于较轻的原子核（最多含约 16 个质子），这种核子之间的静电排斥力还不足以大到抵消吸引性的核力。但随着质子数的增加，质子间的排斥力便会降低质子与中子以相同数目集结的倾向。因此随着核越来越重，"中子过剩"的情况也就会越来越严重。

静电排斥力不仅能解释重核的中子过剩现象，而且也可以解释为什么元素周期表会有终点，即超过某个限度，根本就无法存在稳定的原子核。实验室里曾产生过比铀 238 还要重的核，例如钚 239 以及其他质子数高达 112 个的原子核，但它们都极不稳定，其寿命远比地球的数十亿年要短。

原子核的这种组成方式对于核所具有的能量具有决定性影响。对于轻核，核通过**聚变**（两个原子核合并成一个较重原子核）释放能量；对于重核，核通过**裂变**（一个原子核分裂成几个部分）释放能量。轻核受吸引性的核作用力支配。因此核内核子数只要不超过某个临界值，核的稳定性随核内核子数的增加而提高。由此我们似乎可以让两个氧原子发生聚变而产生硫原子核并释放出能量，当然实际上这个过程并不可行。但我们却可以将两个氢原子核聚变成为氦核。这就是热核武器的作用原理，也是我们发展未来实用的核电厂而予以密集投入的努力方向。

对于重原子核，电性力同样可以解释中子数过剩；为什么随着核子的增加核会变得越来越不稳定，最终导致元素周期表的终结，以及裂变也会释放出能量。几乎就在裂变现象被发现的同时，我们就了解到核裂变不只释放出能量，还可能释放出中子。发生裂变的原子核所拥有的中子数多于裂变后碎片核的中子总数，即中子在裂变前后有净剩余。我们认为这些中子是以某种方式由裂变释放出来的。实际上，不稳定的富中子核通常会形成一些中子。正是这些额外的中子，才使得链式反应成为可能。

有些重原子核在吸收慢中子后会产生裂变，而有些则否，这是为什么呢？

30

这里有两个因素在起作用。一个因素与原子核的核电荷数对总质量的比值有关。对于给定的质量（和体积），核电荷数越大，则质子之间的电荷排斥作用就越强，直到原子核处于稳定的边缘状态。这时哪怕增加一点点电荷或是减少一点点质量，都会引起原子核失稳——核抵抗裂变的势垒已经降得很低。玻尔和我发现，这个效应取决于某个计算量——质子数的平方除以核子总数。对铀236，即铀235吸收一个中子形成的核素，这个参数为$92^2/236$，即35.86；对铀239，即铀238吸收一个中子形成的核素，这个参数为$92^2/239$，即35.41。就这么小一点差别，但已足以造成巨大的不同后果！我们估计，引起铀235裂变所需克服的能量垒要比铀238裂变所需克服的能量垒低16%左右。

第二个因素是原子核偏好中子数（或质子数）呈偶数而非奇数。这种偏好是因为核子都是费米子，每个费米子的自旋取向都只取正反两个方向之一。中子轰击铀235要比轰击铀238更"受欢迎"，这是因为在前一种情形下，吸收一个中子会形成偶数个中子；而在第二种情形下，吸收一个中子则会形成奇数个的中子。玻尔和我估计，铀235的这个多出来的结合能就等于铀238高出来的那16%的"势垒高度"。

这些差异看似微不足道，但其造成的实际结果则很值得琢磨。由于只有很少的铀235同位素可以用慢中子来实现裂变，而数量众多的铀238则不可以，因此第二次世界大战期间必须设法以大规模的方式从铀238中分离出铀235。这项工作的难度相当大，以至于为了使田纳西州的工厂能够具备足够的产能而花费的成本超过了10亿美元（按今天的币值估计则超过130亿美元）。

对于我们现在所称的钚239（在1939年它仍是假想的元素，当时我们称其为"第94号元素"），我们有相当大的信心预言它能够在慢中子的作用下实现裂变。其（吸收中子后的）电荷数平方与质量之比参数为$94^2/240$，即36.82，甚至还超过了铀236的参数，因此更容易实现裂变反应。此外，原子核偏好偶数个核子数的性质也有利于钚239，这一点与铀235相同。在这两种情形下，吸收中子之后所形成的核都包含偶数个中子数（分别为146与144）。

起初，玻尔和我都没有认识到我们关于钚239能够实现裂变的研究结果的重要意义——虽然我们毫不怀疑这项预言的正确性。而路易斯·特纳所看重的则是第94号元素与铀在**化学**性质上差别的重要意义。将铀235从铀238中分离出来，虽说成功了，但所采用的20世纪40年代初期的技术使这种分离困难得几乎不可能。而另一方面，在汉福德的反应堆成功制造出钚后，采

31

用化学方法将钚与铀和其他元素分离出来就容易多了。汉福德的产钚工程规模虽然也很庞大，但它在第二次世界大战期间的成本投入却只有铀 235 分离成本的三分之一。

战后，用于分离铀 235 的大功率离心机已使这种分离的成本大大降低，钚 239 的生产也更为便宜。结果有 6 个小国家都试图利用这些物质来制造核武器，有些还成功了。这些努力和成功都属于秘密。但对于 5 个公开宣称拥有核武器的国家（美国、英国、法国、俄罗斯和中国）来说，制造这些核材料相对容易，因此也使得它们拥有成千上万枚核武器。

到玻尔于 1939 年 4 月离开美国返回丹麦时，他和我已经大体完成了我们的工作，但完善某些细节并写成论文，包括绘图制表，还是又花了我两个月时间（自从我在约翰霍普金斯大学学了机械绘图后，我开始喜欢亲自绘制图表）。玻尔有个习惯，就是为论文的发表与合作者反复讨论很长时间，他总是力求达到尽可能高的准确性、普适性和明确性。但这次他却一反常态，允许我直接定稿并投寄论文给杂志而无需将终稿呈送他过目。麻省理工学院的维克托·韦斯科夫（Victor Weisskopf）和英国伯明翰大学的鲁道夫·皮尔斯（Rudolph Peierls）都与玻尔合作过，当他们知道我们这么高效地处理这篇关于裂变的论文时都表示惊讶和羡慕。我是 6 月 28 日将论文投递到《物理学评论》期刊的，期刊编辑和评审人的处理也相当迅速，只花了两个月的时间就将论文评审完毕并接受和刊印（双栏排了 25 页篇幅），并发行面世。该期期刊于 1939 年 9 月 1 日出版，这一天正是德国入侵波兰的当天。［巧的是，这一期的《物理学评论》还刊登了奥本海默与斯奈德（Hartland Snyder）合写的一篇讨论广义相对论的一项神奇预言的文章：能量行将耗尽的恒星有可能在某个时刻坍缩成一个点。后来，引力坍缩现象激发了我的想象，我将这种坍缩后的实体称为"黑洞"］我知道我们的论文不但会使美国与英国人感兴趣，也会让德国人与苏联人感兴趣[1]。

那个夏天，我去了安纳堡参加密歇根大学的物理学暑期学校的授课和学习。我讲核物理学。费米也在那儿，他讲宇宙线。沃纳·海森伯（Werner Heisenberg）——我之前在哥本哈根就已经认识他——也从德国赶来参加，作为量子力学的主要创立者，他讲支配原子和原子核行为的理论。在周日下午的

---

［1］ 1939 年 9 月 1 日出版的这期《物理学评论》已成为收藏家的收藏对象，据说在二手书市场上售价高达 400 美元。

野餐会上，海森伯告诉我，他必须提前离开去"巴伐利亚的阿尔卑斯山区参加机枪射击训练"。

1939 年的论文完成之后，我们又在 1940 年发表了两篇后续论文。玻尔和我都认为，我们已经完成了对核裂变的研究。他希望回去继续研究量子。我则希望回头继续研究电动力学，钻研有关仅由粒子而不是由场构成的世界的概念。在这方面我得到了一位出类拔萃的研究生理查德·费曼的协助。1942 年，他完成了题为《量子力学最小作用原理》的博士论文。这篇论文他花了 3 年时间，但我们合作发表的有关电动力学的论文却直到 1945 年才完成，1949 年才发表。多年来我一直孜孜以求的另一个设想是力图将所有物质建立在电子和正电子（即反电子）的组成上。这项课题也因此被推迟。最后，在 1946 年，我发表了一篇有关多电子的文章。所谓多电子（polyelectrons）即指我所谓的几乎所有种类的物质皆由电子和正电子构成这一概念。（结果，两种这样的物质还真的在实验室被创造出来。我们热切期待能看到更多的这类物质。）

沃纳·海森伯，1936 年

（承蒙美国物理学会埃米里奥·塞格雷视频档案馆提供）

自然，玻尔和我都没能真正完成有关裂变的工作。这项研究与战争的关系太过密切。1939 年 7 月中旬，也就是我们的文章发表的六周前，莱奥·西拉德（Leo Szilard）和他的匈牙利同胞威格纳一起来到爱因斯坦位于长岛的夏季寓所拜访他，希望他能帮忙提醒一些国家领导人注意利用铀的链式反应来制造武器的可能性。西拉德希望爱因斯坦能写信给比利时的伊丽莎白皇后（爱因斯坦与她很熟），要求她不要将比属刚果的矿场开采的铀矿石卖给德国人。威格纳则希望能够借助爱因斯坦的名声去联系美国政府。爱因斯坦不愿意直接写信给比利时皇后，而是给比利时驻美大使写了一封信（这封信并未送达，而是经专门渠道直接递到了罗斯福总统的手中）。西拉德在物理学界之外交游广泛，他与商界和金融界均有广泛联系。他联系上俄裔财经学家，也是总统顾问的亚历山大·萨克斯（Alexander Sachs）。萨克斯感到兹事重大，便同意将信呈交罗斯福总统。

初访爱因斯坦的两周之后，西拉德再度来访。这次除了带着威格纳，又带来另一位匈牙利人爱德华·特勒（Edward Teller）（在这两次拜访中，威格纳和特勒除了作为物理学界同事的身份之外，还充当司机。西拉德喜欢住旅馆而不是宅在家里，他喜欢大都市不喜欢田园乡村，但却从不学开车）。以西拉德为首，这三位匈牙利人写了一封信打算经由爱因斯坦转呈罗斯福。信件经过咨商后终于完成，并于 8 月中旬交到萨克斯手中。由于欧洲战事纷乱让总统抽不出时间，萨克斯一直到 10 月中旬才见到罗斯福。后来他自己说，他转达了核裂变的重要性这个事实。

爱因斯坦在信的开头引述了费米与西拉德的工作结果，并指出这些结果让他感到"元素铀在不远的将来可能被证明是一种新的重要的能源"。他认为这种元素很有可能"被用来制造极具杀伤力的新型炸弹"。他强调比属刚果是铀的重要来源，并指出据报德国已经不再出售其所控制下的捷克斯洛伐克境内矿场的铀矿石。爱因斯坦的信的主旨是要求政府与研究铀的科学家建立联络渠道。真的要感谢萨克斯作为信使的有效性，这种联系渠道很快就建立起来了。但爱因斯坦的信所亟欲表达的警示性与急迫性则又经过很长一段时间才引起政府的真正重视。

我当时还沉浸在象牙塔中，与政界或科学界的变革推动力量没有来往，对这些事情也没有任何介入。但是我对西拉德与威格纳之间的讨论内容是知道的，因为他们当时就在普林斯顿，和我咫尺之遥。他们在大厅或校园散步时，通常都是用匈牙利语边走边谈，因此所谈的大部分内容我都听不懂，尽管我听

莱奥·西拉德，1949 年

（照片由阿贡国家实验室提供，承蒙美国物理学会埃米里
奥·塞格雷视频档案馆许可使用）

到他们的谈话。和特勒一样，这些从匈牙利来的流亡者都比我年长，因此阅世当然也更深。他们对于希特勒和法西斯所构成的威胁的关注比我更积极也更深刻。我到现在都经常扪心自问，为什么我没能早一点试着参与到与铀的研究有关的政治中去。我和玻尔的合作以及我与其他物理学家的交谈让我和其他人一样明白裂变可能带来的后果。

到现在我仍对自己当时畏葸不前，没有为着哪怕是试着寻求某种渠道去促使政府实施裂变计划而感到难过。年轻不是借口，27 岁的年龄已足够成熟，应能够在重大事件中起一定的作用。身处学术边缘也不是理由，我那时正身处裂变物理研究的最前沿。我欠缺的是远见，看不出美国的重大利益陷入危机。

就这样，我一度又回到自己的物理学研究和教学工作中。1940 年，巴沙尔和我合写了一篇有关于氢核对中子散射的论文。这篇文章，正像他后来看出的那样，首次清楚地表明原子核里的核子的轨道运动和自旋运动之间存在耦合，这种机制被证明对理解所有核的核结构是重要的。1941 年，我发表了两篇有关核物理的论文和一篇（与拉登堡合写）关于宇宙线介子（质量介于电子与质子的粒子）的论文。同年 2 月，西博格（Glenn Seaborg）[1] 与加州大学伯克利分校的同事一起共同发现了元素钚。一年后的 1942 年年初，他们获得了几微克的钚用于研究，并证实在慢中子作用下能够产生裂变反应。1941 年 10 月，即萨克斯传递爱因斯坦的信的两年后，罗斯福总统批准全力发展原子弹。当年 12 月 7 日，日本攻击珍珠港。这彻底打消了我和几乎所有的美国物理学家对于是否应该参与与战争有关的研究的犹豫，我们全心投入。珍珠港事变几周后，我同意加入阿瑟·康普顿（Arthur Compton）在芝加哥大学的冶金实验室，并于 1942 年 2 月搬到那里。

---

〔1〕 格伦·西博格（1912～1999 年），美国核化学家，毕业于加州大学洛杉矶分校，1941年，与埃德温·麦克米伦用回旋加速器加速氘原子轰击铀靶时发现了超铀元素钚，随后在芝加哥大学冶金实验室创立了产钚的化工工艺流程，为核武器研制提供了关键的核燃料。第二次世界大战后长期从事超铀元素的合成和化学性质研究，先后发现了钚以后的 9 种超铀元素（原子序数95～103）。1944 年，提出锕系理论（即在元素周期表中存在与镧系类似的锕系元素序列），为进一步人工合成超铀元素指明了方向。1951 年，与埃德温·麦克米伦一起因发现超铀元素而共同荣获该年度诺贝尔化学奖。——译注

# 第 2 章　曼哈顿计划

在美国于 1941 年 12 月参战时，我女儿雷蒂西娅（蒂塔）（Letitia，昵称 36
Tita）5 岁，儿子詹姆斯（杰米）（James，昵称 Jamie）3 岁，尚未出生的女儿
艾莉森（Alison）还在妈妈的肚子里。珍妮特和我与两个年幼的孩子在普林斯
顿的新家只住了 2 年。当时我完全投身于研究，包括我与费曼合作的有关电动
力学的新定律的研究。这时搬家实在不是时候，但我们并未犹豫或为此龃龉。
我已经做好了投身战时研究工作的准备，愿意去祖国需要我去的任何地方。我
的几位普林斯顿同事，尤其是那些具有实验电子学专长的专家，都去了麻省理
工学院从事雷达研究。由于我一直在搞裂变研究，因此阿瑟·康普顿（Arthur
Compton）邀请我去为核子计划做贡献是意料中的事儿，很快我就前往芝加哥
大学。

1941 年后半年，12 月 7 日珍珠港事变之前，美国的裂变研究散布在各个
地方，主要有纽约的哥伦比亚大学、加州大学伯克利分校、普林斯顿大学和芝
加哥大学。华盛顿全面主管科学研究与发展部（OSRD）的头儿是万尼瓦尔·
布什（Vannevar Bush）。（这并不是说他直接负责每个物理学家的工作——我
们都受聘于各自的研究机构——而是指他管控支撑研究工作的政府下拨经费的
分配。）布什在 OSRD 机构下设立了一个称为 S-1 的负责核研究的办公室，任 37
命了一些人（主要来自哥伦比亚大学）来负责具体协调各项研究工作。

珍珠港事变后不久，布什认为有必要加强协调以加速计划实施。他将核研
究分成三大块，分别指定三位著名的科学家领导，这三位都是诺贝尔奖得主
（而且位于国内不同地区），其中加州伯克利的厄内斯特·劳伦斯（Ernest Law-
rence）负责铀 235 与铀 238 的电磁分离以及对钚的研究。劳伦斯是这两项任务
的最佳人选。1932 年，他发明了回旋加速器，进行电磁分离所需的设备与这
项发明在原理上类似，而且他的研究院里的西博格等人也于近期发现了钚。哥
伦比亚大学的哈罗德·尤里（Harold Urey）负责重水研究和同位素分离的其他

1946 年，担任密苏里州圣路易斯华盛顿大学校长时的阿瑟·康普顿

（Hagley Museum and Library 提供）

方法。他也是相当合适的人选。尤里是一位化学家，早先发现重水并知晓如何分离同位素。最后，芝加哥大学的康普顿负责链式反应研究和初期阶段的核弹理论研究。

康普顿当时 49 岁，是 3 人中最年长的。他在 1923 年进行的 X 射线散射实验漂亮地解答了自 1905 年以来物理学界一直争论不休的一个问题：爱因斯坦提出的电磁能量量子（即我们今天所称的光子）是否真的是一种粒子？康普顿给出的证据提供了明确的肯定答案。今天我们知道，这种能量量子和电子或正电子或夸克（一种存在于质子和中子内部的亚核子粒子）一样都是粒子。康普顿是那种少有的能将精深的专业特长与娴熟的行政管理技巧结合起来的科学家。作为一位来自中西部的门诺派教徒[1]，所有与他共事的人都非常敬重他。布什选他作为负责人是再恰当不过的了。

康普顿的第一个动作就是加强芝加哥的理论研究。除了我之外，他还邀请了我在普林斯顿的同事威格纳加入他新命名的"冶金实验室"，还邀请了当时已在哥伦比亚大学的特勒等人（特勒后来又去了洛斯阿拉莫斯）。统观我的一

---

[1] Mennonite，起源于 16 世纪荷兰的一支基督教派，因其创建者门诺·西蒙斯（Menno Simons，1496～1561 年）而得名。生活上主张朴素节俭，强调个人的道德自律；政治上主张和平主义，反对暴力和以暴力手段反抗社会不公等现象。——译注

生，似乎命中注定要与匈牙利人共事并经常得到他们的指引。和威格纳一样，特勒也成为我终生的朋友。

刚开始时，康普顿打算将实验工作留在哥伦比亚大学，那里费米的团队已经创立了一个良好的开端。哥伦比亚大学的部分人员也已开始在纽约地区寻找建造第一座反应堆的地点。但1942年1月底，正好在我准备要搬去芝加哥时，康普顿决定他负责的所有工作都必须得到加强。于是，费米虽不情愿但毫无怨言地将他那一摊搬到了芝加哥。西拉德等人也从纽约搬了过来。在1942年的前几个月里，冶金实验室（我们后来称它为Met Lab）汇聚了一个高效的工作团队，反应堆设计所需的理论和工程技术人员应有尽有。我从一开始就投身于产钚的反应堆设计，费米则负责建在芝加哥的第一座小型低功率反应堆的设计和建造，这座反应堆主要是用来进行各种原理性测试。

我是1月底一个人乘坐从纽约开往芝加哥的客运专线列车前往芝加哥的。我们不能确定是否能在芝加哥找到房子。珍妮特已经有7个月的身孕，她希望留在巴尔的摩父母身边。她父亲罗伯特·赫格纳（Robert Hegner）是约翰霍普金斯大学卫生与公共健康学院研究寄生虫的专家，以研究疟疾著称于世，那时正病势沉重。3月7日，就在她爸过世的两天前，珍妮特和两个孩子搬到了巴尔的摩。她继续留下来陪她母亲，雷蒂西娅与杰米则搬到3英里（1英里＝1.61千米，下同）外的我父母那里，由我母亲负责照顾。我们的小女儿艾莉森于3月31日，冬末的一个刮着暴风雪的日子出生。我父亲原先计划开车送珍妮特去医院，但临了却打电话告诉她车子开不出来了。好在珍妮特在她母亲陪同下搭乘仅有的公交车及时赶到了医院。当几天之后我赶回来探望时，所有的忙乱兴奋都已成为过去。

随后的3年半里，我们一家经常搬迁，居无定所。我在芝加哥大学周边挨家挨户地寻找，总算找到了一所在1942年夏季出租的房子。珍妮特和三个孩子于6月抵达。那个夏天我们过得相当辛苦，杰米染上风湿热，过了几个月才复原；珍妮特由于产下艾莉森后感染并发症而不得不经常出入医院。9月，我们搬入一间"普尔曼公寓"，但也只住了半年。1943年3月，我们全家又搬回东部，特拉华州的威尔明顿，这样我总算能较有效地担当好康普顿指派给我的工作——派驻杜邦公司的首席科学家。到1944年夏天，我们全家又不得不搬到美国的另一端——华盛顿州的里奇兰，我们得在此度过战争的最后一年，因为我得在汉福德附近的产钚的反应堆上工作。

冶金实验室的管理结构显得松散而不正规，我虽然被正式指派到威格纳小组，但我并不真正对他负责。康普顿可能认为我喜欢不受组织结构约束的工作环境。实际上他是让我单干。当然，我会经常性地和我的科学家同事交流，但除了康普顿之外，我们彼此间并没有上下级的关系，我也没有感受到管理层的存在。在计算方面我得益最多的是来自一位同事的妻子蒙克太太（Mrs. Ardis Munk）。她用的是一台手摇的机械计算机，那是当时最先进的计算机。

我从来不喜欢与芝加哥的科学家同事闲谈，为此我在大家眼里可能会显得有些不好接近。我通常谢绝和大家一道去附近餐厅用午餐的邀请，有这一小时，我还不如暂时放下战勤工作，一边吃着三明治一边做些我称之为"普林斯顿工作"的研究呢。

甚至在珍珠港事变之前和我搬到芝加哥之前，威格纳就已经非常认同西拉德关于开展核子链式反应的积极态度。这两位匈牙利人简直是一个模子倒出来的，他们合作得非常好，对于加快裂变武器研制的重要性的认识完全一致。西拉德未婚且时常失业，辗转于多个实验室之间，大家都认为他是一个既聪明又难处的怪人。他似乎也喜欢闲云野鹤般的生活。在他搬到芝加哥之前（差不多和我来芝加哥之前的同一期间），他住在纽约哥伦比亚大学南边的皇冠大酒店。他与常人的作息时间迥异，而且据说睡前要花上一个小时来洗澡。有一则传闻说他解手后经常不冲马桶而是让清洁工代劳，因为他不屑亲自做这种事儿。我钦佩西拉德的智慧和他的热情，但是我得承认我和其他人一样无法忍受他的怪癖。

40　　　西拉德经常和威格纳见面，有时候在纽约，有时候在普林斯顿。在西拉德在学界和商界之间来回穿梭，一边推动核弹研制一边为第一座反应堆寻找成吨的纯化石墨的同时，威格纳开始了计算工作。他在数学和物理学上有着过人的才华，是一位工作井然有序、讲究方法的工作者，那时他39岁。

威格纳的计算与裂变反应的增值性有关，即如果一个中子引发一次裂变事例，那么平均而言多少个中子（或中子碎片）将最终会引发多少次其他的裂变事例？答案不仅仅在于询问发生裂变反应时或随后会有多少个中子被释放出来。我们那时已经知道这个数字远远大于1。费米等人力图从实验上给出答案。关键问题是这些中子被放出来之后会发生什么。部分中子会逃逸出反应堆，部分中子会被各种核——尤其是铀238——吸收而不再引起裂变，还有部分中子则会引起进一步的裂变反应。反应堆的设计目标就是要尽量减少损失和吸收，以便进一步使裂变最大化。使中子得到快速慢化是使倍增因子保持大于1的关键所在，因为慢中子最易引发铀235裂变。因此反应堆必须包含能够使中子慢化的材料。费米直接就称这种材料为"减速物"（slower downer）。我对这个术语大不以为然，于是只好提出一个不同的术语。我选择用"慢化剂"（moderator），这个词一直沿用至今。

在裂变研究的最初时期，或许就在玻尔和我于 1939 年夏天完成我们有关裂变理论的论文之时，美国和法国的几位科学家各自独立地认识到反应堆必须设计成栅格状。而慢化剂和铀燃料则应当做成块状而不是类似于做面包那样以碎末形式混合在一块儿。但当时没人确切知道这个块状物体该有多大，它们之间该如何排列。威格纳试图找出答案。

但在没有实验数据支持的情形下，他也只能计算到某个程度。除了要知道平均每次裂变事件会有多少中子释放出来之外，他还需要知道中子在穿过燃料和慢化剂时慢化过程的细节，需要知道中子被慢化剂吸收因而不能用来引发链式反应的概率。为了回答这些问题，威格纳让普林斯顿的回旋加速器小组忙得不亦乐乎。该小组的头儿米尔顿·怀特（Milton White）对于让他主持所需的实验感到非常高兴（虽然那时美国还没有参战，但铀研究的重要性已是昭然若揭）。怀特小组里有一位相当活跃的年轻人叫做爱德华·克罗伊茨（Edward Creutz），就是后来成为洛斯阿拉莫斯一个小组的头儿，战后去匹兹堡卡内基理工学院当教授的那位。克罗伊茨是一位很好共事的人。只要能把工作做好，叫他扫地他都干。鉴于他的能力和热情肯干的态度，我后来将他推荐给了弗里德里克·德霍夫曼（Frederic De Hoffmann），让他到通用原子公司（通用集团的子公司之一）担任高级职位，他就在那里成功设计并建造出一种简单而且具有商用前景的核反应堆。

鉴于怀特和克罗伊茨等人所获得的实验结果，我们中那些整天考虑反应堆设计的人得出结论：石墨状的碳可以用作慢化剂，如果能够确保这种石墨有足够高的纯度的话。我们知道"重水"（$D_2O$）——就是普通的"轻"水分子（$H_2O$）中的氢被氘取代所形成的水——的效果会更好，但成本更高。那时候美国确实有几升重水可用，但每升的成本超过 2500 美元。所幸的是德国科学家得出的是不同的结论。他们认为石墨吸收中子之后会变得不再适合作慢化剂，因此他们将注意力转向如何能够取得大量的重水上。

格罗夫斯将军在得知重水对于德国人的潜在重要性后，一接手主管曼哈顿计划便立即采取行动：要求盟军摧毁位于挪威维摩尔克（Vemork）的重水工厂。当时英国已将维摩尔克列入特种部队的攻击目标之一，接到命令后迅速将预定攻击日期提前。1942 年 11 月的首次攻击由于天气恶劣招致付出了 34 条生命的代价最后还是以失败告终。1943 年 3 月，他们再次发起攻击，这次仅有 6 名挪威人跳伞空降挪威，并成功地与上年 10 月跳伞幸存的 4 名挪威同胞会合。这个小型突袭队取得了令人惊喜的成功——他们将工厂基本摧毁却无一阵亡。重水生产因此被拖后了差不多一年。

我们的法国同行也深知重水的重要性。1940 年，法国军情二局的阿利耶（Allier）中尉设法从挪威获取了 185 升重水，当时世界上大部分重水都在这儿了。他为自己和这 26 罐重水订了分别飞往阿姆斯特丹和苏格兰两条航线的机票。结果飞往阿姆斯特丹的班机被德国空军拦截，迫降在汉堡后接受搜查。他则携带重水搭乘另一班飞机前往苏格兰，随后又经由海陆运输，将这批珍贵物品护送到了巴黎。但在此长待并不安全，于是物理学家汉斯·冯·哈尔班（Hans von Halban）决定将它转移出境。他让妻子与一岁的女儿坐在汽车前座，后座上是居里夫人的 1 克重的镭，重水则放在前后座中间作为屏蔽，然后将车开到法国南部。他和他的小组成员几乎立刻接到指示将这一护送工作移交给英国方面。在从波尔多港出发进行越洋航行时，重水罐被用绳索固定在木制平台上，这样万一船在航行时沉没，重水仍可以漂浮在水面上。1943 年，法国科学家和他们的 185 升重水（仍是盟军手中最大一批存货）终于到达加拿大的蒙特利尔。这时位于英属哥伦比亚的特雷尔（Trail）的重水生产厂已经有能力进行大规模生产。1944 年，这个厂生产了大约 6 吨的重水，而成本只有 1941 年的 1%。

德国对石墨的误判是造成他们核弹研制计划滞后的原因之一。到欧战结束，即费米型反应堆达到临界的两年半后，德国也没能建成一座可运行的反应堆，更谈不上搞清楚如何制造核弹了。

我必须承认我自己也有一次误判。珍珠港事变前的那几个月，我们利用法恩楼茶室里的一台收音机收听战况并讨论战争的进展。我得出的结论是，由德国统治欧洲可能是确保欧洲长期和平的最佳途径。我那时是德国物理学会的会员并在德国物理学界拥有相当多的朋友，我羡慕德国的强盛和高效。我不能借口自己那时年轻，不谙世事。事实上，我从学生时代起就对历史和国际事务具有浓厚的兴趣。1934 年到 1935 年间，我在哥本哈根认识了好些德国的犹太裔科学家，也知道他们将希特勒的德国看成是极大的威胁。我从爱因斯坦、特勒、威格纳和其他流亡人士的言谈中得知，纳粹的种族歧视逼使他们移居美国。其中一位流亡人士，即我在普林斯顿的同事瓦伦丁·巴格曼（Valentine Bargmann），就曾因为我阅读德国物理学会寄给会员的德国宣传材料而对我进行谴责。

如今，事情过去了 50 多年，我很难追忆起我那时的心态。我曾无视朋友的恐惧，认为文明人不可能将恶毒的舆论攻击变成惨无人道的行动。我的父母认为我对德国的同情态度有辱家门。我的这种同情态度即使在美国参战之后也没有即刻转变，而是在我逐渐看到更多的事实后才逐渐淡去的。甚至在我竭尽全力协助战胜德国时，我仍然倾向于相信人性本善，说德国人施暴就像说美国人会实施暴行一样不可思议。战争行将结束时我看到了更多的真相，但直到1947 年我参观了奥斯维辛集中营，我才真正彻底地认识到德国人的野蛮暴行。

尽管最后我看清了暴政统治下人性会沉沦到无底深渊，但我永远不会放弃我对世界各国的科学家同行的同志般友情，包括德国的科学家。1935 年初，我第一次在哥本哈根认识了海森伯——后来成为战时德国铀研究计划的领导者的那个人。当时我 23 岁，正信心满满盼望着成为优秀的理论物理学家；他 33岁，已经因差不多 10 年前提出的量子力学而名扬天下。现在，以他的名字命名的原理——海森伯不确定性原理——已成为理解小尺度世界里单个事件的不可预知性的基本原理。那时候，有好几次，海森伯和我一道漫步在春日的阳光里边走边谈。他不是一个容易了解的人。他有点内向，甚至可说是郁郁寡欢，我想他就像被允许到户外与邻居家小伙伴一起玩耍的小孩儿，知道自己不久就得回家。

在海森伯于 1939 年离开密歇根大学的暑期学校去参加"巴伐利亚的阿尔卑斯山区机枪射击训练"之后，我们再度见面已是 12 年后了。1951 年夏天，我和太太正在哥本哈根靠近河岸的一家普通餐厅用餐时，看到一位男士独自走进餐厅。他在侍应生的引导下在一张桌前坐下。"那是海森伯，"我对珍妮特说道，"我们邀请他坐过来吧。"她显然同意。海森伯似乎对受到邀请感到很高兴。整个晚餐，我们谈了最近的一些事情，但绝口不提铀或反应堆或核弹。他告诉我们，就在德国在盟军的进攻下行将崩溃时，他没打招呼就离开了实验室，蹬着自行车赶往慕尼黑与太太和孩子们会合，看着战争在混乱中结束。半路上他碰到一名哨兵，那位军人受命对擅离职守的人就地正法。海森伯递过一根香烟并说服他让自己过去。"一根香烟换回我一条命。"他说道。随后我邀请他到普林斯顿，那时候我的部分同事仍对他耿耿于怀。海森伯 1976 年去世，享年 74 岁，走时只有少数几个朋友为他送行。对于他在战争时期的动机，我和其他人一样感到不确定。按照某些观察家的说法，他可能故意延缓了德国发展原子弹的研究计划。但目前更为可信的观点认为，他和他的德国同行之所以没有要求动用大规模资源来推进核弹计划，是因为他们认为实施这一计划所需的时间远远超过结束战争所需的时间，他们不知道盟军正在制造核弹。[1]

在裂变研究的早期岁月，一般都认为制造核弹需要用稀有的铀235，尽管我们都知道要从化学性质相同的铀238中分离出铀235是极其困难的事儿。1939年3月16日，在威格纳的大办公室召开的一次会议上，玻尔、威格纳、西拉德和我讨论了制造核弹的可能性。这距玻尔回应普拉切克早餐上提出的问题从而想到用慢中子作用铀235来引发裂变的设想才过去几周。因此会上我们认为制造核弹的可能性取决于能否得到足够的高纯度铀235。玻尔很清楚实施这项任务的高昂成本，感叹道："是的，造一枚核弹是可能的，但那得动员全国的力量来做。"

在我和玻尔合作研究其他同位素在慢中子作用下发生裂变的可能性后的第二年，有几个人已经看出用钚来制造核弹的可能性，这样就可以绕过从铀238中分离出铀235的困难局面。美国的特纳（此前我已提及）和德国的冯·魏茨扎克（Karl Friedrick von Weizsäcker）都看出了这种可能性，要说明的是，这是在钚还没有被命名，更没人看到过的情形下做出的预见！虽然玻尔和我曾预言钚具有裂变的可能性，但我们没有立刻建议用它来制造核武器。但到1941年末，采用钚的方案开始得到认真考虑。（但当时无论是康普顿，还是其他人都没有勇气或那么急迫地建议将铀分离计划停下来，全力投入到对钚的开发上。）

1942年1月我前往芝加哥的任务，就是要设计一种能够制造以千克计——最终以吨计——的钚的反应堆。这距西博格小组发现钚还不到一年。当钚还仅以微克计以供研究之用时，建造汉福德反应堆的宏大工程已经上马。

用石墨作慢化剂解决了如何慢化中子的问题，但还存在另一个问题：如何冷却反应堆？这个问题也是我到芝加哥后的头几个月里首先需要解决的问题之一。费米的低功率堆不存在这个问题。他那个装置设在一所壁球馆那么大的房间里，用室内空气循环进行冷却就足够了。这个人类历史上的第一座反应堆的用途是验证链式反应的可行性，而不是用来输出功率或制造新的同位素。而我

---

　　[1] 参见 David Cassidy，《不确定性：海森伯的生活和科学》（*Uncertaity：The Life and Science of Werner Heisenberg*，New York：W. H. Freeman，1992），以及 Jeremy Bernstein，《希特勒的铀俱乐部》（*Hitler's Uranium Club*，Woodbury，N. Y.：AIP Press，1996）。（前者有中译本：大卫·C. 卡西弟著，戈革译，《海森伯传》，商务印书馆，2002，10。——译注）

们计划中的这座产钚的反应堆则需要持续泵入气体或液体来带走热量。

我和许多人想的一样（我想大多数人也都如此），认为氦应当是最好的冷却剂。氦不会吸收中子，因此不会对链式反应形成干扰。我进行了一些实验（那是我这个搞理论的这一生中曾做过的少有的几个实验之一），但泵入的不是氦而是空气，让空气高速流过石墨管道，观察这种流动会不会对管道的石墨壁造成侵蚀。结果表明，侵蚀可以忽略不计，这种冷却方式可以用氦气来进行。

但氦气有一个明显的缺陷——导热性能较差。水的导热性质要好得多（而且也便宜得多）。威格纳倾向于用水冷却。他辩称，水所吸收的中子数应当不会大到终止链式反应，尤其是如果我们能获得足够数量的纯铀作为燃料时就更是如此。事实上，我们用来进行研究的铀的品质在不断提升，这也支持了威格纳的看法。大约在 1942 年夏末，我们决定设计一座水冷式反应堆。 45

但在我们这个决定之前，产钚反应堆的预研工作已经展开，康普顿已选定斯通与韦伯斯特公司（一家大型工程建设公司）开始了设计工作。而斯通与韦伯斯特公司的总工程师与科学家之间相处得不是很融洽，在选用冷却剂的问题上也存在一些摩擦。他接到的设计指令是用氦进行冷却，而且他对讨论采用其他替代方案没有兴趣。但他和我的关系不错，因此我被认为是与工程师打交道的合适人选。斯通与韦伯斯特公司参与计划的时间并不长。11 月份，在格罗夫斯将军（他于 9 月 17 日接任曼哈顿计划负责人）的要求下，杜邦公司同意接手进行设计、建造并运营产钚工厂。大概是因为我和斯通与韦伯斯特公司的工程师沟通良好的缘故，康普顿要我担任与杜邦公司的协调人。这项任务成为我在战争结束之前的主要职责。

1942 年感恩节那天，费米及其小组正准备在大学运动场的西边看台下建设反应堆，而我则在威尔明顿正与杜邦的同行围桌而坐，讨论产钚反应堆的可能的着落地点。考虑中的地点有佛罗里达、南卡罗莱纳和华盛顿州等地。这些地方均取水方便且足够偏远，能够在发生事故时提供充分的安全保障。另一个必备条件是必须具有可靠的电力供应，以使反应堆的循环冷却水的运转得到保证。我还请求一位朋友调查了这些地区的雷电的统计数字，因为雷电有可能造成断电。基于这些数据，我们排除了佛罗里达。我不记得当时是出于什么考虑选择了华盛顿州而没选择南卡罗莱纳。后来，没过几年，南卡罗莱纳的萨凡纳河便被选为另一座主要反应堆的建造地点，用来同时生产钚与氚。[1]（氚是氢的最重的同位素，可用于热核反应）。

费米反应堆在 12 月 2 日达到临界的故事已经是老生常谈。这其中有许多戏剧性场面，比如说向来做事有条不紊的费米在反应堆接近临界点时正好去进午餐了。还有说威格纳提供了一瓶意大利康堤红酒，在场的所有人都在上面签上大名。还有的说康普顿为此从芝加哥打电话到华盛顿给詹姆斯·科南特（James Conant）[2]，向他报告"这个意大利航海家刚刚登陆新世界"。康普顿进一步向柯南保证原住民相当友善。[3] 奇怪的是，在我看来这很正常，这是建造大型生产反应堆过程中必不可少的一步。我从没怀疑过费米的实验能否按计划取得进展。那天我一直待在威尔明顿与杜邦公司的同事讨论眼前的钚反应堆计划。

1942 年底到 1943 年初，随着与杜邦公司的合作越来越深入，我几乎每周都要在芝加哥和威尔明顿之间来回穿梭。终于，在 1943 年 3 月，杜邦的朋友对我说："你是不是干脆就搬到威尔明顿来？"于是我这么做了。还是先找房子，然后让珍妮特和孩子们整理行装坐火车过来。真得感谢杜邦的影响力，她们坐的是卧铺车厢。艾莉森当时还不满周岁，已经第二次坐火车来到她的第四个新家。

第二年，威尔明顿成了我最佳的工作场所，但汉福德反应堆的竣工和运行最终促使我们搬到美国的另一端。在威尔明顿居住的这段时间里，我经常前往芝加哥（其频繁程度丝毫不亚于我住在芝加哥时不断地往威尔明顿跑的次数），同时大约每个月去一趟华盛顿州。好在我喜欢坐火车旅行。我现在还记得当时乘火车的情形：从威尔明顿坐到北费城，然后到月台对面去乘晚上 7 点 19 分南下的布劳德威号列车前往芝加哥，第二天再从那里转乘联合太平洋的

---

[1] 萨凡纳河反应堆为纯科学研究提供了额外的好处。1956 年，莱因斯（Frederick Reines）和考恩（Clyde Cowan）在那里探测到中微子，一种不带电荷、质量几乎为零的基本粒子。（真正的零质量粒子也是可能的！）1931 年，人们就预言存在这种粒子，但由于它与物质的相互作用极其微弱，因此在其后的 25 年里一直没有人检测到这种粒子。萨凡纳河反应堆的中微子流很强，故莱因尼斯和考恩能够检测到少许这种粒子。

[2] 詹姆斯·B. 柯南特（1893～1978 年），美国著名的科学家和教育家。时任美国国防研究委员会主席（1941～1946 年）和科学研究与发展办公室副主任。——译注

[3] 这里"意大利人"指费米（他来自意大利），"原住民"指达到临界条件后的反应堆状态。——译注

列车，坐上一天半时间于清晨 5 点 35 分到达俄勒冈州的彭德尔顿，那里有人接我，再一起驱车前往 70 英里外的汉福德。[1]

### 宾州铁路公司：布劳德威号客运列车时刻表

西行——从上往下阅读 　　　　　　　　　　　　　　 东行——从下往上阅读

| 28 次 | | 站　　名 | | 29 次 |
|---|---|---|---|---|
| | | **东部标准时间** | | |
| **6：00** | 离站 | 纽约 | 到站 | 9：30 |
| **7：19** | 离站 | 北费城 | 到站 | 8：03 |
| 1：55 | 离站 | 匹兹堡 | 到站 | 1：20 |
| | | **中部标准时间** | | |
| 9：00 | 到站 | 芝加哥 | 离站 | **4：30** |

黑体字表示午后时间（20 世纪 40 年代的列车时刻表，承蒙 Michael W. Flick 和 Caroline Eisenhood 提供）

当时我们居住在里奇兰的一个由工兵部队在几个月内建造完成的社区里。驻地有独栋房屋、商店和学校。人行道由柏油铺成，工兵施工时像挤牙膏一样把柏油挤出来。在工兵部队的推土机动工之前，当地是一所种植芦笋的农场，因此在人行道的砖缝中还不时会有芦笋冒出来。我们住的两层楼房子非常适合我这一家子居住。8 岁的雷蒂西娅与 6 岁的杰米上学的学校叫做萨卡贾维亚小学，校名是以一位曾经担任刘易斯与克拉克探险队[2]的向导的印第安人的名字命名的。两岁的艾莉森则在家玩耍。年纪较大的两个孩子已经能记得里奇兰

---

〔1〕 原文中这一段的有些专有名词需要补注一下。北费城（North Philadelphia）是费城北部的一个区，铁路交通枢纽点。布劳德威号列车（Broadway Limited）是宾夕法尼亚铁路公司最早命名的一趟旅客列车，每日经北费城往返于纽约和芝加哥，1912 年开始运营，直到 1995 年才退出（这里 Broadway 与"百老汇"不沾边，而是指宾州铁路的复线四轨制式标准）。联合太平洋（Union Pacific）铁路公司是北美地区最早运营（1862 年）的铁路公司，其运营范围横贯美国西部 23 个州。——译注

〔2〕 刘易斯与克拉克探险队：1803 年，美国从法国手中购得路易斯安娜。为了勘察这一地块的西部边界，时任总统杰弗逊派出了陆军上尉刘易斯与少尉克拉克率领的探险队作国土边界考察。两人最大化地利用条约在规定边界时的模糊措辞，沿密苏里河水道一路向西直至太平洋出海口才终了，由此美国的版图扩张到太平洋沿岸。——译注

**联合太平洋铁路公司：波特兰客运列车时刻表**

西行——从上往下阅读　　　　　　　　　　　　　东行——从下往上阅读

| 流线号1次 | | 芝加哥与波特兰之间不另收费 | | 流线号2次 |
|---|---|---|---|---|
| | | **芝加哥和西北运输公司** | | |
| **6：00** | 离站 | 芝加哥（中部时间），伊利诺伊州 | 到站 | **12：15** |
| 2：00 | 到站 | 奥马哈，内布达拉斯加州 | 离站 | 4：15 |
| | | **联合太平洋铁路公司** | | |
| 2：10 | 离站 | 奥马哈，内布达拉斯加州 | 到站 | 4：05 |
| 5：24 | 离站 | 北普拉特（山区时间），<br>内布达拉斯加州 | 到站 | **10：49** |
| 9：10 | 离站 | 夏延，怀俄明州 | 离站 | **7：30** |
| **7：40** | 离站 | 波卡特洛，爱达荷州 | 离站 | 8：52 |
| 12：57 | 离站 | 亨廷顿（太平洋时间），俄勒冈州 | 到站 | 1：40 |
| 5：35 | 离站 | 彭德尔顿，俄勒冈州 | 离站 | **8：56** |

黑体字表示午后时间（20世纪40年代的列车时刻表，承蒙 Michael W. Flick 和 Caroline Eisenhood 提供）

48　的风沙有时竟能划破他们的腿。珍妮特和我非常怀念我们在里奇兰居住的一年时光。我们的生活虽然有些困顿，但这个地方充满了富有朝气的年轻人。人们精神振奋，几乎没人有怨言。我们的浴缸是用水泥做的，有 3～4 英寸（1 英寸约 2.54 厘米）厚，便于使用的钢制浴缸直到要离开前的最后一段日子才到。那时恰逢哥伦比亚河发大水，所有适用的物件，包括新运到的浴缸，都被用于筑堤抗洪了。

　　科学家的办公地点设在距里奇兰 10 英里之外的 300 号地区。我们还需要经常开车到汉福德城外 25 英里远的工厂建筑工地。行车途中偶尔会压死兔子。我记得在一次开车途中，费米根据车速与丧生的兔子数目来计算每平方英里可能栖息的兔子数目。基于粗略的数据和合理的假设来估计出一个大致的答案，这给费米带来极大的乐趣。像芝加哥有几位钢琴调音师，一座美式足球场有几块草地这类问题都是有名的费米问题。

49　　　杜邦公司有一位重要的工程师叫作查尔斯·库珀（Charles Cooper），有时候他会跟我一起搭乘往来于威尔明顿和汉福德的火车。他曾经在缅因州担任向导，身材高大、声如洪钟。他的重要贡献是了解如何将小的圆柱形的铀燃料

华盛顿州里奇兰，曾经的小村庄，到 1944 年本照片拍摄时已有 17000 人居住
（R. L. Johnson 拍摄，美国能源部提供）

（燃料"块"）装入铅罐，以避免被侵蚀并防止放射性物质渗漏到冷却水中。库珀也喜欢费米问题。他告诉我，他曾教过一门有关估值的课程，期末考题就一道题："野雁能够飞多远？"战后有一年的圣诞节期间，库珀和他太太曾应我们之邀，陪同普林斯顿大学的天体物理学家马丁·施瓦西（Martin Schwarzschild）和他太太芭芭拉来佛蒙特州作客。那天正遇上一场暴雪，造成电力中断，我们只好用烧柴的火炉和壁炉来做饭和取暖。库珀不但指导我们如何制作特大的蜡烛，还在抽水机上绑了条绳子以用人力来取水。

　　在工厂建设时期，杜邦公司的负责人是沃尔特·西蒙（Walter Simon）。他做事满腔热忱但表面上却不急不躁。有一次我去汉福德，西蒙对我说，格罗夫斯将军以他一贯的粗鲁态度又对他咆哮："西蒙，防护壁为什么还没有完工？"或"西蒙，化学处理设备为什么到现在还没有安装好？"西蒙每次面对这种火

50

恩里科·费米于洛斯阿拉莫斯，1945 年
（承蒙美国物理学会埃米里奥·塞格雷视频档案馆提供）

爆脾气时，总是平静有礼地给予回答，但这种态度却只会更加激怒将军。那天快下班时，格罗夫斯说道："西蒙，你到底是人还是条虫？你就不能高声说话吗？"西蒙以一贯的克制态度礼貌地回答道："将军，这个问题要由我们在威尔明顿的人来回答。"

杜邦的员工对处理高爆物质已非常熟悉，因此在设计厂房时对如何防止爆炸的安全问题给予了足够的重视。但现在他们要处理的是新的不熟悉的危险品，即放射性——原子自发辐射出的高能辐射线。通过我和现场工作的其他物理学家速成传授的核物理学知识，他们了解了什么是阿尔法射线、贝塔射线和

格罗夫斯将军，1946 年

（Hagley Museum and Library 提供）

伽马射线，什么叫半衰期[1]，以及辐射线对活体组织的影响。他们必须将这些知识与他们原有的成熟的安全意识以及他们对风险/成本比值的计算结合起来。反应堆的设计必须考虑到在冷却水停水或发生其他意外时能够自动停机。从燃料块中提取钚采用的是化学过程，已完全实现远程自动化控制。所有在反应堆或化工厂附近工作的人都必须接受常规的辐照剂量监测。第二次世界大战期间，汉福德没有发生过与放射性相关的事故或伤害（但由于汉福德反应堆的建设既急迫又须兼顾安全性，因此对放射性废料的长期贮存问题并没有给予足够的关注。虽然贮存的核废料没有造成人员伤害，但却给后人留下了令人头

———————————

　　〔1〕　放射性同位素可以辐射出氦核（阿尔法射线）、电子（贝塔射线）或具有电磁能量的光子（伽马射线），以及这些辐射线的混合态。每种放射性同位素都具有特定的半衰期，即该种原子衰变到剩下一半所需的时间长度。半衰期的范围可以从亿分之一秒到几十亿年。

痛的清理问题）。

当今核设施所采用的安全程序标准正是杜邦公司在汉福德所发展出来的模式基础上形成的。提出**健康物理学**这个新名词的正是杜邦的一位员工——罗杰·威廉斯（Roger Williams）。他选用这个词是考虑到其正面效果，避免让人联想到"辐射有害物质"或"辐射防护"[1]。这个词相当不错，现在已用于专指一个专业领域。

安全上的另一个关切是钚在自动分离过程中是否会在一地累积到临界质量。一旦出现这种情况，便会形成自持反应，这样的话，即使在最轻微的情形下，也会引起放射性物质的沸腾和建筑物内的大范围污染。降低这种风险的最直接办法就是再建一座与现有两座已规划好的化学分离厂相同的工厂，这样，就可由这第三座分离厂来缓解每一处流程所累积的钚的数量。但这样的一座建筑规模相当庞大〔我们称它为"玛丽皇后号"，就是说它像丘纳德（Cunard）邮轮公司的远洋客轮那么巨大〕，而且造价不菲（每幢的单价高达1亿美元），因此做出增加一幢厂房的决定是相当艰难的。

一天，在从威尔明顿返回的途中，搭乘的大北方铁路运输公司的帝国建立者号西行列车中途停靠北达科他州的法戈时，我接到一封电报，要求我急速前往洛斯阿拉莫斯去了解那里的一些有关钚在一地累积到一定量后有可能引发灾变的研究进展。我下了火车，在车站吃了午餐（当时还听到有人以悦耳的挪威语在大声交谈），然后坐下一班东行的火车返回芝加哥，再换乘圣菲酋长号列车赶往新墨西哥州的拉米，去往州府圣菲和去往洛斯阿拉莫斯的都在此下车[2]。一到驻地，费曼等人就将他们有关于钚的临界质量的最新计算结果向我做了简要通报。回到汉福德后，我便与新的工厂主管比尔·麦基（Bill Mackey）一起逐一检视风险因子等数字。我们断定，没有办法完全消除钚累积到临界质量的概率，但充分的事先防范与安全措施足以将风险降低到可以接受的微小数值。我记得麦基说道："既然杜邦公司花钱雇我就是需要我能够在没有充分依据的情形下做决定，因此我决定不再另建一座玛丽皇后号了。"结果表明，处理厂的钚从来没有逼近临界值。

53

---

〔1〕 在当代，医学界已经将"核磁共振"中那个吓人的"核"字去掉，改称为"磁共振成像"。

〔2〕 洛斯阿拉莫斯的地理位置在圣菲的西北角，原是一个很小的村庄，现因洛斯阿拉莫斯国家实验室而闻名。——译注

### 帝国建立者号（The Empire Builder）列车时刻表

西行——从上往下阅读　　　　　　　　　　　　东行——从下往上阅读

| 1 次列车 | | 中部时间 | | 2 次列车 |
|---|---|---|---|---|
| | | **柏林顿线** | | |
| **11：15** | 离站 | 芝加哥，伊利诺伊州 | 到站 | 8：40 |
| 8：30 | 到站 | 圣保罗，明尼苏达州 | 离站 | **10：55** |
| | | **大北方铁路公司** | | |
| 8：50 | 离站 | 圣保罗，明尼苏达州 | 到站 | **10：30** |
| **3：20** | 离站 | 法戈，北达科他州 | 到站 | **3：55** |
| | | 太平洋时间 | | |
| **9：30** | 到站 | 斯波坎，华盛顿州 | 离站 | 7：30 |
| | | **斯波坎、波特兰和西雅图铁路公司** | | |
| **9：45** | 离站 | 斯波坎，华盛顿州 | 到站 | 6：50 |
| 1：35 | 到站 | 帕斯科，华盛顿州 | 离站 | 1：50 |

黑体字表示午后时间（20 世纪 40 年代的列车时刻表，承蒙明尼苏达史学会和 Caroline Eisenhood 提供）

### 圣菲（Santa Fe）铁路公司：圣菲酋长号列车时刻表

西行——从上往下阅读　　　　　　　　　　　　东行——从下往上阅读

| 19 次 | | 站名 | | 20 次 |
|---|---|---|---|---|
| | | **中部标准时间** | | |
| **12：01** | 离站 | 芝加哥，伊利诺伊州 | 到站 | **1：00** |
| **10：10** | 离站 | 堪萨斯城，堪萨斯州 | 离站 | 3：35 |
| | | **山区标准时间** | | |
| 3：17 | 离站 | 道奇城，堪萨斯州 | | **9：20** |
| **1：20** | 到站 | 拉米，新墨西哥州 | 离站 | 10：14 |

黑体字表示午后时间（20 世纪 40 年代的列车时刻表，承蒙明尼苏达史学会和 Caroline Eisenhood 提供）

克劳福德·格林沃尔德（Crawford Greenewalt）是杜邦在汉福德的首席工程师。当我还在芝加哥时我们就已经开始合作，到汉福德后我们仍维持密切的合作关系。他是一位深具魅力、阳光并充满好奇心的麻省理工学院毕业生。他喜欢吸收物理学知识，而我则乐于吸收更多工程方面的知识。格林沃尔德的生活就像是一部童话故事——娶了老板的女儿，最后自己也成了老板。他加入杜邦公司不久就开始追求杜邦总裁的女儿玛格丽塔（Margaretta du Pont）。在一次我参加的晚宴上他告诉我，有天晚上晚饭后，他那未来的岳父提出了一道数学题来考他，他运气不错，当场解答了那个问题，给老人家留下了很好的印象。随后格林沃尔德向我陈述了这道题并问我能不能解答。我瞄了一眼说道："我结过婚了。"

从芝加哥费米的小型实验堆到汉福德规模庞大的大功率反应堆，这种跨越实在太大，很难一步完成。为此，我们在田纳西州的克林顿设计建造了一座中等规模的产钚反应堆。在芝加哥的费米堆实现运行不到一年，克林顿反应堆便于 1943 年 11 月达到临界值。[1] 到 1944 年 4 月，该反应堆已经生产了几克的钚，为探索这种新元素的性质提供了亟须的材料。第一座汉福德反应堆在同年 9 月达到临界，到第二年的 1 月份已经生产了 1 公斤的钚。7 个月之后，第一个钚武器"胖子"在新墨西哥州的沙漠深处引爆。

第一座汉福德反应堆（B 反应堆）的铀燃料装填工作是在费米的监督下进行的。1944 年 9 月 15 日，反应堆达到干临界点——一种无须冷却水冷却的低功率自持反应状态。随后的 10 天里，工作小组添加了更多的燃料棒并进行了更多的实验。所观察到的状况可谓近乎完美，与费米和我以及物理小组其他成员的计算结果符合得非常好。

我们计划在 9 月 26 日星期二的晚上进行首次高功率运行。我正点下班回家，与家人共处一段时间后就上床就寝，期待明天一早就能听到成功运转的消息。由于按值班表上我被排在那一周的后几天里上夜班照料反应堆，因此我决定当晚不留在汉福德的控制室，不管是否会出现戏剧性场面。我想就算自己在场，充其量也就是个观察者。第二天早上，当我到达我在 300 号的办公室时，

---

〔1〕 1943 年初，费米堆（CP-1，即芝加哥 1 号反应堆）被拆除，随后在芝加哥郊外的一个地点——即后来的阿贡国家实验室——进行了重新组装。重组后的反应堆称为 CP-2。1943 年里，这个堆成为许多重要实验的测试平台。1944 年，芝加哥又建造了功率更大的反应堆 CP-3（但以汉福德的标准，这个堆仍属甚低能量范围）。

克劳夫·格林沃尔德，1945 年

（Hagley Museum and Library 提供）

才知道反应堆并没有完全按原定计划运行。刚开始时运行正常，且达到了破纪录的 9 兆瓦的输出功率。随后，在毫无征兆的情形下，反应开始减缓——这意味着必须将控制棒进一步拉出才能维持功率输出。此情形就像你在平路上开车，引擎不给力，你只好不断加大油门来维持行驶速度；最终，油门踏板踩到底了，汽车速度还是慢下来。控制棒很快就被完全拉出来了，但反应堆还是失去了动力。星期三下午发生的就是这种状况。 55

　　芝加哥的首座费米反应堆产生的功率不到 1 瓦，田纳西的克林顿反应堆产生的功率是 1 兆瓦。而汉福德的三座反应堆，每座的设计功率都在 250 兆瓦。每一步都跨得很大（所有这些反应堆产生的能量都以热的形式出现，被排放掉了，或者说"被扔掉了"。后来的反应堆都设计成尽可能将热能转换为电能——按热力学定律容许的上限，其转换效率约为 40%）。

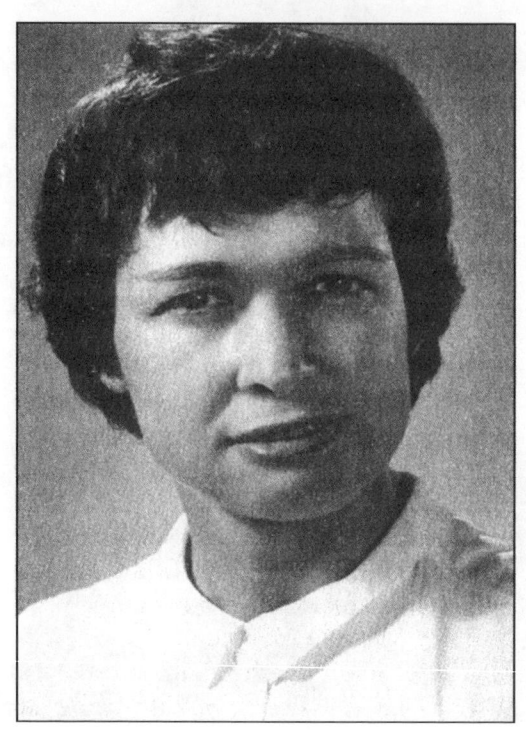

莱昂娜·马歇尔，约摄于 20 世纪 40 年代末或 50 年代初
（承蒙美国物理学会埃米里奥·塞格雷视频档案馆提供）

这头一个晚上刚过午夜，我睡得正香，汉福德的反应堆达到了临界值（当时已是 9 月 27 日星期三）。按计划，反应堆达到 9 兆瓦的平台后就暂停，然后在随后的几天里逐步将功率提升到设计指标 250 兆瓦。结果，这一功率指标在 4 个多月后的 1945 年 2 月 4 日才实现。但到 9 月 27 日的黎明前几个小时，现场的人都满意地松了口气。费米和他的年轻活泼的同事莱昂娜·马歇尔（Leona Marshall，她的公开身份是我的助理）、所有的操作人员、工程师，以及杜邦的管理人员都相视而笑。两年半来的思考、计算、设计和建造等努力终于取得了成功的果实。许多人对此做出了贡献——除了物理学家之外，还有工程师、技术人员、化学家、管理人员、军队高层以及合约商。

到那天早上我上班的时候，事情已经很清楚，正如杜邦的戴尔·巴布科克（Dale Babcock）描述的，控制棒应"出多于进"。（控制棒插到底，相当于关闭反应堆，因为反应产生的中子全被控制棒吸收了。将控制棒抽出一些则会提升反应堆的功率。如果要维持功率稳定，则仅需对控制棒的出入做小的调整。）到了当天中午，几乎要将所有的控制棒完全抽出才能维持9兆瓦的功率。杜邦的管理层很可能是听从了费米的建议，决定降低输出功率看看问题是不是能解决。到了下午约4点钟，操作人员将功率降低为到原先的二十分之一以下，仅0.4兆瓦。但即使是维持这么低的功率，也还是要将控制棒再抽出一些。到了下午6点半，控制棒已经完全被抽出，但反应堆还是"死掉了"——自行停机。

显然，有某种东西过多地吸收了中子。起初费米和马歇尔怀疑是一根或几根冷却水管漏水渗到反应堆里造成的停机。我认为存在这种可能性，但是更可能是反应堆中产生了具有大的中子吸收截面的同位素[1]导致的停机。我对这种可能性已琢磨了很长时间。早在1942年2月24日，即我到达芝加哥冶金实验室的几周后，我就写过一篇报告提请注意这个可能的问题。在设计汉福德反应堆时，我们允许在某些条件下发生这种自发中毒现象。在1942年4月的一篇报告里，我曾提出反应堆自发中毒所造成的反应性降低不会超过1%，条件是裂变碎片的中子吸收截面不大于10万靶恩（barn）。

这里我要解释一下"靶恩"这个由费米引入的度量单位。1靶恩是指由边长为百万分之一的百万分之一厘米（$10^{-12}$ cm）构成的正方形面积。这个面积比普通原子核的截面面积略大一点。美国人说一个棒球投手太烂，投出去的球连谷仓的门边都没碰着[2]。我不知道费米是不是从棒球行话里捡来的这个词，也许是他从意大利语里找到的这个词。在核物理学里，1靶恩是个相当"大"的截面，粒子不可能打不中。如果让一个粒子去撞击一个原子核，那么这个粒子与核发生相互作用的概率就可以用有效截面的面积来表示。这个截面是投射粒子的截面与靶核截面的复合。高速粒子的有效截面通常小于1靶恩。因此让二者碰撞就如同用弹珠射向棒球——投射物比标靶小得多。但如果投射物是经过减速的慢中子（中子在慢化剂里经过多次撞击已损失了大部分能

56

57

---

〔1〕 这种同位素习惯上称为"中子毒物"或简称"毒物"。由毒物吸收中子所引起的对反应性的影响称为"中毒"。——译注

〔2〕 这里原文作者化用了一个英语成语"not able to hit a barn door（笨到连谷仓大门都打不中）"。其中"barn door"意指"不可能击不中的目标"，与谷仓已没关系。——译注

量），那么这种碰撞就更像是用很大的沙滩排球去撞击棒球。此时中子已被"吹胀"，其有效体积远大于原子核的尺寸。

这种"膨胀"与中子的波动性质有关。中子的能量越低，其波长就越长。当能量低到热能的水平时，中子的波长会远远大于原子核的尺寸。这时中子与原子核相互作用截面面积便完全由中子波动的有效波长决定，而不是由远小于中子波长的原子核的实际尺寸决定。在我开始研究反应堆的裂变碎片有可能会使反应堆造成自发中毒的情形后，我已经知道某些中子的吸收截面有可能高达甚至超过 10 万靶恩。但我不知道反应堆会产生出数量如此众多的能吸收慢中子的毒物，其吸收截面竟高达 300 万靶恩！

在 9 月 27 日星期三的下午和傍晚，我们向石墨慢化剂周围注入加热的氦并使之循环，以便将可能泄漏到其中的水冲出来。但什么也没发现。而在实施这项措施的过程中，反应堆却"自动地"从先前的故障状态恢复运行了，中子倍增在不断发展。到 9 月 28 日星期四凌晨 1 点钟，工作人员将控制棒抽出一些，让反应堆以 200 千瓦的低功率运行。在这个功率水平上，裂变反应在不断加快，对此不得不又将控制棒插入一些以维持稳定的功率输出。到了星期四下午，我们再度将控制棒抽出使能量提升到 9 兆瓦。结果核反应再度减缓。事情已经很清楚：要维持这个功率水平的运行是不可能的。

至此，我已确信问题出在裂变过程中产生的毒物上，这种毒物有相当大的中子吸收截面。至于如何解释反应堆在停机之后又自发启动的现象，则可以这么来考虑：这种毒物具有放射性（大多数裂变碎片确实都具有放射性），因此当系统不再产生这种毒物时，剩余的毒物便通过放射性衰变为其他元素而逐渐消失。我检视了反应堆近两天运行所得到的反应性曲线后，立刻得出两个结论：第一，从反应堆停机后自发重启的现象可知，这种毒物的有效半衰期大约是 11 小时；第二，从高功率运行后反应性开始下降的方式可知，这种毒物本身是另一种半衰期更短的母放射性物质的产物，因此至少存在两种连锁的放射性衰变。随后我走出办公室查看贴在门对面墙上的图表，上面有裂变可能产生的各种同位素的已知半衰期。我要找到一种半衰期稍小于而不是远小于 11 小时的同位素。（由于放射性级联，因此反应堆一旦停机后，要再重新开启所需的时间比该同位素的实际半衰期要长。）我立刻发现半衰期为 9.2 小时的氙 135 有可能就是我要找的这种同位素。氙 135 是碘 135 的"子代"（放射性产物）。表上不存在可用来解释反应堆行为的其他元素。

格林沃尔德有记日记的习惯，他在 9 月 28 日星期五的日记里写道，惠勒

汉福德，1945 年左右。右边的多层建筑是 B 反应堆（就是 1944 年 9 月启
动后造成多次紧张情况的那一座）。左边是一座水处理厂，用于处理来自
哥伦比亚河的冷却水（后来并未使用），并用来贮存额外的冷却水以供紧
急状况调用（没有用到）。照片的背景是哥伦比亚河

（承蒙美国能源部提供）

估计氙 135 的中子截面为 300 万靶恩。这个估计后来证实是对的。但我在一个
星期后的 10 月 4 日起草的一份报告里总结结论时给出的截面则是 700 万靶恩，
这是基于产生氙 135 的裂变事例占 2.6% 这一假设。而事实上，我最初认为产
生氙 135 的裂变事例占到 6% 的假设才是正确的。材料的数量越大，用于解释
中毒效应所需的截面就越小，实际"仅"需 300 万靶恩。这个巨大的截面要
比我们当初设计反应堆时所预期的截面大。（尽管氙 135 有这么大的截面，但
在克林顿反应堆上却没有被注意到。这可能是因为那个反应堆的功率较低，因
此氙 135 的中毒效应也较弱。）

　　一旦知道了问题的起因，破解起来就比较容易了。格林沃尔德在芝加哥的
主要副手乔治·格雷夫斯（George Graves）先前就曾要求在设计时预留出 500
多根额外的铀燃料棒空间以备不时之需。格雷夫斯之所以这样做，部分原因是
听从了我的建议，但更主要的是他自己在从事工业生产过程中所积累的经验。
他最先提出了尼龙生产和合成氨工艺。在钚反应堆之前，这两个项目均是杜邦
公司最大的项目。他知道项目进展过程中总不免会出现若干意外情况。在与格
雷夫斯和我交谈之后，格林沃尔德支持我们的意见。

　　在随后的几周内，我们逐步添加燃料，同时改善控制系统。由于反应堆有

两套不同的运行模式，具有不同的反应性，因此我们需要更好的控制方法。在高功率运行时，我们需要装满所有额外的燃料棒来克服氙的毒性；而在启动阶段，由于不存在氙毒，燃料显得"过量"，因此需要很好地运用控制棒以避免失控。这就像赛马，在起跑闸门开启前，需要对着急等待的马匹进行约束，但跑过第一个弯道马开始出现乏力的时候，则必须加以鞭策。

59　　　按某些已发表文献的说法，反应堆设计上的灵活性，即容许额外反应性的弹性，是误打误撞的结果——杜邦公司的设计原则或传统是设计时留有余量，事实并非如此。我们从一开始就知道我们有关于自发中毒的宽容度有可能不足，其他计算也考虑过各种不确定的边际情形，因此为了谨慎起见——实际上绝对必要——我们对各种意外情形做了应变的准备。


　　　反应堆（至少在概念上）看似简单，但运行起来之后就不是那么回事儿了。它的燃料由制成棒状的金属铀或简单的铀化合物组成，这些燃料棒封装在金属罐内，外面包覆石墨慢化剂。冷却水管道贯穿于反应堆堆芯用于冷却。用来吸收中子的由镉或其他材料构成的控制棒则均匀密布于燃料棒上方，以便推入燃料棒所在的核反应层用以减缓核反应速率或抽离反应层来提高反应速率，加大输出功率。一旦反应堆开始运行，燃料棒的组分便会急剧变化。其中的一个现象是铀转变为多种元素的多种同位素的复杂混合物。

　　　反应堆的燃料棒里头最主要的成分是同位素铀238。如果用的是天然铀，
60　则这种同位素将占到99%。铀238的核吸收了一个中子后变成铀239的核（92个质子和147个中子）。如第1章所述，铀239的原子核不产生核裂变（除非有高能中子撞击它）。但它不稳定（具有放射性），其半衰期为24分钟，在此期间历经贝塔衰变（放出一个电子和一个反中微子[1]，使核内的一个中子转变成为一个质子），变成镎239的原子核（93个质子和146个中子）。这种同位素也不稳定，其半衰期为2.4天。镎239也有贝塔衰变特性，衰变为钚239的核（94个质子和145个中子）。这种同位素就是我们所要的东西，反应堆运行的全部意义就是要生产这种同位素。钚239本身也不稳定（具有放射性），但它的半衰期超过24000年，所以绝大部分反应产物都可以被提炼使用。故一

---

　　〔1〕 反微中子尽管既几乎不具有质量又不带电荷，但能够带走部分能量并携带其他一些可测量的特征。反应堆会放出大量的反微中子。本章前面注释中提及的"中微子"实际上就是反微中子。

经开机，反应堆里的铀238便逐渐转变成为包含铀、镎以及钚等物质的混合物（还包括含量较少因而这里没有提到的其他元素）。

那么，更为稀有的同位素铀235的情形又如何呢？虽然这种同位素只占燃料的1/140,[1]但却能产生链式反应和能量。铀235的核吸收一个中子后会形成一个铀236（92个质子和144个中子）的核，后者能做许多事情。它能通过发出伽马射线来释放能量；能通过发射出一个阿尔法粒子（由两个质子与两个中子组成的氦核）而衰变为钍232的核（90个质子和142个中子）；也可以通过贝塔衰变而转变成为镎236的核。当然最可能的还是通过裂变变成两个大的碎片，同时发射出一个或更多个中子。在各种可能的反应道中下式即为其中一例：

$$^{236}_{92}U \rightarrow ^{98}_{40}Zr + ^{135}_{52}Te + 3n$$

化学符号左边的下角标数字代表核内质子数，上角标数字代表核内的质子数与中子数之和。式中的Zr是指锆元素，Te是指碲元素，n代表中子。在第1章中曾讨论过，正是这些中子使得链式反应成为可能。

上式所示的反应只是众多可能的裂变模式之一（像上式一样，大多数裂变模式产生的碎片彼此并不相同）。但仅这一个模式也会产生许多不同的同位素。锆98的核会经过贝塔衰变而变成铌98（41个质子和57个中子），后者再衰变成钼98（40个质子和58个中子）。这些过程的半衰期分别为31秒和51分钟。最后产生的钼同位素是稳定的。上述例子中的另一种裂变产物碲135会触发连续4次贝塔衰变：先形成碘135，后者再衰变成氙135，随后是铯135，最后是稳定的钡135同位素（56个质子和79个中子）。因此单从铀236的各种裂变模式之一就能够产生出8种不同元素的同位素。显然，核裂变会搅得元素大锅不得安宁。在反应堆启动后的几个小时或几天之后，反应堆燃料棒里头的纯铀就已蜕变成38种不同元素的超过200种同位素的混合物。

我们注意到，氙135只是前述裂变事例的产物之一。其祖母辈元素碲的半衰期为19秒，母辈碘的半衰期为6.6小时。氙135本身的半衰期为9.2小时，这在前面已经提到。它正是反应堆自发中毒的元凶。其子代铯135的半衰期为200万年。氙135有大致300万靶恩的中子吸收截面似乎纯属偶然。（当然，事情肯定有其原因，但是目前的理论还没有发展到足以进行这种计算的程

61

---

〔1〕 在后来的部分反应堆中，燃料中的铀235含量要比自然状态下的铀中的含量更高。

度。）所幸的是氙 135 的半衰期为 9.2 小时，因此它不会在反应堆里持续累积。经过大约一天时间就会达到平衡，即氙 135 的衰变数量等于其产生的数量。因此其中毒作用是自我设限的，增添的燃料棒产生的额外反应性彻底解决了这个问题。

1944 年 10 月底，也就是第一座汉福德反应堆达到临界后的一个月里，我接到弟弟乔作战失踪的消息。这个消息给我相当大的震撼。我自然会往最坏处去想。像其他许多家庭一样，我们经受着希望的煎熬——他只是被俘，没有遇害。我试着用这个希望安慰他的太太莎拉和我的父母亲。我们用尽办法希望能得到更多的消息，但一无所获，最后我们不得不设想最坏的事实。那时我们已经几乎能够制造出一具核武器来结束战争。我没法不这么想，而且直到现在我还是不禁地会想，如果我们的进度能够提前，那么战争也许在 1944 年 10 月就结束了。我觉得好受些的是，乔在风雨泥泞中投入亚平宁山区的杀戮战斗之前已经看到了罗马与佛罗伦萨的壮丽景色。我只有加倍努力从事曼哈顿计划工作。

直到那天，我和其他从事原子弹研究的盟军科学家一样，仍然认为我们与德国人是在进行一场生死竞赛。但在几周之后的 1944 年 11 月，感谢荷兰裔美国物理学家古德斯密特（Sam Goudsmit）及其小组，美国官方得知德国的炸弹计划被拖延了——事实上，德国人几乎没什么计划。这项情报并没有告知我和曼哈顿计划的其他大多数科学家，直到好几个月后我们才被告知——部分原因显然是因为我们的军事与政治领导层并不完全相信古德斯密特的情报，部分原因是这帮领导人不希望我们因此而松懈对执行炸弹计划的全心投入。麻省理工学院的荣休教授菲利普·莫里森（Philip Morrison）告诉我，他在古德斯密特的结论呈报不久后很快就知道这个消息，因为他除了担任洛斯阿拉莫斯的科学家之外，还承担着第二项工作——担任向曼哈顿计划的负责人格罗夫斯将军呈送报告的军官团的科学顾问。格罗夫斯通知了实验室主任奥本海默，后者又转告了莫里森，当时这项情报仅传达至此。

日本人同样也没有获得多少进展。他们与德国人一样并非因为缺少科学人才，而是都在于缺乏意愿。对盟军来说，核弹计划享有最高的优先权。而在德国与日本，此事根本就没有列入优先发展名单。由于对德国科学成就的敬畏，我们对德国发展炸弹的前景保持着高度警觉。我们原本应该对日本的炸弹发展前景也保持某种程度的警觉。

我们在汉福德遭受过一次日本的"攻击"。在 1944 年末和 1945 年 7 月之间，日本人从本土放出数千个纸制的氢气球，他们打算让这些气球乘西风飘越太平洋到达北美洲西岸地区，投下所搭载的轻量级武器（每个气球底下悬挂了两枚小型燃烧弹和一枚 15 公斤的高爆弹），引发火灾并杀伤人员和破坏财产。这个计划确实起到了一定的效果。气球引发了俄勒冈州、华盛顿州和英属哥伦比亚地区的多处森林火灾。有一枚炸弹在俄勒冈州东部着陆，炸死了正在树林里郊游的一位妇女和五名儿童（这是战争时期美洲大陆上唯一的伤亡事件）。对于气球飞临上空的消息，新闻媒体根据政府的要求在多数时候都没有给予报道。这项措施避免了在美国引起恐慌并让日本人感到挫败——他们看不到气球发挥功效的证据。但我们有部分员工免不了会得知有关纵火气球的消息，这足以让我们感到紧张。我们知道不太可能会发生空袭事件，但真的看到有气球从日本乘风飘临还是令我们感到惴惴不安。难道日本人真的找到了轰炸我们工厂的门道了？

1945 年 3 月 10 日，一只失火气球纯属偶然造成了汉福德工厂的停机。气球垂下的绳子挂到了电线，而这电线恰好就是反应堆循环水泵的动力线。于是反应堆不得不立即关闭，几个小时后电力才得以恢复。这是战争期间唯一一次由敌方行动所导致的美国工厂的停工。具有讽刺意味的是，正是这座工厂所生产的钚摧毁了长崎。 63

即使是在战时研究的最繁忙时期——或后来的氢弹研制时期——我都不曾停止思考有关于基础物理学的问题。费米在里奇兰对我是个很好的激励。我们讨论有关宇宙线物理和基本粒子物理学的未来研究方向。也正是在这段时间里，他发展了一项理论来解释为什么宇宙线中的质子会以这么高的能量打到地球上。他想象，银河系里处于离子（带电荷的原子）云中翻腾的质子能够随机地获取或释放能量，因此它们有机会获得巨大的能量。而我感到基本粒子物理学的未来，至少是近期的未来，将十分借重于宇宙线。因为穿入地球的部分粒子所携带的能量之高是现有加速器或可预见的未来能够建造的加速器所无法企及的。宇宙线粒子不多，但其携带的能量极高，而且获得这种射线的成本很低。我对战后的这种粒子研究途径很感兴趣，它可以让我们在时间或财力投入不多的条件下取得进展。

迪克·费曼虽然工作地点离我比较远，但也是我在战争期间进行纯物理学思考的另一个激励。他才 20 多岁就已成为洛斯阿拉莫斯提出原子弹理论的重要关键人物了。他一向以为人热情但喜欢恶作剧而闻名。在我偶尔对洛斯阿拉莫斯的短暂访问期间，我们找时间讨论了彼此在电动力学方面的研究心得，并完成了一篇有关超距作用公式的长篇论文。这篇论文发表在 1945 年的《现代物理学评论》（*Review's of Modern Physics*）上。我在战争期间所写的其他文章几乎全都是内部机密报告，没有机会公开。

我认为我的物理学研究生涯可以分为三个时期。第一个时期从我的学术生涯起点直到 20 世纪 50 年代早期，那时我坚信"万物皆粒子"。我寻求证明所有基本实体——中子、质子、介子等——都是由最轻最基本的粒子即电子和光子构成的。我在汉福德的时候曾参加过纽约科学学会组织的一项竞赛，提交的论文就是以此为主题的。这篇论文使我得了奖，后来在 1946 年的《纽约学会年报》上以"多电子（Polyelectrons）"为标题发表。这种版本的单粒子世界构成了我和费曼的合作研究的基调。我们依据粒子彼此间的超距作用就可以将电动力学系统化而无须采用电场或磁场为中介。在后面的几章里我会详述这一

64

工作的精髓，并详细介绍费曼这个人。

我的第二段学术生涯可总结为"万物皆场"，时间从 1952 年我迷上广义相对论与引力理论直到我学术生涯的晚期。这个时期我笃信的是一种"世界是由场构建的"的世界观，表观粒子实际上都是电场和磁场、引力场以及时空本身的表象。我将在第 10 ~ 14 章里讨论这一主题。

现在，我又有了一个全新的观点——"万物皆信息"。我对量子的神秘性质和我们能够理解我们所在的这个世界的神奇能力等方面研究得越深入，就越能够看清逻辑和信息对于物理学理论的基础性作用。我写这本书的时候已经86 岁，但我还将继续探索下去。我将在本书的最后两章里描述我在这方面的研究结果。

# 第3章　家学渊源

1910年夏天，约瑟夫·路易斯·惠勒（Joseph Lewis Wheeler），华盛顿特 65
区公共图书馆的一位馆员[1]，有一个习惯：在一天工作结束后从特定的一扇门离开。他的同事玛贝尔·阿奇博尔德（Mabel Archibald）则从另一扇门离开。他们小心翼翼地避开其他同事，不让他们有闲言碎语的机会。这一对年轻恋人在岩溪公园（Rock Creek Park）见面，一起散步，牵手，读诗，并谈论婚姻大事。

他们于秋天结婚，当时约瑟夫26岁，玛贝尔27岁。9个月后我出生了，成为他们四个子女中的老大。

我母亲个子很高——和我父亲一样高——而且漂亮，她有一头自然卷曲的金发和一双蔚蓝色的眼睛。随着年岁增大，她变得越发丰满，但一直都很美丽。她个性阳光，总让身边的人欢声不断。但她容易害羞，向来不喜欢社交聚会场合。按照那个年代的习俗，结婚后她就放下事业成了家庭主妇。实际上她也喜欢待在家里照料子女，操持家务。我父亲无论是在家里还是在婚姻关系上都处于主导地位，他对我母亲的这种性格赞许有加。他从没有建议过我母亲去考个驾驶执照，而她也从来没这么做过。

我母亲（我父亲和她所有的朋友都称她阿奇）是一位聪明的女性而且饱览群书，并能在我父亲需要购买哪些书时帮助做决定，因此她对自己没能获得
一个大学学位一辈子耿耿于怀。她发誓一定要让她的子女在学术上取得成就。 66
作为长子，又偏爱数学和科学，因此我比其他孩子受到了母亲更多的关照。两个弟弟和一个妹妹都感受到了这种不平等。虽然我没有压抑感，但我知道她对我的期许。我的数学天分也许来自我的母亲。她可以在日杂商店对着倒着的单据在店里伙计笔算没算完之前就心算出结果。

---

[1] Librarian，从后文看，这里似应理解为图书馆长。——译注

我的父亲大约 5 英尺 8 英寸高[1]，身材修长，金发碧眼。他是一位严肃的成功人士，一个讲原则的人，一生致力于服务大众。但说到底他就是个推销员——毕生献给了图书馆的推广工作，而且获得了极大的成功。他善于与新闻媒体打交道，善于募集捐款，还擅长与议员沟通。在担任俄亥俄州扬斯敦（Youngstown）公共图书馆馆长期间，他没花市政一分钱就设法在市中心的一处交通岛上建了一座图书分馆。后来，他在巴尔的摩的伊诺克·普拉特免费图书馆[2]担任馆长时，与阿切尔洗衣店（Archer Laundry）合作，将图书馆广告印在衬衫的内衬厚纸板上。他还请求并借用到巴尔的摩商业区的商店橱窗用以图书展示。当普拉特图书馆搬入先前作为商务用途的劳斯楼时，它成为国内第一家拥有自己的大型展馆的图书馆。

1918 年，我父亲在一周之内写了（他说是"准备了"）一本书《回老家工作》。这本书是应美国图书馆学会邀请撰写的。后来他又写了六七本其他的书。最先写的是《图书馆与社区》（1924 年出版），最后一本是《公共图书馆建筑的战略定位之再思考》（1967 年出版）。这些书籍虽然为他带来了好名声，但显然没有为他赚进多少版税收入。我父母生活向来简朴，我们这些孩子都知道家里没有余钱。

我父亲喜欢格言。他最喜欢一句格言是："凡事都有改善余地"（There isn't anything that can't be done better）。他经常挂在嘴边的另外一句是罗斯福总统的"倾尽全力，就地奋起，去做你能做的事"。（Do what you can, with what you have, where you are.）我也牢牢记住了这些格言，它们成为我的试金石，就像它们对我父亲所产生的影响一样。我从没听他引用过一句德国格言"问题之所以存在，正在于需要我们去克服"，但我相信他会认同这种观点。他一直都在工作，他喜欢掌控——不论在图书馆还是在家里。同时他又是一位梦想家。他非常喜欢他的位于佛蒙特州中西部的山溪农场。这个农场离纽约州不远，是他在我还是个小男孩时买下的，他梦想着有一天能在那里开设一家槭糖浆企业。但到他和我母亲终于退休搬到佛蒙特州来住时，却不是搬到这个农场，而是搬到附近的本森村——农场已经被卖掉了。我父亲人虽退休了，但还是笔耕不辍地写书、演讲和提供咨询服务，根本没有时间顾得上槭糖浆的事

---

〔1〕 换算成米制大约为 1.73 米。——译注

〔2〕 Enoch Pratt Free Library：该图书馆是由银行家普拉特于 1882 年出资设立的。当时美国的大多数图书馆都要求读者先缴交年费方能使用，普拉特图书馆则于 1886 年 1 月 5 日免费向一般大众开放，因此有"免费"之名。——摘自蔡译本译注。

我的父母亲和我在 1911 年

儿。他的文章都收藏在位于佛罗里达州州府塔拉哈西的佛罗里达州立大学图书馆学学院的约瑟夫·惠勒文献室里。

我父母的婚姻美满幸福，我就在这样充满爱的家庭里中长大。1960 年，<sub>68</sub> 我母亲在 78 岁时去世，那是在她和我父亲的 50 周年金婚庆典后不久。失去阿奇对约瑟夫是个沉重的打击，他再也没能从悲伤中完全恢复过来，虽然他从未失去工作的热忱。他多活了 10 年，以 88 岁高龄[1]卒于 1970 年。在他将要离开本森前往拉特兰的医院时，他意识到那将是他最后的旅程，他打电话到加州找我说："我就要走了，你打电话也找不到我了。"在他离世之前我没能见他最后一面。但我的两个孩子雷蒂西娅和杰米接到我的电话后及时赶到了佛蒙特州向他们的祖父做了最后的道别。

我父母亲的两个家族在美国已经生活了好几代。很难说这一点对于我的发展、我的事业或我的个性有什么样的影响，但我确实与 20 世纪 30 年代的大多

---

〔1〕 原文作 86 岁，显然属笔误。——译注

我的父母：约瑟夫和玛贝尔（阿基）·惠勒，大约摄于1935年

数物理学家有些不同。那时我的许多美国物理学家同事——尤金·威格纳、爱德华·泰勒、阿尔伯特·爱因斯坦、汉斯·贝特、恩里科·费米、莱昂·西拉德、乔治·伽莫夫等——都是刚从欧洲来到美国。我的第一位博士后导师格利高里·布赖特也是在孩提时代从俄国来到美国，罗伯特·奥本海默则是移民的子女。但在美国有深厚家族渊源的并非只有我一人。回旋加速器的发明人劳伦斯、第二次世界大战时期担任冶金实验室主任的康普顿、对早期量子力学发展做出过贡献，后来任美国国家标准局局长的爱德华·康登（Edward Condon），也都和我一样拥有这种美国文化的传承。

　　我父亲出生于清教徒家族，自小家教严格。他的父亲（我祖父老惠勒）放弃了作为波士顿和缅因铁路公司副总裁助理的稳定工作，而去当了斯维登堡教派（Swedenborgian）的牧师，并在新英格兰东南部地区——从罗德岛的普罗维登斯到麻省的布里奇沃特——做巡回牧师而度过了后半生。他的父母亲（即我的曾祖父伊奇基尔·惠勒和曾祖母迈希塔布·惠勒）虽不曾担任教职，但对宗教信仰也十分虔诚。在他们住的新罕布什尔州的家里，晚上基本上是在争论神学观点中度过的，各自都希望能够拯救对方的灵魂。再往前推，惠勒家族的第一代是在"五月花号"抵达美洲后不久与其他清教徒一起由英格兰取道荷兰最终来到这个国家的。到 1640 年，在麻省的康科德镇设立后的一年里，便有 35 个惠勒家庭在此定居，惠勒是镇上最常见的姓氏。

　　我母亲的家族迁徙则经历了一番冒险。她祖上是苏格兰人，后移民爱尔兰以追寻更好的生活，结果却于 1689 年在伦敦德里陷入重围——被废黜的国王詹姆斯二世率领其天主教徒随众与法军联手，试图夺取这个路德教信徒聚居的城镇。在侥幸逃脱被围生还之后，他们梦想去新世界过比较安定的生活，于是与其他生还者一起移民美洲，在新罕布什尔州建立了伦敦德里镇。在英国于 1755 年将法国人逐出阿卡迪亚[1]后，阿奇博尔德家族的这些祖先看见了一个新的机会。我的上溯四代的曾祖父萨缪尔·阿奇博尔德（Samuel Archibald）与其三个兄弟带着他们的妻子和孩子共 42 人于 1762 年航行到新斯科舍（Nova Scotia）的新建小镇特鲁罗（Truro）定居下来。但阿奇博尔德家族的移民历程并没有终止。萨缪尔的一个孙子，也就是我的曾祖父约翰·阿奇博尔德（John Christie Archibald）与他妻子简·欧柏莱恩（Jane O'Brien）在开发西部的召唤下毅然前往。他们的许多子孙便定居在堪萨斯州、科罗拉多州、新墨西哥州以及得克萨斯州，甚至我本人最后也成了得州人。

　　19 世纪 50 年代，美国国内围绕着蓄奴问题局势开始紧张起来。东部与南部各州已经做出决定。有些州允许蓄奴，有些则否。但在中西部和西部的各领地，关于这个问题还没有定论，需要交付投票表决。人民自决权（squatter sovereignty）的概念，即后来的"人民主权"思想，已经被写入"1854 年堪萨斯－内布拉斯加法案"，该法案确立了堪萨斯和内布拉斯加两处领地的地位，并授权这些领地享有普选权来决定何者将成为自由邦，何者将允许蓄奴。麻省的一些有钱人拥护废奴制度，便决定资助具有相同主张的民众迁移到堪萨斯以便获得多数投票来反对蓄奴。当时约翰和简居住在麻省的伍斯特附近。约翰干的是木匠和盖房的工作，他听到这个机会便决定动身前往。他们加入了自由州党，并向堪萨斯州的劳伦斯附近的瓦卡鲁萨河进发。在那里他们领受了 164 公顷的安家土地。约翰的几位兄弟也随后迁了过来。

　　我外公弗里德里克（Frederick William Archibald）—— 一个 60 年后我才学着去爱的人——在到达堪萨斯时只是个 9 岁的小男孩。据传说，在几年后的

69

---

　　〔1〕 Acadia，原法属殖民地，范围包括北美东北部广大地区，是 17 ～ 18 世纪法国在北美大西洋沿岸的领地，其中心为现在的加拿大新斯科舍省，包括加拿大新不伦瑞克等沿海各省、魁北克东部和美国缅因州部分地区。英法之间曾在此进行过多次反复的争夺。——译注

一次支持蓄奴的武装暴力集团——来自邻州密苏里的昆特里尔帮[1]——洗劫时，他侥幸逃脱了被处决的厄运。1863 年 8 月 21 日，昆特里尔的人马在劳伦斯城内外烧毁了 200 间房子，杀死了 150 位成年男性和孩童。当一名匪徒正要处决当时才 17 岁的弗里德里克时——幸运的是，当时家里只有他一个男性——他的母亲（我的曾祖母简）扑到孩子与匪徒中间哭叫道："不要杀他，他还是个孩子。"就这样他被留下了。在南北战争期间，他已长大，能够扛枪打仗了，好在命运之神再度眷顾，其惊险程度不亚于前次。在密苏里州的小布鲁战役中，一颗炮弹从地面跳起正好击中他的头部，让他整整昏迷了三天。当地一位主妇正好看到这一幕，发现他还有脉搏，于是将他带回家中，一直照顾到他恢复健康。从那以后，他头上就留下一个凹洞。他于 1926 年过世，享年 80 岁。

内战结束后，弗里德里克入读新成立的堪萨斯大学，并在那里邂逅另一位新生，来自俄亥俄州的莎拉·里德（Sarah Reid，又名莎莉）。她的家庭一直是地下铁道组织的成员，致力于协助逃脱的奴隶抵达加拿大（在我们家族里还保存着一把逃脱的奴隶送给莎拉父母的银汤匙）。弗里德里克和莎拉一见倾心，很快坠入爱河。5 年后的 1871 年，在弗里德里克入职首都华盛顿邮局后，他们便结婚了。他们的头两个子女——罗布和珍妮，我母亲的哥哥和姐姐——便是在那里出生。1870 年代末，弗里德里克在他哥哥阿尔伯特（在科罗拉多的特里尼达做律师并兼营一个小农场）的劝导下决定移居西部。阿奇博尔德家族的人都具有开拓精神，他动手搬迁——先是一个人，随后莎拉、两个年幼的孩子和他寡居的妈妈简也一齐搬了过去。还是在年少未出茅庐时期，即昆特里尔匪帮洗劫的 1863 年的前一年，弗里德里克就曾见识了大西南的广袤，并萌发了以后来这儿生活的念头。当时他随同舅舅普特南（Putnam O'Brien，持联邦主义观点的出版商，发行反对蓄奴的《圣菲共和报》）运送一部印刷机去圣菲，在回来的路上经过科罗拉多东南部。弗里德里克可能就是那时候拜访了阿尔伯特，当时他已经定居住于特里尼达。

在特里尼达，莎拉又生了三个孩子——1882 年我母亲出生，随后每隔两年又生下了拉尔夫和约翰·克里斯蒂。后来我外公弗里德里克与他哥阿尔伯特吵了一架，阿尔伯特破产了，之后，全家靠经营特里尼达郊外的小农场度日。

---

〔1〕 Quantrill gang，美国内战时期由克拉克·昆特里尔（William Clarke Quantrill）率领的一支南方邦联游击军，所到之处均施行烧杀掠夺因而恶名昭彰。——摘自蔡译本译注

我外公他们直到我母亲 16 岁时才回到首都华盛顿，外公还是回政府工作直到退休。

尽管家里经济拮据，但我母亲的四个兄弟姐妹都上过大学。她哥哥罗伯特在科罗拉多大学学法律，姐姐珍妮也在同一所学校，取得了植物学学位。弟弟拉尔夫和约翰·克里斯蒂两人都是毕业于利哈伊大学采矿专业的工程师，握有矿业工程学位，一辈子从事开矿工作。但我母亲却阴错阳差地没能上大学。可能她在准备继续深造的当口，考虑到家里的经济条件，为日后两个弟弟能有较宽裕的条件读大学，于是选择了放弃。这种猜测的依据是约翰·克里斯蒂在高中毕业后必须到煤矿工作两年才能攒够大学学费。我母亲仅有的高等教育学历是纽约州奥尔巴尼图书馆学院。她就是在那里认识了我父亲。在科罗拉多，她的房间里堆满了书，包括她伯父阿尔伯特送给她的一套《大英百科全书》。

我一直不知道母亲是否怀念在科罗拉多的那段日子。她从来没在我面前流露过这种怀念之情。她似乎和我父亲一样喜爱新英格兰。然而，她少女时代所亲身感受到的广阔原野和西班牙文化一定触动过她的心弦。她喜欢用西班牙语来表达对子女的深厚感情，她还会为我们做西班牙甜点。

我仍能深切感受到自己与父母，以及与他们的父母乃至祖辈的那种血脉联系。我父亲在他晚年搜集整理了他的家谱以及玛贝尔家族的历史，并装订成书。我也不断地在搜寻更多的资料以充实他的记录。我一向喜爱历史，我发现惠勒和阿奇博尔德家族的历史和世界上伟大的领袖人物的历史以及宏大的战争冲突事件一样迷人，我为自己的美国文化传统感到自豪。

就我所知，我是惠勒-阿奇博尔德宗族里唯一的科学家。但我们家族里有许多人从业于图书馆工作。

1911 年 7 月 9 日，我出生于佛罗里达州的杰克森维尔。

为什么会出生在杰克森维尔呢？那是因为华盛顿图书馆的馆长鲍尔曼（George Bowerman）看出我父亲是个干图书馆事业的人，于是推荐他到杰克森维尔公共图书馆担任馆长。这对年轻夫妇便在 1911 年 4 月，即结婚 6 个月后，搬到了杰克森维尔，因此我就在那里出生。但我父亲在那里并不快乐。到底是不是有什么缘故使他不喜欢那个工作，他从来没有提过。至于他不太满意佛罗里达的工作的原因，他只提到是气候以及我母亲需要动甲状腺囊肿手术。虽然她完全恢复了健康，但她和我父亲肯定想到过生病是不是因为水土不服的原因。因此我父亲开始找另外的工作。1912 年 9 月，即搬到杰克森维尔后不到 8

个月，他在加州找到一份收入更高的工作——洛杉矶公共图书馆的助理馆长一职。

父亲打头阵，先去熟悉那个地方并找一处安家。他在北格伦代尔（North Glendale）的弗杜格山脚附近的卡萨弗杜格（Casa Verdugo）找到一所平房。房子靠近一条电车线路，因此上下班很方便。我母亲和我随后坐火车前来。我童年时期的最早的模糊记忆正是格伦代尔这栋平房的门廊，以及漆成白色的栏杆。

就在我母亲和我前来与他会合的时候，父亲染上了猩红热。虽然康复之后他长期过着积极的生活，但这场疾病使他的心脏功能变得衰弱，体质一直欠佳。这对我来说倒不全是坏事——父亲和我们在佛蒙特州的农场疗养期间，正是我幼年生活最快乐的一段时光。

我童年的住所，摄于 1914 年前后加州格伦代尔

我弟弟乔出生于 1914 年 8 月 10 日，那天距我的 3 岁生日刚过完不久。第二年年初，乔还在襁褓中，我也还不满 4 岁，父亲失业了。原因显然是他想法太多而忽略了现实。在他后来自己成为图书馆馆长之后，他证明了自己是一位革新者——总是想尽办法让图书馆更好地为读者服务。在洛杉矶，他的一些设想没有得到馆长的认同，一天馆长找到我父亲说："你被解雇了。"幸运的是父亲很快又找到了其他工作。1915 年 4 月，美国图书馆学会聘请他为当年夏

72

天在旧金山举办的世界博览会筹办图书馆服务与方法的展示项目。虽然那只是暂时性的工作，但却是个机会。他全力以赴。美国图书馆学会的领导层对他的表现非常欣赏，以至于在11年后的1926年费城世界博览会上又将同样的工作指派给他。

我父亲总是乐观向上，晚年喜欢对人谈起世界博览会所带来的兴奋，它的精彩展示，以及他与前总统西奥多·罗斯福会面时的兴奋之情。他还讲起过从洛杉矶乘船到旧金山的途中遇到的海上风暴，以及他在旧金山被扒手偷走钱包的经历。在旧金山的那几个月里他里里外外就一个人，我母亲带着我和襁褓里的乔暂栖于格伦代尔，收拾房子，规整家什。随后，在5月中旬，她带着我们回到华盛顿与她父母同住。我们在那里待到9月，然后全家才在俄亥俄州扬斯敦团聚。我到现在还朦胧记得曾经跟着我母亲和襁褓里的乔一起坐火车横跨美国的经历。我一生都热爱火车，想必就源于童年早期的这种经历。

还是在旧金山的时候，我父亲就得到了扬斯敦公共图书馆馆长的职位。我从不知道他是如何得到这份工作的，但这份工作对他相当合适，他是一个喜欢总揽全局并需要有变革空间的人。他热爱扬斯敦的工作，当地社区也很欣赏他的能力。从1915年到1926年的11年间，扬斯敦便是我们的活动平台，我的大部分童年记忆也都是以这个地方为背景。1917年4月，我的另一个弟弟罗伯特出生，那年我5岁。大约一年半之后，1918年11月，妹妹玛丽来到人间，当时我7岁。

我之所以将俄亥俄州扬斯敦看作"活动平台"，是因为在1926年（我15岁）我们家最终搬到马里兰州的巴尔的摩之前有过两次重要的迁居而离开了扬斯敦。第一次是在1917年到1918年，我父亲被放假10个月以便支援美国的战争行动。他的工作是在"图书馆战争服务处"负责美国境内所有军营区的图书馆，并负责所有海外部队的图书馆图书的挑选。我母亲则带着6个月大的罗布、3岁的乔和6岁的我又一次搬回到首都华盛顿帕克路1105号与她父母同住。那栋房子虽然不大，但我们还是都住进去了。我父亲也称这里是他的家，尽管他和我们聚少离多。

扬斯敦没有幼儿园，因此我的学校生活一开始就是在首都华盛顿上小学一年级。我记得老师坚持要我用右手写字，虽然当时我已经表现出有左撇子的倾向。在我还是幼童时，有一次外婆莎拉来加州小住，她教我如何用锤子，我便用左手拿锤子敲打（我面对着她学习，因此模仿的是她的镜像动作）。如今，我是用左手做木工右手写字——虽然在授课演讲时通常是哪只手方便就用哪只手在黑板上写字。我喜欢用图表来说明我的想法，通常我是用右手画图，但我的左手也一样流利。

我还记得战争时期在华盛顿念一年级的时候，学校要求我们背诵效忠誓言。我父母亲很不高兴，他们认为学校这样做有点像是在传教。那时他们都是自由派新教徒，和教堂的关系不是很密切。后来在扬斯敦当我选择入读唯一神教派星期日学校[1]后，我也将他们带入了唯一神教派。但作为一年级新生，我还没有资格将父母的信仰带到教室里面，于是我背诵了誓言。

我外公外婆家充满爱与温馨。家里突然住进我们惠勒一家四口，有时候是五口人，必然显得相当拥挤。但那时我才6岁，意识不到这一点。我外公那时已经退休，对我特别照顾。他将我领进了数学，甚至还有点代数知识，如果我没有记错的话。我们经常一路走到岩溪公园，在市区里散步，有时候还会去拜访他内战时期的战友。我记得有一次是听威尔逊总统在莫尔广场[2]发表战时演说——尽管演讲的内容不甚了了——那次也是外公带我去的。还有一次，我跟着他走进了华盛顿附近的一处闲人免进的海军兵工厂。他向站岗的警卫讲了一段他在内战时期的故事，于是警卫便让我们进去了。在工厂里，我看到了大炮的圆柱形炮管还未套在内管上之前是如何进行热处理的过程，外管加热后套在内管上，冷却后就能紧紧包住内管。

外公家的星期日晚餐很特别，总是一边吃饭一边讨论时政。我外婆的兄弟约翰舅公经常在星期天来吃晚餐。他喜欢和我外公议论当前的战事进展，约翰舅公对于日本人很反感，虽然当时日本是美国的盟友[3]。他坚持认为日本人只会模仿没有创新。他喜欢讲起的一个虚构故事是，日本人看到美国汽车的排气管是弯的，于是进行模仿，结果日本制造的所有新车的排气管都是弯的。我外公向来以雄辩著称。在周日晚餐聚会上，他会先说服所有人接受他的观点，然后再改变立场站在对方的位置上进行辩解。当时我已经长大，已能够听懂这种正反两方面的意见交锋。我开始喜欢上外公外婆，尤其是外公，他在我的身上花了相当多的时间精力。不幸的是我没有机会像认识外公外婆那样去了解我

---

〔1〕 Unitarian Sunday School, 唯一神教派认为只有上帝是神，耶稣不是，其他的更不是。——译注

〔2〕 莫尔广场位于华盛顿国会山与林肯纪念堂之间，濒临波托马克河的一片开阔草坪，广场四周有许多大型博物馆。——摘自蔡译本译注

〔3〕 第一次世界大战期间，美日间的同盟关系主要表现在对华利益瓜分上，曾签有针对中国问题的《兰辛—石井协定》。——译注

的祖父乔治和祖母玛丽·简。

1918年6月，我母亲再次怀孕，我们又回到了扬斯敦。这次回来我们在此度过了8年。我们住在丘陵起伏的扬斯敦北区丹尼克大道157号。这是一栋普通的房子，但邻里关系非常融洽，院子也够大，可以养小鸡——我们从佛蒙特州带回来的，也可以让我们小孩子搭房子过家家。作为家里的老大，我还有自己的卧室。

随着我们逐渐长大，我们四个孩子大多时候分两摊玩。乔和我，我们两个大点儿的一起玩（因此我和乔关系最亲密）；罗布和玛丽两个年纪小点儿的一起玩。随着年龄增长，所有孩子都必须做家务：捡鸡蛋，整草坪，帮助洗碗和做其他家务活儿。我们做家务时也和玩的时候一样喜欢搭伴儿。后来，在上中学和大学时，乔和我就都比较用功，而罗布和玛丽虽然也都是好学生，但他们更活跃，喜欢社交活动，以至于有时候影响到他们的功课。

我们在童年时的爱好都成为我们日后的指标。我爱好机械，我成了科学家；乔喜欢读书，后来他成了历史学家；罗布喜欢搜集石块，长大后成了地质学家；玛丽喜欢整理归置洋娃娃和花草，日后成了图书馆馆员。

在我们上大学期间，全家已经搬到巴尔的摩。因此我们四个孩子上大学时都住在家里。乔在约翰霍普金斯大学取得学士学位（我也曾在那里就读），后又在布朗大学拿到史学博士学位（1939年），并在同一年从哥伦比亚大学拿到图书馆学硕士学位。1943年他应召入伍时正供职于纽约公共图书馆。1944年他阵亡，遗下了妻子莎拉和一个18个月大的女儿玛丽·乔。莎拉来自内布拉斯加州，是乔的哥伦比亚大学同学，他们于1940年结婚。[莎拉后来再婚，定居在加州的圣巴巴拉。在我的撮合下，玛丽·乔认识并嫁给了我的本科学生哈特尔（Jim Hartle）。现在他们也住在圣巴巴拉，哈特尔在那里担任物理学教授。]

我们四兄妹中最出风头的是罗布。他随乔就读于约翰霍普金斯大学，后来到哈佛拿了地质学博士学位。他的专业生涯大半在得州度过，先是在石化工业，后又在好几所学院任教。他娶了一位地质学家同行——玛乔丽·伍德贝里（Marjorie Woodberry）——为妻，育有两个女儿，罗宾和蓓瑟尔。罗布嗜烟如命，有段时期还嗜酒。虽然在我1976年去了奥斯汀后我们都成了得州人，但相距却有200英里之遥——罗布在博蒙特的拉马尔大学任教，因此我们无法经常见面。1977年，罗布60岁时被诊断出患有颈动脉栓塞。珍妮特和我开车到博蒙特探望，在他入院手术之前我们一起度过了三天愉快的时光，随后他上了

75

76

我们四兄妹，摄于1929年前后。后排站立者：乔，中学生；坐在我两边的分别是玛丽和罗布，小学生；我是大学生

手术台，但却没能下来。

　　玛丽在古彻学院（Goucher College）读完本科，随后到科罗拉多的丹佛大学研究图书馆学。她第一次谈恋爱是与一位来自佛蒙特州本森的男孩，但因我父母的极力反对而告吹。后来她嫁给了一位同样来自于马里兰州的艾尔弗雷德·比芬（Alfred Beavin）。有趣的是他们是在得州的密德兰认识的，当时玛丽去拜访罗布和玛乔丽，她未来的夫婿则在当地的陆军航空队基地教授轰炸用瞄准具的维护课程。他们在巴尔的摩结婚，由此她可以在密德兰的图书馆工作。但他们在那个地方只住了3年，原因是玛丽非常喜欢佛蒙特，她丈夫最终

我弟弟乔和他的未婚妻莎拉·哈钦斯，摄于1940年前后

成全了她的这一愿望——1946年，他们搬到了本森。她在那里生了四个孩子。玛丽经营着一家取名"绿门"的综合商店，这间店铺也是他们的住家，他们出售一些由艾尔（艾尔弗雷德的昵称——译注）现场制作的物件。玛丽目前还住在本森，住在我父母亲退休后所住的同一栋房子里。艾尔身材高大，体态修长，相貌英俊，在外人缘很好，在家却很专制。玛丽与他一起生活了20年最终还是离了婚。在她做"单身妈妈"的那几年，玛丽先后在威斯康辛和佛蒙特的拉特兰做图书馆馆员。她的4个子女——丹尼尔、约瑟夫、芭芭拉和李——有三个还住在佛蒙特，她的孙子们大多也住在那里。

　　我们家第二次离开扬斯敦是搬回本森附近的我们家的农场。以前我们也曾 78

二弟罗布，摄于 1950 年前后

在农场小住过。那是在 1921 年的春季，我父亲决定他需要静养来恢复健康，并选择本森的农场作为落脚处。他和我母亲及四个孩子——小的 2 岁大的 9 岁——通通挤进家里的房车，动身前加往佛蒙特。我们在那里从 1921 年 4 月一直待到 1922 年 10 月，我的 10 岁和 11 岁生日都是在那里过的。

那个农场原属于我祖辈亲戚奥斯卡·邦普（Oscar Hilon Bump）所有。他律师出身，曾任佛蒙特州拉特兰的司法官，但他也经营农场，干过木匠，卖过保险。奥斯卡祖姑夫娶了我祖父的姊妹爱玛。1919 年，爱玛病势垂危时，她未婚的姊妹汉娜（我们总是称她为安妮）过来照料她。两年后，奥斯卡和安妮结婚，由此他再度成为我的祖姑夫。奥斯卡身材很高，留着浓密的胡子，秃顶，目光炯炯有神。安妮的体重不足 100 磅，但走路飞快。在商店里还不出售

79

妹妹玛丽，摄于 1969 年前后

脱脂牛奶的那个年代，她都是自己细心制作脱脂牛奶。做法是将生牛奶倒入铺有生鸡蛋的碾碎的麦粒滤层过滤，滤出的便是脱脂的牛奶了。我小时候和他们非常亲近。我父亲大学毕业后的头一年，奥斯卡和爱玛的儿子弗兰克因肺炎在37 岁时去世，于是我们便住过去安慰他们。

搬到扬斯敦之后不久，我父亲动起了买下祖姑夫奥斯卡的农场的念头，虽然他那时尚没有余力这么做。我母亲比较实际，认为这不太靠谱，但还是勉强同意了。祖姑夫奥斯卡开了一个公平的价格，并允许我父亲按多年分期付款，每年只需缴付一点点的方式支付。多年以后，奥斯卡了解到我父母非常喜欢本森，于是便将位于镇上的房子馈赠给他们。这便是我父母退休后的居所，也是我妹妹玛丽现在的住处。

祖姑父奥斯卡和祖姑母安妮，于佛蒙特州本森

　　我童年里最愉快的回忆差不多全都是关于农场和本森的。在 1921～1922 年的那段日子里，我父亲自己经营农场，并雇了个帮手，农忙时还多雇两三个帮手。而在这段时间前后，他将农场租赁给当地人，让他们掌管所有的事情——农场、谷仓、农具、牲口和房屋。因此，在回农庄小住的大部分时间里，我们多半是住在搭建于农庄一角的帐篷里，烧柴火做饭，拿瓦罐当锅使，用水则取自泉水或附近的溪水。农场工作相当辛苦：在约 600 英亩（1 英亩 = 4046.86 平方米，下同）的土地上养了 25～30 头奶牛和差不多 20 头猪。主要作物是奶牛吃的干草。农场所产的牛奶要运到纽约市。（我们的农场在"新英格兰分界"的西边，牛奶一路销往波士顿，另一路销往纽约）。

　　最后，我父母盖了一间小木屋来取代帐篷，后来，这间小木屋又被一间大的木屋所取代。1937 年，他们将农场卖给了一直租赁的威斯考夫斯基（Edward Wiskowski）。但他经营不善，缴不上分期付款。于是我父亲又将农场转手给佛蒙特的一位邻居查尔顿（Almon Charlton），他很擅言谈，我听一整天都不觉得累。

1921 年春，我上小学四年级，入读只有一间教室的邦普学校，这所学校以祖姑夫奥斯卡的名字命名，这是因为学校用地是他捐献的。我的老师叫玛丽·多诺万（Mary Donovan），她每天从附近她住的农场走路来校，要教 8 个年级的约 35 位学生。我不记得当时有没有人认为我早熟，也不记得是否曾得到过多诺万老师的特别关照。在佛蒙特读了一年多之后，我又转回到扬斯敦，直接上八年级，跳过了四个年级。我想部分原因是因为我能够听懂高年级老师的讲课，而且能安静地跟着高年级学长一起学习。此外，我白天也有时间按自己的进度阅读能得到的各种书籍，我拼命地做数学题。自从一年级我外公阿奇博尔德将我领进数学殿堂之后，我就爱上了这门学科，并发现它越学越有趣。后来在十年级或十一年级时我还自学了微积分。

虽然我知道自己学得比其他同龄人要快，但我并不觉得自己很特殊，不管是在本森还是在扬斯敦都是如此。在那个年代，大家都认为孩子的个性与智力只有通过严加管教和刻苦用功来发展，而不是通过褒奖和赞誉。但我父母却几乎不掩饰他们对我的判断：我拥有超常的智力潜能。我记得有一天晚上我上床之后听到他们的谈话，他们在讨论我优异的学习能力对他们所造成的挑战，他们该怎样做才能进一步支持我接受教育。

所幸，我在扬斯敦拉延中学的几位老师也放手鼓励我发展。他们并不像一般老师那样碰到学得快的孩子就放任不管甚至将他们看作麻烦学生。我的数学老师鲍德温（Lida F. Baldwin）小姐对我的启迪让我印象深刻但难以描述。她给我开小灶，提供我课外书籍并给予额外的鼓励。最重要的是她很看重我。有一天下午，她亲自到图书馆找到我父亲——我想她是要确认我父母是不是和她一样能够全心关注于我的教育。

鲍德温老师身材苗条，五官轮廓分明，教我的时候已经步入中年。她是那个年代里的所谓老处女，全身心都奉献给了学生和她的花园。她在拉延中学教英文和数学（但她只教我数学课）。后来我才了解到，她写起东西来就像个天使，我到现在还珍藏着她出的一本薄薄的论文集。这本书在她去世后才于 1941 年出版。从她有关林肯著述的美文中即可看出她是一位多么伟大的教师，字里行间让所叙述人物的个性呼之欲出。她有关园艺的著述是一篇充满幽默与真情的杰作（在文中，她是这样来赞美故事中的人物的：身陷沙漠绿洲，只能选择三本书籍时，他挑选了《圣经》、莎士比亚和一本物种分类学）。她在文中坦承，虽然自己可以轻易做到遵循《圣经》戒律不去贪求邻居家的公牛、驴或仆役，但她很难不去想邻家的沃土、谷仓旁的肥料和小丘旁的落叶堆肥。

我在中学时期的大多数课程都学得不错，还赢得过当地报纸主办的美文奖。但是我对音乐却很困扰。我不知道是不是有人完全是音盲，但我想我自己差不多就是这样。也许如果没跳过五年级、六年级和七年级的音乐课程，我就不会有这么大的困扰。

住在佛蒙特农场期间，我差一点因为好奇而断了一根手指头。以前在扬斯敦的时候，我就已经学会用化学制剂来制造火药，并知道如何用乙炔和水来起瓶盖。在佛蒙特时，我阅读了能读到的所有有关爆炸物的图书资料。当时，我父亲和邻居们用火药来炸出埋电线杆的坑口。对我们农场和邻居的农场来说这都是第一次。当时我并不是想引爆整支炸药管，但我知道有些雷管就放在猪圈里。这些小型铜制弹药筒里装的是雷汞[1]，埋有导火索，用钳子将其折弯后再插入堆放炸药的洞里。如果我们从远端将导火索引燃，火花就会沿着导火索烧到雷管，接着再引爆炸药。换句话说，一根火柴或蜡烛的火焰就可以直接引燃雷管。

这种诱惑无法抗拒。我从猪圈拿了两三支雷管，跑到马路对面的菜园里一处隐秘地点。我在地上插了根火柴，将其点着，然后把雷管投向火柴。但我总是投不准，于是我逐渐俯下身来投，希望投个正着。最后直到接近到距离火柴明火仅几厘米远的地方我才将雷管递过去。"轰——"的一声巨响，雷管在我还没有撒手之前就爆炸了。在随后的几个星期里，医生从我前胸、胳臂和腿上挑出多如牛毛的碎铜片。好在实在是走运，没被碎片击中眼睛。出事之后我父母第一时间把我弄上车，母亲爬上车坐在我身边，父亲以最快速度开到10英里外的费尔黑芬村去找医生。医生检查了我的食指和大拇指的伤口后，认为我没有生命危险，于是坐下来吃晚餐，之后才处理我破裂的伤口。他把我的手泡在一碗温热的消毒水里，然后将伤口包扎好。

这次教训本应大大降低我对爆炸物的兴趣，但事实却非如此。直到现在我最爱看的还是7月4日国庆日的烟花燃放。在我们住的缅因州南布里斯托市的亥岛（High Island）的夏季住宅里，至今还保存着一尊美西战争留下的4英尺

---

［1］ Mercury fulmenate，一种古老的起爆药，由英国科学家 N. 霍华德于 1799 年发明。因安全和环境污染问题，现已基本不用。——译注

口径的大炮，每逢节庆日，我们都会放炮让震天巨响在水面上回荡。

我父母亲都在图书馆工作，因此我成长过程中始终伴随着各种书籍。在扬斯敦时，我父亲会把图书带回家让家人协助审读，以确定图书馆是否需要购买。他和我母亲会在晚餐后坐下来讨论要购买的书籍，孩子们也可以参加，只要年纪够大。我不记得自己什么时候学会的阅读，大概在五六岁吧，不算很早。我童年里最喜欢的一本书是霍华德·派尔（Howard Pyle）写的《奇钟》。我还记得读过《瑞士鲁宾孙的一家》和《鲁宾孙漂流记》。对于专业读物我读起来从不感到疲倦。我最爱读的书里有一本是父亲从图书馆带回来的富兰克林·琼斯写的《力学与机械运动》。那是一本写给成年人看的书。按照书里的指引，我制作了一副密码锁、一支连发手枪和一部加法器——全由木头制成。我还记得有一本让人爱不释手的引导我走进科学的读物叫《科学入门》，是由英国生物学家兼作家汤姆森（J. Arthur Thomson，后被封为爵士）写的。

我在入学前就开始做实验了。我在三四岁时就知道，如果将一个弹珠搁在空的灯座里然后打开电源开关，它就会被弹射出来。其他危险性较低的实验还有麦加诺组合玩具，就是用金属制作的薄片、大梁、支架、车轮、转轴、齿轮和滑轮来搭建各种小玩意儿。据说有一次，在扬斯敦，我和母亲路过一处工地时，看见工人们正在安装管子。我看了一眼说："他们装错了，那样安装不顶用。"当然啦，他们随后就发现装错了并重新进行了正确安装。（这种事情会让你成为家里的英雄）。

美国的第一座商用无线电台是匹兹堡的 KDKA，1920 年开始启用，那年我9 岁。和其他许多人一样，我和朋友拉什沃思·史塔克尔（Rushworth Steckel）一起开始摸索着制作小型晶体收音机来接收 KDKA 的广播——扬斯敦距匹兹堡不到 60 英里。当地报纸每周都有一期专版，专门介绍收音机的电路图以及如何制作的文字说明。我还记得我们去买变阻器说错元件名称时五金店伙计脸上露出的错愕表情。史塔克尔和我还制作过一台电报机，为此我们还在两家的房子之间拉了一条半条街长的电线。

上中学时，我有了另一位做木工的伙伴伯德特·莫克（Burdette Moke）。我们制作的物件既有密码锁还有能够发射木制子弹的木头枪，为此我们成立了一家"惠勒—莫克安全用品暨枪械公司"。（我不禁想到自己怎么会成为理论物理学家而不是实验家。）我与莫克的友谊得到了他父母的鼓励，他们认为和我来往可以扩充他的词汇。后来他成为一位地质学家，并在一所大学里任教。

那时我就知道将来上大学我要学理工科。我也知道我父母的经济能力有限。我承认星期六在家里或在图书馆的时候我会时常设法逃避干活。借口说："我不是不愿意做，但我要拿奖学金上大学，做这些事情只会浪费我的时间。"

我在扬斯敦读高中时学过法语，进入约翰霍普金斯大学后又学了一遍——我迷上了用法语讲授的大三的法国史课程。尽管我很担心自己会不及格，但好在这门课通过了。多年后，我和家人一起到法国，珍妮特和我操着半生不熟的法语与当地人交谈，子女们都站得远远的，生怕别人认出他们和我们的关系。我在高三时还学过德语。那时我们一家刚搬到巴尔的摩。授课老师是名师孔拉德·乌里希（Konrad Uhlig）。我在大学里又继续学德语，因为那时的物理学家必须能够阅读德文文献，那时顶尖的研究成果都是用德文发表的。我的德语在我到哥本哈根做博士后时派上了大用场。在乌里希优异的教学法调教下，我在高中时还获得过德语奖。

大概是因为著书立说的缘故，我父亲的声名远播于扬斯敦之外，并以实干家著称。1926 年，巴尔的摩市邀请他担任普拉特图书馆馆长。他在扬斯敦和巴尔的摩两地工作期间，还在费城世界博览会期间主办了美国图书馆学会展。他对于普拉特图书馆所收到的资助之少感到吃惊。但"问题之所以存在，正在于需要我们去解决"，于是他留在了巴尔的摩，一直工作到 1945 年退休。他变成了成就卓著的募捐者，并因向公众推广图书馆的使用和促进图书馆藏书量的大幅增长而闻名全国。1944 年，门肯（H. L. Mencken[1]）撰文称赞他是一位"既能干又勤奋的人"。

这次搬家意味着我得在巴尔的摩度过高中阶段的最后一年，也意味着约翰霍普金斯大学成为我上大学的合理首选。我可以住在家里从而将开销减到最低。

我 15 岁时在一所市立高中就读。这所学校有一个响亮的名字——巴尔的摩市立学院，我就是在那里学的教学质量堪称一流的德语课程，也是在那里学会了如何辩论。辩论是公开演讲和独立思考最好的训练方式！通常在辩论课上，学生要登上讲台，有人会递给你一张纸条，上面写有辩论主题并注明是正方还是反方。我发现，如果我以这样的陈述开始——"我将从社会、经济和

84

---

〔1〕 Henry Louis Mencken（1880～1956 年），美国著名记者和评论家，一生大半时间供职于《巴尔的摩太阳报》，并与他人合办其他报业。——译注

政治等层面来论述限制移民迁入（或其他任何主题）的原因"——那么我就有时间进行思考。我是班克罗夫特文学社的成员。班克罗夫特文学社是巴尔的摩市立学院的两个辩论社团之一，另一个是卡洛尔顿—怀特文学社。我们的主要对手是巴尔的摩工业技术学院——拥有华丽名号的另一所市立高中。这两所学校的公开辩论成为当年度的盛会。

任何进行创造性工作的人，无论是科学家还是艺术家，是学者还是作家，都需要自信，甚至勇气。没有这些品质怎么能有胆量去想象前人不曾理解的原理，去发现前人不曾发现的东西？这种自信源自何处？源自人类的本性。每个年轻人天生就多少具备这种品质。青年男女读了牛顿、麦克斯韦、玻尔、爱因斯坦的著作后会说，"我要添砖加瓦，要为最基本的自然规律增添新的知识"，正是这种品质的表现。孩童都会在某个地方以某种方式获得这种高于自身能力的自信。拿我自己的童年来说，我很奇怪是什么让我自以为有能力捕捉到自然界的最大秘密。我想这必须归功于几位看出我天分的师长，尤其是我父亲。在他看来，没有哪座高峰是攀登不了的。虽然他不是学者，但他知道如何来实现他的理想。也许是因为我是在一种看重解决问题的能力并将成就（和服务）视为美德的环境下成长起来的，家里重视**做**事而不只限于**了解**事情原委，因此早年我对科学与技术、数学与设计之间的差异没有区分的概念。虽然在大学期间我对科学和数学比较感兴趣，但我从未失去对技术和设计的高度兴趣。

如果有人问我为什么要钻研科学，我总喜欢说因为它能满足我的好奇心，因为我天生喜欢探索，想要理解这个大千世界。如今我已经80多岁了，我还在继续探索。但我知道科学探索不只是追求理解，其动力来源于追求创造，追求建构一幅愿景，一种图式，一种让这个世界比以前认识的样子更完美更和谐的图像。这种渴求在童稚的心灵里就已萌发。

# 第 4 章　我成为物理学家

85
我父母认为得有自己的房子，不能长期租住。他们在巴尔的摩北部山峦起伏树木繁茂的华盛顿山区购买了一栋四室的房子（厄芬登路 5726 号），并在那里住了 19 年。玛丽有自己的房间，乔和罗布共住一间，我自己住一小间，里面安置了一张书桌和书架。我们的童年就在这儿度过直到长大成人。

在扬斯敦和巴尔的摩，我都做过报童和其他兼职工作。我存了一点钱。虽然我有小额存款，而且约翰霍普金斯大学也在我的新家附近，但我还是需要有奖学金才能读大学。家里有四个孩子需要供养，而且我父亲的薪水并不丰厚（后来我才知道，实际上他能够拿回家的薪水比这更少，因为他拿出一部分薪水去补贴他聘的图书馆专家了，否则人家不愿来。在他之前，他的父亲就曾自掏腰包来资助缺钱的教区民众，尽管当时我祖母对此很不以为然。现在我亲爱的太太也不得不面对这种遗传的天性，设法克制我的这种把钱看得太淡的任性举止）。

我争取到的奖学金来自马里兰州。这项奖学金由住在巴尔的摩我们这个社区的一位政治领导人掌握。我父亲带我去见他。我想这位粗枝大叶的政客将我父亲看成了不同于他所依靠的那些政治上的支持者，但他还是批准了我父亲的
86
请求。这样，下一步就是准备约翰霍普金斯大学的入学面试了。那位面试者告诉我应该注重仪表，"你连领带都没有打好。"他说。他说得对，从此我就没再犯同样的错误。他还询问我对什么学科领域感兴趣，我说工程学。那时，我对机械设计像对原子理论一样着迷。我阅读过大量有关这两门学科的书籍，而且似乎唯有工程学才能让我将自己对科学技术的广泛兴趣转化为谋生手段。作为一个决心按自己的意愿进入社会的 15 岁的少年，说"物理学"就像说"陶器制作"一样不切实际。

1927 年秋，我以 16 岁的年龄成为大学工程专业的本科新生。我喜欢有关材料强度、电子线路以及交直流电机等课程。但工程专业的图书馆却让我无心

再念工程类课程，因为那个图书馆也是物理专业的图书馆。我在浏览工程类图书时发现有德文版的《物理学杂志》，那可是当时的顶级物理学期刊，上面登载有关于将新近提出的量子力学应用于解释原子中电子行为的最新文章。此外，我的化学老师斯莫尔伍德（H. M. Smallwood）对有关原子物理学的最新发现——薛定谔方程——也非常感兴趣。这个方程为电子赋予了波的特性。我很容易被他的兴奋之情所感染。

我的物理老师约翰·C. 哈勃德（John C. Hubbard）是个做事认真且深孚众望的人。他坚信物理学是一门由实验获得真理的学问，因此对我们关于物理学正经历着一场革命的观点并不认同。但尽管如此，他所教授的经典物理学给我的启发还是大大超过了工程类课程对我的影响。我对于物理学能够将数学和自然现象统一起来的方法非常着迷。

一天，我在排队等候验光配眼镜的时候遇上了哈勃德的助理鲍林·布朗（R. Bowling Brown）。布朗带我们习题课，就是给物理学课配的补充性的讨论课。他告诉了我更多的关于量子力学处理原子结构的新方法。我想正是这一刻钟的交谈让我突然觉得用以谋生的实用性知识似乎不是那么重要了。我立志要成为一位物理学家。在哈勃德的鼓励下，我改变了专业方向。我父母对此并没有表示反对（我想他们大概认为他们的儿子无论从事什么专业都会成功）。

在我入读约翰霍普金斯大学的时候，学校仍然深受第一任校长吉尔曼（Daniel Coit Gilman）的影响。他在 1876 年帮助建立了这所全美第一所研究导向型大学。在吉尔曼看来，基础研究和研究生教育是这所大学的核心。（与某些人认为的相反，他确信这样同样能够提供强有力的本科课程。）吉尔曼的传奇之一是他提供了从大一到直接攻读博士学位的一贯制教育体制。正是有了这条路径，使我能够在 6 年里完成从本科到直博的学业。我 16 岁起步，完成学业时还不到 22 岁。也因此我没有拿过学士或硕士证书。

从本科到研究生的转换是渐变的，没有什么特定的区分标志。我大二之后的几乎所有课程都是物理学和数学，要说例外那就是我在大五选修的《中世纪与文艺复兴时期的法国史》。历史是我在童年便徜徉其中的一个领域，也是我终生的热爱。甚至在我努力钻研科学前沿问题时，我也总会意识到我的研究工作从历史的角度看有什么意义，以及过去的一切对我的观点和研究风格有什么影响。在我一生中，有好几次在我面对公共服务与科学研究之间的冲突需要做出抉择时，我都是向历史寻求指引。

大一的英语课是由沃德洛·迈尔斯（Wardlaw Miles）教的。他是一位第一次世界大战的伤兵。他简直把莎士比亚讲活了。有一次，他在讲莎士比亚的一篇作品时因过于兴奋而被他的拐杖绊倒，我们赶紧冲过去将他从地板上扶起来。此外我还继续学德语。如前所述，用法语讲授的法国文学课也让我流连忘返。我甚至还抽时间参与一些社会性活动，但那都是后话了。

我在约翰霍普金斯读书时差不多每年都获得奖学金的资助，只有一年除外。从第三学年开始，我担任助教，协助指导新生的实验室课。此外，我还在课余时间担任家教，还经常在周末到普拉特图书馆打工。还真得感谢我那位才华横溢、善于启发学生的数学老师，出生于爱尔兰的弗朗西斯·默纳汉（Francis Murnaghan，他喜欢在课堂教学时传授我们如何掌握爱尔兰人在碰到问题时设法绕道的新颖的数学技巧），他帮我在一所新建的酿酒厂找了份兼职工作。默纳汉的一位朋友预料禁酒令将要废止，因此计划在巴尔的摩建一家酿酒厂生产啤酒。他雇我来计算并确定所需的热交换器的管道数量和尺寸。我在图书馆找了些专业书籍，一通钻研后便完成了这项工作。没想到十年后，当我和杜邦的工程师合作设计汉福德反应堆的水冷系统时，竟发现这次的经验还真管用。

稍早之前，1928 年的夏天，也就是我大一学年结束之后，舅舅约翰·阿奇博尔德（我母亲的从事矿冶工程的两位兄弟之一）为我在他的墨西哥萨卡特卡斯（Zacatecas）银矿矿场找了份工作。这个工作机会很诱人，还可以赚到钱，于是我打算暂时休学过去挣一笔。但我想最好能骑摩托车去，可我父母没有这种安排，于是我只好乘火车前往。

88　　那个夏天所发生的事情至今都还清楚地印在我的脑海里。我懂得了采矿、电机、管理与劳资关系，也见识了腐败的官员，体验到种族差别——我在那里属于少数族裔，属于权力结构上的弱势群体。对于一个 17 岁的青少年来说，这些体验太过沉重。本想挣点钱，可结果火车票价和各种杂费开支差不多将所挣的钱都花光了，但我从不后悔这番经历。

在前往萨卡特卡斯的途中，我需要在得州的巴索（El Paso）倒车。我提着行李跨过边界到胡亚雷斯（Juarez）换乘墨西哥的火车。墨西哥的海关官员问我有没有需要申报的项目。我听不懂他的话的意思，于是他打开我的行李箱，结果在里面找出我母亲要送给舅妈的半打女用长裤。我整个脸涨得通红。"这是你要穿的吗？"他大笑着问我。但他并没有抽进口税。他大概认为我太年轻，还不懂得需要给边检官员一点小费。

接下来的旅程火车上已不供应餐点，而是到站下来用餐。在这些站点，士兵先下车持枪在列车四周巡逻。后来我才知道，即使采取了这些防备措施，前一天在同一线路上的一列火车车头还是在阿瓜斯卡连特斯被人爆破出轨。我在午夜时分到达萨卡特卡斯，到达约翰舅舅家时已经累得恨不得立刻上床睡觉。就这样，我作为他们家的一分子在那里度过了一个夏天。我在矿场工作，平时与表兄弟们一起玩耍。

我舅舅曾目睹了几起残酷的械斗和血腥的杀戮。这种为争夺控制权而起的杀戮在墨西哥可谓稀松平常。好在他都躲过去了。他在此学会了如何打通关节，争取正当的政治权利，资助党派并善待员工。我来了几周后，舅舅便私下对我解释了与墨西哥助理费德里克打交道时应当彬彬有礼态度亲切的重要性。"你不能只说'早安'，"他向我解释道，"你要多聊一阵子。"至于与井下工人的交流，我的西班牙语尚不足应付。他们谈不上和我意见相左，只是有时候看我的眼光让我感到不自在。

"如果工人找我麻烦，该怎么办？"我问舅舅。

"不理他，"他回答道，"要不然就揍他一顿。不要举棋不定。"其实我的担心是多余的，我从来没有与哪个不友善的工友起过冲突。

我在矿场的工作内容是操纵电动葫芦，由电机带动水泵将矿井里的水抽出来。这些电机的工作环境泥泞潮湿，经常出故障，因此需要将牵引的缆绳重新卷起来。这是一项需要实干的工作，可不像在佛蒙特农场犁田、种玉米或喂猪，其成败关系到整个企业生产的成功与否。不搞科研的人或许认为科学家做科研时一直都在进行高级智力活动，总是在处理高深的问题，总是为新的知识感到兴奋。事实并非如此！研究人员所做的许多工作与给电机缠缆绳、种玉米、喂猪等并无二致。实验室的仪器需要搭建，需要检查，还经常需要重置；电脑程序需要"除虫"；一个理论概念需要经过繁复的数学运算来验证。每一行的工作都有一堆琐细繁杂的事项。我很高兴在青少年时期干过卷马达、种玉米和喂猪等活儿。从某个角度看，这些活儿有助于我日后的研究工作。

我17岁那年，按说应该不会像10岁时那样愚蠢得差点儿付出一根指头的代价。但尽管这么大了，有些事还是让我忍不住要检试一下自己的能力。有一次，我领着表弟表妹们玩"将军与士兵"的游戏。我想体验一下触摸电线是什么感觉。我找了根耷拉着的电线去摸（它拉的高度太低，完全不符合目前的用电安全规范！），谁知其电压竟高达11000伏特！好在肌肉的瞬态收缩把我抛离了电线，而不是抛向电线。我捡回一条命，浑身筛糠般颤抖。表弟妹们没有跟着我去尝试。但后来又有一次做这种游戏，他们跟着我做了，可能是有守护天使的保护，我们所有人都没事儿。前面是一段架在装有氰化物溶剂的大桶上方的管道，我们要在管道上面走过，从管道的这端走到另一端。桶里的氰化物溶剂是用来溶解金砂矿石提取金子和银子用的。后来我听说，有一次他们将那个大桶放干，里面居然有一个不知道是谁的衣服上的纽扣。关于这次冒险的经历我们谁也没告诉。

那个夏天结束之后，我乘火车取道墨西哥城回家，这样我的火车票不需要补票。我舅舅的一位朋友带我到处观光。这是一段令人难忘的愉快经历。此后我又有好几次高兴地回到那里。

我很幸运能够成为物理学飞跃发展年代的一名学生。有些科学史家认为，20 世纪的 20 年代末到 30 年代初是科学的黄金时代。在那几年里，物理学家发现了量子力学，提出了不确定性原理，预言并观测到反物质（正电子），发现了中子（从而确定了原子核结构），将量子理论、相对论和电动力学的电磁理论统一起来（量子电动力学），发明了回旋加速器，发现了宇宙膨胀现象，等等。尽管如此——尽管它的意义远不止让初出道的物理学家获得启发——今天我们看到的则是 20 世纪里物理学进展的更广阔绚丽的图景。不只是在我的学生时代才有里程碑式的发现。

我们所谓的近代物理学始于 19 世纪的最后 10 年。1895 年，伦琴（Wilhelm Roentgen）在德国发现了 X 射线（人们随后立刻认识到它们在医学诊断上的价值）。1896 年，贝克勒尔（Amtoine Henri Becquerel）在法国研究铀样品时发现了放射性。1897 年，汤姆逊（Joseph J. Thomson）在英国发现了电子，一种远比单个原子更轻也更小的带电粒子。1898 年，居里夫妇发现了新元素钋和镭。随着新世纪的开始，1900 年，德国的普朗克（Max Planck）发现了用于描述自然界细粒性质的量子原理，并确认了一个常数——我们现在称它为普朗克常数 $h$[1]——它决定了微观世界的这种细粒性质的尺度。最后，普朗克的工作不仅解释了为什么物质——细分到足够小的程度后——是由个粒状的原子组成的，而且解释了光——足够深入地研究后会发现—— 是由无数光子构成的。

所有这些都发生在物理学家对其研究领域感到已无太大研究价值的当口。

---

[1] $h$，也称为作用量子。光子能量的公式为：$\varepsilon_\nu = h\nu = \hbar w$ ——译注

早在19世纪70年代，杰出的英国科学家麦克斯韦（James Clerk Maxwell）就指出他的一些同事目光短浅。他们认为"在几年后……留给从事科学的人的唯一要干的工作就是将（他们的）测量值精确到小数点后面的下一位"[1]。正如麦克斯韦所预见的那样，尽管对物理学研究领域的这种悲观论调一直持续到20世纪初，但它被证明是无稽之谈。伦琴、贝克勒尔、汤姆逊、居里夫妇、普朗克等人的发现，以及这之后不久的更多人的发现，均为物理学注入了新的活力。在我这一生中，层出不穷的发现、发明和预见一直在涌现，没有停息。

1994年，温伯格（Steven Weinberg）——粒子物理学和宇宙学的领军人物，我在得克萨斯大学的同事——出版了一本名叫《终极理论之梦》的书[2]，他和20世纪末的一群著名物理学家一样，都认为我们离提出"万有理论"（一种能够用有限条物理定律来解释整个世界的理论）已为时不远。我也梦想着能够找到一种包罗万象的理论，但是我的梦想与这些粒子物理学家的梦想很不一样。在我看来，支配整个宇宙的最高原理"自上而下"地为我们所经验的世界设定了秩序。而在温伯格看来，整个世界是由支配最细小的粒子的自然法则"自下而上"地构建的。但谁能够说得准呢？很可能是，21世纪的新发现让我们或我们的后辈感到震惊。20世纪的物理学不太可能是终极理论。有太多的不确定性，太多的问题需要回答，太多的解释有待验证。

20世纪前10年的物理学的惊人进展似乎表明，此前10年的发现只是揭开了序幕。在瑞士，爱因斯坦提出了狭义相对论，推断存在我们现在称之为"光子"的光粒子，并阐明了世界上最著名的公式，$E = mc^2$，揭示了质量与能量的等价性。新西兰人卢瑟福（Ernest Rutherford）和他的英国同事索迪（Frederick Soddy）在加拿大发现了放射性具有使元素嬗变的作用，即一种元素变成其他元素的过程（这让我们想起炼丹术士的梦想），在这种放射性变化的过程中，每个原子所释放的能量远远大于化学反应所释放的能量。在法国，居里夫妇和卢瑟福及其他人一起，揭示了重元素在天然放射性衰变过程中这种嬗变的复杂反应链。

1911年，也就是我出生的那一年，卢瑟福等人在英国的曼彻斯特发现，原子的大部分质量集中于原子中心一个微小且带正电荷的核心——原子核。同

91

---

〔1〕 引自 Alan L. Mackay 主编的《科学引述辞典》（Bristol, England：Institute of Physics Publishing, 1991），167页。

〔2〕 该书有中译本：李泳译，"第一推动丛书"，湖南科学技术出版社，2003年第一版。——译注

一年，在荷兰莱顿，昂内斯（Heike Kamerlingh Onnes）发现了超导电性——在低温下，某些材料对于流过的电流不具有任何电阻的特性——的奇特现象。1913 年，玻尔（后来成为我的导师）提出了原子结构理论，成功地将普朗克的量子概念与卢瑟福的原子核概念统一起来，尽管这一理论受到非议。他的革命性的思想里不仅包含了量子跃迁的概念（这个概念现已成为普通人日常用语的一部分），还包含了原子所发出的光的频率无须与原子内任何机械振动频率匹配的思想。

1915 年，爱因斯坦在德国发表了他的广义相对论。按照这一理论，时空会因为大质量物体的存在而"翘曲"（扭曲或变形），这种翘曲的时空制约着粒子乃至光的运动。（次年，即 1916 年，爱因斯坦发表了更完整详细的论文）他认为，引力并不是一种独立存在的作用力，而只是时空的另一种性质。1919 年，在新物理学的头 10 年行即将结束之时，天文学家利用日食现象观测到，恒星发出的光会受到太阳的偏折，这与爱因斯坦理论所预言的完全一致。由此，爱因斯坦成为国际物理学界一个耀眼的明星。

1924 年，德布罗意（Louis de Broglie）在巴黎大学文理学院完成的博士论文研究中，提出了物质粒子具有波的性质，而光波具有粒子属性，二者互补的观点。三年后，英国的乔治·汤姆孙（George Thompson）和戴维孙（Clinton Davisson）以及美国的莱斯特·革末（Lester Germer）证实这种观点是正确的：以物质形式存在的电子确实具有波动性质。1925 年，量子物理学发展中最重要的一年，荷兰物理学家萨缪尔·古德斯密特（Samuel Goudsmit）和乔治·乌伦贝克（George Uhlenbeck）发现电子具有自旋，且其自旋的大小仅为先前曾假定的最小的可能的自旋量子单位的一半。（后来，在古德斯密特担任美国顶级物理学期刊《物理学评论》的编辑期间，我曾发表好几篇论文与他进行过友善的论战。）同一年，1925 年，24 岁的海森伯在德国将 20 世纪之初以来困扰物理学界的不同的量子理论进行了统合，在此基础上构建了一套优美的数学理论，即他的"矩阵力学"（数学上等价于当今我们所称的量子力学），这是第一个能够准确预言原子现象的理论。还是在 1925 年，泡利（Wolfgang Pauli）提出了不相容原理，即没有两个电子能够以完全相同的运动状态同时存在于同一空间位置上。如果一个电子以某种方式运动，那么所有其他的电子就不可能以完全相同的方式运动。（我在第 1 章里提到过，这一原理也可以用来描述原子核里的中子和质子的行为，它有助于阐明原子核是如何被建构以及如何运动的。）

次年，1926 年，德国物理学家薛定谔（Erwin Shrödinger，后来移民到爱尔兰）发展出我们现在所称的薛定谔方程。这个方程被证明具有与海森伯矩阵力学相同的预言能力。随后不久，同为德国人的马克斯·玻恩（Max Born，后来移民到英格兰）用概率来解释量子力学的基本概念。从那以后，或然性成为量子力学的基本属性。1927 年，也就是我 16 岁进入约翰霍普金斯大学的那年，德国的几位研究者证明了海森伯理论与薛定谔理论的等价性；海森伯提出了不确定性原理，这个概念直到今天仍具有深远的影响力；玻尔则将不确定性原理推广为更广泛的互补原理。1928 年，英国的保罗·狄拉克（Paul Dirac）将相对论与量子力学相结合，提出了我们现今所称的狄拉克方程，这个综合相当完美，不仅解释了电子自旋，而且能够预言电子存在反粒子，即正电子。

惊人的发现并非只出现在微观领域。1924 年，美国天文学家哈勃（Edwin Hubble）发现，我们在天空中看到的一些星星并不处于我们的银河系内，而是远在银河系之外。1929 年，他对遥远星系的退行速度与这些星系到我们所在的观测点的距离之间的关系进行了研究，结果表明，我们的宇宙正处于膨胀过程中。爱因斯坦在 1915 年提出的广义相对论方程表明，我们的宇宙是动态而非静态的。但爱因斯坦和其他理论物理学家都不愿接受这一革命性的概念，直到天文学观测证据摆在面前，他们才不得不接受这一事实。

将 20 世纪 20 年代后期称为物理学的黄金时代可能有点勉强，但称这一时期是分水岭则并不为过。有关实质性、确定性、稳定性和恒常性等经典物理学的概念都被弃置，取而代之的是关于不确定性、粒子性和波与粒子之间对偶性的**量子**概念，是将时空视为宇宙的演员而非仅仅为宇宙舞台的**相对论**概念，是将宇宙视为膨胀的而非静态的、年龄有限而非永恒的（基于相对论的）**天文学**概念。要想当一名物理学家，这一令人振奋的时期是再合适不过了。

93

那么发展中的物理学究竟在多大程度上被纳入课程教学中了呢？我先前曾提及，在基础化学课上，老师斯摩尔伍德在讲述薛定谔波动方程及其在原子结构上的应用时兴奋之情溢于言表。虽然大多数最前沿的物理学知识并没有进入标准的物理学课程，但不要紧，因为我的学习主要是通过师徒授业的方式来进行的。大约从大三开始，我已经强烈感觉到自己是系里研究团队中的一员了。我参加高级研讨班和系里的学术报告会。在讨论会上，经常有来访的学者介绍他们的最新研究成果。我们这些学生也不时被要求就某些最近发表的论文进行研讨并提出报告。

1930 年，有一次我被抽中要求就德国物理学家沃尔特·波特（Walther Bothe[1]）和贝克尔（H. Becker）的一篇论文做报告。他们发现，铍在受到阿尔法粒子轰击后会产生一种穿透性很高的辐射，他们将其解释成伽马射线（光子），虽然这种伽马射线的表观能量远大于他们所观察的核衰变过程的预期能量值。我对他们的研究成果进行了忠实的报告，但对这种令人疑惑的放射性特性却提不出比作者更好的见解。后来知道，这种"辐射"实际上是一种新粒子，即中子。他们错过了发现新粒子的机会，我也一样。发现中子的这一殊荣后来由英国的查德威克（James Chadwick）得到。1932 年，法国的伊雷娜和弗雷德里克·居里夫妇（Irène and Frédéric Joliot-Curie）曾非常接近正确答案：他们发现，这种新辐射能够将氢核里的质子打出来，而这种特性是伽马射线所没有的。查德威克在进行了类似的实验后，大胆地假设这只能是一种新的呈电中性的粒子，否则无法解释这些现象。

中子的发现产生了好些意义深远的影响。它使我们立即确认了原子核的结构，每个核都是由质子和中子组成的这一图像突然变得很好理解。中子也成为我们探索原子核的有力的新工具。由于中子不带电荷，因此它不会受到原子核所带正电荷的任何影响，可以轻易穿透核子。这种性质为核裂变的研究铺平了道路。中子还打破了过去我们一直以为的自然万物仅由质子和电子构成的象牙之塔。它还催生了基本粒子物理学研究领域。

94　　约翰霍普金斯大学物理系的一项教育改革措施是让每一位物理系高年级学生跟随一位教授工作一个月，然后再跟随另一位教授工作一个月，等等。我就是按这种方式从各位大师那里学到了第一手物理学新知，学到了实验室的实验技术和建构理论的方法。我从普丰德（Augustus Pfund）那里学习了物理光学；从狄克（Gerhard Dieke）那里学会了如何将新的量子力学应用于分析原子和分子所发射的特征光线（光谱）；从比尔敦（Joyce Bearden）那里懂得了 X 射线谱。所有这些人都是国际知名的研究大家。我早期的一篇研究论文就是与比尔敦共同完成的，并于 1933 年在首都华盛顿举办的美国物理学会会议上进行了宣读。

我的核子物理学的启蒙老师是诺尔曼·费瑟（Norman Feather）。在我还是学生时他便从英国剑桥厄内斯特·卢瑟福领导的卡文迪什实验室来到约翰霍普

---

〔1〕　正是波特在后来进行碳核吸收中子的吸收截面测量时没能给出正确的结果。波特的样品里的杂质使实验结果失真，这导致德国的核科学家认为石墨不适于用作反应堆的慢化剂。

金斯大学。罗伯特·伍德（Robert Wood）——约翰霍普金斯最出色的光学教程主讲老师和英国皇家学会会员——定期去英国做学术访问。有一次在他前往英国时，系里要他物色一位核物理领域的专家来系里当教授。显然，核物理学是未来的重要研究方向。就这样，经由卢瑟福推荐，费瑟接受了约翰霍普金斯的邀请受聘前来。在我跟随费瑟学习期间，我掌握了对阿尔法粒子打击硫化锌屏幕所产生的微光信号进行计数的技术。这是一项耗时但精密的工作——进行这项工作之前，要先在黑暗中坐上半个钟头。1911 年卢瑟福在他的实验室里发现原子核时用的方法就是这种探测方法。从那以后，核物理学和粒子物理学领域的大多数进展都是采用了更好的探测器才成为可能。在暗室里用肉眼进行观测的技术早就被更好的方法所取代——先是云室，后是照相感光乳胶，再后来是气泡室、火花室和光电倍增管，目前的顶级实验观测技术则用到复杂的平板和腔室阵列以及各种电子器件，这些设备的重量重达数千吨，耗资高达数百万美元。

费瑟让我们阅读一本新出版的专著，一本由卢瑟福、查德威克和艾里斯（Charles D. Ellis）合作撰写的《放射性物质的辐射》。这本好书让我确信核物理学是一门值得探索的前沿领域。虽然核物理学的进展神速，但这本书在随后的很多年里一直是一本非常有用的参考文献。

曾同我一样是学生的人叫约翰·莫奇利（John Mauchly），后来成为著名的计算机先驱。我们的性格反差很大，他是一位悲观主义者而我是乐观派，但我很欣赏他的才华。他毕业时正遇上大萧条时期，只能在费城附近的一所叫做厄塞纽斯（Ursinus）的小的学院找了份工作。后来他去了宾夕法尼亚大学，第二次世界大战期间，他在那里成了第一台真正意义上的计算机的主要设计者，那部机器的名称叫 ENIAC（electronic numerical integrator and computer，电子数字积分器暨计算器）。战后，他与小埃克特（J. Presber Eckert, Jr.）合作开发 Univac 计算机，并成立了一家公司来生产这种计算机。那时候，Univac 就是世界上最好的计算机。

约翰霍普金斯大学的理论物理学权威是卡尔·赫兹菲尔德（Karl Hertzfeld）教授。赫兹菲尔德是 1926 年由奥地利移民到美国的，早年曾在维也纳、瑞士的苏黎世和德国的哥廷根求学。他为德文版多卷本经典巨著《物理学手册》撰写过一篇有关固态物质的光谱和结构的长篇雄文，这篇文章让他在学术界声名卓著。虽然他的原创性研究成果不算是多产，但他总是能够跟上最前沿的物理学进展，并将这些知识以及获取这些知识所带给他的喜悦引入到

卡尔·费迪南德·赫兹菲尔德

（承蒙美国物理学会埃米里奥·塞格雷视频档案馆提供）

课堂教学中。我从大二开始就旁听他的研究生专题研讨课并深受启迪。上课时，无论什么主题，赫兹菲尔德都会以宽阔的物理学视野开始讲授，讨论领军物理学家的研究工作，然后再说明这堂课要讲述的具体内容与更大的物理学图像之间是什么关系。他的讲授从不做事先包装修饰，内容都是目前正在进行的工作。看到他上课时一边踱着步子一边思考，自问自答地讨论着问题，从教室这头踱到那头再踱回来，感觉真的非常好。

由于我的兴趣越来越倾向于理论工作，我很自然地认定自己会在赫兹菲尔德的指导下攻读博士论文。我曾一度考虑过跟数学系的奥雷尔·温特纳（Aurel Wintner）做研究（因为他先前曾邀请我跟他做研究），但我认为温特纳在数学物理方面的研究太过抽象，而且和我感兴趣的实验工作相距甚远。由于哈勃德的倾力推荐，赫兹菲尔德接受了我入其门下。我想不出还能到哪里去找比

玛丽亚·梅耶和乔·梅耶夫妇，20世纪30年代

（照片由弗朗西斯·西蒙拍摄，承蒙美国物理学会埃米里奥·塞格雷视频档案馆提供）

他更好的导师了。

当时在约翰霍普金斯大学还有另外一位理论学家玛丽亚·格佩特·梅耶（Maria Goeppert Mayer），后来她因为在原子核结构上的研究成果而荣获诺贝尔物理学奖。她与赫兹菲尔德合开了一门专题研讨课，我们几个人就围桌而坐，逐章阅读由玻恩和帕斯库·约尔当（Pascual Jordan）所著的关于量子理论的德文版新书。这样来学习这个主题令人振奋。梅耶的丈夫乔·梅耶（Joe Mayer）是约翰霍普金斯的一位化学教授。1930年，她揣着刚从哥廷根大学取得的博士学位，带着新婚之喜来到约翰霍普金斯大学，当时她只有24岁。与其他许多女性科学家的命运一样，她只能以客座研究人员的身份工作，没有正式职位，薪水也少得可怜。赫兹菲尔德慧眼识珠，很欣赏她的能力，于是为她在系里安排了工作。

梅耶的状况在校长艾默斯（Joseph Ames）1935年退休后变得更糟。在新任校长以赛亚·鲍曼（Isaiah Bowman）的眼里，她不仅是个女性还是个外国

97

人。这让她的丈夫乔毫无眷恋地于 1939 年转投到哥伦比亚大学任教。但在那里她还是没有获得正规的教职。她执教于莎拉·劳伦斯学院，同时在哥伦比亚大学从事研究。我在第二次世界大战期间曾与她一起在芝加哥的冶金实验室共过事，并折服于她的能力。战后，她的丈夫乔在芝加哥大学取得化学教授职位，她则在哥伦比亚大学和阿贡国家实验室受聘为非终身的兼职研究人员。直到 1960 年她和丈夫转到加州大学圣蒂亚戈分校后才获得正式的教授职位。1963 年她荣获了诺贝尔奖。虽然在学术生涯的大部分时间里她一直遭受到不公正的对待，但她总是保持着乐观向上的积极态度并活跃于理论物理学界。在她的同事眼里，她是一位非常值得交往的同行，无论当地行政部门给她的是什么职位。梅耶抽烟抽得很凶，她死于 1972 年，享年 65 岁。

我在 19 岁那年以作者的身份发表了平生的第一篇论文，我感到非常自豪。1930 年夏天，即我在约翰霍普金斯的第三个年头结束时，我在华盛顿特区的国家标准局得到了一份暑期工作，与著名的光谱学家梅格斯（William F. Meggers）一起工作。我还记得这份工作的薪水——每月 30 美元。尽管当时湿热的天气想必相当难受，但我已不记得那种情形了。这份夏季工作的成果是我们合作撰写了一篇论文，标题为"钪、钇、和镧等氧化物的带状谱"。由于这是我的第一篇论文，因此我需要在此解释一下。

"带状谱"是一种由分子辐射的可见光光谱，它不同于由原子辐射的"线光谱"。在这两种谱型中，原子的线光谱要简单些。在原子里，电子可以从一个量子态跃迁到另一个量子态，并在此过程中发射出光子。其辐射光的频率（或波长）分开得非常明显，足以在光谱仪中呈现为一条条的特征线。而分子中的运动所产生的辐射谱则较复杂。和原子里的情形一样，分子里的电子也占有能量态。但不同的是，组成分子的原子之间还有相对振动，整个分子也会有转动。这些振动和转动运动使得能态之间的间距变得非常细密，从而使得分子所发出的光的频率（或波长）之间的间隔极其微小，以至于在光谱仪上呈现为特定的谱带（尽管如此，如果我们的观测距离足够近，就可知这些谱带仍是由各条线组成的）。

最简单的分子光谱——因而也最适于深入研究的最佳对象——是双原子分子光谱。双原子分子是一种含有两个原子的分子，例如一氧化碳分子（CO）或氟化氢分子（HF）。我协助梅格斯所要做的正是对双原子分子的光谱进行测量和分析，这些分子由一个稀有元素原子钪、锰或镧和一个氧原子组成。那时

98

正值光谱学时代，对光谱波长精确测量数据的累积有助于确认原子和分子内的量子能态。我们在那个夏天的工作的主要目的是搜集大量数据，它让我有机会研究和学习了有关根据新的量子力学来研究转动能态和振动能态的理论。这一理论的系统总结仅仅在前一年才面世。

当我自豪地将我与梅格斯的合作研究成果告诉我父亲时，他说："嗯，你测量波长，但光谱的不同部分的相对亮度你注意过没有？你打算怎样解释？"这个问题提得很刁钻，我父亲的风格就是要用这种方式激励我不断向前沿迈进。谱的相对亮度确实重要，但对它的测量是以后的事了。

梅格斯对我非常好，在随后的两个夏季他又邀请我回去工作。这份工作让我看清了实验和理论之间是如何相互印证并肩前行的。我还挣了些钱，但就扩展新视野来说，它比不上墨西哥的萨卡特卡斯。

1931年，我在赫兹菲尔德的指导下开始进行更加独立的研究工作。他和现代电影所塑造的科学家形象非常贴近：略显邋遢、身材颇高、有点佝偻，常常心不在焉，书桌上堆得乱七八糟，说话还带有浓重的德国口音。他在第一次世界大战中曾随奥匈部队三次上前线，其中有一次是对抗手持长矛和飞舞着战旗的著名的哥萨克骑兵。赫兹菲尔德的信仰有两方面：天主教和物理学。他曾告诉我，他每天都做弥撒，因为有一次他所在的部队在威尼斯北部的阿尔卑斯山区陷入重围处在被歼的境地时，他曾对天起誓，承诺如能生还，以后定将每天做弥撒。

在求学的几年里，我有机会聆听物理学大师们（以友善的方式）就物理学问题进行论证。我记得在亚特兰大市的一次会议上，诺贝尔奖得主阿瑟·康普顿与罗伯特·密立根就初级宇宙线的本质进行争辩。（"初级宇宙线"是指从外太空来的，尚未在地球大气层中产生新的粒子或激发次级效应之前的宇宙线。）康普顿认为初级宇宙线是一些物质粒子，例如电子或质子；而密立根则认为是光的粒子（即光子）。不久之后，康普顿赢了这场争论——这并非在于他在讲台上的论证具有说服力，而在于他和其他人在世界各地进行的宇宙线强度测量的结果证实了这一点。这些测量结果证实了存在所谓纬度效应。由于飞向地球的入射粒子大都具有正电荷（多为质子），因此会受到地球磁场的偏转，这样，落向地球两极地区的宇宙线强度就将高于落向赤道地区的射线强度。而伽马射线光子因为不带电荷，因此不会受到地球磁场的影响，故不存在纬度效应。

有趣的是，密立根在亚特兰大市的论证是基于康普顿的早期研究结果。直到 20 世纪初，光子的存在性还是大有疑问的。即使那些相信存在光子的人也认为光的"微粒"特征不同于电子这样的"真实"粒子。1923 年，康普顿进行的一项实验首次证实了光子确实称得上是一种粒子。他发现，当 X 射线受到原子偏转时，其偏转角和波长的改变均可根据"小球"碰撞模型来给予精确而简单的解释，就如同一组小球（X 射线光子）受到另一组小球（原子里的电子）的撞击而弹开。

现在，我们告诉学生，康普顿的实验"证实"了光子是一种粒子。而实际上，接受一种新概念，尤其是那种极端的概念，通常并不总是那么顺利。1900 年，普朗克已经证明，当固体辐射或吸收电磁辐射时，固体与辐射之间的能量转移是以量子化单位进行的。1905 年，爱因斯坦论证道，辐射本身的行为表现得就像是一群粒子。康普顿在 1923 年的实验则唯象地表明了单个光子具有类似粒子碰撞的特征。而光子作为一种粒子被普遍接受下来则要等到 20 世纪 30 年代初辐射的量子理论发展之后。这个理论提供了一种在平等的基础上将电子和光子同视为粒子的优美简单的方法。两种粒子都可以产生出来，也都能被消灭（被发射或被吸收）。其中的一种是有质量的带电粒子，另一种则是不具质量的非带电粒子。（在我的学生时代，这个理论并没有发展到可以快速清楚地阐明光的所有特性。直到 20 世纪 40 年代末，我们现在所称的量子电动力学理论得到充分发展后这一点才有可能。）

另一次友好的争论发生在我的老师赫兹菲尔德与杰出的理论物理学家埃伦费斯特之间。当时埃伦费斯特正由荷兰来做短期访问。在赫兹菲尔德解释了薛定谔波动力学的一些数学性质之后，埃伦费斯特站起来说道："我亲爱的赫兹菲尔德，你完全疯了。"这种坦率、友好的争辩对于科学有好处，对学生也有好处。难道还有比通过目睹该领域大师们相互争论来学习物理学是如何一步步进展的更好的方法吗？

赫兹菲尔德建议我在攻读博士学位时采用量子力学的方法来研究氦原子对光的吸收和散射等问题。氦原子有两个电子，比核外只有一个电子的氢原子复杂得多。另一方面，氦又是比氢重的所有原子里最简单的一种原子，因此进行理论计算时可以获得较为精确的结果。[氦的一个原子核和两个电子能够形成所谓的三体问题。从量子力学和经典力学来看，三体问题远较两体问题复杂。例如，地球、月亮和阿波罗飞船就构成一个三体问题。如果没有月亮，飞船就将（几乎）沿简单的椭圆轨道运行，其性质即使拿张纸用笔算都能搞定。而有了月亮后，我们就需要用高速计算机来计算飞船的运行轨道。从氢原子到氦原子，复杂程度的增加就与此类似。]

　　这个研究工作构成了我的第一篇以个人发表的论文《氦的散射和吸收理论》，文章于 1933 年 1 月投稿到《物理学评论》杂志。在文章里，我精确计算了氦的折射系数，计算结果与测量值的误差不到 3%，并显示了激发到氦的甚高能态的"虚拟跃迁"是如何影响到入射光的。（折射系数是对通过物质的光的吸收和慢化的一种综合量度。聚焦透镜和三棱镜即是折射现象在日常生活中的应用。）

　　现在当我回头再看我 21 岁写的这篇论文时，我惊讶地发现文章中所采用的物理学研究方式后来曾一再出现在我以后的研究工作中。首先是我处理问题的方式（我的务实的作风），其次是我思考大自然的方式（我是梦想家和探索者）。我从来不惧怕进行数学分析——而且知道随着工作进展要用到的数学工具会越来越多。同样，我也不惧数值运算。那时可没有计算机之类的工具，连电子计算器都没有。当时我用的是手摇的机械计算器。

　　赫兹菲尔德建议的问题特别迷人。它将物理学里存在的吸收与散射现象完美地联系起来。如果光子——或任何其他粒子——打中了靶，它就会被吸收或被散射。（散射被定义为方向的变化和或能量的变化。子弹击中金属屏障后跳开即是一种"散射"，因为它的方向和能量都发生了改变。如果子弹穿透的是薄的木板，我们也可以称它为散射，尽管此时子弹只是丧失部分能源但并没有改变方向。）这两种过程——吸收与散射——之间的关系不仅适用于撞击氦原子的光子，也适用于打到**任何**靶上的**任何**入射粒子。如果你知道了入射粒子在所有能量状态下被吸收的概率，那么你就能够计算出该入射粒子在任何能量下的散射结果。反过来，如果你知道了任意能量下入射粒子的散射情形，你就可以计算出任意能量下的吸收系数。将散射与吸收联系起来的方程被称为"色散关系"。在约翰霍普金斯随后几年的研究工作中，我将色散关系运用到若干原子物理学的问题上。后来，我的学生托尔（John Toll）——注定将成为三所高等研究机构的领导——将色散关系扩展到相对论领域，并证明色散关系作为理解电动力学的工具具有普适的功效。

　　在我还没有写成的一长串书目列表中，就有一本是关于色散关系的！另一本则是有关核物理学的。1961 年，我和一位来自孟加拉国达卡的同事玛力克（F. Bary Malik）共同策划出一本有关核物理学理论的书，他起草了大部分章节。后来情况有了变化。他去了耶鲁大学，而我随着对于引力和时空物理学的越来越深入的研究，我的兴趣点也发生了改变。我们关于核物理学的专著一直停留在拟出的专著目录上，其中的另一些书目是：《近代力学》《量子理论新视野》《色散关系的应用》和《阿卡普尔科效应和其他有趣的物理学效应》等。（"阿卡普尔科效应"是指港口里浪涌生成的回头潮就好像长柄锅里的水波那样往返荡漾。[1]）可叹人生苦短呀。

　　虽然我在约翰霍普金斯的岁月里完全沉溺于物理学，但我还是找时间进行社交生活。我想方设法不让住家的现状影响到我参与校园活动。几年后，同学们提议让我来筹办一场研究生舞会（他们之所以选我是看中了我的组织能力而不是我的舞蹈才能）。和我共舞的一位年轻女士来自法国，另一位来自于丹麦。这些来自异国的女朋友似乎比大多数我熟识的美国女孩更具魅力，更能吸引我的注意。

　　我在约翰霍普金斯的最要好的朋友是鲍勃·默里（Robert Taylor Keys Murray），他的专业也是物理学。我们都用手边的计算尺进行运算，只有他例外。在鲍勃看来，计算尺的精确度有限。他喜欢用笔算，而且是个中高手。在获得了物理学博士学位之后，他去了布鲁克林技术研究院任教，后来转为隐居，独自生活在停靠长岛的一艘船上。就我所知，他从没有计划去实现环游世界的终生愿望。

102　　我和珍妮特·赫格纳（我们结婚已逾60年）初次"约会"时，默里也在场。他对她的了解比我还熟。但当他得知我的心愿时，便热心地为我们撮合。

　　我是先认识珍妮特的妹妹依莎贝尔的。那是在巴尔的摩的唯一神教的青年团活动上。我父母在扬斯敦时就笃信唯一神教，后来我也选择了这个教派的教堂作为礼拜学校。在巴尔的摩时，我们会定期做礼拜，通常都坐在赫格纳一家的旁边。他们家也是唯一神教的忠实信众。依莎贝尔和我经常参加青年团的活动，但珍妮特则否。此前六年里她多半不在家，有四年时间是在瑞德克里夫学院读书，一年时间在华盛顿特区工作，还有一年时间是拿到奖学金去了意大利读历史。现在，她回到了巴尔的摩，住在家里，继续在约翰霍普金斯攻读历史系的研究生课程。后来我才知道，她还忙于社交和结交男朋友。

　　1933年春，依莎贝尔邀请我到她家跳舞，我就在那里迷上了她姐姐。珍

　　〔1〕　Acapulco，全称为 Acapulco de Juárez（阿卡普尔科-德华雷斯），是墨西哥太平洋沿岸的一个著名城市和旅游度假胜地。这里的海湾呈内凹的半圆形，因此能形成像杭州湾钱塘潮那样气势壮观的回头潮。——译注

妮特凝望着我，但并没有掀动睫毛对我使眼色。她很快就发现我的舞跳得不地道，于是提议坐下来聊聊。如今珍妮特说起这事儿时还会说她不是特别记得我们在她家里见面的情形，但这事儿在我脑海里却留下了深刻印象。她那敏捷的思维、她的睿智，以及对我们所谈论的事情所表现出来的常识性判断能力，都深深吸引了我。

后来我告诉默里，这位年轻女性深深吸引了我。于是在那个春天，当我通过博士学位口试的那天，默里对我说："这样吧，要不我们邀请珍妮特一起去散步？"于是我打电话给她，我们三个人就去了德鲁伊特山公园散步。那时候我想我对她应该是好奇心多于激情，因为我并没有立刻去追珍妮特。几个月后，我在纽约大学找到了工作，并且发现她也在纽约附近的莱伊乡间学校任教。我们约会了三次后便订婚了。下一章我再详述这方面更多的细节。

如今，当珍妮特被问起她和我的第一次见面是在什么时候时，她的回答是："我和强尼（Johnny，惠勒的昵称——译注）没有什么第一次见面，我早就认识强尼了。"虽然我们在星期天上午礼拜的教堂里经常彼此坐得很近，但我却没有注意到珍妮特，直到去了她家跳舞和到德鲁伊特山公园散步之后，这一切才发生改变。我最终钟情于她，实在是太幸运了。

# 第5章 锋芒初露

　　在职业生涯的开始阶段，年轻的研究者需要什么？首要的或许是要有一位良师。（爱因斯坦是个例外，他是独自完成其杰出工作的。）再有一个就是要有自由——实验检验各种想法的自由，探索新方向的自由，犯错的自由以及不受干扰进行思考的自由。

　　我在做博士后研究的两年时间里，有幸得到了两位大师——格里高利·布赖特和尼尔斯·玻尔——的提携。在本章和下一章里，我将详谈这两位杰出的科学家，在很多方面他们两人是那样的彼此迥异，但又都是如此睿智，都对理解自然界基本规律抱有火热的情怀。两人都为我职业生涯的早期发展提供了近乎完美的研究环境。他们启迪和引导我却从不要大师对学生的那种高高在上的派头。和他们在一起，我从一开始就感到自己与他们之间是亲密的同事关系。事无巨细，你都有充分展示自己发表意见的自由。他们平易近人，随时都可以和我交谈，但从不会在具体问题上要求我怎么做。我想我之所以能在理论物理学领域打下良好的职业生涯基础，是与在纽约大学得到布赖特的指导和在哥本哈根大学理论物理研究院得到玻尔的指导分不开的。

　　1933 年到 1934 年间，筹措经费很不容易。如果我不是自行解决资助，布赖特和玻尔恐怕都没办法付给我薪水。能够使我与他们合作全仗着由洛克菲勒基金会资助的国家研究委员会（NRC）所设立的慷慨和深具远见的资助金计划。这个始于 1919 年的资助计划持续了 30 年，让许多年轻的科学家得以开创事业或重新调整方向。例如，罗伯特·奥本海默曾于 1927~1928 年间运用 NRC 资助金到哈佛与加州理工学院从事博士后研究。阿瑟·康普顿于 1919~1920 年间前往英国剑桥，布赖特分别于 1921~1922 年间前往荷兰莱顿，1922~1923 年间前往哈佛等也都是在 NRC 资助金资助下打下的日后职业生涯取得杰出成就的基础。

　　1933 年春，在我即将完成有关氦原子的博士论文研究时，我已经非常清楚自己未来的职业取向。我打算从事理论物理研究，并且期望——当然不是眼前就要——以学术研究作为职业生涯。我要想终生从事学习和基础研究工作，这条路应该是最佳选择。眼下这至少一年的时间，我希望不受教学或其他职责的束缚，能够作为由国际领先的理论物理学家为核心的研究小组的一员，通过从事更多的研究来深入学习。我听从了赫兹菲尔德的建议，申请了 NRC 资助金并获得成功。但在具体申请之前，我必须做出两项决定：从事哪个分支的物理学研究？和谁一起工作？

第一个问题的答案不用费脑。我的物理学之路可谓已然踏出，从学生时代之初最能吸引我的就是物理学基本问题——支配物理世界的基本法则是什么？世界在最深层次上是如何统一的？其组元是什么？它们之间是如何相互作用的？其统一原理是什么？简言之，我们生活的这个世界是如何运动的？量子力学是关于微观客体的最新理论，我在博士论文里已运用这一理论来解释原子。我希望能够更深入地将它运用到原子核，运用到原子内和原子核内的单个粒子上，运用到它们与电磁辐射之间的相互作用上。当时，在我看来这个课题就是前沿，就是最可能迸发出新思想的领域。（广义相对论和引力——有关时空本身的物理学——还没能激发我的想象，这要等多年之后才出现。）

至于与谁合作的问题就比较困难了。我当然希望能挑一位欧洲的科学家。当时世界的物理学研究中心在哥本哈根、哥廷根、莱比锡、苏黎世和剑桥。许多年轻的美国物理学家都去欧洲寻求深造，并将这些中心的最新知识带回美国。海森伯在原子核领域的独辟蹊径的工作对我启发很大，我拟定了一个计划，希望一年后能去莱比锡与他合作。但我决定先在美国一试身手。合作导师的人选可以有好几个：伯克利的奥本海默、明尼苏达大学的范·弗莱克（John Van Vleck）、纽约大学的布赖特和普林斯顿的威格纳等。

34 岁的范·弗莱克当时是固体物理学的领军人物。他将量子力学应用到对宏观物体的电性、磁性以及其他物质属性的研究上。我认识到这项工作的挑战性和重要性，但它不像核物理和电动力学那样让我着迷。我看不出有哪个关于自然界最深刻问题的答案是来自对固体物质的研究的。（但固体物理学被间接地证实对粒子物理学和天文学研究具有关键性重要作用。如果没有范·弗莱克及其追随者提供的对固体物质的深入理解，我们就无法发展出使非凡的实验测量成为可能的尖端电子学，而粒子物理学和天体物理学领域的进展正是建立在这些实验测量的基础上的。）在我考虑要不要跟范·弗莱克做博士后研究之后的一年，他从明尼苏达大学转到了哈佛。他随后的成果丰硕的职业生涯都是在哈佛度过的。1977 年，他因固体研究方面的工作而荣获诺贝尔物理学奖。

威格纳于 1930 年来到普林斯顿。随同他前来的还有他的童年好友，来自布达佩斯的冯·诺伊曼（John von Neumann）。两人都曾在德国求学和工作，并且都很早就蜚声学界——威格纳是在物理学界，冯·诺伊曼则是在数学界。（而事实上，威格纳对数学作出某些重要贡献，而冯·诺伊曼则对物理学作出了重要贡献。）虽然威格纳的成就为学界所公认并以新量子力学大师著称，但赫兹菲尔德和约翰霍普金斯大学的其他人对他却知之甚少，我也未见过他。他主要是独自工作，也没有在普林斯顿建立一个研究组。对我来说，仰望物理学星空，他不像奥本海默、范·弗莱克或布赖特那么耀眼。因此我没有认真想过要跟他做一年的博士后研究。但在以后的岁月里，威格纳却成为我最有价值的同事和朋友。我对他的才华和判断力钦佩不已。我们在国防课题和公共服务方面的看法上也非常一致。他在 1995 年去世，对我是一个重大损失。尽管如此，当我回头检视，仍然觉得他并不是我早年导师的最佳人选。威格纳与其说是个老师，不如说是位埋头苦干的人——一位工匠更合适。我后来从他的建议中获益良多，但这些教益未必是一个做博士后才一年的青年科学家所能领悟的。

我经过认真考虑，合作导师的最后人选落实到奥本海默或布赖特两人中的一位。奥本海默当时 30 岁，以思想深邃著称，那时已是加州伯克利和帕萨迪纳（Pasadena）两个课题组的极具魅力的领导人。他还是西海岸的"理论物理学先生"，经常在北部的加州大学校园和南边的加州理工学院校园之间穿梭往来。奥本海默的研究领域是电子对理论（有关电子、正电子和光子的电动力学——"电子对"是指电子与正电子这一对粒子和反粒子）。他对宇宙线也相当感兴趣，以他名字命名的奥本海默—菲利普斯效应（Oppenheimer-Phillips effect）表明他对核物理学亦有重要贡献。他和菲利普斯（Melba Phillips）分析了所谓（d, p）反应从而提出了这一效应。这个效应是说，当一个氘核（d）撞击一个原子核时，氘核会丧失一个中子，剩下一个质子（p），并使被打击的核处于激发态。以他在物理学领域的地位或作为教师的能力而言，担当合作导师毫无疑问是胜任的，但我并不喜欢奥本海默某些为人处事的风格。他似乎喜欢显摆他的才气。他从来不曾表现出谦逊，或对某个问题表现得惊奇或茫然。如今回想起后来我与奥本海默之间的多次交往——在曼哈顿计划、热核武器计划以及在普林斯顿进行的物理学研究（当时他在高等研究院，我在大学）——我对他的行事风格仍然感觉到难以评判，虽然那已是 60 多年前的往事了。奥本海默是一位很复杂的人，我从来不觉得自己与他很亲近。我也不曾

奥本海默和布赖特于 1946 年

（承蒙美国物理学会埃米里奥·塞格雷视频档案馆提供）

觉得自己真正了解他，我总是觉得对他必须抱有戒心。

布赖特当时 33 岁，也是一位博学的理论物理学家，同样以电子对理论和核物理学著称（同样著称的还有他的直来直去的个性和火爆脾气）。虽然我那时对布赖特几乎一无所知，但在听了他在物理学会的会议上的演讲之后对他很有好感。我的风格和他颇为类似。他和我一样，也经常对事物感到疑惑，而且不怕表露自己的疑惑。布赖特在约翰霍普金斯获得的博士学位，因此赫兹菲尔德和那里的其他人对他十分了解。赫兹菲尔德认为布赖特很适合做我的博士后合作导师。

于是我联系了布赖特并获得了他的同意：如果我能够自行找到资助，就让我明年到纽约大学加入他的课题组。为此我向美国国家研究基金委员会递交了NRC资助金申请，说明了我希望能够与布赖特共同研究核物理学与电动力学的问题。申请获得了成功。那年有14项NRC资助金授予了物理学领域，我是其中的幸运者之一，金额为1600美元。我确信赫兹菲尔德的推荐信起了关键作用。

关于布赖特如何从俄罗斯移民到美国的故事，我不是直接从他那里听到的，而是多年之后从他妹妹鲁勃芙（Lubov）那里得知的。鲁勃芙可能比格里高利小一两岁，他们有个哥哥叫列昂（Leo）。他们的母亲亚力山德拉（Alexandra）过早地于1911年过世，当时格里高利才12岁。第二年，他们的父亲阿尔弗雷德（Alfred）从敖德萨来到美国寻找新的家园，将三个孩子托付给了一位德国保姆照看。他看中了巴尔的摩，开始在那里打拼，三个孩子则一直到1915年才接过来。格里高利、鲁勃芙和施奈德（Frau Schneider）[1]坐火车到阿赫安其（Archangel）再乘船到纽约，阿尔弗雷德在那里接他们，列昂则单独取道土耳其前来。

到那年夏天格里高利已满16岁，但身边只有一套像样的衣服——一套为这趟旅行才置办的短裤套装水手服。那时的他想必才华横溢，因为他不仅被约翰霍普金斯大学录取了，而且仅用三年时间就完成了本科学业，接着又在三年多一点的时间里拿到了博士学位，当时他才21岁。由于生活清苦，刚入校时他只有这套水手服可供穿着去上课，他的同学想必会尽情取笑他，年轻人有时候大都如此——尤其是被捉弄的对象不仅衣着老土，而且年龄偏小，加之他身材短小，口音又重。布赖特后来对批评意见过于敏感，喜欢通过激辩来维护自己的观点，不知道是不是与早年的这段经历有关。

布赖特在物理学上展现出他的巨大潜力，很快就转向攻读博士学位。还在本科阶段，他就在国家标准局兼职工作了。无论是在标准局还是在约翰霍普金斯大学，他的工作焦点都是研究射频电路和射频波在大气中的传播性质方面。取得博士学位后，他去了莱顿跟随埃伦费斯特做博士后，正是这一研究触发了他对原子和量子现象的兴趣。在博士后研究的第二年，他获得了1922～1923

---

〔1〕 从前文看，施奈德应是照顾两个孩子的保姆。——译注

年度的 NRC 资助金资助前往哈佛，并在那里结识了另一位博士后范·弗莱克。后来两人一起获得了明尼苏达大学的教职。正如布赖特后来说的那样，"范·弗莱克喜欢教学（而我并不是那么热衷）。"[1]在明尼亚波利斯（Minneapolis）待了一年之后，布赖特接受了华盛顿特区的卡内基学院地磁学系提供的教职，回到了他所熟悉的地区，在那里他得以双管齐下，同时进行射频传播和核物理领域的粒子加速研究。或许是看到正规的教学工作并不那么讨厌，于是布赖特于 1929 年又转到纽约大学的布朗克斯分校，并在大学里度过了他的余生。

布赖特身材矮小，为人热情，但有时好与人争辩。他额头很高，戴着一副小巧的圆形眼镜。虽然他脾气偏并且难以与一些同事相处，但这些都是他的研究生看不到的一面。他像母鸡一样照顾着的课题组由几名研究生（我记得其中有一位叫沃尔夫）和几位博士后组成。其中有一位博士后叫詹妮·罗森塔尔（Jenny Rosenthal），她比我大不了多少，是美国最早获得物理学博士学位的女性之一。还有一位博士后叫蒙哥马利·约翰逊（Montgomery Johnson），多年之后我在南加州的航空航天工作机构里还遇见过他。我和诺尔曼·黑登堡（Norman Heydenburg）建立了友谊，他和我一样也是拿 NRC 资助金的，我们为了节省经费，一块儿在布朗克斯合租一间房子。我们经常到当地的餐厅进餐，边吃边谈物理学。（在一家我们常去的餐厅，我总是点一道"苹果棕色贝蒂[2]"作为餐后甜点。后来有个晚上，女侍应生说，"贝蒂？老是贝蒂。这次你不换个人带出去？"）

布赖特在娱乐时也和他工作时一样的偏。在许多个周末的下午，他会带着他的研究伙伴去中央火车站搭乘火车到纽约市郊，然后在树林里散步几英里，再乘火车回来。在这件事上，我想我们没有其他选择余地，但在当时我们也不愿意错过出游的机会。我们将这些出游看成是一种特权而不是责任。随布赖特出游是我们认识他的个性人品的绝佳机会，同时共同出游也让我们这个团队结合得更紧密。不用说，我们在树林里阔步前行时也不会完全忘了物理学。

布赖特对于物理学的兴趣相当广泛，既包括理论也包括实验。虽然与他共事的学生和博士后做的都是理论工作，但他自己则在纽约大学监督着部分核物理的研究工作。此外，他还与华盛顿的卡内基研究院的研究人员保持协作，协

109

---

〔1〕 这段话出自 1977 年 6 月 5 日布赖特写给伯克利物理学家埃德温·麦克米伦的一封信，刊载于施蒂韦（Roger H. Stuewer）主编的《核物理学回顾：1930 年代会议文集》（Minneapolis：University of Minnesota Press，1979），第 138 页。

〔2〕 Apple Brown Betty：一种类似长方形苹果派的甜点。——摘自蔡译本译注。

助他们设计建造能量更高的加速器以便用高能质子来撞击原子核并触发核反应。[加速器在 20 世纪 20 年代末和 30 年代初还是一种很新颖的装置，布赖特和华盛顿的默尔·图夫（Merle Tuve）、普林斯顿的范·德·格拉夫（Robert J. Van de Graaff）以及英国的约翰·考克罗夫特（John Cockcroft）和厄内斯特·华尔顿（Emest T. S. Walton）等人建造了多台用高电压加速带电粒子的装置。1932 年，加州伯克利的厄内斯特·劳伦斯发明了回旋加速器，它可以将粒子加速到远大于高电压机器所能取得的能量。]

物理学家喜欢将自己关在实验室里和办公室里工作，但他们也喜欢交谈。如果没有这种面对面的交流沟通，课题的进展就可能慢得多，会有许多研究人员陷入死胡同，正在瞎捣鼓。老实说，大多数物理学家都相当能侃。他们不仅喜欢彼此交流看法，也喜欢谈论其他地方的物理学家在做些什么。

布赖特相当健谈，而且要找他也不难——我们就在一个办公室。他将那栋小楼的一楼的大半空间拨给加速器实验工作使用，因此二楼的办公室空间就显得相当拥挤。不幸的是，他还是杆大烟枪，在那个年代我只好忍耐。他还有一个习惯，就是时不时地从鼻子里发出类似公牛被激怒时的浓重低沉的咆哮声。但我们之间从没有发生过那种办公室里常见的彼此攻讦。我们的办公桌在办公室的两端，彼此都保留些隐私，在需要的时候才相互交谈。

通过学者来访和定期的会议，我们一直保持着对其他地方的最新研究进展的了解。有一年最让我们感到振奋的消息是费米在罗马用中子引发核反应的工作。在理论物理学领域，"势垒穿越"是个热门课题。这是一种量子现象，即粒子可以穿越能量壁障，而在经典物理学里这是不可能的。这种机制最早是由乔治·伽莫夫以及罗纳德·格尼（Ronald Gurney）和爱德华·康登在 1929 年各自独立地提出用以解释阿尔法粒子的放射性。我们还知道阿特金森（Robertd'Escourt Atkinson）和豪特曼斯（Fritz Houtermans）提出的关于太阳的能量产生于核聚变反应，并经势垒穿越才成为可能的建议。当时并非所有人都能够很快接受这个设想。英国著名的天文学家爱丁顿（Arthur Eddington）接受了这个观点，有报告说他曾对一位持怀疑态度的人说："如果你认为太阳的中心还不够热，那你去找个更热的地方看看。"[1]（五年后，汉斯·贝特修正了这个观点，并最终因这一成果荣获诺贝尔奖。）

---

　　〔1〕　爱丁顿的另一段著名的话语是，据说当有人告诉他世界上只有三个人理解爱因斯坦的广义相对论时，他问道："这第三个人是谁?"

在 1933 年的一次令人难忘的学术交流中，奥本海默做出一项预言，所幸的是这个预言不是真的。1933 年的圣诞节刚过不久，布赖特的学生沃尔夫（后来成为美国物理学会出版部门首脑）开车送我到波士顿参加美国物理学会的一个会议。到现在我对那次旅程的记忆还是比会议内容清晰得多。那天的天气很糟，空中飘着夹杂着冰粒的雪花，我们不得不经常停下车来擦拭挡风玻璃。一段现在用 5 个小时不到就可以轻松到达的旅程花了我们近两倍的时间。奥本海默那晚的演讲吸引了大批听众慕名而来，他讲的是量子电动力学，即有关于电子、正电子与光子的理论。在那次演讲中以及随后发表的论文里，他指出，当前的电动力学理论的可适用性有个有限的范围，在能量高到相当于7000 万伏特以上时便不再适用。如果他的这一观点是对的，那么对于宇宙辐射机制的理解就无从谈起，除非我们发展出某个新的理论来。第二年，当我已在哥本哈根时，这个问题终于因尼尔斯·玻尔和 E. J. 威廉姆斯的工作变得明朗，所有人都松了一口气。量子电动力学表明，这一理论似乎可以用于任何能量而没有任何限制。

在与布赖特共事的这一年里，尤其令人高兴的是我认识了 I. I. 拉比。他是哥伦比亚大学的一位实验物理学家，最近（1931 年）开始用原子束进行一系列测量工作，用以展现原子的精细结构，尤其是核的特性。布赖特是重要的物理学进展的推动者，并且几乎总是与这些进展联系在一起。他对拉比的测量理论作出了基础性的贡献，1944 年拉比因对原子的测量而荣获诺贝尔奖。拉比那时是纽约大学市内、市郊两个校区和哥伦比亚大学合办的"纽约会议"的领导人之一。市郊校区，就是我和布赖特工作的校区，位于布朗克斯，市内校区则位于格林尼治村。哥伦比亚大学则介于两地之间。为了方便起见，晚间研讨会经常被安排在哥伦比亚大学召开。与会者经常在会后前往拉比的住处吃点东西并继续讨论。拉比的漂亮太太海伦总是热情地接待我们。

在拉比的一生里，几乎所有认识他的人都喜欢他。他是土生土长的纽约客，这从口音就可听出来。他充满自信，却一点也不自大。他和所有来往的人都能够轻易地建立起亲密的关系，无论是实验室的技师、刚入校的新研究生还是知名的同事。多年后，当他在 1954 年就是否应该废除对奥本海默的安全权限而召开的特别委员会的听证会上作证时，他掷地有声的坦诚态度表露无遗。他在陈述了奥本海默对国家的众多贡献之后，以夸张的语调质问委员会成员："你们还要什么，美人鱼吗？"在拉比的领导之下，哥伦比亚大学物理系成为世界上最好的大学院系。这都要归功于他的领导才能和识人善用的品质。他领

111

20 世纪 30 年代的 I. I. 拉比和爱德华·康登

（承蒙美国物理学会埃米里奥·塞格雷视频档案馆提供）

导的这个系成了培育诺贝尔奖的园地。哥伦比亚大学物理系从萌芽到发展壮大，很大程度上是基于拉比的早期研究成果，包括微波激射器、激光器、原子钟和磁共振成像等研究[1]。

　　1933 年 10 月，在我与布赖特合作工作仅一个月后，爱因斯坦来到美国。当时他 54 岁，由于他的名气太大，因此预定在普林斯顿进行的第一场演说没有公开发布消息，以免引来过多的人潮。威格纳打电话给老朋友布赖特邀请他参加。布赖特接受了邀请，并且带上我随行。于是我就是这样第一次见到了爱因斯坦。根据我那天听他演说得来的印象，他当时已经不再处于科研前沿。他似乎只是依照自己的偏好路径在继续钻研，其方向偏离了物理学主流。真是奇怪啊，我这个年轻人竟敢斗胆藐视这位 20 世纪最伟大的物理学家。后来，当我也住进普林斯顿后，甚至在我着迷于广义相对论之前，我已与爱因斯坦成为好朋友，并在他位于默塞尔街的住所有过几次美好的交谈。他也相当客气地邀

112

────────────

　　[1]　微波受激辐射放大器的原理过程最先是由爱因斯坦提出的一项预言，一个光子可触发引起其他相同光子的发射，从而产生高强度的微波能量出射。目前我们所熟悉的激光器运用的也是相同的原理，产生出光束非常细的强光束。原子钟是将射频波或微波耦合到极为可靠的原子振荡来精确计时。关于拉比的精彩一生的详细描述，见约翰·S. 里格登所著的《拉比：科学家和公民》（New York：Basic Books, 1957）一书。

请我的学生到他的家里作客。由于他敏锐的洞察力，他总能够为我们阐明引力课题中那些不易理解的难点，让我们看清事理的幽微之处。

无数人所熟悉的爱因斯坦的形象是穿着便鞋、宽大的裤子和汗衫，满头随风飘动的长发。他在公众心目中的印象是一种不修边幅的率真性情与超凡智慧的完美结合，甚至连我们中那些与他熟识的人有时候都分不清何为爱因斯坦形象，何为爱因斯坦的本性。实际上他是一个相当自行实地的人，非常和蔼可亲而且颇具恶作剧的幽默感。

我第一次访问普林斯顿时印象深刻，这倒不是专为去见爱因斯坦。我还见到了好些大学教授，包括爱德华·康登，他那时 31 岁，是副教授。我们一起交谈了前一年我在约翰霍普金斯想到的将分子物理学的方法运用到核结构研究的概念。我的想法是，原子核里的核子（质子和中子）可以组合并重组成某种亚结构，并可以不断地从一种组合变换到另一种组合。就好比在一场舞会上，在某个时刻，所有的高个子都聚集在一起，所有的矮个子组成另一集团；而到下一时刻，所有的女性聚在一起，所有的男性聚为另一堆；再下一时刻，又会形成四个群体，每个群体由来自城市的东、西、南、北四个方位的客人构成等，由此形成无限多种组合方式，每一种组合都以某种吸引力将一组人群聚集在一起。在核内，一个质子有可能在某一时刻与另外一个质子和两个中子形成暂时的阿尔法粒子；而在另一时刻，这个质子又可能与另外一个中子形成氘核；再下一时刻，这个质子则可能单独存在。"这就是我的想法，"我告诉康登，"但我需要给它起个名字。"

"叫'共振群结构'怎么样？"他建议道。

就是它了。虽有些拗口，但我也想不出更好的名字了。起先我在文章里并没有用这个术语，直到 1937 年我试图在发表于《物理学评论》上的两篇文章中将有关核的这一想法统合起来时，才正式采用这一术语。

康登是一位富有才华和想象力的物理学家（而且相当随和），他没有留在普林斯顿。在与乔治·肖特利（George Shortly）共同完成了一本有关原子光谱学方法的巨著（自 1935 年出版以来，这本著作一直是该领域的圣经）后，他去了匹兹堡的西屋电器公司担任研究部主任。第二次世界大战后，他被任命为位于华盛顿特区的国家标准局局长，并重振了标准局的研究能力。康登出生于新墨西哥州的阿拉莫戈多，是一个具有自由主义倾向的教友派信徒。在麦卡锡时期，他因受到波及而被迫辞去政府职务。（他曾私下告诉我，"我参加的每一个组织似乎都有崇高的目标。我不问其中是否有共产党员"。）康宁玻璃厂不畏威胁邀请康登担任研究实验室的主管。于是他一头扎进玻璃物理学的研究中并获得成功，直到 1956 年才重返学术界。

先前我曾经提到布赖特是一位工作狂。和其他许多热爱研究课题的人一样，他几乎将所有时间都投入在了工作中。他做事简洁，有条理，并且非常注意细节。我记得有一次看到他在准备投递给《物理学评论》的一份手稿上加注标记。他小心地在文稿的边页上重新描画了每一个希腊字母，并且以红色笔写下其名称。这种细心几乎存在于他研究工作的各个部分。他希望每件事都做得完美，这是一种好习惯。

对我和他团队里的其他成员，布赖特不惜花费大量时间热情地支持我们所进行的工作。在我们觉得需要时他会对我们的工作提出批评，但是从来不会表现出不友善的态度，也从来不曾打击我们的工作积极性。当听说他与别人起争执时我感到相当困惑，因为我从来没见过他这样。据可靠消息，我在纽约大学的时候，他曾与一位同事发生摩擦而真的挥拳相向。盛怒之下两个人在实验室大打出手，在地上扭成一团。

只是在以后的年月里，在 1940 年，让我见识了布赖特固执的一面。他要我（和其他人）不要再发表有关铀的论文，以免我们的研究结果给敌人帮了忙。当时我对于这种看法抱怀疑态度，想与他讨论这个问题。我要对谁发誓？将来在什么情况下我可以终止誓言？布赖特根本不想讨论这个问题，他发了脾气，因为他觉得这是件很严肃的事情。结果，美国物理学家——包括我在内——同意接受这种道德自律不发表任何可能与核武器有关的论文，虽然我们没有正式起誓。布赖特、威格纳和西拉德是这项禁令的主要倡导者和推行者。后来我们从苏联物理学家乔奇·弗廖罗夫（Georgii Flerov）那里得知，美国期刊里有关铀物理的文章突然消失这件事本身对于苏联科学家就是一个重要的信息。弗廖罗夫和他的同事康斯坦丁·彼得扎克（Konstantin Petrzhak）早先也发现了铀的自发裂变现象，并于 1940 年 7 月在美国期刊《物理学评论》上发表了这一研究结果。他一直阅读这方面文献，突然相关的论文不再出现，于是他提请他的同事们注意并推动加速苏联的铀研究工作。（在弗廖罗夫与彼得扎克的论文刊出前一个月，美国作者在《物理学评论》上发表了最后一篇核裂变论文。在这篇文章中，埃德温·麦克米伦和菲利普·埃布尔森宣布他们发现了镎，即元素周期表中第 93 号元素，它是获得钚的先驱物质。）

在我和布赖特合作研究之前，我很少去他的办公室。我们合作的第一篇论

114

文花费的时间相当短，在两个月内就完成了。我们将它作为一篇通信投给了《物理学评论》，11月15日投出，12月1日即刊出（今天很难有这种速度了）。文中谈的是类氦原子的双电子系统。布赖特感兴趣的是如何更好地理解较重原子中接近核的两个最内壳层电子的量子波函数，这时微弱的核磁效应会对电子的能量产生影响。我们沿这个方向迈出的第一步是计算电离态锂原子的核与电子的波函数的叠加。（锂是元素周期表上的第三号元素，其原子通常包含三个电子，但经过一次电离后只剩两个电子。）这是一种带有核物理目的的原子物理计算：通过核磁性对原子内电子能量的微弱影响来深入了解核磁性质。

我来到纽约大学时手头还有一些未完成的工作。一年前，在我完成关于氢原子的博士论文时，我手头还有与乔伊斯·比尔敦（Joyce Bearden）合作的关于X射线穿透物质传播的研究。在那个问题上，和在氦研究的情形一样，散射与吸收之间的数学联系很重要。当我还在约翰霍普金斯的时候，比尔敦和我已经向一个会议递交了一篇摘要和一份报告。在纽约大学期间，我仍继续这个课题的研究。1934年秋，比尔敦和我完成了一篇更全面的论文。我们将10年前泡利在德国发现的"不相容原理"这一重要原理引入到先前的对X射线吸收的计算中来。正如第4章所述，泡利原理认为，没有两个电子能够同时处于相同的运动状态。他的发现成为描述如电子这样的具有半个单位自旋的粒子的量子理论的基石。（光子则属于具有整数单位自旋的另一类粒子，它们不遵从泡利不相容原理。自旋的测量单位是一个基本量子常数，写作"$\hbar$"，读作"$h$拔"。）

想象一个包含许多电子的重原子——根据泡利不相容原理，每个电子占据一个不同的运动态。假设一个X射线光子到达这个原子，如果该原子的第十能级已被一个电子占据，那么（譬如说）处于第一能级的内电子就不能吸收该光子而跃迁到第十能级，因为泡利不相容原理不允许这么做。但处于第十能级的电子可以吸收该光子而获得能量逃离原子的束缚。当布赖特和我将不相容原理应用到我们的研究中后，我们得到的结果没有这么显然，而是电子的电离跃迁**增强**了对于入射光子的吸收。由于处于第十能级的电子不能向下跃迁到已经有电子占据的第一能级，因此该电子更可能（较大的机会）逃离原子成为自由态。我们的计算为将泡利不相容原理应用于描述X射线的禁戒和增强吸收效应提供了数值估计。

我从布赖特那里学到的一门重要的新物理是电子对理论——有关描述电

物理学界人士都知道这块物理学家车牌的意义。其他人或许会认为该车车主是不是一位律师、牧场经营者或酒店老板

（罗伯特·马修斯拍摄，承蒙普林斯顿大学允许使用）

子、正电子和光子相互作用的理论。1928年，狄拉克在英国提出了一项漂亮的理论（前一章已有提及），将爱因斯坦的狭义相对论与海森伯和薛定谔的新量子力学相结合——就是说，他创造了一种相对论量子力学——并像变魔术一样从中得出关于电子的三个结论：电子具有半个量子单位的自旋，电子遵从泡利不相容原理，以及每个电子都有一个带正电的粒子相伴，这种粒子我们现在称为正电子。

前两个结论当时已经被证实，狄拉克理论为电子的这两种特性提供了令人满意的理论解释。第三个结论是革命性的，物理学家开始时不知道如何予以解释。狄拉克的理论预言，电子可以正能量或负能量形式存在。由于电子有质量，因此它肯定具有正能量。那么负能量的意义是什么呢？唯一合理的解释是这些预言的负能量态均被填满了，除偶尔出现的未填满状态外。这种未填满状态"看上去就像"一个带正电的电子，或叫正电子。在这个"空穴理论"中，负能量的电子海是无法观测到的，除非其中的某个电子缺失。这种负能量海可以比作海洋，正能量区域相当于高于洋面的空气。正电子可比作海洋里的气泡（局部的缺水空间区域），而电子就如同空气中的水滴。

116

如果我们将水滴填入气泡，水滴就不见了，气泡也不见了，只剩下海面平滑的海。同样，在狄拉克的理论里，电子可以"落入"一个空穴，使得电子和空穴（正电子）同时消失。同样道理，负能量的电子也能被提升到正能量并留下一个空穴。这样便有效地产生了两个粒子。如果说，无穷多的负能量电子填满所有空间的空穴理论让物理学家感到不自在，可以说一点都不过分。后来，欧洲的物理学家证明了同样的理论可以用将正电子当作真实的带正电粒子而非空穴来予以重新表述后，这种不自在才至少部分地得到缓解。在这种重新表述的理论里，如果能量能够通过适当方式被给予原子，就能产生电子-正电子对；反之，当电子与正电子相遇时也能够相互湮灭并释放出能量。正电子也称为电子的反粒子（同样，电子也是正电子的反粒子）。现在我们知道，自然界的每一种粒子都有相应的反粒子[1]。

反粒子理论，以及它对粒子对的湮灭和产生的预言，要比空穴理论容易理解——尽管理论上的差别仅在于想象，不在于数学表述。然而正电子在哪里？没有任何实验曾经观测到正电子。当时所知的带正电荷的唯一一种基本粒子是质子。确切地说，质子具有半个单位的自旋，但其质量超过电子近 2000 倍，而狄拉克理论预言的却是正电子与电子具有相同的质量。理论家天生就具有创新性。有些人，包括狄拉克本人，曾试着将质子看作是电子的姊妹粒子来解释。幸好，加州理工学院的实验物理学家卡尔·安德孙（Carl Anderson）走到台前。1932 年，他通过云室发现，在宇宙辐射线生成的次级粒子里有一个正粒子，其质量明显等同于——或至少接近于——电子的质量。这正是狄拉克的正电子。不久，人们很快又发现了高能光子产生出正电子—电子对的其他例子。（多年后，有人问狄拉克，当时他为什么没有遵循他自己的理论方向并预言正粒子质量应与电子的相同。据说他回答道："纯粹是因为没胆量！"）

几年之后，在 1940 年或 1941 年，我提出了另一种看待正电子的方式（同样也没有改变狄拉克理论的数学表述）。有一天晚上，我坐在普林斯顿的家中忽然想到，可以将正电子解释为在时间上向后运动的电子。我对于这个想法感到非常振奋，立刻打电话到研究院给住在研究生宿舍的我的研究生理查德·费曼。"迪克，"我说，"我知道为什么所有的电子和所有的正电子都具有相同的质量和相同的电荷了。它们原本就是同一个粒子！"当时呈现在我脑中的是单个电子的图象，这个电子沿着其自身的世界线——即它在时空中的路径——先

117

---

[1]　光子比较特殊，它就是它本身的反粒子。

在时间上前行，然后又在时间上向后倒行，随后又转向时间上的前行……在任一时刻——换句话说，即在时空的任一瞬间——我们都会看到许多电子和许多正电子，而且不必知道在不同的未来和过去这些世界线都纠结成一条单一的线。我当然也知道，至少在宇宙的我们这个角落，电子的数量远远多于正电子数量，但我仍然觉得这个想法相当令人振奋——时空里的轨迹线向四面八方不受任何限制地伸展——沿时间轴向前、向后、向上、向下、向左、向右。后来费曼将这个想法发展成以他的名字命名的图式，并成为量子电动力学和基本粒子物理学的有力计算工具。费曼图里的线都代表世界线的一部分，我们可以在时空上让其保持原方向或转向其他任何方向。

118

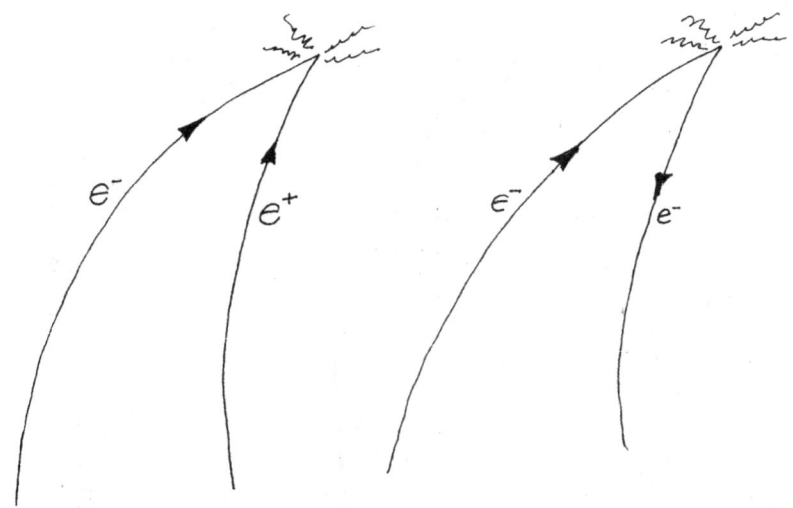

看待电子-正电子湮灭的两种方式：视为彼此相遇并湮灭同时释放出电磁辐射的两个粒子；视为单个粒子在时间上向前、向后的运动。后一种观点被费曼运用到费曼图里（惠勒绘制）

早在安德孙发现正电子之前，部分理论家就已通过计算假设了其存在。在正电子发现一年后，布赖特和我进行了计算两个光子相互碰撞产生电子—正电子对的概率的研究。甚至在当时，我们就已想到这样一种过程：穿越星际空间的高能光子有可能在充满假想辐射的虚空空间里与一个低能光子产生相互作用。我们假设这种所谓的"星际温度辐射"是由宇宙间纵横交错的星光构成的。计算表明，这种光子-光子碰撞的情形太过稀有因而无法观测到。就算我们足够聪明，能够想象到今天已知的大爆炸残余的冷背景辐射充满了所有空间，我们依然会得出我们所研究的过程无法在太空中被观察到的结论。[伽莫夫于 1948 年最先预言了这种辐射的存在。在彭齐亚斯（Arno Penzias）和威尔森（Robert Wilson）于 1964 年在位于新泽西州的 AT&T 贝尔实验室截收到来自空间的令人迷惑的"静态辐射"后，我在普林斯顿的同事迪克（Bob Dicke）能够立刻给出解释，因为他早已安排他的两个学生开展发现和测量这种辐射的工作。]

布赖特和我不仅放弃了观察外太空光子相互碰撞效应的希望，而且我们还得出结论认为在实验室条件下无法得到能提供足以使可见光光子碰撞产生电子对的高强度辐射源。我们并不完全正确。63 年后的 1997 年，斯坦福直线加速器中心的科学家宣布，他们观察到由光子对撞产生的电子–正电子对，其结果与布赖特和我先前的预言一致。这项成就的取得应归功于加速器和激光技术的惊人发展，这一发展远远超出了我们在 1934 年所能想象的一切。

然而，就在我们宣布研究结果之后不久，英国的威廉姆斯（E. J. Williams）就意识到我们不必等待有了超强光束才可以进行实验验证。我们可以将这一设想运用到光子与原子核附近强电场的相互作用过程。对于入射光子而言，这个电场"看起来"就像是一团光子云，因此光子＝光子碰撞可以在原子内部深处实现。实际上，这正是宇宙辐射的最常见的过程。这个过程导致"簇射"，即一个光子产生一对粒子，这对粒子中的一个或这两个粒子又产生更多的光子，后者再产生更多的粒子……直到最初的能量被完全耗尽，这种增殖过程才会终止。

我和布赖特合作的部分研究工作必须进行大量的数值计算，在当时这项工作需要机械式计算机运行许多个小时才能得出结果。布赖特雇用了几个学生来进行这项工作，学校的项目管理处也聘请了一个人协助工作。我记得这是位老先生，工作十分细心和专注，因为我的工作任务之一就是监管他的工作。在大萧条时期，项目管理处不仅经常参与与道路铺设和其他建设项目有关的工程，还努力协助支持艺术和科学研究工作。

在纽约大学成果丰硕的这 9 个月里产生的一些设想多年来一直在我脑海里萦绕，挥之不去。我是那样地沉迷于电子，沉迷于描述它的优美、精确的狄拉克理论以及它的终极的简单性，以至于让我不禁想道：是不是世界万物都是由电子组成的？是否存在什么途径将电子与其反粒子，即正电子——也许还需要借助于光子——结合起来构成所有其他粒子？这些设想多属梦想，少有坚实的基础，因此布赖特不是很感兴趣。他是一位兴趣广泛、能力高强的理论物理学家，但他偏好关注那些已经得到实验室测量或能够得到测量的课题。而我则喜欢在工作中放逐思想，驰骋想象。但我一直找不出一种可行的、用正电子和负电子来构建整个世界的方式。现在我们知道，确实存在更基本的物质基元，质子、中子及许多其他粒子均由其构成，但它们是夸克，而非电子。

我在第二次世界大战结束时向纽约科学学会投去了一篇有关多电子理论的论文，其讨论范围要比我早先有关世界由电子构建的梦想窄得多。我在文中只针对能够完全由电子和正电子构建的部分原子和分子进行了探讨，并计算了其性质。这类原子中最简单的一种是由一个电子和一个正电子组成的原子，我称之为双电子体。就在我的论文即将发表之际，我得知美国的亚瑟·鲁阿克（Arthur Ruark）和苏联的列夫·朗道也已构想出这种物质实体。现在我们称之为正电子素，其性质已得到广泛研究[1]。它具有我早先所梦想里的那种"纯粹性"。无须掺杂夸克或任何其他物质，我们从电子、正电子以及光子就可以完整地了解其性质。

随后，我更进一步计算了大群正电子素原子集合可能有的行为方式。液态正电子素应该具有超导特性。但我们能看到一滴这种物质吗？这个问题很值得探讨，值得我们去全力找出其存在的证据，因为它可能是一种全新的极端物质形态。硝化甘油和它比起来就像是自来水一样温和。实际上，正电子素物质是一种纯能量，而硝化甘油仅当其爆炸时才会有将近十亿分之一的质量转化为能量。正电子素物质解体时可能会将 100% 的质量转化为能量。

在博士后第一年里关于电子构建世界的思考让我开始考虑同样极端的一种**没有**光子的世界——一种仅由粒子构成而没有场的世界。由此我开始了一生中所谓的"万物皆粒子"的时期。考虑一种由一个电子和一个正电子束缚在一起形成的体积非常小（小于一个质子的体积）但质量非常大的复合粒子。这种复合粒子带来的问题之一是它会以极高的辐射速度将多余的质量能量辐射掉，因此其性质极不稳定。于是我问自己，可否找到某种办法既让它稳定下来又能够绕过这种不可避免的辐射效应？我们能否将辐射从电动力学里面去除掉

120

---

〔1〕 1951 年，麻省理工学院的马丁·多伊奇（Martin Deutsch）最先在实验室里观察到正电子素。随后，在 1981 年，新泽西州贝尔实验室的阿兰·米尔斯（Allen Mills）创造并探测到由两个电子和一个正电子组成的三粒子系统。

而代之以粒子间的超距作用，同时又不丧失我们从电动力学得到的所有已知的预言结果？

没过几年，当我与费曼在普林斯顿开始合作后，我们发现这个问题的答案是肯定的。我们找到一种自洽结构，其中力（作用）无须借助电场或磁场——无论是静态的或是辐射形态的——即可在空间传播。这是个令人满意的结果，尤其是在当时的物理学家都是基于场来考虑问题的情形下就更显得可贵。但这个结构并不能解决我对如何由电子来构建中子或其他粒子这一问题的迷惑，也无助于——正如后来看到的——大力推动粒子物理学或电动力学的进展。但它确实对仅有个别粒子的假想世界（而不是我们这个几乎有无限多粒子构成的世界）做出了惊人的预言。在这种较简单的世界里，未来会影响过去！我们认为，我们在我们所处的这个世界里所观察到的时间的单向流动性部分可归因于宇宙中所有其他物质的影响。因此，我们在没有场的物理世界里的这次涉猎提供给我们一份意外的收获。它带给了我们关于电动力学的数学结构以及关于其他假想世界的更丰富的知识。但是它——至少是目前——没能进一步推进我们对我们所居住的这个世界的形成方式的理解。

让我们回到 1933 年夏天的巴尔的摩。在珍妮特和我在德鲁伊特山公园散步之后，她知道我将于秋天前往纽约，她说："你一定要去拜访我的朋友艾尔西（Elsie Field Doob）。"珍妮特并不知道她本人也将在那个秋天到纽约地区来教书，也不知道我们的友谊在未来会进展到什么程度。艾尔西是珍妮特在瑞德克里夫学院读书时的朋友。当时艾尔西经常去听波士顿交响乐团的音乐会，三年里她都坐在同一个年轻人身边而不曾交谈。到了第四年，他们有了交流，不久就结婚了。这个年轻人就是约瑟夫·杜（Joseph Doob），他是一位数学家，后来成为伊利诺伊大学的教授和普林斯顿高等研究院的董事。艾尔西和珍妮特一样，都对历史和文化感兴趣，后来她成了医生，并对计划生育部门深具影响力。

在到了纽约几个月后，我终于遵照珍妮特的建议联系上杜氏夫妇。他们邀请我到他们家度过一个轻松的夜晚。我很享受与他们的交往，因此后来又去过好几次。他们是一对热情友善、轻松活泼的年轻夫妇，与他们交往非常愉快。杜氏夫妇教我如何品酒，并促成了我与珍妮特重新开始交往（这两件事情之间没有关联）。在杜氏夫妇劝我饮用餐后酒之前，我从来不曾喝过酒。我想喝点酒未必那么致命，因此从那以后偶尔会享受一杯，而且总是相当节制。我听说有些作者发现烈性酒能够激发他们的创作欲望。我想对我来说酒精恐怕不会产生那样的作用。我总是在不需要动脑处理工作时才会喝上一杯。

我和珍妮特的重新交往并不真的是由于杜氏夫妇的牵线。他们只是让我知道珍妮特就在附近，这就足够了。那时她在威切斯特的莱伊乡间学校教书，不久我就和她联络上了。第一次约会时我们一起去看了场戏——我记得那出戏是《永别了，武器》。我们在第三次约会时便订婚了，那是 1934 年的春天。在 5 月的母亲节那天，我送花给珍妮特（订的花恰好在母亲节这天送达）。她的同事都感到我们进展得太快了。

当时我计划在第二年到欧洲去做博士后——虽然是去哥本哈根而不是莱比锡——但实际上还得等我新申请的 NRC 资助金能够获批。此后有好几次我都在想，当时我应该在那年的夏天就与珍妮特结婚并带她一同前往欧洲，这对于我们两个人来说，都比分隔两地长达一年多要好得多。当我到哥本哈根后也意识到，如果珍妮特和我在一起的话，我们与玻尔一家建立起的关系就要亲密得多。玻尔太太玛格丽特对玻尔所做的一切都感兴趣，她也是玻尔的重要顾问。（早在 1911～1912 年，他们也曾因玻尔在英格兰读书而将婚期延后了一年。）

但当时我既没有钱，也不确定到秋天是否会有资助，我看不出怎样才能立刻结婚。珍妮特和我都认为我们的婚礼要等到 1935 年夏季才能举办。

122

（由于珍妮特比我聪明，说不定她觉得有一年的时间来考虑倒也不是件坏事。）她倒是催促过我，既然我在欧洲，那么即使不去意大利读书，至少去旅游一下也好呀，因为她非常想重温一下她曾在那里研读意大利统一运动史的经历。

由于我期望在那个秋天前往哥本哈根，因此我找到一位供职于丹麦驻纽约领事馆的年轻人，让他教我丹麦语。想必我是跟他谈到珍妮特，有一次他对我说："你应该娶那个女孩子并带她去丹麦。"

"到哪儿筹到那么多钱呢？"我问。

"去向她爸爸借啊。"他答道。好大胆的建议，但这不符合我的自尊心。

那年（1934 年）夏天，珍妮特和她的父亲开车跨越美国，我则回到佛蒙特州家里的农场。经过仔细安排，我给她打了个电话。当时她在加州的拉霍亚（La Jolla），我在约定时间从佛蒙特州的费尔哈芬附近村庄的一家商店里打电话给她，那是我们即将分开一年之前的最后一次交谈。在随后的一年里，我们书信来往，至少每周一封。由于当时书信往来跨越大西洋一般要花费大约 10

到 20 天时间，因此每收到一封信都还有两封信在途中。（多年后，考虑到我从哥本哈根写给她的信太过激情——用她的话说——是内容过于空洞，于是珍妮特将我所有写给她的信都毁掉了。后来我也无意间把她给我的信弄丢了。这样，在我的文献档案里，这场横跨大西洋的浪漫史就再也找不到书面记录了。）1935 年 6 月 5 日，我回到美国，5 天后我们在巴尔的摩结婚。关于婚礼和我们的早期婚姻生活，我将在第 7 章里详述。

# 第6章　国际大家庭

　　在布赖特的鼓励下，我将博士后第二年的研究目标从莱比锡移到哥本哈根。布赖特认识海森伯和玻尔，认为玻尔适合当我的合作导师。此外他还指出，哥本哈根是国际上研究活动的中心，我可以在那里见到所有的顶级物理学家，包括海森伯，因为他们经常造访那里。我在1934年再次向美国国家研究委员会申请资助金时提到玻尔，认为他"是研究原子核的最佳合作导师。他具有伟大的心灵和想象力，能够启迪众人且为所有人指出未来的研究方向"。当时玻尔48岁，已是物理学界的"资深公民"，属于物理学前辈之列。他最著名的工作——将量子理论应用于说明氢原子结构——是他在1912年到1913年间做出的，当时年仅27岁。从那时起，他对量子理论的进一步发展和对原子结构的理解做出了重要贡献。他的哥本哈根理论物理学研究院吸引了全世界各地的物理学家来此进行或长或短的学术交流。

　　在玻尔的领导之下，经过锤炼的全新的量子力学"哥本哈根解释"在20世纪20年代末问世。这个解释是玻尔在与爱因斯坦进行的断断续续的著名论辩中为捍卫自己的观点形成的。从那时起，这个解释经受住了所有强有力的攻击，尽管这场论战至今仍在继续——因为它是让许多物理学家（包括我在内）感到不自在的一个重要原因。有些人感到不舒服是因为哥本哈根解释将物理学

的核心——确定性——扫除掉了，并代之以不确定性。爱因斯坦无法接受的正是这一点。我感到困扰是出于另一种原因：我看不出量子力学赖以建立的逻辑根基究竟在哪里。什么是量子力学的基本道理？我不断地问自己。事情总有其源头，而这个源头我们至今还没有找到。

　　玻尔在1927年发表其互补性思想时已经声名卓著。这个想法认为，描述一件事情或一个过程可以由相互不兼容的两种方式来进行。譬如一种描述是以某种测量方式为基础的，那么要想让这一描述再建立在另一种测量的基础上是不可能的。用以检验被观测系统的不同方法之间具有"互补性"。以盲人摸象

20世纪40年代早期的玻尔理论物理研究院，该院在1965年更名为尼尔斯·玻尔研究院。该研究院至今仍是国际上重要的物理学研究中心之一

（哥本哈根，尼尔斯·玻尔档案馆提供）

为例，不同的盲人对大象特征的描述取决于他摸到的大象的不同部位。量子物理学家在检验一个系统时，所得出的结论不仅取决于他们"碰触"的方式，而且他们发现，进行一种测量的行为本身就排除了对对象同时进行另一种测量。这就好比一个盲人在摸到象鼻的同时，大象的腿就消失了，使得另一个盲人无法同时摸到象腿。当然，如果这些盲人随后又回到"量子大象"身边，那么他们是可以摸到象腿的——前提是他们不能同时去摸象鼻。

玻尔是将互补性原理作为对海森伯不确定性原理的推广而引入到量子物理学框架的。不确定性原理为某些特定变量——如能量和时间——同时测量时可取得的精度设定了极限。后来玻尔认识到，互补原理可以应用到物理学以外的更广泛领域——例如生物学和心理学。我甚至听说他有一次提到——或许是随便说说——对孩子的爱和公正的教育引导就具有互补性。现在，在巴哈伊教[1]关于婚姻的观点里，在关于联合国安理会与法院的不同角色的法律观点里，在为素食主义者推荐的均衡食谱里，我们都可以发现"互补原理"的身影。

我的大多数朋友得知我希望和玻尔一起工作时都积极鼓励我，同时也充满了敬畏之情。就如同一个生活在 1523 年的默默无名、乳臭未干的学雕塑者宣称希望能与米开朗琪罗一起工作一样。有一次，我在纽约大学和布赖特课题组里一位较为年长的博士后霍尔（Harvey Hall）谈论原子的辐射吸收理论时说道："如果能和玻尔讨论这个想法该多好啊！"

"你必须先成为一名成熟的理论物理学家，才能从玻尔那里得到丰硕的收获。"霍尔回答。

我没有因霍尔泼的一小盆冷水而打退堂鼓。如果我打算深入探究量子的神秘性质，那么哥本哈根是个正确的地方，玻尔也是正确的人选。这正是令我兴奋的地方。这是一条可以引领我去发现大自然基本规律之路。布赖特鼓励我并向玻尔热情推荐了我，于是玻尔同意接纳我。最重要的是，NRC 也批准了我的博士后第二年资助金申请[2]。我的丹麦语没有白学。（在哥本哈根，只有出了研究院才用得到丹麦语。研究院内主要使用德语和英语）

就在我抵达哥本哈根之前不久，玻尔在一次海难中失去了长子——17 岁的克里斯蒂安。这个打击让他难以从悲伤中恢复过来。他继续工作，继续让研究院里的每个人保持忙碌。但好几个月中他的言谈举止却显得心不在焉，有些压抑。他很少再流露出幽默和活泼的一面。玻尔是一位思想家——一位真正的修行者—— 但他体格强壮，这或许是他早年体育锻炼的结果。在许多丹麦人看来，玻尔在足球场上的表现和他的物理学上的成就一样著名。他比我高不了多少，身材虽不再修长，但肌肉还是那样结实。他经常骑自行车来上班——当然这在一个满街都是自行车的城市里并不稀奇。在我到达哥本哈根不久后的一天，我正骑自行车去研究院，看到一位工人正在楼前扯下蔓藤。走近我才惊讶地发现那个工人正是玻尔，他可能正试图通过这种劳动让自己从丧子之痛中恢复过来。

---

[1] 巴哈伊教（Baha'i）是一种由伊朗人巴哈欧拉（1817～1892 年）创立于 19 世纪中叶的新的宗教。其基本教义可概括为"唯一神""宗教同源"和"人类一体"三点。其次它还倡导性别平等、世界和平、宗教与科学并行不悖等信仰。——译注

[2] 为了帮助我再次申请 NRC 资助金，布赖特在所写的推荐函中着力强调了我在物理学和数学方面的能力，同时指出我没有那种"理论研究能力强的人身上所常见的神经质"。

玻尔以其特有的行为举止闻名于世界各地的实验室和研究院。他总是端着烟斗，时不时将其点燃，但从不让它一直燃着。他说话嘟囔，要很仔细地听才能听清楚他说的是什么。玻尔总是让人觉得他在沉思，在用他深邃的思想去努力找出某种表达方式。他经常在门口来回地踱步。（据说后来他去洛斯阿拉莫斯实验室访问，在演说结束时，身上已缠满了麦克风的连线，让他无法再兜圈子了。）

如果会议上有另一位人士在发言，玻尔会静静地坐上 15 分钟。这时，如果发言的主题引起他的注意，他便会逐渐从被动的听众转为主动的参与者：先是提出一个问题，接着起身用较长的话语表述自己的观点。当讨论会行将结束时你会发现，玻尔已经站在黑板前，原来的报告人则站在一旁倾听，时不时想插上一两句话。他和我私下讨论问题时也是用类似的方式。开始时我陈述我所做的工作进展，玻尔会以一种事不关己的态度说，"做得漂亮"或"有意思"。（你必须先弄清楚玻尔的意思。"做得漂亮"的意思是"大概对吧，尽管不是很重要"；"有意思"的意思是"倒还不算完全没有意义"。）随后，玻尔会在激起他兴趣的某一点切入，然后我们就针对这一点进行热烈讨论。如果我的发言里没有任何一点能够激起他的兴趣，这场讨论便用不了多久就告停止。

这种对话便是玻尔推动物理学进展的模式。对话者可以是办公室里单独一个博士后，也可以是研讨会上的一群人。他总是喜欢至少有一个人在场，即使他完全沉浸在自己的思绪中。当他希望对某个概念进行详细讨论并予以检验时，他就需要有个人能和他对那个概念进行反复讨论。莱昂·罗森菲尔德多年里就一直充当这个角色，还有就是玻尔的儿子奥格（Aage Bohr）。（这些助手本身都是一流的物理学家。罗森菲尔德对理论物理学做出过重要贡献，奥格则由于核结构的工作荣获了诺贝尔奖。）有天早上在上班途中，我看到尼尔斯和奥格坐在汽车里正开车前往研究院。老玻尔坐在方向盘后，一面开车一面和他儿子进行着热烈讨论，小玻尔则完全是乘客。我了解玻尔，我感到他已经完全忘了自己正在开车。我只好一路祈祷保佑他能安全到达研究院（他做到了）。

玻尔从不对任何人恶语相向，他总是对于别人的工作给予正面评价，他真 127 的希望来哥本哈根访问的人都能够习惯研究院的交流方式——询问和对话，并且充分尊重他人的观点。我在那里的一年里，我看到过两次来访的学者夸夸其谈，玻尔也觉得他们过于自大。但就这两例，玻尔也都是悄悄地将他们礼送出门，让他们到其他研究院去谋职。虽然我并不能完全确定，但我总怀疑玻尔曾经和玛格丽特谈到过这些让人烦恼的事情，并依她的建议来处理这些问题。她

尼尔斯·玻尔，摄于 1934 年

（惠勒拍摄，哥本哈根，尼尔斯·玻尔档案馆提供）

对研究院里的人员以及彼此间的交往具有非常敏锐的观察力。玛格丽特的身高和我相当，举止像个公主。她身材修长，面容姣好，棕色的头发从中间一分为二，向两边梳理得一丝不乱。她出生在北欧，近亲中既有前往格陵兰、北极和南极去探险的探险家，也有教育家和政府官员。作为荣誉之家——他们住在由丹麦皇家学会卡尔斯堡基金会提供给玻尔的豪宅里——的女主人，她让研究院的生活变得丰富多彩。她非常友善，甚至对我和我的婚约都给予了特别的关怀。后来，珍妮特和我对她有了更深入的了解后，就更钦佩她的判断力和周到了。

玛格丽特·玻尔，1934 年

（承蒙哥本哈根尼尔斯·玻尔档案馆提供）

在 20 世纪 30 年代，知名的物理学家里很少有人不曾到访过玻尔研究院。剑桥大学的保罗·狄拉克便是这些来访者之一。他是由玻尔的恩师卢瑟福推荐前来的。狄拉克的寡言和他的绝顶的物理学成就一样著名。玻尔后来曾告诉我，狄拉克来到哥本哈根不久，他正好在一次会议上碰到卢瑟福，于是他对卢瑟福说："这个狄拉克，他似乎对物理学知道得很多，但是他总是闭口不说。"

"我告诉你一个关于鹦鹉的故事，"卢瑟福回答道，"曾经有个人在宠物店里买了一只鹦鹉并想教它说话，但那只鹦鹉不肯开口。于是那个人将鹦鹉带回店里要求换一只，并向店经理解释说他希望有一只会说话的鹦鹉。他将新的鹦鹉带回了家，可运气不好，它也不肯开口。于是他很生气地返回店里对老板说：'你答应给我一只会讲话的鹦鹉，但是这只鹦鹉还是一句话也不肯说。'

129

保罗·狄拉克和沃纳·海森伯，1933 年于布鲁塞尔
（承蒙哥本哈根尼尔斯·玻尔档案馆提供）

老板停顿片刻，接着用手敲一下自己的头说道：'喔，对啊！你要的是一只会说话的鹦鹉。很抱歉，我给你的是一只会思考的鹦鹉。'"

　　由于玻尔的风格和他在哥本哈根研究院所起的启迪和指导的特殊作用，我们很难知道其他人有多少重要成就是基于他的最初想法而建立起来的。我想应该有很多。不论是当时还是以后，我都不曾听到玻尔因有人从他的想法中博得名声而表示过后悔。至少在他已成名的那些年里，他似乎真的不计较个人荣誉。玛格丽塔对这些则较为敏感，有时候会暗示某个人借鉴了她丈夫的想法却没有一声致谢。而我觉得有点遗憾的是，玻尔不太重视轻重缓急。我的意思是他喜欢对一个主题反复捉摸，耐心地修饰细节。而大多数物理学家在这种情况下会说："让我们先发表我们所得到的，细节留待以后再处理发表。"

　　我在哥本哈根的那一年里，有一次玻尔向普拉瑟（Milton Plesset）和我建议道，不要将我们所完成的一篇关于伽马射线（高能光子）与原子核的相互作用的论文公开发表。我们在文中用所谓"因果律原理"证明了，只要知道重原子核对于光子的吸收系数，我们就能导出一个上限——即原子核对光子散射的最大幅度。虽然我们对这篇论文感到满意，但我们还是尊重玻尔的意见：论文不够完善，需要进一步修改。结果，我们再也没能发表这份研究报告。这一年终了，普拉瑟和我也经历了"散射"（去了其他地方）和"吸收"（参与其他项目）。读者可能会认为我们是不是在这件事情上对玻尔有所不满，答案不只是没有，而且是完全没有。我们根本没有想过有任何不满之处。

我已经记不清自己去过多少次欧洲，但第一次欧游的印象还是那么清晰和具体。1934 年 9 月，我花了 55 美元搭乘钻石航线（Diamond Line）货轮从纽约来到比利时海港安特卫普。客舱里的四位室友，有一位年轻的德国人正是当时小规模反向移民潮的一分子——他放弃了在美国农庄的工作回国"加入希特勒"。当货轮停靠安特卫普后，我只有半天时间来游览这座城市。早在第一位欧洲人踏上美洲大陆之前，这座城市就已拥有艺术、文化和股市。我找到了著名的普朗坦-莫塔斯博物馆（Plantin-Moretus Museum）。在这座在我看来就像牛津或剑桥的某个学院的建筑里，克里斯多弗·普朗坦（Christophe Plantin）创立了 16 世纪中最伟大的印刷出版社之一。当安特卫普市政府取得这块地产并将其辟为一座博物馆时，这份产业已经在普朗坦家族手里延续了 300 多年。

我坐夜车于第二天早上到达德国科隆时碰到了另一位德国的年轻人。这个人穿着印有纳粹"万十字"徽章的黑衬衫。当时在铁路餐厅里除了伙计之外，他和我是这间阴森的餐厅里仅有的顾客。他在房间那一端趾高气扬地来来回回踏着正步，偶尔还对我投来敌意的一瞥。令人高兴的是我登车继续旅程了。那间空荡荡的餐厅将德国经济萧条的印象深深地刻在了我脑海里，随后，当火车蜿蜒经过鲁尔峡谷这个德国曾经的工业心脏（后来又得到恢复）的那天，这种印象便愈加强烈。透过车窗，我看到的是废弃关闭的厂房和在街上漫无目的的晃荡的人群。

到达德国的瓦尔纳明德（Warnemüde）后，火车和乘客都上了渡轮，航行一个半小时后到达丹麦的盖瑟（Gedser）。火车在丹麦苍翠的田野乡间奔驰，坐我身边的一位丹麦人问我为什么要去哥本哈根。"去和尼尔斯·玻尔共事。"我回答。"啊哈，"他回应道，"那位伟大的足球健将。"我对哥本哈根的第一印象是：人潮汹涌，骑自行车的和走路的一样多。在旅馆住了一晚之后，我开始寻找出租屋。我在这座历史悠久的商业闹市区能找到的只有一间有天窗但没窗户的房间，租金也超出我的预算。于是我去向研究院的秘书贝蒂·舒尔兹（Betty Schultz）女士求助，她对来研究院的所有访客都给予朋友般的热情接

131

待。几年后大家对她的称呼改为舒尔兹夫人，这显然是由于时光流逝而不关乎结婚与否。在她的帮助下，我在一处提供膳食的公寓里安顿下来。住处的地址是史特兰芬特八号，距离海岸边的主马路史特兰维耶只隔半条街，距离丹麦与瑞典交界的厄勒海峡（Øresund）也只有一条街。公寓提供早餐和晚餐，没过多久我就适应了奶酪汤。午餐在研究院解决。接下来还差一辆二手自行车，我也很快搞定。到达哥本哈根的第二天我就去见玻尔，并开始埋头物理学研究。

但我也偶尔会从物理学里抬起头来。像往常一样，我总会抽出时间来阅读。我还与普拉瑟或研究院的其他朋友一起去看戏或听歌剧。来自加州奥本海默课题组的米尔顿·普拉瑟也是 NRC 资助金得主。他的太太是加州一位心理疾病专家的女儿。有一次我随同她和米尔顿去查访她父亲的一位心理病患的同卵双胞胎。我们很诧异地发现，这对双胞胎，一个在丹麦，一个在美国加州，但都在差不多同一时间犯病。此外，在一位巴尔的摩唯一神教的朋友弗雷德·邦（Fred Bang）的引荐下，我和他在哥本哈根的亲戚取得了联系。他们非常好客，不止一次邀请我共进晚餐并一起去散步。我就是通过他们游览了哥本哈根的卢森堡城堡和丹麦的其他一些城堡等历史名胜。还有就是我和珍妮特之间的书信往来，这让我们在那一年里拉近了彼此的距离。我想必给她写了50 多封信。

我到哥本哈根还不到两周，玻尔就鼓励我去参加物理学伦敦国际大会，于是我乘火车前往英格兰。依照当时的惯例，会议的内容涵盖物理学所有领域。像这样议题广泛的会议今天已很少见到。但当时也有一个主要热点——宇宙线。

人类是在哪一天发现的宇宙线这种来自外太空的高能辐射已无法断定。零星证据的积累已有几十年的历史。在本世纪（指 20 世纪——译注）初，科学家注意到，容器里的气体会被侵入容器的外来物质电离。1911~1921 年，奥地利人赫斯（Victor Hess）最先采用飞行热气球来研究这种电离现象。1936 年，他终于因这项研究而荣获诺贝尔奖。他和他之后的其他人发现，引起电离的这种东西在高海拔地区变得更强，后来他们又在深的湖底进行研究，对云室中单个径迹进行观测。但直到 1927 年纬度效应（参见第 4 章）被发现，1929 年用带电粒子受地球磁场折射来解释这一现象后，初级宇宙线辐射的现代图像才告建立。在我的学生时代，积累的证据显示，外太空射入地球的粒子均带正电荷并具有极高的能量。到伦敦国际大会召开时，宇宙线研究已成为物理学前沿和中心课题。

汉斯·贝特，1935 年摄于密歇根州安纳堡

（承蒙美国物理学会埃米里奥·塞格雷视频档案馆许可使用）

1932 年，我们发现了宇宙线产生的一种新粒子——正电子，于是很自然地会想，会不会还有其他种类粒子产生？实验物理学家，例如意大利的布鲁诺·罗西（Bruno Rossi）及其课题组，接连发现宇宙线具有高度效应、纬度效应以及惊人的穿透能力等新信息。理论物理学家也在辛勤工作，试图理解宇宙线穿越大气层的复杂过程——说它复杂是因为空气对宇宙线并不完全透明，正如它对阳光不完全透明一样。来自外太空的粒子与大气层里的原子和原子核发生碰撞，使得初级宇宙线被减速、发生折射并产生出新粒子。实验中在地表以及漂浮气球上所观测到的结果，与大气层顶层所发生的辐射过程有很大的不同。

1934 年，有关宇宙线的大多数谜团仍有待解答。在大气层外的真空空间里飞驰的究竟是何种带电粒子还是未知数（现在我们知道，这些粒子主要是质子，同时夹杂有部分重原子的原子核），也不知道发生在大气层里碰撞会产生哪些新的粒子（当时已知的有电子、正电子和光子，现在我们知道，还会产生其他不同的粒子）。对我来说，宇宙线研究是一个相当浪漫的课题，这种浪漫部分来自于实验——需要经常上到冰峰上，或用气球搭载测量仪器随风飘荡到未知地点。对于从事理论的我来说，这个课题也具浪漫因素——我们不妨想象一下，进行碰撞的粒子的能量是如此之高，以至于任何加速器都难以企及，这种能量足以检验电动力学理论的适用极限，而且由质能转换原理可知，这种能量将产生前所未有的新粒子。

1933 年 12 月，我和沃尔夫（Hugh Wolf）一起前往波士顿。以前我就听说奥本海默曾猜测，宇宙线实验的结果之所以令人迷惑，可能是因为处于极高能量状态的电子、正电子和光子不遵循我们在低能态下所笃信的定律。这种给我们带来麻烦的能量与物理学里的一个称为"精细结构常数"的著名常数有关。这个常数衡量的是电子与光子之间相互作用强度，其数值相当小，只有1/137。奥本海默建议，这个常数的倒数，即 137，乘上电子的静止质量，所得到的能量值可能就是我们所熟悉的电子对理论的各条定律失效的地方。（这里我就不解释他的推理过程了）这个能量约为 70 MeV（百万电子伏），虽然大于当时的加速器所能得到的能量，但远低于典型的宇宙线能量。我并不赞同奥本海默的想法。对他提出的这个建议谈不上支持，也没有有力的反驳理由。我们对这个问题的判断都是凭直觉，没有什么逻辑或数学作支撑。在我看来，狄拉克的相对论量子理论（电子对理论）实在是太漂亮了，不可能是错的。

在伦敦国际大会上，汉斯·贝特发表了一篇令人印象深刻的计算结果。他研究的是我们现今称之为电子簇射的现象：高能光子产生于某处，其产生也许是由于大气层高空某个重的带电粒子（譬如质子）发生偏转引起的。这个光子在经过原子核附近时能产生一个正负电子对——由能量产生物质的一个实例。产生出的电子和正电子继续向前飞行，直到其中的一个或两个都遇上原子核被折射。这种折射会产生更多的光子，其中部分光子可能有足够的能量来产生更多的正负电子对。每个电子对又都会产生新的光子。这个过程会持续下去，直到全部初始能量都变成电子和正电子的质量、残余光子的能量和原子核的反弹能量。这种由单个光子产生一连串成百上千个粒子的簇射现象并不罕见。

簇射很"软"。当它遇上坚硬的固体物质时，就像用喷淋器在一块展开的湿布上洒水：部分水被吸收，部分则穿透湿布形成能量较低的水滴。但观察表明，宇宙线辐射具有"硬的"成分，穿透固体板如同射出去的箭穿透一块布一样。能够解释这一现象的只能是二者之一：要不就是宇宙辐射里面不只是电子、正电子和光子，要不就是贝特的理论错了。一次大的簇射的总能量远远超过 70 MeV（$137m_ec^2$，$m_e$ 为电子质量）这个奥本海默给出的电子对理论有效所允许的可能上限。

早在伦敦会议之前，玻尔就已经发展出一种能够处理高能带电粒子穿透物质的方法，即他的"等效场"方法。曼彻斯特大学的 E. J. 威廉姆斯用这个方法分析了宇宙线的穿透过程，为我们提供了一个发现新粒子需要什么样的知识背景的范例——如何用理论来鉴别所观测到的东西。

威廉姆斯没有直接诉诸高能电子过程的理论，那样指不定会出现什么出乎意料的结果（正如奥本海默提出的那样）。他不是采用"实验室参照系"来观察快电子与铅块的相互作用（电子飞向不动的铅块），而是在电子的参照系下来观察（一群铅原子核冲撞一个不动的电子）。在电子参照系下，运动原子核周围的电场等同于由较低能量的光子群构成的辐射束。采用这种新的有利观点来看待这个过程后，我们突然明白，其实并不一定要提出新理论。等效的低能光子的作用一旦确立，必然得到结论：快电子绝无可能穿透几英寸厚的铅。反过来说，宇宙线中能够穿透铅块的"硬"的成分绝不会是电子，必然是某种其他东西。

两年后，逐渐累积的证据表明，这种新粒子的质量介于电子与质子之间。到 1936 年，特别是经过加州理工学院的卡尔·安德孙和塞斯·内德梅耶（Seth Neddermeyer）的测量，已经很清楚，接近地球的宇宙线里存在一种质量超过电子约 200 倍的粒子（大约是质子质量的 1/9），这种粒子称为介子（meson，这个词在希腊语里的意思是"居间的"）。根据玻尔-威廉姆斯理论（以及贝特的簇射理论），这种粒子不会像电子那样被铅挡住。它们正是宇宙线里的硬的成分。（当时我们还不了解实际上介子有许多不同种类，我们目前关于宇宙线辐射的图像可简述如下：来自外太空的质子在大气层高处与原子和原子核发生碰撞。这些相互作用产生出不同种类的粒子，主要分为两类：光子（带来簇射）和一种称之为 π 子的介子。π 介子的寿命极短，大都无法到达地球表面。它们衰变成另一种介子——μ 子[1]。大多数 μ 子都能到达地表，这是因为它们有百万分之二秒（$2.2 \times 10^{-6}$ s）的"长寿命"，加之存在相对论效

135

---

[1] 按现代基本粒子分类（按相互作用性质分类），μ 子与电子、中微子一样属于轻子（不参与强相互作用），而非介子。介子属于强子（参与强相互作用）。但在粒子物理学发展史上，一度曾将质量介于质子与电子之间的新粒子均称为"介子"，特此指出。——译注

应。狭义相对论告诉我们，当飞行粒子处于高速运动状态下，地面上时钟测得的飞行粒子的寿命会有所延长（时间"膨胀"效应）。这些 μ 子便是硬宇宙线的主要成分。我们每一个人的身体每秒钟都会受到成百上千个 μ 子的撞击。

在哥本哈根，我首次与匈牙利的科学家相识，从此他们就不断出现在我的生命当中。和我搭乘同一车船联运列车前往伦敦的有带着新婚爱妻密西（Mici）的爱德华·特勒。特勒黑发浓眉，深色的眼睛炯炯有神。密西身材苗条，活泼可人。我和特勒夫妇建立了忠实的友谊并持续至今（我在 1938 年与特勒首度合作进行科学研究，为此我们合写了一篇有关原子核转动能态的论文）。

搭乘同一班车船联运列车的还有乔治·赫维西（George Hevesy），一位出身于布达佩斯贵族的和蔼可亲的玻尔研究院成员。他告诉我他的研究兴趣是重水，一种两年前才由哥伦比亚大学的哈罗德·尤里确认的物质。为了造成轰动的戏剧性效果，赫维西当场喝了一点重水，没有带来任何难受的体验，这项精彩表演在丹麦受到媒体的广泛报道。赫维西当时 49 岁，比我们大多数其他人要年长。他曾在第一次世界大战期间在奥匈军队里当过兵。和那个时期的许多科学家一样，他也不断地在当时欧洲的几大科学研究中心之间跳槽。即使在今天，物理学家还是经常认为应忠实于本专业，与散布于世界各地的同行为伍，而不是依恋于他们所在的研究院。至于我自己，各研究机构——北卡罗莱纳、普林斯顿和得克萨斯——都为我提供了所需的学生和可以互相激励的同行。它们的院墙并不构成一种约束。同行遍布全球对我的学术生涯至关重要。

136　　　在伦敦会议上有一篇论文引起我的注意。这是由英国剑桥大学的两位实验物理学家路易斯·格雷（Louis Gray）和杰拉德·塔兰特（Gerald Tarant）完成的有关伽马射线被固态铅散射的研究。我认为他们所研究的过程涉及基础物理学，这一过程给出了一种令人迷惑的结果——强烈的背散射。伽马射线（一种高能光子）与铅核附近的强电场存在相互作用，其可能的结果是产生电子-正电子对。伽马射线也可能产生所谓的虚电子对，一种寿命极短，瞬间湮灭成另一个伽马光子的正负电子对。这个课题之所以吸引我的另一个原因是我对散射和吸收之间的关系感兴趣。于是普拉瑟和我决定一起工作，看看伽马射线穿越铅核的过程会不会带来新的收获。（这项工作不是本章先前提到的让玻尔不愿接受发表的那项工作，那项工作研究的是光子在原子核内相互作用的过

137　程。）第二年春天，我们完成了一篇报告。研究表明，在伽马射线穿越铅核的过程中，入射高能光子会产生三种粒子：电子、正电子和低能光子。这个结果

乔治·赫维西，摄于 1944 年

（承蒙哥本哈根尼尔斯·玻尔档案馆许可使用）

对于分析宇宙线事件有些借鉴意义。我们又完成了另一篇更具野心的论文。在这篇文章中，我们设想了一种袖珍簇射，一个完全发生在原子内的级联反应事件过程。发生在大气中的簇射，正像贝特所研究的那样，发生在氮核或氧核周围的簇射事件都不会超过一次。但在核电荷数很大的铅核周围的强得多的电场内，则有可能产生连续多次的簇射事件。这篇论文和先前那篇被玻尔认为只是"很有意思"的文章一样被束之高阁，从来没有发表。因为要将这一设想发展为从中得到有意义的结论需要大量的计算工作，这远远超出了我们当时的能力。

就在我在哥本哈根的这一年里，玻尔提出了"复合核模型"。我曾多次参与了这个课题的讨论。玻尔认识到，处于激发态的原子核（核有多余能量）的行为与它如何被激发的过程没有太多的关联。例如，原子核有可能吸收一个质子从而增加了8或10或12 MeV的能量（这些能量部分来自于入射质子的动能，部分来自于将质子维系在原子核内的结合能）。这个能量很快就会被分配到核内的所有粒子上。因此处于原子中心的核早就"忘了"它是如何被激发的。同样，核耗散其多余能量的方式与其处于什么样的激发态有关，而与如何形成这种激发态无关。这就好比酒吧里一位客人被邻座用针刺了一下，于是跳起来处于一种高度亢奋的状态，接着他便忘了为什么这么激动，并将他身上的能量传递到周围的其他人身上。

作为复合核模型的具体化，玻尔不久就采用"液滴模型"这个称呼。像其他许多想法一样，这个想法当年在哥本哈根尚属于"空中楼阁"。我记得我们在1935年春天便多次讨论过液滴模型。按照英国派驻洛斯阿拉莫斯的代表团团长鲁道夫·皮尔斯（后来编辑过玻尔文集的核物理学卷）的话说，这个模型在玻尔的脑海里是从1934年秋到1936年春逐渐形成的。在随后的年月里，我引申并采用过这个模型。结果表明，它在玻尔和我于1939年所进行的核裂变研究中起到了关键性的作用。乔治·伽莫夫早年曾提出核表现得像液滴的建议，其初衷是想弄明白核的质量而非核反应现象。

假设原子核的性态表现得像固体，那么射向它的粒子就可能将其击破或被其弹开。若粒子被弹开，则粒子可能会留下一部分能量给核，然后以低于初始能量的状态弹开，就像被打死的网球在地面上弹跳不起来一样。但入射粒子不会轻易地与其所撞击的原子核混为一体而失去自身。我们再假设原子核的性态类似气体，那么射向核的入射粒子可能径直飞过该原子核，或者被核内的某个核子弹开。但这个入射粒子同样不会轻易地因多次碰撞而被慢化，变成气体的一部分。这是因为核子之间的空间间距很大，且路径上核子的数量不多。（即使是包含238个核子的铀核，其内部从核直径的这一端排到另一端，也只有大约10个核子。）

最后，如果原子核的形态类似液体，那么我们就很容易想象射向核的入射粒子会射入该核，并将其能量分散到核内所有其他粒子上，同时其本身也会变成核的一部分。液滴模型应用于某些研究获得了非常好的结果，虽然此时气体模型也可以描述原子核的特征。我后来称为"集体模型"的那种模型——非常类似于奥格·玻尔和本·莫特尔森（Ben Mottelson）所说的"统一模

列夫·朗道、乔治·伽莫夫和爱德华·特勒（大人，从左至右）与尼尔斯·玻尔的
两个儿子艾奇和厄内斯特（孩子，从左到右），于1931年玻尔研究院门口拍摄
（照片可能由 H. B. 卡西米尔拍摄。承蒙哥本哈根尼尔斯·玻尔档案馆许可使用）

型"——就是将核的类液特征与类气特征结合了起来。我们可以对这种模型
简述如下：在核内，核子可以像气体分子那样自由移动，但在核的表面，核子
的运动受到类似液滴表面的约束。核表面具有表面张力，但可以变形和转动。

　　与玻尔共事和与布赖特共事构成一种互补的经验。布赖特和我做研究的
套路都是埋头钻研问题，进行计算，并将结果成文。我们不会花太多的时间
来推敲物理学的最深层次的问题。与玻尔合作时，我需要花较多时间进行思
考，计算和总结成文上所花的时间较少。我在哥本哈根的工作仅形成一篇论
文，而且还是与普拉瑟合写，而不是与玻尔本人合写的（我在前面提过，
与普拉瑟合作的另两篇论文从来没有完成到能够发表的版本。我在哥本哈根
还利用时间完成了我和布赖特合作的两篇论文，内容都是我先前在纽约大学

的工作）。

布赖特传授我新的数学和计算技巧，玻尔则传授我看待世界的新方式，即提出问题的新方法。毫无疑问，我做物理研究的风格的形成得益于布赖持和玻尔。这种风格更确切地说是一种"复式"风格。我总是喜欢将数学运算结果推到现有公式之外，以期得到能给出物理图像并与实验结果相比较的数值解。同时，我一生都在寻求量子的意义，总是不禁思考20年后的物理学该是什么样，而不只是去想眼下的发展。

哥本哈根带给我的另一个收获是有机会结识那个年代的许多杰出的物理学家。他们一个接一个地到访，走马灯似的变换（来自苏联的物理学家例外，他们很少来此）。物理，而非政治，成为我们交流的主题，但我们不可能完全忽略时政。希特勒在德国刚刚掌权，这让我在与来访的德国人交谈时颇费心思。

海森伯属于"好的德国人"。那时他33岁，一头金发剪得很短，像个大男孩。在我们交谈时他会尽量避开政治议题，不对希特勒做出任何褒贬。他是个爱国者。我的印象中，不论是当时还是后来，他都是希望将他的国家和人民与其领导人及其政治区分开来。尽管海森伯和我的关系谈不上亲密，但我还是同情他。我能够理解他的家国情怀。科学上，德国走在世界的前列；在文化与艺术领域，德国也具有数百年的伟大成就。那时我倾向于认为，正像他笃信的那样，一个不道德的专制政府只能邪恶一时，无损于一个国家的伟大，不会对它造成长期的损害。显然，我错了，海森伯也错了。他从来没有公开反抗希特勒政权。

马克斯·德尔布吕克（Max Delbrük）曾是柏林的丽萨·迈特纳（Lise Meitner）的助理，来哥本哈根从事量子理论和他感兴趣的生物物理学研究。他为人随和且富于机智，我们从来不谈论政治。在几年之后的1937年，他离开柏林前往加州理工学院担任短期访问研究员。战争爆发后，他接受了田纳西范德比尔特大学的邀请赴任，并在那里的生物物理学新领域迅速成为一名杰出的学者。他给生物学带来了当时亟须的知识，即物理原理方面的深厚知识。玻尔认识到基础物理学能够在分子生物学和基因遗传学领域起到重要作用，因此鼓励德尔布吕克在这个新的方向上深入研究，尽管这个领域与哥本哈根研究院的其他研究方向相去甚远。如果不是由于玻尔的智慧，一般人很可能会认为从事生物物理学无异于逆流而行。第二次世界大战结束后，德尔布吕克回到加州理工学院，并在那里一直工作到1977年退休。他于1969年获得诺贝尔奖。

海森伯与玻尔，在哥本哈根，1934 年

（照片由小埃伦费斯特拍摄，承蒙美国物理学会埃米里奥·塞格雷视频档案馆许可使用）

　　我在哥本哈根期间，著名的犹太人原子物理学家詹姆斯·弗兰克（James Franck）[1] 也来到玻尔研究院，并在那里待了一年，直到他获得约翰霍普金斯大学教职后移民美国。弗兰克曾在第一次世界大战期间在德军服役，并在 1925 年获得诺贝尔奖。尽管如此，他在希特勒掌权后仍觉得岌岌可危。于是他辞去哥廷根的职位，计划前往哥本哈根。他的实验室的所有员工也都跟着他失去工作，因此他在离开前还设法替他们在德国以外的地方找工作。"我的国家要花 50 年才能从现在这个局面中恢复过来。"他对我说。我永远忘不了这番

<sup>141</sup>

　　〔1〕　James Franck（1882～1964 年），德国物理学家。柏林大学和哥廷根大学教授兼兹韦特物理研究所所长。研究电子轰击汞原子时的激发与电离，与 G. Hertz 共获 1925 年诺贝尔物理学奖，1935 年移居美国，第二次世界大战时参与原子弹的研究。发现分子光谱中振动能级分布定则。还从事光合作用的研究。——译注

詹姆斯·弗兰克，摄于1934年哥本哈根

（承蒙哥本哈根尼尔斯·玻尔档案馆许可使用）

话，但直到他说这番话的10年过后我才深切感受到他当时的恐惧。弗兰克后来在芝加哥冶金实验室和我共事，对我的研究提供了很大帮助。1945年5月德

沃尔夫冈·泡利和尼尔斯·玻尔，1954 年摄于瑞典隆德大学
（承蒙美国物理学会埃米里奥·塞格雷视频档案馆，玛格丽特·玻尔藏品许可使用）

国战败，但对日战争尚未结束，弗兰克领导的一个委员会在向国防部提交的报
告（《弗兰克报告》[1]）中建议，原子弹在用于战争目的前应先在无人地带试
爆以便向所有国家展示其威力。当时我并不觉得这是个明智的建议。但不管怎
么说，美国的军事和政治领导人否决了这项建议。弗兰克很早就看出了希特勒
所带来的威胁，同样，他也比大多数人更早更清楚地看出第二次世界大战后极
有可能引发大规模的核武器军备竞赛。这些警告在《弗兰克报告》里均有明
确指出。

142

---

〔1〕《弗兰克报告》分析了原子弹的社会政治意义。这份报告是应美国国防部要求所撰写的
第六份也是最后一份报告，正式标题为《国防部报告书——1945 年 6 月》，史密斯（Alice Kimball
Smith）在其著作《危机与希望》（*A Peril and a Hope*）（Chicago：University of Chicago Press，1965）
一书中将这份报告作为附录收录。

1932 年，伽莫夫为搞笑版《浮士德》绘制的保罗·埃伦菲斯特、阿尔伯特·爱因斯坦和沃尔夫冈·泡利等人的肖像。原作收于伽莫夫的著作《物理学风云激荡三十年》（*Thirty Years That Shook Physics*）一书的附录中
（承蒙 Dover Publications 出版集团允许使用）

在那值得纪念的一年里，我还认识了迈特纳的外甥奥托·弗里施，另一位奥地利犹太人。他来到哥本哈根是打算永远离开德国。在第一章里，我已提到他与他姨妈迈特纳如何开始了解核裂变的经过。

玻尔研究院被称为物理学的梵蒂冈。确实如此，它吸引着世界各地的信徒前来朝拜，同时这也表明玻尔作为研究院的灵魂具有慈父般的形象。（1932年，德尔布吕克模仿歌德的《浮士德》写了篇幽默小品，并由伽莫夫配图。玻尔在文中不是被描绘成教皇，而是上帝本身，并经常受到堕落天使泡利的骚

143

扰。）[1] 虽然我和玻尔之间的关系显得拘谨，但我从来不赞同这种梵蒂冈似的比喻。这所研究院没有等级之分，没有那种冠冕堂皇的俗套，也几乎没有任何正式的仪式。玻尔以相当松散的管理方式领导着研究院。大家来到哥本哈根，不仅是想与玻尔交往，也想与来自各地的物理学家同行建立友情增进联系。就我而言，对哥本哈根最恰当的比喻是一个大家庭。这里就是我参与其中的物理学国际大家庭。

〔1〕 这首戏谑打油诗表现的是一群物理学家出席 1932 年春在哥本哈根举办的研讨会的情形。英国天文学家爱丁顿在剧中饰演天使长，荷兰理论物理学家埃伦费斯特饰演浮士德，新提出的假想中微子则饰演格雷特臣。

# 第7章 成家立业

　　　　1934 年，我乘参加伦敦物理学国际大会的当儿，在伦敦著名的精品店利伯提（Liberty of London）为珍妮特买了两件中国青花瓷瓶，并托运给她。当时我忘了查问清楚这两件瓷器要缴纳多少关税，结果付了很大一笔税。好在珍妮特非常宽厚，没跟我絮叨这件事。这是她第一次，但不是最后一次，发现我在生活细节的处理上并不精明。

　　在那个年代，订婚的年轻女士不必追求职业生涯。但珍妮特不是那种坐等一年来策划婚礼并梦想婚后生活的人。她搬回巴尔的摩的家中，并在约翰霍普金斯医院的儿科部门找了份工作。开春后，她和她母亲开始筹备婚礼。她们安排得非常好，需要我做的只是买一些适宜的服装，到约瑟夫（昵称是乔）和玛丽亚·梅耶夫妇家参与婚礼前的接待工作，然后准时到达赫格纳家（珍妮特的娘家）。我一生中犯过错，但是娶珍妮特为妻怎么看都不算错。或许这就是天作之合，要不这场婚姻也不会持续 60 多年。

　　在那个年代，明智的年轻人在没有确凿的工作前景之前是不会结婚的。1935 年正是大萧条时期，物理学方面的就业市场与许多其他行业一样也陷入谷底。但我倒不用担心这件事情。我在年轻时期一直都很幸运，诸事顺利。我天生就是乐观派，认定我在哥本哈根取得博士后一年之后能够找到很好的学术工作。那年春天，我拿出用旧了的便携式打字机，分别给哈佛和芝加哥大学去了信，印象中还向其他几所学校递交了求职申请。没有回音。后来，我无意间打听到位于北卡罗莱纳州查珀尔山（Chapel Hill）的北卡罗莱纳大学的亚瑟·鲁阿克（Arthur Ruark）愿意提供给我助理教授的职位。他曾在一年前听过我在美国物理学会所做的一次报告（那时我还没去玻尔研究院），主题是粒子间的散射和作用力定律。想必他赞同我报告中的观点和结果。

　　北卡罗莱纳大学是一所很棒的大学，有很强的物理学课程——而且这个职位也是我当时的唯一选择。我接受了。我第一年的薪水是 2300 美元（略低于

珍妮特，摄于 1936 年初

（承蒙美国物理学会埃米里奥·塞格雷视频档案馆，惠勒藏品许可使用）

莱伊乡间学校希望珍妮特回去工作所提供的薪水）。

　　我们的婚礼订在 1935 年 6 月 10 日星期一。我们大约在早上 10 点钟完成婚礼，以便让我妹妹玛丽能够在那天上午晚些时候回到戈契尔学院参加考试。出席婚礼的只有她，我弟弟乔、罗布，赫格纳一家和几个朋友。我父母人在英格兰。因为此前我父亲应邀到西班牙参加一个图书馆会议，会议承担所有开销，因此机会难得他们舍不得放弃。他和我母亲都没去过欧洲，于是决定在那边度夏——虽然我母亲错过了练习西班牙语的机会。我父亲先去西班牙参加会议，会后到英格兰和我母亲会合，然后一起到各地游览，实地看看他们爱读的

— 137 —

英国文学著作里所提到的地方。

在逗留西班牙尚未去英格兰的间隙，我父亲专程到法国的勒阿弗尔（Le Havre）来看我着实给了我一个惊喜。我从德国北部港口搭乘"欧罗巴"号轮船回美国。途中船要在法国勒阿弗尔停留几个小时以便搭载其他旅客。我父亲坐了一夜的火车从法国南部赶到港口，一眼就看到我站在船舷的栏杆旁。他操着有限的法语，使出浑身的推销本事，终于说动关卡让他上了船。当他出现在我身旁时我是又惊又喜，我们就这样做了短暂的会面。随后，在我跨越大西洋的航行途中，我还和我母亲进行了电报往来。当时她所搭乘的轮船也正在驶向英国的途中。

婚礼之后，珍妮特和我开着我父母的老旧的道奇轿车前往弗吉尼亚的夏洛茨维尔度蜜月。第二天，我们先去了托马斯·杰斐逊创办的弗吉尼亚大学的漂亮校园游览，随后开车前往查珀尔山，并在卡罗莱纳旅馆住了几晚，一边找房子，一边熟悉熟悉我未来的同行。我们找到一处位于匹兹泊罗街 428 号的理想的房子租了下来。我们在查珀尔山工作时期一直住在这栋房子里，家庭成员也由两人增加到四人。

我们婚后的第一个夏天的大部分时间是在佛蒙特州的本森度过的。真要谢谢我父母在英格兰待了那么久，让我们可以住在他们在本森的房子里（就是先前属于我奥斯卡祖姑丈的那所房子），还可以使用我父母的车子。当时我的三个未婚弟妹也住在附近，住在我们家农场的山脚营地里。让珍妮特开心的是满屋子的书籍。也就是在这里我们开始了延续终生的相互朗诵书籍的习惯。（我们在本森的第一个夜晚直到很晚都没有熄灯，于是镇上的电话接线员打来电话问："你们没什么事儿吧？"）我把很多时间都花在了物理学研究上——珍妮特以前肯定没预料到搞研究需要花这么多时间。我还有一个任务，就是早上起来后为柴火炉生火，并让它维持一整天。

夏天临近结束时，我们将道奇车还给了已回到巴尔的摩的父母，并买了一辆二手的黑色福特跑车。我们打算开着这辆双排座跑车去南方。查珀尔山的社区和大学里的一切都让我们感到愉快。这是一个适合从事教学和研究的令人振奋的环境。我们结交了好些朋友，享受着镇上和周围乡间带来的惬意。我们的头两个孩子都出生在达勒姆附近的杜克大学附属医院。3 年后，当我接到普林斯顿大学的聘书准备离开时，珍妮特哭了，我了解她的感受。

聘请我到北卡大学工作的鲁阿克是我的物理学同事中最知名的人物。他和哈罗德·尤里撰写的有关那个时代前沿物理学的权威巨著《原子、分子和量子》于 1930 年出版。（这本书出版后不久，我在约翰霍普金斯参加辩论赛获胜，得以选择一本书作为奖品，当时我选的就是这本书。拿到书后我如饥似渴地通读了一遍。）鲁阿克不仅是一位新物理学大师，还是一位富于进取的系主任。他一心想将物理系建成为一流的院系，这让大学里的一部分人感到不知所措。

在匹兹泊罗街居住期间，我在一扇窗户边用白铁皮、木头与玻璃搭建了一间可爱的迷你温室。我对此相当自豪，以至于当我 1993 年重访我曾经待过的物理系时，我要求我的朋友约克（Jimmy York）开车带我去那栋房子看看我亲手制作的作品在我搬出去 55 年后还在不在。结果温室已经不在了。我活得比那个窗台温室还长。

当我从哥本哈根回来落脚于北卡罗莱纳时，我算是完全自由了，那感觉真是太美妙了。作为一个从事学术的科学家，我享有特权，我也知道这一点。当然了，我有教学的职责，但是我在选择做什么研究工作方面享有充分的自由。我对校方或资助机构或同事没有任何义务。（我已经完成了与普拉瑟合作的关于伽马射线产生正负电子对的论文；与布赖特合作进行的关于量子波函数的论文还有一些细节有待完成，但也很快就可以收尾。）作为一个资历很浅的新教授，我还因上任时间短而享有额外的自由：没有委员会委员的职责，与外界的合作事宜少，没有任何专业学会或政府机构来电话咨询，没人邀请我去向一般大众进行演说或评审图书，也没有学生过来请求我写推荐信。随着时光流逝，这些事项会逐渐加到头上。虽然我乐于从事这些杂务，但它们带给一个资深教授的负担就如同藤壶[1]给一艘旧船增加的负担。

在赫兹菲尔德、布赖特和玻尔门下，以及与他们周围的年轻科学家相处中，我学到了许多物理学知识并娴熟掌握了做理论研究的技巧。我还发展出某种物理学"品位"——习得的直觉（或叫偏见！）。这种直觉能够帮助从事研究的科学家从当前那些尚待解答的问题中挑选出最令人振奋、最值得关注的课题。正如丹麦作家皮特·海因（Piet Hein）在他的短诗[2]中所描述的那样：

---

〔1〕 barnacle：一种成群附生的海生甲壳类动物。——摘自蔡译本译注

〔2〕 见海因《短诗集》（*Grooks*）。这首小诗和本书正文最后一页上的短诗均承蒙 Piet Hein a/s，DK-5500 Middelfart, Denmark 慷慨提供。

值得攻关的问题

会借回击凸显其价值。

我尝试着独立研究，结果发现自己可以单飞，当时我 24 岁，正规划着自己的人生道路。

虽然这是我学术生涯的关键时期，但我在研究方向的选择上没有太费心思。我冲劲十足，对前途极为乐观并自信，不会总琢磨选择什么样的研究路径。我知道轻重缓急，对于哪个研究方向易出成果心里有谱。但我在择取研究方向上几乎是下意识地进行，并没有经过仔细地有条理地思考。总之，我是被对最基本定律的好奇心所驱使。这些基本定律支配着微观世界，它们是其他一切事物赖以建立的基础——我喜欢称之为"深奥的快乐谜团"。是的，光是沉思这些深奥的谜团就可以给人带来快乐。

要分析一个人的动机是困难的。我是不是也有部分动机源自于希望获得同行和更广泛的大众的认可和赞赏？虽然我并没有察觉，但在我脑海深处或许藏有些许这种驱动力。无论如何，获得校方和系里同行的认可是一种很现实的需求，如果我想保住我的工作并让给予我高度自由的研究机构对我所做的工作感到满意的话。

当时我看好两个感兴趣的方向。一个是电动力学——即关于电子、正电子和光子的研究。（60 年后，这些粒子仍是我们能够理解的最简单最基本的粒子。）狄拉克的量子电子对理论从数学上看相当漂亮，但它带来的问题和它解决的问题一样多。它提出了虚粒子的概念。虚粒子就是那种可以随时随地无限量地产生和湮灭的粒子。这一概念开启了一扇门，让我们看到了亚微观活动的变动世界。在这个世界里，甚至纯粹的"真空"也充满了涨落着的量子现象。有鉴于此，我一直到几年后才开始积极从事电动力学研究，其初衷有两个：一是与威利斯·兰姆共同研究宇宙线簇射现象，二是和我的一位相当睿智的研究生费曼共同探索超距作用。但我也随时了解其他人正在做什么，同时不断思考这样一个问题：是不是有较简单的方法能够避开无数虚粒子彼此混杂的复杂现象。有意思的是，当我后来对引力和广义相对论产生兴趣后，却发现不得不提出所谓"量子泡沫"的概念。这种量子泡沫不仅由无数个不断生灭的粒子组成，而且包括因涨落变成泡沫状的弯曲时空本身。

我感兴趣的另一个方向是核力。是什么因素将中子和质子紧紧束缚在核内？中子和质子究竟是什么？它们是和电子、光子一样的基本粒子吗，还是由其他粒子构成的具有某种物理上可测量的复合体？这个方向之所以吸引我是因为它是"向下去"（即探索小尺度现象）。研究核力就像剥去洋葱的又一层皮，其核心则是最基本的定律。我在北卡罗莱纳大学时的很大一部分精力都投在了这个方向。

核问题还有另一个吸引力：为理论与实验的相互印证提供了丰富的机会。在20世纪30年代，随着加速器的建造，中子、质子、氘核和阿尔法粒子均可用作入射粒子，有关核的大量实验数据得到积累。我选择用数学方法来描述原子核，尽管核内核子之间的作用力细节当时还不清楚。我的想法是从非常一般的角度来考察相互作用粒子之间的这种力对其相对运动而不只是对其相对位置的各种可能的依赖关系。（这种力不同于引力，譬如太阳系中太阳与各行星之间的引力大小仅取决于二者的相对位置。）我还提出了称为"共振群结构"的方法，这个名字还是康登帮我取的。为此我花了2年时间将这些想法统一起来。1937年夏天，我向《物理学评论》提交了两篇有关核结构的相关论文和一篇关于核外波函数的论文。三篇论文于那年下半年同时刊出，在那期版面紧凑的期刊里居然占据了45页。（写作长篇论文已成为一种痛苦的折磨，也使得我与部分编辑变得关系紧张。）

在这三篇论文的第二篇中，我提出了散射矩阵概念，即后来大家所称的S矩阵。那篇文章里的大部分内容，包括这个矩阵，都属于"方法论"的性质——就是说，它提供的是一种对量子世界里所发生事例的形式化描述，而与事例的具体细节无关。这种方法描述的是散射和反应发生前后的状态。每一种初态（例如一个质子飞向一个原子核）可能有各种不同的末态（例如一个中子被从原子核中打出去）。S矩阵是对所有这些可能的始末态的打包式描述。后来，海森伯和其他人都采用过S矩阵描述，这证明这一有用的工具不仅可以分析原子核事例，也可以用来分析基本粒子事例。

在北卡罗莱纳，我给本科高年级学生和研究生讲课。所讲课程有经典力<sup>150</sup>学、量子力学和核物理学（几年后我发现给大一新生讲课也别有乐趣和收获）。由于我比多数研究生还要年轻，他们开始称呼我为"惠勒兄弟"。

我很快就让几个高年级学生开始从事研究工作。凯瑟琳·魏（Katharine Way，昵称"凯伊"Kay）曾在核结构的研究方面给予我帮助，她的博士论文选题是她自己定的，是用液滴模型来研究旋转核的磁性质。她是那个年代里物理学界屈指可数的少数几位女性之一。（现在攻读博士学位的女性的人数已较多，但还远远不够。）她身材高挑，肤色白皙，金发碧眼，对物理学充满热忧，对人对事表达她的看法时直言不讳。她后来在核物理领域发展得风生水起，成就了一番显赫的事业。第二次世界大战期间，她在芝加哥冶金实验室待过一段日子，那时恰好我也在那里，后来她去了洛斯阿拉莫斯。她决定不从事教学，专事研究。她先在田纳西州的橡树岭实验室工作，随后又转到华盛顿首府的国家标准局。她曾被冠以核数据数据库大师的身份而闻名学界，并以期刊编辑的身份一直活跃到80岁寿诞才放下工作。凯伊比我大8岁。1993年，在她90岁时，我去她住的查珀尔山退休公寓拜访她，发现她还像从前一样活跃和直率。两年后她在那里去世。

赫尔蒙·帕克（Hermon Parker）来自于北卡罗莱纳州的瓦思（Vass），跟我做共振群结构模型的特性研究。他在北卡获得硕士学位后去了康奈尔大学，在汉斯·贝特的指导下取得了博士学位。我从这两位学生身上发现我从教学上获益颇丰。事实上，随着年岁渐长，我发觉自己只有通过教学才能学习新知。因此我想说，大学好就好在有学生可以教出教授。

我对于普林斯顿的初步了解始于对高等研究院的3个月的访问。这所成立不久的机构已经吸引了好些最杰出的学者。这次访问是我的短期学术休假，这种享受对于我来得早了点。我在北卡大学只待了一年多一点，但已感到有必要远离课堂静静地工作一阵子。我渴望每天都能有机会与威格纳、大数学家外尔（Hermann Weyl）和冯·诺伊曼这样的大师进行交流。我还期望能更深入地认识爱因斯坦，虽然我们的兴趣相左，但我原本也没打算从他那里学到多少。于是我申请了去普林斯顿高等研究院做短期访问，没想到申请获得了批准。北卡罗莱纳大学非常大度地批准我从1936年12月到1937年3月休假3个月。这期间珍妮特和小雷蒂西娅搬回巴尔的摩与珍妮特的父母同住，我则在普林斯顿巴顿大道的一位居民家中租了一间房间住。这次经历让我有机会观察到另一种家庭生活。我的房东对他的太太非常粗暴，为此他觉得有必要向我解释他的行为。"我老板就是这样对待我的，"他说道，"老板怎样对待我，我就怎样对待她，否则我会发疯的。"

高等研究院的动力来源于其院长亚伯拉罕·弗莱克斯纳（Abraham Flexner）。研究院的运行经费主要是由班伯格（Bamberger）和富尔德（Fuld）家族赞助。弗莱克斯纳得知班伯格家族有意赞助建立一所公益设施，便写信给他们陈述自己想建立一所全美独一无二的用于进行纯学术研究的研究型机构的愿望。他的建议得到了采纳，班伯格家族为他实现这一理想提供了稳定的财务支

151

持。弗莱克斯纳善于沟通，使得研究院有效地吸引了数学和其他领域的顶尖学者前来工作。1933年，爱因斯坦来到这所新的高等研究院。这对加州理工学院的密立根是个打击。当时他正在西部地区建一所大的物理学研究中心，并希望爱因斯坦成为其中的成员——他确实非常**期待**爱因斯坦加入他的研究院。在高等研究院的短暂停留期间，我只是在路上与弗莱克斯纳有匆匆一面。但后来我们之间因为珍妮特和我向研究院买地盖房的事儿而变得熟识。我们不禁喜欢上这位身材短小、双目有神、总是努力让研究院的年轻成员有宾至如归的感觉的人。在一次正式舞会上，他穿了件普通西装与会，因为他知道年轻人可能没有正式的晚礼服。

当时，高等研究院虽有土地却还没有建筑设施。它聘请的数学家和科学家都只能在大学校园里的法恩楼办公。我作为短期访问学者没有分到办公室，只是在法恩楼的图书馆里辟出一个空间给我，外加一个档案柜供使用。这使我可以专心从事我想进行的研究，也有机会可以与出入法恩楼的学者交流。当时下午茶已成为固定的聚会传统。我聆听了外尔的一系列演讲，并与威格纳更为熟识。至于爱因斯坦，我只是偶尔见到他。

在此期间，我很高兴地应邀在紧邻帕尔默实验室的物理系就核物理方面的课题做了几场演讲。后来我推测，他们之所以邀请我，部分原因是要掂掂我的斤两，看我是不是够格成为普林斯顿的教授。普林斯顿希望加强它在核物理理论和实验两方面的力量。可能是威格纳推荐的我。有一天，他邀请我和系主任哈里·史密斯到当地的一家高级饭店——拉希耶餐厅——共进午餐（直到现在，这家餐厅仍是当地的高档饭店），并暗示我可以到普林斯顿来任职。但随后就没有下文了。他们看中的实验方面的人选是来自于加州的回旋加速器专家米尔顿·怀特。他接受了邀请前来，并在普林斯顿建造了一台回旋加速器，多年里他一直在那里领导着一个实力强大的研究队伍。

1937年3月，我回到查珀尔山后不久，便获知自己将于当年秋天晋升为副教授；也就是说，如果我留下来就可以获得终生聘用。这里是个好地方，珍妮特和我也都很快乐，但我还是渴望去核与粒子物理研究实力更强的研究中心去工作。（我常说的一句话是："没有人可以单凭自己成就任何事情。"）第二年，我接到母校约翰霍普金斯大学提供的很诱人的邀约：终生聘用的副教授职位。但我还是希望能到普林斯顿工作。我暂不答复约翰霍普金斯，一直在等普林斯顿的决定。终于，普林斯顿及时给出了肯定的答复：非终生聘用的助理教授职位。如果我将工作的稳定性作为优先考虑条件，我就会去约翰霍普金斯或

152

干脆留在北卡罗莱纳。但职称和聘用条件对我并不重要。我只希望能够在最令人振奋的环境里做我最感兴趣的研究，那就是普林斯顿。

1937 年，乔治·华盛顿大学举办的理论物理学会议的部分与会人员。第一排，从左至右：汉斯·贝特和尼尔斯·玻尔。第二排：I. I. 拉比和乔治·伽莫夫。第三排：弗里茨·喀尔卡（Fritz Kalckar）和我。第四排：爱德华·特勒（部分被遮住）和格里高利·布赖特

同是在 1937 年，我关于原子核结构与散射的长篇论文完成并发表，我开始与特勒一起合作开展有关核转动的研究。当时他在华盛顿特区的乔治·华盛顿大学任职。这次合作始于我们在那一年的一次会议中进行的交谈，后来他去附近的杜克大学做学术访问时我们又继续深入地进行了交流。

153　　液滴模型意味着核可以转动，但计算给出的量子化转动动能要小于任何已知的激发态能量。特勒和我继续钻研这个问题，我们提出了一个较符合实验结果的原子核转动态理论，在其中说明了某些特定的对称性考虑是如何造成激发态能量高于先前计算的结果的，同时还证明了转动能量为何会取决于核的质量。我们的论文于 1938 年春天发表。如果我们当时更聪明些，眼光看得更远

些，也许就能够想到后来大白于天下的对核转动的更深入地理解——事实上，虽然核表面的性态类似于液滴，但核内部核子的性态却更类似于气体分子。一直到 10 年后我们才领悟到，原子核也具有独立粒子的性质。又过了几年后，我们才将核的独立粒子性质与其液滴性质统一到集体模型中去。（所幸核裂变理论不是以这种统一性为先决条件。它仅以核的液滴性质为基础。）

1938 年夏季，在前往普林斯顿上任之前，珍妮特和我将两岁大的雷蒂西娅和两个月大的杰米安置在车内，车厢内塞满行李，我们便从北卡罗莱纳启程驱车前往缅因州的索尔兹伯里湾去拜访珍妮特的父母亲。在途经普林斯顿北边时，我们停留了一会儿，以便寻找将来可以落脚的地方。在房屋中介的帮助下，我们找到一所待出租的房子，然后继续北行。等车已到缅因州地界后我们才得知，那所房子已在同一天稍早的时候由另一家中介出租给了别人。我们只好与中介通过邮件协商寻找另一处待租的房子。所幸在莫瑞区找到了一所较小的房子，后来住进去之后感觉还挺满意。

当年 9 月回到普林斯顿之后，我高兴地到系里就职，我们对那个社区也很快就有了宾至如归的感觉。我们结交朋友，并协助社区设立了一所唯一神教派教堂。虽然我不认为自己信教，但上教堂在我一生的大部分时间里却显得很重要。同事之间有共同的价值信念可以增进情谊，同样，一篇好的布道词可以启发我思考——让我成为一个更有爱心的好人。让我思考我们周围的世界和我们所居住的环境可以有各种模式。我喜欢从各种角度来思考，这样我们才能够更深入地理解我们这个神奇的宇宙和存在的本质。

普林斯顿的一切似乎都和我有缘，我们决定在此扎根。（当今的年轻助理教授们面对时下更不稳定的就业市场，或许会对此深不以为然。）当时高等研究院有些土地是可以卖给大学和高等研究院的教职员的。因为弗莱克斯纳的构想是建一个专家住宅区，以便能增进这两家学术机构的密切联系。在珍妮特父母的大力支持下，我们买下了巴拓路 95 号地段，并请建筑师兼建筑承包商雷蒙德·包尔斯（Raymond Bowers）帮助我们规划并建造一栋住宅。弗莱克斯纳对我说："精明的人买房住，愚蠢的人才盖房住。"但我想到的是休斯曼（A. E. Housman）的诗句：我已年方二十七，古训于我如空气。在日后的很多年里，珍妮特和我都很庆幸我们并没有因弗莱克斯纳的一盆冷水而改变主意，我们的"愚蠢"就是精明。

154

包尔斯如期完成了我们在巴拓路的住宅，我们于 1939 年 9 月 1 日迁入新居。事实证明这是一所能增进邻里关系的理想住宅。街对面住的是卡尔·布罗克（Carl Ten Broeck）——洛克菲勒医学研究院普林斯顿分院的院长。他和夫人珍妮特成为我们的好朋友。街拐角住的是好邻居兹沃尔金夫妇（Vladimir and Katusha Zworykin，弗拉基米尔·兹沃尔金和喀秋莎·兹沃尔金）。苏联出生的弗拉基米尔是电视技术的主要发明人，也是附近RCA[1]实验室的研究部主任。兹沃尔金家隔壁，和我们隔着儿童游乐场住着的是高等研究院的经济学巨星温菲尔德·里夫勒（Winfield Riefler）及其夫人多萝西（Dorothy）。里夫勒告诉我们他在罗斯福总统班子里担任顾问的经历。当时美国正从大萧条中逐渐复苏，人们对罗斯福和经济的期望很高。批评罗斯福的人说他"多缴税、多消费"。（这是一种经得起考验的办法。到现在我们还可以听到有关"缴税-消费自由派"的谈论。无论在当时还是现在，我都站在里夫勒一边，我在经济问题上属于自由派。）美国加入第二次世界大战后，里夫勒前往伦敦为稀缺物资的分配提供咨询。

里夫勒一家再过去住着的是伟大的数学家赫尔曼·外尔。他有个非凡的心灵，而且品格高尚。我非常珍视我们的友谊。当我19岁坐在佛蒙特州农场草地上努力阅读他的德文原著《群论与量子力学》一书时，我绝对想不到有一天他会成为我的邻居和朋友。和我一样，他也通过教学进行学习。有一次他告诉我，他喜欢讲授数学史，因为只有纵览整个领域及其历史发展，他才能看清楚需要弥合的差距，确立能够带来新的理解的新研究切入点所在。

我们在巴拓路的隔壁邻居是一位杰出的艺术史家埃尔温·帕诺夫斯基（Erwin Panofsky），一位可爱但却不喜欢孩子的人。多年后在他的葬礼上，我记得有一位来宾说道："他憎恨孩童、草地和鸟；爱所有的狗、几位朋友和文字。"他的两个儿子一个叫沃尔夫冈，一个叫汉斯，分别以聪明的帕诺夫斯基和愚笨的帕诺夫斯基闻名，因为兄弟俩同在普林斯顿读本科（1938年），分别以第一名和第二名的身份毕业。（沃尔夫冈——物理学界的朋友们叫他皮耶夫——不愿意证实哪一位是聪明的帕诺夫斯基，但他承认自己在求学期间有门功课得过B。皮耶夫后来成为斯坦福直线加速器研究中心主任，曾不遗余力并有效促使控制国际军备竞赛。）

155

---

〔1〕 Radio Corporation of America，美国无线电公司，一家成立于1919年的美国跨行业大公司，在普林斯顿大学设有实验室，现为通用电气的独资子公司。Vladimir Zworykin（1889~1982年），俄裔美国电子工程师，发明家。美国匹兹堡大学博士。创制了全电子型电视系统。曾研制电子显微镜。——译注

在普林斯顿的头几年里，我们从没想过会有三年多的时间因为战时工作需要空出我们在巴拓路上的住宅。不管怎么说，这里都是我们的孩子早年生活记忆最多的地方，这里是我们的家园。

普林斯顿的帕尔默物理实验室和比邻的法恩楼合在一起构成物理系和数学系的系馆。1938 年我来此时这里已成为拥有惊人活力的学术研究中心。你走到茶室总会遇到某位从事前沿科学研究的杰出人士，其中包括来自高等研究院的某位专家，这所机构最近才从城镇另一个地段搬来这里的新办公室。茶室是非正式场合，充满愉悦气氛。我可以在这里和米尔顿·怀特讨论回旋加速器的工作，和尤金·威格纳或沃尔夫冈·泡利讨论核理论，和鲁道夫·兰登伯格讨论光谱学或帕尔默实验室新建的加速器。我还可以和冯·诺伊曼和外尔探索数学上的精微之处。

本科课程一样给我启迪。在研究生院院长、数学家路德·埃森哈特（Luther Eisenhart）的推动下，普林斯顿所有大四本科生都必须参与研究工作，准备毕业论文。我在普林斯顿的这么多年里负责指导过多篇毕业论文，有几篇的水准，不论在质量上还是在内容的重要性上，均堪比博士论文。后来学校要求大三本科生也需要撰写一篇历史类论文和一篇简短的独立研究报告，这样不但强化了本科教学，而且有助于学生更充分地准备大四毕业论文。它还增添了我首次教学工作的趣味。那是一门本科的力学课程，学生必须选择某个问题进行研究性学习，而我可以帮助他们找到适合的题材。早期修我这门课的一位学生叫罗伯特·迪克，后来成为我在普林斯顿的同事。他特别喜欢解决其他人认为太难的实验问题，同时理论课学习也是好手。

迪克·费曼，在麻省理工学院获得的学士学位，于 1939 年秋天出现在我的办公室门口。当时他 21 岁，作为一名获得助教资格的新生被安排在我的力学课上担任批改作业的工作。我们坐下来讨论课程进度以及他的职责，我取出怀表放在我们之间的书桌上。受我父亲重视"时间-动态学习"的影响，我一直有一个习惯，就是记录自己花多少时间在教学和与教学有关的事务上，花多少时间在研究上，又有多少时间花在了系里和学校的各种杂务上。这次会面属于与教学相关的类别。费曼似乎是对这只怀表的出现略显吃惊，但他并没有被吓着。他回去后买了只一美元的手表（后来我才得知），预备在下次会面时使用。我们再次见面时，我取出我的怀表放在我们之间的桌上。费曼也掏出他的手表摆在桌上我的怀表旁边。他的夸张的表演太逗了。我不禁扑哧一笑，他也和我一样大笑起来，直到我们两人都笑出了眼泪。我们花了好一会儿才平静下

156

迪克·费曼，洛斯阿拉莫斯实验室的证件照，20世纪40年代

（承蒙美国物理学会埃米里奥·塞格雷视频档案馆提供）

来开始讨论正事。这件事奠定了他一生和我建立美好友谊的交往风格。

我从到普林斯顿的第一学期开始就与威利斯·兰姆合作。他经常从哥伦比亚大学过来。威利斯是个身材瘦长的 25 岁小伙子，说话语调温柔但坚定，很像西部片里的牛仔。他才从加州搬到纽约。拉比看出他在理论物理方面的才华并邀请他加入哥伦比亚大学。结果，兰姆的才华远不是仅限于理论物理。1955年，他因实验验证了对狄拉克氢原子的电子能量理论的小修正（这一修正源自大量虚拟粒子的存在，它们使真空变成充满活力的空间）而荣获诺贝尔奖。量子力学恰恰不允许寂静。这种所谓的"兰姆位移"警示我们支配微小世界的定律有多复杂。

我和兰姆的合作在兰姆发现"兰姆位移"之前就已展开。我们探索高能电子穿越物质，尤其是穿越空气的径迹。我们希望能够进一步理解宇宙线引发的簇射过程的细节，因此我们将注意力集中在"超相对论性"电子（一类其动能远远大于其静止能量，即其静质量所对应的能量——的电子）上。这类电子具有极大的能量，能够产生大量的新粒子。由于我们可以采用精度很高的数值计算（核结构研究通常并非如此），因此其结果不仅令人满意，而且可以

157

与当时的实验进展直接联系起来。

玻尔在1939年1月份到来后，我不得不着手进行裂变研究。但那时兰姆和我基本完成了对快电子的研究。我可以利用从事裂变研究的闲暇写出论文草稿，并于1939年3月初将论文投递到《物理学评论》期刊。在兰姆大度的坚持下，我的名字排在了第一的位置。当时，在与其他作者合作完成的论文发表时，我很少有机会挂名第一作者。[后来我与沃伊切赫·苏雷克（Wojciech Zurek）合作时，才知道他经常将自己的名字列在最后一位！]

裂变之后我该向何处去？我想，如果不是裂变研究突然闯入我的生活，我很可能会更早就离开核物理方向。我在20世纪30年代初通过将新的量子力学运用于原子和辐射现象的研究而进入物理学领域，接下来在20世纪30年代中期，又因核物理学似乎具有可揭开亚微观世界的新的更深刻的定律的前景而转向这一领域。通过在这个领域多年的紧张工作之后，我认为这个前景并不能实现。原子核仍是个高度复杂的系统，它遮蔽了更深层面上的简单性。中子与质子之间的相互作用力已被证明是一种远比支配原子和辐射作用的电磁力或支配天文学领域的引力更为复杂也更难于理解的力。

20世纪30年代汤川秀树（Hideki Yukawa）提出了一种作为核作用力基础的介子交换理论。海森伯、马约拉那（Ettore Majorana）和其他学者（包括威格纳）也发展出各种或者交换位置，或者交换自旋，或者交换电荷来描述粒子相互作用的理论。我也曾经探索过取决于动量和角动量而非仅仅取决于相对位置的作用力。核的问题，正如物理学家常说的那样，是"一团乱麻"。研究这类问题既有趣也有挑战性，但我已开始感到在这个领域扑腾无法取得对大自然的更基本的理解。

158

于是我将注意力转向电子、光子以及宇宙辐射中发现的新粒子如介子的研究上。（这种所谓的介子后来证实是 $\mu$ 子，一种类似于电子的基本粒子，因此以后不再称其为介子。第二次世界大战后不久，又发现了一些中间质量的新粒子，它们才是真正的介子。与中子和与质子一样，它们受复杂的强作用力支配。）基于这种新的考虑，我认为要取得对物质的更基本的理解就需要研究高能粒子。这一思路促使我在第二次世界大战刚结束便提出计划在普林斯顿建立一间宇宙线实验室。由加速器提供可控的能量虽然重要，但我等不及，我需要立刻开始粒子研究。加速器的建设工程相当浩大，而且显然越做越大越昂贵。花费多年时间来建造加速器对于一所高校并不合适。因此宇宙线就成了我的最爱。

加速器实验室需要庞大昂贵的机器来将粒子驱动到高能态，并用各种探测器来研究这些粒子。宇宙线实验室则只需要探测器。高能粒子来自高空，可以免费获得。宇宙线不能像加速器那样提供高强度、能量可控的粒子束，它带来的粒子方向和能量都是随机的，但宇宙线辐射的能量峰值则远远高于任何现有的加速器，正如我在 1945 年所论证的，它们当时就能够得到。

回顾自己在 20 世纪 30 年代的工作，我看到自己当时或许太过于依赖数学和计算。我像海绵吸水一样对量子力学、群论和矩阵代数的复杂性可谓来者不拒。我可以卷起衣袖逐行写下繁复的数学演算步骤，然后依据这些解析运算的结果再用计算尺或手摇计算器进行吃力的数值运算，最终以图表的方式将所得到的结果显示出来。这种研究方式让我感到一种如登山家登顶成功后的成就感，也让我引起了其他物理学家的瞩目。但是不是正因此而使我没有足够的时间来思考更深层的问题了呢？

如今回头来看，这就像个悖论。我问这个问题，是因为我的许多同事在看待我后来的学术生涯的问题上形成了意见相左的两种观点。在他们某些人眼中，尤其是在那些较年轻的同事看来，我最近几年花了太多的精力在"不可企及的"幻想上，在那些看得清摸得着的问题上花的时间太少——即所谓二鸟在林不如一鸟在手。那些好心的朋友则告诉我，我这样做并无不妥。目前我还在努力，正像我这一生一直这么走过来的一样，我还在学习有关最基本原理方面的新知识。我还是那么热衷于计算，热衷于追求将理论与实验进行比较。但现在我看得更通透：我们需要越过眼前问题看得更远，需要一种视野，需要提出某种猜想以便启发自己或他人去构建一种确实与实验吻合的新的理论。

我在 20 世纪 30 年代和 40 年代所持的世界观是世界仅由几种简单粒子——也许只有电子和正电子——构成，尽管我看出没办法这样来构成世界。这一世界观还包括，在这个世界里，粒子之间无须通过场就能够相互作用。因为量子理论里最难解的数学难题似乎都与场有关。费曼和我将这后一点推衍到其逻辑极限，在第二次世界大战期间我们抽空就钻研，并在战后完成了这项工作。

裂变研究，一方面让我一直没离开核物理，另一方面则由于战时应用上的需要而变成了一种工作而非追求。战争期间，我曾抽空与费米等同事讨论过基础物理学问题，并找时间来思考战后我自己的物理学研究方向。后来成为我后半生挚爱的广义相对论和引力研究当时还不曾在我脑海里占有一席之地。随着这两个方向的显现，我终于有了新的追求。

# 第8章 后裂变物理学

我之所以投身研究核裂变，纯粹是因为机缘——裂变现象正好在玻尔要登 160
船来纽约之际被发现，他又正好要前往普林斯顿，当时正好又是我去接他并准
备和他共同从事裂变理论的研究。这些环境因素直接导致我在芝加哥、特拉华
州的威尔明顿以及华盛顿州的里奇兰从事战时工作。但不论怎样，我可以肯定
自己都会以某种方式加入战时勤务。1942年，众多科学家无须争论便毫不犹
豫地投入到战勤服务行列。

我花了三年半时间从事反应堆物理的研究，这对于我的学术生涯并不算浪
费。我一直没中止我的"普林斯顿物理学"研究，我经常从与费米、费曼和
威格纳等人的交流中获得启迪。此外，工程设计工作也会对纯理论研究产生意
料不到的帮助。我发觉自己所从事的应用工作与基础研究工作经常是相互促进
的。有些用来解决实际问题的数学方法，或针对机器或工厂的观察视角，能够
在"最纯粹的"理论研究上找到意想不到的应用。我感觉自己就像个艺术家，
在度过一个夏天的农庄采风之后，带着更清晰的视野和更娴熟的技巧回到了创
作室。

但对于国会和一般大众来说，问题不是战勤工作为科学提供了多少东西，
而是科学为战争做了些什么。很快所有人都认识到，盟军在1945年的胜利不
但是军事上的胜利，而且是科学的胜利。于是大量的政府预算拨向我所在的物
理学领域，也惠及所有科学领域，在随后的几十年里更是达到空前的程度。从
此，直到我在奥斯汀的得州大学退休之前，我再也不缺研究资助（作为理论 161
物理学家，我需要的资助并不多）。

原子弹为物理学家带来殊荣——尽管这一成就的取得同样需要化学家、工
程师和制造业经理人员付出同等程度的努力。雷达，作为另一项重要的战争工
具，同样归功于物理学家，其实这份荣耀也属于其他领域的专家。炸弹和雷达
这两项重大发展大大扩充了大众的想象空间。其实科学家在战时也为其他多项

发展立下功勋，这些成就包括近炸引信、飞机的盲降系统、磁性地雷以及协助保障后勤运输的作业研究等。

科学在战后的地位如旭日东升（或许应该说是科学踏上舞台），这也影响了我和我许多朋友的生活。我接到演讲的邀请，为大众写文章、为政府提供咨询，并参与各种委员会。虽然我接受了许多这类邀约，但从未放下过教学和研究，因为没有任何一种其他的职业活动带给我的振奋和满足感能有其一半的程度。

1945 年，我在里奇兰和汉福德的工作行将完成，珍妮特和我深入考虑了我们的未来。我们基本上没将战争期间的这几年看成是一种牺牲，在此期间我们结交了许多朋友并获得了难忘的回忆。但现在是该回归我们战前的生活的时候了。我们渴望回到普林斯顿，重归那里的学术圈子，住进我们建好后只住了很短时间的房子，并在这所住宅和社区里抚养我们的孩子。我们的女儿雷蒂西娅那年夏天满 9 岁，儿子杰米 7 岁，最小的艾莉森 3 岁。我们很幸运，我们对于生活的期待大半成真。虽然我们没有充分预见到我的校外职责的范围，也没能预料到五年之后，我在热核武器上的工作竟会让我们又一次离开普林斯顿长达一年。

珍妮特和孩子们早我几周离开里奇兰。1945 年 7 月，我已断定战争会在这年的夏天，或最晚在秋天结束，于是我们决定在秋季学期开始之前带孩子及时回到普林斯顿注册上课。里奇兰的 7 月里，每天的气温都超过 37℃。我们越来越渴望回到缅因州，于是我们计划让珍妮特带着两个年幼的孩子前往她家位于沙漠岛山索尔兹伯里湾的夏季住宅度过夏末。（老大雷蒂西娅已于稍早时间去了佛蒙特我父母身边。）我请了几天假陪家人乘火车和船经西雅图到英属哥伦比亚的温哥华，他们在那里再自己搭乘前往东岸的火车。8 月 6 日傍晚，我送他们登程。离开车站时正碰到报童喊着："号外！号外！"轰炸广岛的新闻已见报。

坐在由温哥华东去列车的观景车厢里，珍妮特的神经松弛了下来。她拿起一份报纸，看到了同一则新闻。她兴奋地指给同车的旅客看。"你看！"她说，"这样一来战争就会在一两周内结束。"奇怪的是那些加拿大人似乎不为所动。或许他们认为原子弹轰炸只是又一则战争消息，与他们长时间以来读过的其他新闻没什么不同。直到两天后，列车到达温尼伯，她才听到其他新的消息。她在那里购买的一份报纸，上面刊载的有关妇女社团的消息与有关原子弹的消息一样多。

我于 8 月 7 日到达加拿大温哥华岛上靠近维多利亚的天体物理观测台时，看到的也是类似的冷漠状态。随着战争结束，我将有更多时间钻研基本问题，这一点现在已变得越发清晰和令人振奋。我希望能抓住机会更多了解有关天体物理的研究现状。不久，我与一位加拿大同事讨论有关超新星爆发的最新观测结果。一想到头天的头条新闻，我就抑制不住兴奋之情，我对他说道："昨天在日本的爆炸对人类来说更重要。""是的，那挺有趣。"他回答道。然后又接着对我谈起有关于超新星辐射的现象。

如果说汉福德对于原子弹的新闻有过兴奋和庆祝的话，那我一定是没赶上。我从加拿大回来时这里的一切都已重归于平静。在汉福德，与洛斯阿拉莫斯的情形一样，科学家们很快就开始思忖如何回到他们战前的研究中去。我也渴望能够在学期开始之前及时回到普林斯顿。我没勇气开着我们的古董车横跨美国，于是我找了个买主把车卖了。一位摩门教的工作人员看了我的广告后找到我说，他在盐湖城从事房地产投资获益颇丰，他都是遵循教中长辈的忠告，该什么时候购入、什么时候细分，什么时候售出。由于他将收入的十分之一缴给教会，他的财富也就是教会的财富。我当时暗自庆幸他向我买车前没有咨询教中长老的意见。处理完车子后我乘火车返乡，杜邦公司安排了搬家货车将我们的家私细软运回去。到家后，我取回了原先留在普林斯顿的汽车，然后驱车来回 1000 多英里到缅因州接回家人。

即使战争已经结束，我时不时还是会考虑裂变问题，有时是为了向公众普及知识的需要，有时是出于研究的需要。裂变研究是深入了解核的一般结构的好途径。我后来在和我的学生戴维·希尔（David Hill）以及与玻尔的合作研究中走的都是这条路径。但在战后的第一年，我的兴趣在其他方面，其中包括对超距作用的理解。

要说清楚这个从 20 世纪 30 年代起就让我着迷的超距作用概念，我们得从 163
牛顿力学谈起。1692 年，牛顿写信给他的朋友，伍斯特教区的牧师里查德·本特利："一个物体可以通过真空作用到相距遥远的另一个物体上而无须任何其他东西作中介……这一点在我看来是极其荒谬的。我认为没有一个受过哲学训练具有思考能力的人会真的相信它。"换句话说，不可能（如牛顿所言）有所谓真正虚无的真空。他认为，其中必定有某种东西将作用力由一处传递到另一处，譬如太阳对地球的作用力。这种东西就是——很久以前希腊人就已想到的——所谓的"以太"。以太概念在 20 世纪前的有关物理世界的思维中占有重要角色。

公元前 4 世纪，亚里士多德提出一句著名的格言"自然厌恶真空"。准确地说应是人类厌恶真空。牛顿斥之为荒谬。从那时起，科学家根据我称之为"局域作用"的概念（用以区别于"超距作用"概念）已发展了关于自然的图像。局域作用概念依赖于"场"的存在，场能将作用力由一地传递到另一地。例如，太阳可以产生一个引力场，这个场向外散布到整个空间，其强度随与太阳的距离平方呈反比递减。地球局域地"感受"到这个引力场——即地球所在位置的场——并产生朝向太阳的加速度反应。根据这种描述，太阳是通过"场"将其吸引性信息发送到地球，而不是通过真空的超距作用来对地球产生影响。地球不必"知道"在 1.5 亿公里外有个太阳，它只需"知道"在其所在位置上存在引力场。场虽然像以太一样虚无缥缈，但却被认为是一种物理实在。它占据空间，并且有能量。有了它的存在，便无所谓真空。因此我们可以将日常用语里所说的真空定义为一个没有实物物质的区域，而不是没有场的区域。

在 19 世纪后半叶，经典电磁理论被发展到极致，场的概念在此起着重要作用。麦克斯韦认识到，电场和磁场都是动态实体，可以在空间中振荡并运动，由此产生光和无线电波及其他各种形式的电磁辐射。今天我们知道，引力场也能够以引力波的形式传播。但在 1865 年那个时候，太阳的引力场被认为是静态的。引力场只是静静地待在那里，被各种行星、彗星和小行星感受到。类似地，原子核的电场也可以视为一种静态场。它占据着核内空间并影响着电子的运动。但光波的电场却是动态场，它与磁场相伴并振荡，二者纠合在一起穿越空间。我们很容易理解，电灯泡里的灯丝不可能通过超距作用"作用到"我们的视网膜。这种作用是"局域性的"。由灯丝局域地产生的光波被发送到空间，并被视网膜局域地感受到。

到了 20 世纪，物理学家发展出了电磁量子理论，同时发现了许多新粒子和新的相互作用，由此场的概念和局域作用的概念在物理学里大行其道。所有的相互作用都可以用各局域时空点上的相互作用来成功地描述，而其他空间位置上或其他时间点上的行为则被看成是场传播的结果。这是一种强有力的、统一的自然图像，它以互联网络的方式使得超距作用的必要性荡然无存。牛顿在天之灵应感欣慰。20 世纪里没有人相信一个物体能够不借助任何媒介仅凭超距作用就能隔空作用到另一个物体上。

准确地说，应该是几乎没有人相信——我就从场论的盔甲上看到了一条缝隙。我认为现在是用新观点来重新审视超距作用的时候了。我希望探索这样一个想法：一个带电粒子能够不借助居间的场而作用到远处的另一个带电粒子上。在我的电磁图像中，一种效应能够从一点传播到另一点——尽管根据公认的相对论原理，没有任何效应可以瞬时作用到他处——但这种传递效应与场的物理实在性无关（用专业术语来说就是，它没有自身的"自由度"）。这种传递效应的概念只是从字面上描述一个粒子对远处另一个粒子作用的一条途径。

我是不是就喜欢逆流而行标新立异？我不认为是这样。因为电磁场理论确实存在某些突出的内在困难。其中最困难的是这样一个预言：场在点粒子附近的紧邻域上的大小是无穷大，由此导致粒子具有"无穷大自能"，这给人的第一印象是该粒子具有无穷大质量。所幸，这种无穷大自能可以暂时搁置——等同于忽略——而不影响到理论的正确预言结果。我不禁想到曾不断出现在 20 世纪 30 年代和 40 年代量子场论中的其他一些无穷大，它们全都是数学难题，全都起源于经典理论中的这个自能问题。

我研究超距作用还有另一个动机。我一直希望能够将世界上的所有物质还原为电子和正电子。但我也知道，如果在亚原子核尺度上将一个电子和一个正电子聚集在一起，那么就得想出某种办法避开传统理论给出的预言结果——这两个粒子会迅速以电磁场形式将其能量辐射掉。我想，一种超距作用版的电磁理论——无场理论——也许能解释这种辐射的抑制，并让粒子在如此狭小的空间里共存。

超距作用概念并非我的发明。在 20 世纪的前几十年里，已经有好几位理论物理学家从数学上尝试过这个概念。这些物理学家包括卡尔·施瓦西（Karl Schwarzschild，我的朋友马丁·施瓦西的父亲）、泰特罗德（H. Tetrode）、安德烈·福克（Adriaan Fokker）和保罗·狄拉克。而我在 1938 年转向研究这个问题后发现，许多问题仍有待解决。这些早期理论家们发现存在这样一个明显的事实：如果不考虑场，就必须考虑"超前"和"延迟"效应。就是说，某些信号会在发出该信号的动作做出之前到达另一地——这似乎太不可思议了！——而另一些信号则要比超距作用来得迟。但这些理论家却给予超前效应任何物理上的解释。不仅如此，他们还发现，无法用超距作用来解释"辐射反作用"。我来试着解释一下这是什么意思。当你用手推某个人时，你将能量传递给了那个人。你失去部分能量，被推的人获得了相应的能量，于是总能量是守恒的。被推的人在获得能量的过程中会有反作用力：他或她的"反应"。你能将能量传递到某物上的前提是该物具有反作用，对传递有反应。即使光也

165

是如此。当灯泡里的热灯丝发射出光时，光在离开灯丝时会反推灯丝，这就是所谓的辐射反作用力。早期的超距作用理论中的问题是辐射似乎不存在反作用力，因为没有场可以施加这种反应。因此我看出，超距作用理论并不完善，需要继续深入研究。

我要谈一谈我与费曼合作研究超距作用的故事，因为这个故事显示了数学在物理学研究上显著的、几乎是神奇的威力。物理学的大统一理论——更少就某些成熟理论而言——可以很经济地用少量简单方程式来表示。这些方程式得出的结果可谓惊人，远远超出方程创立者的想象。爱因斯坦在 1915 年提出的广义相对论方程式可以轻松地写在一张一平方英寸的纸上。当我在 80 年后写下这一段话时，新的观点仍不断地从这些方程式中产生。爱因斯坦没有认识到，当他第一次写下这些方程式时，它们预言了一个膨胀的宇宙、黑洞和引力辐射。但他对这些方程式的正确性很有信心，主要是基于其优美而非应用。

其他的例子也不难找到。当狄拉克将量子概念与狭义相对论结合起来给出一个简单的电子运动方程式时，就像是将两块亚临界的铀综合成一个超临界质量的反应堆。于是"砰！"地一声产生了电子自旋和反物质的预言结果。回溯到 17 世纪，正是牛顿发明的简单的力学新方程式，使得后人在随后的两个世纪里从这些方程式中发掘出越来越多的宝藏。

电磁学亦如此。1865 年，麦克斯韦将当时已知的电学和磁学定律组合浓缩成两个或四个公式（至于是两个还是四个方程，要看我们是将时间与空间分开来处理还是将二者结合成四维时空来处理）。不管是哪一种情形，这种大统一方程都具有简单的形式。同样，这些方程式也可以写在一张小纸片上。然而其所蕴藏的威力又是何其巨大！麦克斯韦本人从这些方程式得出了第一项伟大的结论：所有频率（或所有波长）的电磁波都以相同的速度（186000 英里/秒）传播。他让我们更深入地理解了光——我们肉眼所见的可见光只是宽广的电磁辐射谱中的很窄的一小部分。

但麦克斯韦方程组还包含更丰富的内涵。40 年后，爱因斯坦在发明狭义相对论时采用的途径——也是唯一的途径——就是假设麦克斯韦方程组是完全有效的并且是自洽的。通过认真看待这些方程式并坚持这种有效性具有普适性后，爱因斯坦证明了空间和时间是一种相对的概念，并且质量即能量！麦克斯韦方程组所含的那些乍看之下很难得出的结论现在被揭示出来。随后，科学家通过考察麦克斯韦方程组又证明了光子不具有质量。同时，正如我前面提到的，早期研究超距作用的学者们证明，这些电磁方程组的解包含了超前效应——对某一点的作用在该作用从另一点发出作用之前就已到达。

我指导过许多研究生的工作。我试着结合他们的兴趣与能力来确定他们的研究课题。（通常学生的表现会超出我的预期，这让我很高兴。）但能练到像费曼那么高强本领的人很少。他不仅聪明，还具有广泛的好奇心，能够用新方法来检视老问题。他为人热情，富有幽默感。我毫不犹豫就建议他跟随我从事这个超距作用的研究。

在原因发生之前就产生效应的想法尽管令人迷惑，但费曼和我都认为，我们必须先将其作为一个事实接受下来——看看是否能在不借助场概念的情形下重复出前人用场的概念得到的所有结果。虽然在自然界，我们看不到任何结果先于原因的例子，但我认为——直到现在我仍坚持这一点——费曼和我所获得的惊人结论是正确的。这个结论就是：如果宇宙只包含有限数量的物质——例如只有地球和太阳，或只有有限数目的行星和恒星——那么未来确实会影响其过去。现实生活中之所以没有出现这种违反常识和经验的现象，原因在于宇宙中存在着几乎无限数目的其他带电体。所有这些物体都参与了这样一种宏大的协奏——对时间上向前和向后传播的信号的吸收和再辐射的协奏。数学结果告 167诉我俩：在真实世界里，时间上前行信号与返回信号的混杂，尽管表观上会影响到过去，但却被神秘地抵消了，因而不会产生任何净效果。由此我们的常识与经验才得以保存。

这就是数学的威力。如果我们随意检视一下麦克斯韦方程组或直接将其运用于诸如无线电波的传播上，我们根本想象不到这个方程组竟会包含这样一种神奇的威力：它允许信号在时间上沿正向、逆向传播，但合在一起后，却显示出时间箭头向前运动。前面我用"神奇"一词来描述。当然，事实上其中并无奇迹，只是看来似乎是奇迹。结论早就隐藏在方程中，只等我们去发掘。

结果，我们的分析远不只是以崭新的角度来看待一种旧有现象。我们的结论显示，宇宙中彼处存在的数量庞大的物质会对地球上此处的过程产生重大影响。场论本身无法得出这个结论，它也无从显示在一种仅有有限数量物质的假想宇宙中，未来的世界确实会影响过去。它也无从证明，虚空宇宙中单个带电粒子根本就不会产生辐射。

在我们着手进行第二篇超距作用论文（发表于 1949 年）的工作期间，费曼和我前去拜访爱因斯坦，想听听他的意见。"哦，"他说道（以下是他的叙述），"我一直认为，电动力学对于时间上向前传播的事件与向后传播的事件是完全对称的。没有任何基本定律表明事物只能沿单一方向运动。我们所观察到的事件呈单一流向的现象是由统计造成的。这种现象之所以存在，是因为宇宙中的大量粒子可以彼此相互作用。"[1]爱因斯坦又一次展现出他对物理世界的无与伦比的直觉。他没有做过像费曼和我做的那些计算或分析，但对于远距离吸收物在影响有限时空中此时此地的事件的作用问题上，却得出了相同的一般性结论。

这不是我第一次就费曼和我的工作向爱因斯坦请教。早在 1940 年或 1941 年间，费曼曾想出一种看待量子现象的新方法，我称其为"历史求和法"。简单来讲，这一设想是：在量子力学里，如果你想了解 A 点的事物是如何影响 B 点事物的，你可以先假定所有能够从 A 传送信号到 B 的可能方式都立刻发生，那么实际发生的效应就是所有这些不同路径所产生的所有"虚拟"效应的总和。这就好比棒球投手不是只向击球者投出一个球，而是以数千种不同球路同时投出数千个球。每个飞向本垒板的棒球都有其球路飞行"历史"，击球者看到的并挥杆打击的球是所有这些历史总和的结果。一个令人费解的想法，但这正是量子世界里发生的现象。

我对这个想法感到非常兴奋。我去找爱因斯坦，他正在家中楼上后面的房间里读书。我在他身旁坐下，花了大约 20 分钟告诉他费曼的想法。"爱因斯坦教授，"我总结说道，"这种看待量子力学的新观点是不是会让您觉得可以完全接受这个理论？"

他并不全然信服。"我还是不认为上帝会玩掷骰子游戏。"他回答道，稍后他又说，"或许我已经有权利可以犯错误了吧。"

爱因斯坦曾经说过自己倔起来就像头骡子。这不，他还是认为量子理论从根本上就有缺陷。

第二次世界大战后不久，美国哲学学会邀请我参加一个有关原子能及其应用的研讨会。我给出的报告题目是"基本粒子研究中的问题与前景"，并于 1945 年 9 月 17 日在费城发表了这场演说。我的报告主旨强调的是微观领域研究的前沿已经从原子核和原子能转移到更深层次的粒子世界。我想谈的是加速器和宇宙线在未来粒子研究中的相对作用。我不禁畅想了一下理论研究在试图

---

〔1〕 早在 1909 年，爱因斯坦就曾表述过他的以下信念："不可逆（即时间的单向性）完全在于概率因素。"爱因斯坦的卓越同事里兹（Walter Ritz）并不赞同他的这一观点。为此他们以一种值得称颂的同事友情共同撰写了一篇论文，用以陈述各自的观点，这段引文即选自这篇文章。见"论辐射问题的现状"，《物理学杂志》（德文版）卷 9，1909 年，第 323 页。

将引力、电磁作用和正负电子对予以统一描述的历程中有可能采取的不同方向。简言之，我实际上并不想谈原子能。我谈的是亚原子层次上的东西。

听众里有一位叫扎伊·杰弗利斯（Zay Jeffries）的是通用电器公司的副总裁，同时也是位于俄亥俄州首府哥伦布的巴特利纪念研究院的六位董事之一。我的观点让他产生了极大的共鸣，以至于多年后，当巴特利纪念研究院的董事会出现空缺时，他大力邀请我上任。我接受这个职位，并作为巴特利董事会董事分享了 30 年温馨的同志般友谊——从 1960 年到 1990 年参与制定了各种前景迷人的项目。

巴特利成立于 1929 年，是一所合同承包制研究机构，专门承接产业界和政府的研究项目，目前已成长为营业额近 10 亿美元的企业，工程遍及多个国家。其中一个主要的技术中心设在我过去的工作地点——华盛顿的汉福德。在杜邦公司于战后离开汉福德之际，通用电器公司接管了其经营业务。随后，通用电器也希望退出，于是巴特利便于 1965 年应邀进入。我自己的战时经历和我的核研究背景在巴特利决定接受我的考虑中起了重要作用。当时所称的巴特利西北研究院成了现在的太平洋西北国家实验室，从事钚的生产和处理，以及除此以外的更多领域的研究工作。 169

有关巴特利有个与施乐复印机（Xerox）有关的著名故事。独立发明家卡尔森（Chester Carlson）想出一个制造复印机的主意，这种复印机采用我们今天所称的施乐复印技术。他的第一张施乐复印图像记载了这一发明的时间和地点：1938 年 10 月 22 日，纽约阿斯托里亚。他拿着新发明，一家公司一家公司地上门推销，最终巴特利接下了这项发明并承诺进行开发。巴特利在纽约州罗彻斯特成立了一家经营相纸的小公司——哈洛伊德公司（Haloid Company），开始将这种复印技术商业化。后面的故事大家都知道了。哈洛伊德成了成功的大企业施乐公司，巴特利也变得更富有了。

这些都发生在我成为巴特利董事之前。当我进入董事会后，我发现巴特利在施乐股票上的投资比例过大。我记得约翰霍普金斯大学先前由于在巴尔的摩暨俄亥俄铁路公司股票上的投资比例过大所承受的苦果。股票市值惨跌致使约翰霍普金斯不但赔了钱而且不得不削减学术研究项目。我不惧其他董事在理财方面经验远比我丰富的现实，大胆地要求董事会将所持有的施乐股票抛售大半以分散风险。董事会采纳了我的建议。结果却发现，如果没有根据我的建议去做，巴特利的财务状况会比现在更好。但当时我们怎么知道会是这样的呢？

前已指出，在 20 世纪 30 ~ 40 年代，宇宙线研究在微观领域的研究上处于前沿。我在战后便立即推动普林斯顿物理系在校园内建一所宇宙线实验室。系主任哈里·史密斯支持这个提议，其他大多数同事也赞同。于是，尽管有少数人反对，实验室建设的提议还是批准了。当然了，批准一项提议只是开创新事业所需步骤中最起码的一步。场地、资金和人员队伍都必须解决！几乎是必然的，提出这个提议的人得设法去实现这个计划，我别无选择，只得接受宇宙线实验室主管的职责。后来，我将这一职责移交给了系里的实验核物理学家乔治·雷诺（George Reynolds），他既是一位杰出的科学家也是一位亲切的管理者。在普林斯顿，结束战时工作后能来实验室的年轻人包括来自中国的张文裕和来自冰岛的西于尔杰尔森（Thorbjorn Sigurgeirsson），两位都从事和我的理论兴趣相关的重要测量工作。

张文裕的太太也是一位物理学家，在安纳堡的密歇根大学工作。和今天的许多夫妻一样，有一大半时间他们不得不承受两地分居的痛苦。后来他们回到中国，她在北京大学教物理，他则在北京的近代物理学研究所工作。后来他被派到苏联莫斯科附近的杜布纳原子核研究联合研究院工作，3 年后返回北京。与此相比，安纳堡和普林斯顿的距离就好像是街坊邻居。在普林斯顿，张文裕发现了一种伽马射线辐射模式，即当带负电的 $\mu$ 子（当时称 $\mu$ 介子）在原子内表现出类似电子的行为时，它会在原子核周围依次从高能态逐级向下跃迁（从一个"轨道"逐层跳下到另一个较低能态的轨道），最终到达接近原子核的最低能态，并由此产生伽马射线辐射。这是一项重要发现，我总是称这种辐射为"张氏辐射"，但这一命名没有流传开来。

西于尔杰尔森后来也回到了他的祖国，协助发展那里的物理学。约翰·麦克菲（John McPhee）在他的《自然的控制》一书里，曾也以生动的笔调描写了西于尔杰尔森如何在火山熔岩四处漫延时说服来自冰岛各地的消防队员携带他们的器材向熔岩喷水，从而成功地保住了海麦伊岛（Island of Heimaey）上唯一城镇的故事。冰岛的严酷环境直接促成了西于尔杰尔森获得终生聘用的学术职位。有一天，他与一位较年长的同事沿着赫克拉火山的坡道跑步，结果喷涌的岩浆将一块石头喷出正好击中他的同事。同事死亡，于是学校教职有了一个空缺。

至于场地和经费，当时在普林斯顿，正好有一幢配楼闲置不用，这幢楼在战时曾被沃克·布里克尼（Walker Bleakney）用作冲击波实验室，现在成为宇宙线研究的滩头堡。实验室的研究经费则主要来自联邦政府，部分来自我在杜邦的许多老朋友的私人慷慨赞助，其中有格林沃尔德（我前面提到过，他后来成为杜邦的总裁）、戴尔·巴考克（Dale Babcock）、隆姆巴德·斯夸尔斯（Lombard Squires）、查尔斯·温德（Charles Wende）[1]、胡德·沃辛顿（Hood Worthington）、弗农（H. C. "Ace" Vemon）以及格雷夫斯。他们成立了一个称作"基本粒子研究之友"的基金会，因此我得以支应开销，尤其是用来资助学生。我只有在其他资金来源短缺时才会节省地使用这笔基金，因此这笔钱用了许多年。

宇宙线从外空间以非常接近光速的速度从四面八方冲向地球，它们全都是 171带正电荷的粒子，部分粒子的能量巨大——相当于至少需要 10 亿个 10 亿瓦特能量的加速器产生的粒子才能获得这么高的能量。我在第 6 章曾经提过，这些粒子大多数是质子（氢核），有些是较重元素的核——例如氦核、锂核等。这些亚微观"导弹"在大气层高空撞击氮核和氧核时也会产生各式各样的新粒子。最常见的新粒子是 π 介子，它包括带正电的、带负电的和电中性的 π 介子，其质量约为电子质量的 270 倍。中性 π 介子的半衰期不到 $10^{-15}$ 秒，走不了多远就衰变掉了。带电的 π 介子的平均寿命则超过 $10^{-8}$ 秒，加上相对论的钟慢效应因素，因此少数粒子可以穿透大气层到达地表。部分 π 介子撞击原子核，引起进一步裂解并产生其他粒子，有些 π 介子则经历自然地放射性衰变。π 介子的衰变产生一个 μ 子和一个中微子。

μ 子要比 π 介子轻，这是必然的，因为它是 π 介子衰变的产物。μ 子的质量约为电子的 207 倍。作为基本粒子，它有长的寿命，为百万分之二秒。这个寿命长到足以使许多 μ 子到达地表。在地表发现的宇宙线残骸中约有 3/4 是 μ 子，其余的大部分是电子、正电子和光子。

带正电的 μ 子会经历自然的放射性衰变，并产生一个正电子和两个中微子。带负电的 μ 子也经历相同的衰变（但产生的是电子而不是正电子），它也可能被一个原子捕获并逐级跃迁到较低能态，放出张氏辐射。一旦到达最低能态，它就会衰变，其衰变情形与没有被捕捉的 μ 子一样；也可能被原子核吸收。在这种吸收过程中，核内一个质子将转变成一个中子，同时发射出一个中微子。尽管 π 介子与 μ 子均有放射性，质量相差也不大，但二者性质迥异。π

---

〔1〕 温德在汉福德是打油诗高手。在他的一首诗作里，他将斯夸尔斯改名为 Lom（以便与"炸弹 bomb"押韵），我则改名为强尼（Johnny the Genie，与"精灵 Genie"押韵），而格林沃尔德则改名为格林尼（Greenie，以便与 Genie 押韵）。

介子与核物质存在强相互作用[1]，而 μ 子则否。π 介子具有零自旋，而 μ 子和电子一样具有半个量子单位的自旋，属于所谓的"弱相互作用粒子"。它与电子和中微子属于同一类，是比 π 介子更"基本"的粒子。

差不多从 1930 年到 1950 年共花了约 20 年时间人们才弄清楚上面三个自然段所述事实（脚注中提到的组成 π 介子的夸克成分是后来才发现的）。这是一段令人振奋的探索历程，新的事实一件接一件地呈现在我们眼前。我在第 4 章提到过纬度效应，即高纬度地区（极地附近）的宇宙线比低纬度地区（赤道附近）更强。纬度效应表明，来自外太空的入射粒子必定是带电的，因为它们受到地磁场的偏转。此外，由粒子径迹的东西向不对称性可知这些粒子具有正电荷。宇宙线强度随着垂直高度、湖底深度或地下深度的变化表明，宇宙辐射是从外太空朝我们轰击，而不是产生自地球内部或大气层。还有，正如前述，我们知道接近地表的宇宙线中含有"硬的"成分，可以穿透几英寸厚的铅块；而其中的"软的"成分则很容易被薄的铅箔挡住。

迟至 20 世纪 50 年代，物理学家对于具有中间质量的粒子起什么名字仍是犹疑不决。在我担任"国际理论物理与应用物理学联合会"副会长期间（1951～1954 年），曾参与"符号、单位与术语国际委员会"（又称为 SUN 委员会）工作。加州理工学院的密立根虽然不是委员，但却提议将介子命名为 mesotron。我们大多数人都不喜欢这个名字，因为我们都知道希腊字根"-tron"的意思是"管子"而非"粒子"。（英文里电子"electron"源自不同的字根，其希腊字表示"琥珀"。）我们喜欢"meso-"，因为它是"中介的"意思，我们也喜欢"-on"，它的意思是"实体"。但 SUN 委员会里的法国委员反对使用"meson"这个词，因为它与法文里"maison"发音过于接近，他们说这个法语词虽属中性，但它在法国俚语里却表示"妓馆"。于是我们短暂休会，但后来介子一词还是采用"meson"这个词。

在讲述我在 20 世纪 40 年代末研究 μ 子之前，我先讲述一下随第二种介子发现后兴起的"π 介子产业"。1935 年，汤川秀树（Hideki Yukawa）在他发表的一篇非同凡响的论文里指出，核子（中子与质子）之间的作用力有可能产生于某种（尚未观察到的）新粒子在核子间的来回交换。他的理论是依据类比电磁作用力起源于带电粒子间交换光子的过程而得到的。在这种"交换理

---

〔1〕 现在我们知道，π 介子像中子和质子一样，是由夸克组成的。夸克是所有"强相互作用粒子"的基本成分。

论"中，用于交换的粒子的质量与其力程成反比。用于交换的粒子的质量越大，其力程就越短。无质量光子使得电性力的力程无穷大，可以延伸至原子外的宏观距离范围。由核力的范围不大于核的尺寸这一点，汤川推断，他假设的这种可交换的新粒子的质量应该是电子质量的数百倍。

由于汤川的文章发表在不太普及的日本期刊上（虽然文章是以英文刊载），而且又是思辨性的，因此这篇论文没有立刻引起广泛的注意。但当合适质量的介子证据（分析显示为 μ 介子，后来改称 μ 子）得到确认后，他的论文在理论研究院和物理系的楼道里产生了巨大回响。一旦 π 介子作为独立的强作用实体得到确认（1947 年），人们对核力的交换理论的热情便陡然升高，寻找 π 介子的"π 介子产业"开足马力向前狂奔。我对这种一窝蜂的做法感到震惊，物理学家们每当集体接受了一个新认识时就会这样蜂拥而上。我直觉地认为核子之间的作用力应该还有更深奥感更简单的解释，只是我不知道它到底是什么！不管怎样，反正我不参与跟风。我之所以感到震惊，还因为这种情形与当年提出原子之间的交换力理论时的情形有一比。如果我们不知道原子本身就是一种复杂的实体，也不知道原子间的作用力本质上是简单的电磁力，那么单个原子的结构看上去当然显得复杂。

特勒对这种一窝蜂的做法也不以为然，有一次他对我谈到关于什么是学者的循环定义：学者就是那种"与其他学者想着相同的事情，使用相同的词汇的人。"但在我提不出不同见解之前，我还不能对这种"π 介子产业"多加抨击。俗话说，你"要么从众，要么闭嘴。"早在 1934～1935 年我在哥本哈根开始我的学术生涯起，我就不止一次地回过头来探讨这种核子间的作用力问题。这种探讨也是受到这样一种信念的驱使——期望最终能够用普通的电磁力来提供对这个问题的解释。但我没有沉溺于这种信念，只是偶尔会抽空拿出笔记本写写画画，或者坐下来沉思，以图通过重新审视这个问题来提出新的想法。空闲过去便将这个问题搁置一边忙其他问题去了，形成正确的思路只能留待下一次了。

这种反复琢磨有一个好处。1945 年我还在汉福德时完成的一篇有关多电子体系的论文就为研究最简单的无核系统——正电子素（仅由一个电子和一个正电子构成的系统）和离子化正电子素（由两个电子和一个正电子构成的系统）——铺平了道路。这些系统都只有电磁作用起作用。我到现在都还在企盼能够亲眼看到一滴液态的正电子素。

自从 1950 年以来，物理学已有了长足进步。正如我预期的那样，关于核

力的 π 介子交换理论已经在如火如荼的理论物理滚滚潮流中销声匿迹。我自己的将电磁作用当作核力根源的设想从未实现。我们今天看到的是由胶子黏在一起的夸克。胶子，顾名思义，就是那种起着核"胶水"的交换粒子。因此，应该公正地说，π 介子交换作用的设想并没有灭绝，而只是变形。而夸克和胶子是不是核力的最基本起源这个问题，则要留待 21 世纪的物理学家去解决了。

我在第二次世界大战后对 μ 子的兴趣主要集中在这些粒子在其寿命内都做了些什么，以及当它们消失时会发生什么等方面。μ 子衰变的机制是什么？其产物又是什么？当一个慢化了的 μ 子被一个原子捕获后，并依次历经各能态逐级向下跃迁至最低能态或基态时会发生什么事情？如果一个处于这种最低能态的 μ 子最后被原子核吸收而没有自行衰变，这时又会发生什么？原子中的 μ 子在其微秒量级的寿命里在揭示处于原子中心的原子核的具体性质方面究竟能提供多少知识？破解这些问题——并将结果与实验相互印证——可以带来高度的成就感，因为它直指微观世界中某些最基本的物理。这个物理学领域后来被称为基本粒子物理学。

我在这项研究中有幸获得了同事热姆·蒂奥姆诺（Jayme Tiomno）——一位来自巴西的研究生——的协助。他开始时跟我一起工作，1949 年我去巴黎做学术访问后，他在威格纳的指导下获得博士学位。蒂奥姆诺的身材中等，肤色黝黑，低沉的语调表现出一种自信心。他后来回到巴西，为那里的学术界注入进步的动力，他还大声疾呼反对军方介入大学校园和研究机构。他一直坚守岗位，直到 1969 年，他和太太艾莉莎（Elisa）以及其他约两百位教授一起因受到迫害而提早退休。1973 年，在普林斯顿大学和高等研究院待了一年之后，他在教宗天主教大学（Pontifical Catholic University）得到了一个给薪职位（后来他才知道这是由教宗本人批准才得到的），后来他又转往里约的巴西物理学研究中心任职，目前他和艾莉莎仍在那里以退休名誉教授的身份积极工作。他除了与普林斯顿保持联系之外，还建立了一个高能物理实验团队，与芝加哥的费米实验室合作进行研究。[1]

我一直认为蒂奥姆诺是那些其贡献没有得到应有承认的物理学家之一。他在 1947 年到 1949 年期间关于 μ 子衰变和捕获的研究为我们开创了新路，应当

---

〔1〕 费米实验室是以恩里克·费米的名字命名的，但费米没能活着看到它的目前世界上能量最高的加速器的建设和运行。这台加速器能够产生相当于近 2 万亿（$2\times10^{12}$）伏特能量的粒子碰撞。

给予适当的奖项以表认可。

　　1947 年，随着人们发现宇宙辐射里的"介子"实际上包含两种粒子——π 介子与 μ 子——后，蒂奥姆诺和我立即着手研究其中较轻的 μ 子。我们在次年发表的几篇论文里谈到，分析结果似乎表明，μ 子可视为一种"重电子"。我们还得出好几项尝试性结论，它们都随着实验结果变得更广泛也更精确，并且先后获得证实。像电子一样，μ 子具有半个量子单位的自旋。它也像电子一样与核子之间不存在任何强相互作用。其衰变和被原子核捕获似乎都源自一种与支配贝塔衰变（原子核放出一个电子的衰变）的相互作用极为类似的相互作用。正如电子总伴生一种中微子一样，μ 介子也伴生一种中性的轻粒子。我们假设这种 μ 子的伴子可能也是一种中微子，这一点随后得到证实。总之，我们当时看到的有趣证据显示，电子的所有性质都可以在 μ 子上找得到。这个结论相当令人振奋，同时也令人感到疑惑。后来 I. I. 拉比在谈到 μ 子时问道："是谁制订的这种东西？"另据说费曼在他位于加州理工学院的办公室的黑板上写了一道问题，留在那里多年没有擦掉："为什么会有 μ 子？"

　　μ 子与电子之间的"等价性"可以用蒂奥姆诺建议的三角形图示来表示，我们在一篇论文中采用过它。下图就是这个图示。

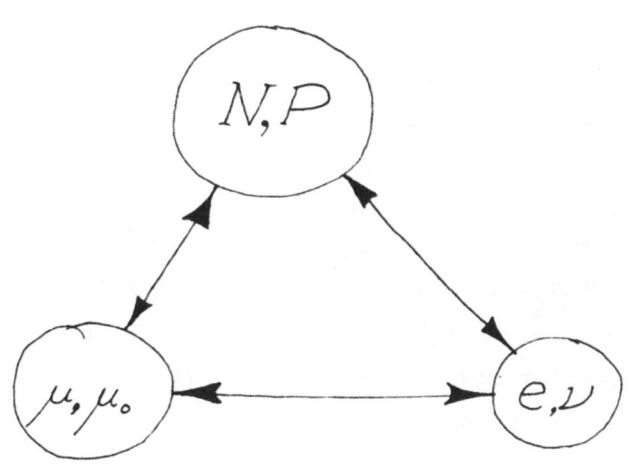

"蒂奥姆诺三角形"（惠勒绘图）

　　顶角圆圈里的字母 N 和 P 分别代表两种核子——中子和质子。右下角圆圈里的 e 和 ν 分别代表电子及其相伴的中微子。左下方圆圈里的 μ 与 $\mu_0$ 分别

代表 $\mu$ 子及其相伴的 $\mu$ 中微子。如今我们将右下方圆圈里的 $\nu$ 以 $\nu_e$ 取代，来代表电子中微子；左下方圆圈中的 $\mu_0$ 以 $\nu_0$ 取代，来代表 $\mu$ 子中微子。

图示中连接三个圆圈的三条线段分别表示这些粒子对之间存在的相等强度和相同性质的弱相互作用。从顶角圆圈连接右下方圆圈的线段代表贝塔衰变相互作用。这个相互作用促成特定的放射性变化——例如，反应堆里新制成的镎239 的核衰变成珍贵的原子弹原料钚 239。在这种自发衰变过程中，有一个中子变成一个质子同时放出一个电子和一个电子中微子，因此所有这四个粒子都包含在两个圆圈内。

底端的水平线段代表 $\mu$ 子的衰变过程，其中 $\mu$ 子衰变成为一个电子和两个中微子（两种类型各一个）。（所有四个粒子再度包含在两个圆圈中。）连接顶端圆圈与左下方圆圈的第三条线段表示当一个带负电荷的 $\mu$ 子环绕原子核做轨道运动时可能产生的反应。在这种"捕获"或"电荷交换"反应中，$\mu$ 子和一个质子会消失不见，同时出现一个中子和一个中微子。（所有四个粒子再度包含在两个圆圈中。）中子可以衰变成一个质子和一个电子，但它似乎更"喜欢"衰变成一个质子和一个 $\mu$ 子，如果它有足够的质量来这么做的话。因此这两个圆圈之间只能发生捕获反应。另一方面，电子捕获反应有时候也会发生，这与 $\mu$ 子的捕获类似。请注意，对于任何一条线段所代表的相互作用，没有任何粒子可以毫发无损地留存下来。相互作用所涉及的这四种粒子在过程中不是被创生就是被销毁。

这个三角形图示只是用来表达基本数学关系式的一种简洁方式，其中在这三个方向上都有着相同的相互作用。我们发现这是对自然界运动模式的一种非常优美的表示方法。它不回答"为什么会有 $\mu$ 子"的问题，但它能够将许多粒子物理学知识紧凑地联系起来。我总认为这个三角形应该称为"蒂奥姆诺三角"。是他最先提出这种关系的。但在我们的论文发表了几个月后，普皮（Giampietro Puppi）在一份意大利期刊上发表了类似的想法。他也看出核子、电子、$\mu$ 子以及中微子之间的普适相互作用的简洁特征。于是命中注定，蒂奥姆诺三角被称作"普皮三角"而得以广为接受，尽管普皮在他的论文里并没有画出这个图示。

我在思考 $\mu$ 子的时候，突然想到这个粒子可以用作出色的核探针。$\mu$ 子的质量是电子的约 200 倍，故其在原子内绕核运动的轨道半径应比原子内的电子

轨道半径约小 200 倍。因此 $\mu$ 子可谓名副其实地"趴在"诸如铅或铀这样的重原子核上。但由于 $\mu$ 子不参与强相互作用，因此它只对核的电荷而不会对

核的其他复杂特性做出反应。由此我意识到，如果深入研究 μ 子向低能态跃迁的张氏辐射过程，就有可能揭示核电荷的分布特征，包括其偏离球状的可能形态以及作为相邻核之间差异指征的核的可压缩性等。1949 年秋，我在巴黎工作时写下了这些想法，但却迟迟没有将其发表。后来在 1953 年，我注意到哥伦比亚大学的詹姆斯·雷恩沃特（L. James Rainwater）和瓦尔·菲奇（Val Fitch）正在从事和我的看法相同的测量工作，于是我迅速赶制了一篇论文，标题为"作为核探针的 μ 子"，在菲奇和雷恩沃特合作下，与他们的实验论文共同发表在《物理学评论》上。这篇论文产生了许多反响，并在随后的许多年里促成了一系列针对张氏辐射的测量。这些测量已远远超出我早先的想象。它们揭示了原子核的尺寸、形状和其他性质。

菲奇现在是我在普林斯顿的同事，也是一位荣休教授，他的办公室和我的邻近。当时我是在他们发表论文之前偶然得知他与雷恩沃特从事 μ 子工作的。1953 年我前往哥伦比亚大学，希望邀请菲奇到普林斯顿来任教。当然了，我们也谈到了彼此在物理上的兴趣和研究工作。我不知道我们在 μ 介原子（现在我们都这么称呼）上的共同兴趣是否对他作出抉择产生过影响，但毕竟他还是转到了普林斯顿，并从此成为我的朋友与同事。如今我们经常漫步穿过校园去与其他物理学家和数学家一道在教工餐厅共进午餐和讨论问题。有时候我想前往高等研究院进午餐，他会开着他的银色马自达敞篷跑车带我一起去——他喜欢找个借口来开这辆拉风的车。在大庭广众之下他略显羞涩，但他的凝神注视、极度礼貌，以及专注倾听的个性却是大家有目共睹。他认为提携年轻人和运用专业知识服务于大众责无旁贷，因此他经常放下物理研究去从事演说，并参与各种委员会的顾问工作。

菲奇和雷恩沃特后来都获得了诺贝尔奖，但不是因为他们的合作研究项目，也不是因为 μ 子的工作。菲奇的获奖是因为他和詹姆斯·克罗宁（James Cronin）关于"时间反演不变性并非绝对定律"的合作研究。对于自然界的大多数过程，如果一个能以某种时序发生的系列事件也能够以完全相反的时序发生，我们就说这个过程具有"时间反演不变性"。但对于某些过程，譬如菲奇和克罗宁所发现的 K 介子的放射性衰变过程，这一原理是破缺的。这种时间反演不变性破缺所带来的一个惊人结果是，从早期宇宙混沌中会诞生出一个其包含的粒子数多于反粒子数的世界。正如天文学家常说的那样，如果当初菲奇和克罗宁没有发现他们的结果，我们就不会在这里了。至于雷恩沃特荣获诺贝尔奖的事儿，我会在本章末再做叙述。

178

菲奇，我在普林斯顿的同事，一位荣休教授，摄于 1995 年
（由丹尼斯·阿普勒怀特拍摄，承蒙普林斯顿大学许可复制）

到 1949 年我们结束对 μ 子的研究时这个粒子的性质已基本确立。μ 子是一种非常类似于电子的基本粒子，它们都有各自的伴子中微子，都不参与强相互作用。它们同属于轻子。"轻子"这个词表示"轻的或小的"，但现在我们却发现一种重的轻子。除了电子和质量为电子质量 200 倍的 μ 子外，还有一种叫"τ 子"的粒子也属于轻子。这种粒子的质量约为电子的 3500 倍，同时也有一个相伴的中微子。最特别的是，目前我们已经有可靠的间接证据表明，这就是最后一个重轻子：没有更重的轻子有待发现了。

179

我认为，在普林斯顿建立宇宙线实验室是个十分正确的决定。宇宙线的取得无须成本，而且随时可得。宇宙线有着大得惊人的能量。但其缺点是数量不多且无法控制。因此后来加速器当之无愧地成为粒子研究的主要平台。但宇宙线确实在早期提供了一种快速启动方法，而且对于一所高校来说，宇宙线实验室的规模是其可以独立承担的。后来，在 1955 年，普林斯顿与宾夕法尼亚大学共同筹资建造和运行普林斯顿-宾大加速器。我对这个项目鼓不起任何热情，我认为这个项目太大，运行成本也太高，不是仅靠两个系就能够承担的。但我没有提出反对意见，加速器建造完成，并于 1962 年开始运行，10 年后停机退役。我还是坚持我的看法，认为大型加速器只应由大型财团或国家级实验室来运行，这样才能取得专业运作功效，作为大事业服务于整个物理学界。

加速器如今已变得能量更大也更有用，当然也更费钱。近几十年来，我们关于基本粒子的大部分知识都来自于加速器上的研究所得。加速器也为理论工作提供了极其丰富的研究资源。不幸的是，美国国会于 1993 年取消了对超导超级对撞机（SSC）的经费支持。这台已在得克萨斯州的瓦克萨哈奇动工兴建的对撞机如果建成则会创下国际上最大加速器的新的纪录，它可以将质子加速到相当于 20 万亿伏特的能量。

宇宙线并没有丧失其用途，即使是现在，它能提供的能量范围仍然远远超过任何一台加速器的能力所及。包括芝加哥大学的克罗宁在内许多科学家正计划新的实验来研究由高能宇宙线粒子触发的大的级联事件，这些宇宙线粒子的能量有可能高达费米实验室加速器的千万倍，并在大气层高空重击原子核。

1948 年和 1949 年我异常忙碌，现在回想起来我还是不明白，我的学术生涯怎么会在这么短的时间里发生这么多事情。我在超距作用、$\mu$ 子、基本粒子和宇宙线方面的研究工作只是占据我思考的一部分。作为普林斯顿宇宙线实验室的创办人和第一任主任，我得负责推动并监督实验工作，还必须从事行政管理和筹措经费的工作。1948 年，海军研究部（第二次世界大战后所有美国政府机构里最先支持科学研究也是最有战略眼光的部门）为我们的宇宙线研究提供了 37.5 万美元的经费支持。

此外我还从事教学！——这原本是普林斯顿雇我来的本职工作。当时我所教的主要是研究生和本科高年级的课程。分配给我的一门研究生课程是经典力学，通常这门课的内容只是讲授到 19 世纪的力学为止。我则尝试将新的概念带进课堂，以期能教学相长。我和学生在学习过程中，发现我们能以迷人的方式将这门课程与 20 世纪的量子力学联系起来。

教学并不只是单方面的传授，同时也是与每一位学生进行合作。多年来，

180

我已经指导过50多位博士生，以及差不多同等数量的本科生的大三或大四论文。最好的教学是双向教学。没有这些学生的助力，没有他们提供的领悟与刺激，我的成就肯定远不如现在。这里还没算上几十名参加我的课题组的博士后研究人员，从这些初试啼声的年轻人身上，我可以看到自己当年的光景。他们也为我的工作成果锦上添花。

我在战后建立的研究团队在1949年产生了12篇论文。其中一篇是与研究生约翰·尚利（John Shanley，他是一位陆军上尉）和一位本科生伊万·凯恩（Evan Kane，论文发表时他已经毕业）共同完成的。尚利、凯恩和我一起检查了五个天体（太阳、地球、火星、金星和月球）对宇宙线的影响。这些天体的磁场使得来自外太空宇宙线中的质子与较重的原子核发生偏折，从而改变了其入射到地球的方向、能量和强度。我在前文里已经提到过在这一年里我的另一篇论文，那是我与研究生戴维·希尔以及对此感兴趣的玻尔共同撰写的论文。

希尔在他的博士论文中进行了物理研究方面的第一次大规模数值计算。借助于设在纽约市IBM总部内的称为SSEC（selective sequence electronic calculator，选择性序列电子计算机）的机器，他采用动态液滴模型来跟踪一个裂变核在从吸收一个中子开始到即将产生分裂的整个过程中的形状变化。IBM具有一流的计算机设计能力，在公关能力上也堪称一流。他们根据希尔的计算所得出的各种形状，建立了裂变核的模型，并将其展示在该公司位于市中心区的大楼的大厅里，旁边的显示器上显示着计算过程给出的模拟动画。《时代》杂志也不失时机地抓取了这一新闻，并以整页篇幅刊出了希尔采用的主要方程式。心生迷惑的大众想必看了后不禁叹为观止，他的研究生同学都为此欢呼呐喊。有趣的是，希尔虽然只是个年轻人，但却表现得像个都市绅士。他总是衣着笔挺，语调温和，深具公关才华。他在从事了短暂的教学与研究工作后转业推销保险，并在南美洲做矿业风险投资，并为一种称为"smart"的电脑化收银机专利权奔走呼号。

我的另一位学生约翰·托尔则在将现代数学方法运用于处理相对论性量子理论方面踏出了一条新路。1949年，他随我前往法国；1950年，前往洛斯阿拉莫斯；随后在1951年回到普林斯顿。他后来成为理论研究、应用研究以及行政管理等领域的重要人物。在法国时，他做的是粒子散射与吸收之间的关系研究，这是我最喜欢的数理研究领域之一。他在所谓"光子-光子散射"（即一个光子与另一个光子的碰撞）方面的研究上获得了一项优美的新结果。后来的

约翰·托尔，1955 年，时任马里兰大学帕克分校物理系主任

（照片由 Al Danegger 拍摄，承蒙美国物理学会埃米里奥·塞格雷视频档案馆提供）

182

许多研究都是以这项成果为基础。托尔是个心思缜密的人，热心于社会问题和服务大众。要说毛病那就是他体重过重，而且老是将衬衫胡乱塞在裤子里，但这些特点反倒使他变得更加可亲。托尔毕业后即从事学术管理工作，取得了辉煌业绩。他在普林斯顿获得博士学位之后，直接担任了马里兰大学帕克分校物理系主任，并将这所院系建设成了美国国内院校中最好的而且一度是最大的物理系。后来他离开那里去了纽约州立大学石溪分校担任校长一职。他在那里又开创了一番新气象，随后又回到马里兰大学担任该大学系统的州内全部校区的总校长。他从那个职位退休之后还是相当活跃，目前他担任马里兰州切斯特镇的华盛顿学院院长。

事业再忙也阻止不了我心怀梦想。这个世界是如何形成的，它的各个部分又是如何相互作用的——这些梦想构成了我的精神食粮并给我滋养。1948 年到 1949 年，我在研究、教学、写作以及提供咨询服务的繁忙工作中仍会抽空做做梦——通常是在家中，坐在舒服的椅子上，膝上摆着一摞稿纸。有时我也会在房间里踱步并高声发言（后来，我受到费米的启发及洛斯阿拉莫斯设立的规矩的影响，我开始将我的想法写在笔记本里。到现在，我已经写了 39 本笔记本）。

我当时的梦想有哪些呢？我朦胧地看出一种从事核物理研究的新方法的框架。我曾经于 20 世纪 30 年代钻研"共振群结构模型"，在这个模型中，粒子自始至终处于不断地重组-消散-重组的过程中。后来我跟随玻尔研究过液滴模型。从 1948 年开始，有证据表明，"独立粒子模型"也很有效。在某些情形下，原子核的行为表现得就像其内部的粒子做着彼此互不相干的运动。我的梦想就是要发展出一种前后一致的描述方法，在描述原子核时将所有这些特征都包括进来考虑。在玻尔非常有价值的激励下，这个梦想在随后几年里逐渐成真。我将结果称为原子核的集体模型。

关于原子核的这些思想太过具体，或许已不应再称为是梦想，它们的实现只需从已知的知识积累再踏出一小步即可完成。但我那时琢磨的其他一些事情则显然还属于"空中楼阁"。我还是抱持着"万物皆为粒子"的观念，梦想着发现一个完全由电子和正电子组成的世界。我甚至于梦想将超距作用概念应用于爱因斯坦的广义相对论。要实现这个梦想，就要先将连接事件发生先后时序的时空概念"扫地出门"，就如同费曼和我先前将与带电粒子相联系的电场与磁场去除掉一样。

183　　1948 年，在申请古根海姆研究基金（Guggenheim Fellowship）以期能出国一年不受干扰地专心从事新的研究课题时，我选择强调了我在研究电子与正电子物理方面的兴趣以及我与玻尔的关系。我以前从事的研究课题大多与核问题有关，我担心古根海姆基金会的评审人员会认为我过于偏离理论研究领域。老实说，我并不觉得那个问题需要闭关面壁地思考上一年，但我实在没有勇气提出我希望研究去除时间和空间的课题。

古根海姆基金会善意地批准了我的这一申请（时间是 1950 年到 1951 年）。随后由于普林斯顿的情况改变，让我可以提早离开，于是基金会批准我将行程改变为 1949 年到 1950 年。这项计划包括我在巴黎待一年，并允许我中途前往哥本哈根。虽然我希望与玻尔共事，但我并不想完全回到他的研究院的那种讨论式文化氛围中。我希望有时间独立思考和计算。我知道可以随时从巴黎搭火车到哥本哈根。至于选定巴黎主要是考虑到我的家庭需要。珍妮特和我认为，如果我们的孩子可以在法国学校就读并学习法语，对他们应该极有帮助。虽然他们学习丹麦文化和丹麦语也非常有趣，但这对他们日后的帮助不会太大。三个孩子到巴黎入学时分别是 7 岁、11 岁和 13 岁，他们像海绵一样吸收着法语。（刚开始时，最小的艾莉森有点儿抗拒珍妮特和我为他们安排的夏季家教课程。我们到达巴黎几周后的一次午餐上，两个较大的孩子唱他们学到的法语歌给我们听，而艾莉森则以她细小但坚定的声音唱了一首英文歌曲——"墙上有一百瓶啤酒"。可后来她的法语却讲得相当地道。）

我们于 1949 年 6 月 29 日搭乘美国号轮船前往法国。第一站是法国南部的比亚里兹附近的圣让德吕兹（St. Jean de Luz）村庄。7 月中旬到达后，我们在温馨如家的勒高兰公寓住了两个月。三个孩子在我们雇请的年轻女士指导下学习法语。珍妮特和我打算放松一下，一边好好地享受那里的环境，一边也学习法语。当然，在宁静的生活里，我也还进行着我的物理学研究。约翰·托尔早先已接受邀请过来和我们待上一年。他在镇上另一处公寓订了一间房间，每周过来几次一起讨论物理学或和我们共进晚餐。（可怜的约翰在他的廉价公寓里受到跳蚤的攻击。在珍妮特检查了他的双臂和双腿并找出了问题的原因之前，他原以为是由于他对丰盛的饮食过敏所致。所幸那只是跳蚤。随后他使用捕跳蚤器和灭蚤药对跳蚤进行了全面扑杀。一旦找到了有效的防治办法后，一切就都搞定了。他又可以在房间里工作，穿着轻薄的夏季服装在花园里散步了，也能尽情享用他的公寓提供的美食了。）184

在启程前往法国之前，我给玻尔寄了一份关于裂变的某些细节（特别是关于铀核具有裂变为质量不等的两部分的倾向）的手稿。在这份论文的作者栏里，我列出了玻尔、希尔和我本人的名字。论文的许多想法都出自于前一次我与玻尔的讨论，因此我不假思索就在文稿上写下他的名字。希尔的贡献源于他的关于裂变核的动力学过程的博士论文。我们原先是想，玻尔应该会审阅那篇论文并写下一些修改意见，这样我们就可以拿出去发表。1949 年 7 月 4 日我收到了玻尔的回函，他在信中给了我很大的鼓励。（他的回信依然是那么彬彬有礼，以"亲爱的惠勒"起头，并以他的全名"尼尔斯·玻尔"落款。）他在信里头写道："你寄来的手稿让我感到惊讶，但我知道这份手稿代表了我们多年来对这个课题的讨论成果，而我所做的某些原创性的贡献何足挂齿。我不仅同意这份草案，而且更乐意看到它成为我们继续合作的象征。（他同意担任我们的合作者。）由于我是在离开哥本哈根去乡间之前刚收到手稿，所以我要先考虑几天看看我能不能做一些小的增删然后再写信给你。"

这以后的 3 年里，玻尔、希尔和我对支持集合模型的日渐增多的各种证据进行了分析，对这篇文章做了多次修订和改写，并将其探讨的范围扩大到核裂变以外。最后，玻尔认为他的贡献不足以让他名列合作者之列，他建议文章以希尔和我两个人的名义发表。1952 年秋，我们完成了两作者的版本，文章于1953 年发表。从某方面来说，这种拖延是有些不幸，因为文章里的一些思想已经有其他人独立构思出来，这在对核结构的认识呈爆炸性增长的时期并不令人感到意外。这种拖延也有正面意义，那就是我们有机会与玻尔再一次进行愉快的、富于挑战的合作。

我在 9 月份第一次前往哥本哈根，当时我们正从圣让德吕兹村迁往巴黎。托尔答应陪伴我的家人并帮忙开车，这趟旅程成为他们一次美好的度假。（7岁大的艾莉森当时还有点反叛情绪，她宣称可以从车窗看到所有她想看的大教堂。）由于我的行程事先已安排好，以便不与玻尔的日程相冲突，因此我无法和家人一起去加卡尔卡松和卢瓦尔山谷，但后来在我们回到美国之前，珍妮特和我偷闲去里维耶拉和意大利看了看。

我们在巴黎时住在位于左岸的多梅克公寓（达萨斯路 70 号）。那栋公寓邻近卢森堡花园，与巴黎理工学院之间的交通也相当方便。负责接待我的兰盖（Louis Leprince-Ringuet）为我安排了办公室和一个热情的欢迎仪式。我以前没有和我的法国同事进行过合作，但我很乐意与他们讨论并参加会议。兰盖当时正在进行山顶和气球探测高海拔宇宙线的工作，因此我很有兴趣与他讨论他的测量结果。另一位令人振奋的熟人是理论物理学家伯纳德·德埃斯帕尼亚（Bernard d'Espagnat），他和我一样对于量子理论的基本问题很感兴趣。我喜欢与他一起在巴黎理工学院里或卢森堡花园里漫步讨论。我从来不曾忘记爱因斯坦于 1908 年在给他的同事约翰·劳布（Johann Laub）的信上所写的一段话："这个量子的问题极为重要也极为困难，所有人都应该予以关注。"

当时，玻尔对发展核子物理的热情超过他对于电子-正电子对理论的关注。他希望先将核问题扫除干净再谈其他。这样我只好自己在巴黎琢磨一种纯粹电磁的世界以及一种甚至没有空间和时间的可能世界。这些工作里大部分是我坐在多梅克公寓的小桌前完成的，部分完成于巴黎理工学院。10 月，我再度考虑了我所偏爱的 μ 子，写了篇关于如何用这种粒子来探索原子核的文章。我私下将这篇文章发给一些对此感兴趣的物理学家传阅，但如前所述，直到

1953 年，菲奇和雷恩沃特的实验结果出来后，我才着急地将文章投出去发表。（私下传阅未发表的文章预印本是物理学界的通行做法，因为同行研究人员通常都不希望等到论文发表之后才看到相关工作进展。在某些进展神速的领域里，传阅预印本——如今多以电子版——是主要的交流方式。而公开发表的论文则可以说已变成一种档案记录。）

1949 年 9 月底，我乘火车从哥本哈根回到我在巴黎的新"家"，发觉自己脑海中不断涌现出与那篇玻尔、希尔和我预定发表的论文内容相关的一些想法。我们在那个月的交谈里，玻尔强调了新证据对于核的独立粒子模型的至关重要性（根据这个模型，核子在原子核里做着类似于气体分子的自由移动）。我们都认为我们面临的主要挑战是如何将这个模型与表观上很不相同的原子核液滴模型协调起来。我心底里一直存在这样一种看似与这些考虑明显毫不关联的想法，那便是新近发表的有关原子核的四极矩的概念。四极矩是一个用来衡量原子核偏离球状程度的量［原子核可以形变成橄榄球状或薄饼状——专业术语上分别称为长圆形（prolate）和扁圆形（oblate）］。新的结果显示，许多形变成橄榄球状（长圆形）的原子核其形变程度之大，已无法单独用独立粒子模型或单独用液滴模型来解释。（为了给出一个较为熟悉的形象描述，我们不妨以地球为例。地球因其自转致使其两极较扁，因此具有薄饼状四极矩，或称为扁圆形四极矩。而许多偏离球状的核的扁平程度要远高于地球的情形。）

坐在由哥本哈根开往巴黎的火车上，我突然想到如果能够将原子核的独立粒子模型与液滴模型综合起来，正如玻尔所倡导的，就有可能解释原子核的严重变形现象。我意识到，在原子核内处于相对自由的某个核子有可能处于这样一种运动状态，它经常由核内的某个位置运动到另一个位置，从而使得核液滴的表面被推挤得严重变形。这种变形可能使这个核子拥有较大的自由移动空间，反过来说就是能使它处于较低的能量状态。同时，这种变形也增加了表面张力能。但我们很容易看出，这个单个核子（独立粒子特征）所减少的能量一定会比核表面（液滴特征）所增加的能量要多。因为任何情况下，原子核——或任何系统——都会不断调整使自身处于能量最低态。因此这个核假定开始时形状为球形，最后也会形变到严重非球形状态。

我直到 12 月初才将这些想法与玻尔沟通，在同一封信里我还谈到了我们的合作文章里的其他一些问题。我在信里写道，我（于 9 月底）从哥本哈根回来之后着重研究了"四极矩的问题，以及如何运用标准量子力学方法从独立粒子模型的观点来解释液滴模型的问题"。我继续写道："结果可能清楚地表明，由单个粒子引起核变形所产生的核的四极矩要比直接由该粒子的电荷分布所产生的四极矩大差不多 5 倍。"

1949 年 12 月 24 日，玻尔回信道："你提到的关于你对另类空壳内单个粒子引起的核的四极矩的考虑，非常漂亮也相当可信，就我们理解，这里的要点是，由于这个粒子的存在而引起的核形变表明闭壳层中粒子所具有的附加四极矩相当大。"在他的回信里，玻尔还提到其他一些较为技术性的问题，并邀请我在 1 月份再度前往哥本哈根就我们的论文做进一步的研究。

通过对原子核明显变形的这种解释（有时候我觉得我最好的工作都是在火车上完成的），我已经揭示了原子核的一项重要的新特征，这一特征有可能被证明对这一课题的进一步发展是重要的。我曾考虑过将这个结果拿出来单独发表，但最后还是决定将其综合到更完整的玻尔—希尔—惠勒的文章中。因此当我在一年后接到由哥伦比亚大学的雷恩沃特寄来的他撰写的相同思路的文章预印本时，可想而知我有多失望。正是由于这项发表在 1951 年的成果，雷恩沃特和奥格·玻尔（尼尔斯·玻尔之子）以及本·莫特森一起共同荣获 1975 年度的诺贝尔奖。奥格·玻尔在哥伦比亚大学与雷恩沃特合作完成了他的博士后研究工作。随后他与莫特森——一位定居哥本哈根的美国年轻人——深入研究了独立粒子-液滴模型的许多细节，揭示了粒子如何在形变核内的运动，以及形变核的转动如何引起新的核能态。

一种新见解可以在不同地方同时出现。这种现象之所以发生，通常是因为有关的想法在全球范围得到传播，从而在不同的地方触发了相同的思路。早在互联网和电子邮件发明之前，国际物理学界的交流渠道就已经非常迅捷（尽管是以天计而不是以毫秒计）。就上述事例而言，交流渠道是比较清楚的——在我与尼尔斯·玻尔之间，在尼尔斯与奥格·玻尔之间，在奥格·玻尔与雷恩沃特之间以及其他人之间。[例如，在 1949 年 12 月，玻尔很快就将我关于核四极矩的想法告诉了从英格兰伯明翰回哥本哈根度圣诞假期的丹麦物理学家林哈德（Jens Linhard）。]我时常想，虽然玻尔真心希望看到研究人员都能因提出想法而享有恰当的评价，但他是不是跟他儿子提到过我们的某些思路，于是奥格将这些意见带到了哥伦比亚大学，这已足以孕育出相同的核形变的想法。当然，事情也有可能是反过来：或许在我 9 月份来访时，玻尔基于先前与他儿子的讨论，给了我某种提示，从而让我在回巴黎的火车上能够按新的方向去思考。

无论如何，这给我上了一课。无论何时，一旦有了重大发现，最好立刻发表，而不要等着将其结合进更完整的构思中去。哲学家或许有时间慢慢将所有思考的碎片拼凑成一种完整的思想，但这对物理学家不合适。

1949年9月23日，也就是珍妮特和三个孩子及托尔离开圣让德吕兹前往巴黎的日子，这天我正在哥本哈根与玻尔一起工作，杜鲁门总统宣布苏联已经"在最近几周内"引爆了一颗原子弹（后来确定准确的日子为8月29日）。海军实验室和空军在9月初搜集到试爆的证据，空军在阿拉斯加的科迪亚克和华盛顿特区收集的雨水中，飞越北太平洋的B-29轰炸机从所携带的滤纸中，都检测出放射性的核裂变产物。

在杜鲁门这一公告之前的两周，我已经参加了关于美国反应堆安全委员会的一次会议。会议是在英格兰的哈威尔与英国代表一起召开的。会议安排我做的报告是有关反应堆出现重大事故的可能性。我指出，蓄意破坏带来的危险要远远超过设计良好的反应堆系统的偶然事故，因为反应堆系统拥有备用系统，甚至备用系统还有自身的备用系统。我说，破坏分子有可能来自我们所信任的同事，他可以自由出入控制室，对反应堆的复杂构造也了如指掌。他可能独自行动，我暗示道，因某种扭曲的意识形态驱使其铤而走险。我做报告时坐在桌对面的是克劳斯·福克斯（Klaus Fuchs），不久他就被揭穿是苏联间谍。

出席会议的人员里面有几位是我的好朋友，如特勒和费曼——当然我们那时还没有理由去谈论苏联的炸弹。当我们和其他西方物理学家听到这个消息时，我们都很惊奇，但并不感到意外。我们没有估计到苏联的炸弹会那么快就完成，但我们知道苏联的杰出科学家和工程师有能力很快就实现这一目标。几个月后，我们得知福克斯的间谍活动加速了他们的成功。

30年后的1979年，在爱因斯坦百年诞辰之际，我被安排在欧洲做六场报告来介绍爱因斯坦的传奇，其中有一场安排在东柏林。我的听众主要是政府官员，福克斯也赫然在座。那时他已获释并在东德工作。在会议间隙，我请接待员带我去见他。我一手端着咖啡，另一手拿着笔记本向他走过去，这样我就不必与他握手。

"你现在在做什么？"我问他。

"我在为政府的核能发电做咨询。"他回答道。我们客气地聊了几分钟物理，这是个安全的话题，然后分手。

那年秋天的一个晚上，史密斯从华盛顿打电话到我们的公寓找我。我正在用晚餐，起身用墙上的电话机接听，一群法国客人放下刀叉注视着我并倾听着。史密斯是我的前系主任，也是战后关于原子弹的著名的"史密斯报告"

的作者，当时他是原子能委员会的理事。他问我是不是可以考虑缩短访问行程，以便回国参与国家全力发展的氢弹计划？当然他没有用这些字眼。他是用速记码隐晦地说明，但我很明白他的意思。我先前已经听特勒对我说过他要回去洛斯阿拉莫斯重启他的"超级"计划。史密斯让我了解到他和特勒一样，认为美国必须恢复设计热核武器并改进裂变核武器来对"约瑟夫一号"（我们给约瑟夫·斯大林的第一颗核弹起的代号）进行回应。他还暗示，苏联人也已经在从事氢弹研究。（尽管我们是拐弯抹角地谈这些事情，但我可以肯定，如果有某个训练有素的间谍从旁窃听，他肯定能和我一样懂得所谈的内容。）

史密斯给我出了一道难题。我知道苏联的威胁迫在眉睫，美国应对此做出回应。我感到自己有义务去提供帮助。但是从我离开战时工作回到学术界至今仅仅才 4 年时间，眼下我正和家人在巴黎享受一年收获丰盛的美妙生活。我手里还有许多亟待处理的物理研究课题，我有学生要指导，我还必须信守对古根海姆基金会的承诺。1949 到 1950 年之间，其他物理学家也接到了相同的邀请，但很多人直接就拒绝了。我很难就这样回绝。我那时的感受真的与我的匈牙利朋友一样：我们都有爱国责任心，在国家需要我们的时候义无反顾地为国家服务。故此，在与史密斯第一次交谈时我并没有回绝。我说可以考虑，但我要再想想，我需要与家人和朋友商量一下。

我在公寓里还接到过其他电话，史密斯又打来过一次，特勒也打来过。我的困扰都写在脸上。我的孩子们到现在都还记得我当时内心的挣扎，我无法掩饰我的感受。我与珍妮特痛苦地讨论着该如何决定。我记得有一晚我们在卧室里长谈了各种利弊，孩子们不时进来探望。当我于 1 月中旬第二次去哥本哈根时，我仍没有做出抉择。虽然我不禁将欧洲比作一间由卡片搭成的房子，一有东风劲吹便土崩瓦解。有一天我与玻尔共进早餐，我将心事告诉了他，并向他说出了我的犹豫。他无疑是觉察出我的意向。"你有没有想过，"他说道，"要不是西方有原子弹，欧洲能免于被苏联控制吗？"他的这番话说服了我。1 月底我回到巴黎，珍妮特和我决定我必须回去了。

# 第9章 从约瑟夫一号到麦克计划

我们终于做出决定：加入热核武器计划。1950 年 2 月初，我告诉史密斯 190
与特勒，我会尽快前往洛斯阿拉莫斯。我也将这一决定通知了古根海姆基金会
的莫伊（Henry Allen Moe），他非常理解并支持我的决定，很快同意让我将奖
助金结存保留以供日后使用。（我当时的计划是用这笔剩余的奖助金在 1951 年
夏季回到欧洲与玻尔共事。）我也告诉了我的法国东道主兰盖。我还告诉了玻
尔和托尔——他们都知道我为了这个决定所做的内心挣扎。我还与普林斯顿物
理系的系主任阿伦·申斯通（Allen Shenstone）取得了联系。申斯通是个出生
于加拿大的生性耿直的人，这一点在这所老学校里人尽皆知。他让我知道他对
这件事儿是怎么想的：我的决定错了。我很快就知道，大多数美国物理学家都
持有与他相同的看法：根本就不存在苏联的威胁，世界也不会陷入严重危机，
我们不是非得放下研究与教学事业不可。但申斯通并没有试图阻止我离开。那
年春天，普林斯顿正式将我的假期延长到 1951 年 6 月 30 日。

珍妮特和我达成一致意见，我们不必打断孩子的学业。她留在巴黎陪他们
直到学年结束，孩子们都相当高兴我们这样的安排。他们的法语已经相当流
利，也非常喜欢那里的生活。托尔也愿意多留在巴黎一阵子。他在色散关系方 191
面的研究正取得重大进展——正是这项研究让他不久之后便声名鹊起——他只
需要以邮件往来就可以获得我的指导。有他在那里协助珍妮特和孩子们让我觉
得安心。他也已经和我的家人相当亲近，形同一家人。

面临长时间的分离，珍妮特和我决定在我回美国之前去趟意大利短期度
假。我们登上我们的雷诺"四驹"（Quatre Chevaux）（四马力、四汽缸、四乘
员），向南方开去。

我所有的计划都安排得满满当当。在珍妮特和我筹划前往意大利的同时，
我还查询了去纽约的船期。我还没有收到洛斯阿拉莫斯实验室主任布雷德伯里
（Norris Bradbury）的邀请函。至于待遇和这趟的差旅费补助，我也全然不知，

弗雷迪·德霍夫曼，1955 年加入通用动力公司时的留影

（照片源自通用动力公司，承蒙美国物理学会埃米里奥·塞格雷视频档案
馆提供）

于是我打电话告知对方，如果这些事情他们会做周详考虑，那么我愿意在欧洲
与洛斯阿拉莫斯的代表见面，以听取氢弹研究的现状。洛斯阿拉莫斯派驻欧洲
的工作人员有一位叫德霍夫曼（Fredric De Hoffmann），一个刚获得哈佛大学理
论物理博士学位的年轻人。他建议我和珍妮特在意大利的途中在法国南部的尼
斯下车，入住他推荐的一家名为内格雷斯科（Negresco）的大饭店以便会面。
后来我与弗雷迪（大家一向都这样称呼他）熟识后，才知道这正是他的办事
风格。他那时才 25 岁，已经周游了世界很多地方，对品酒、饮食和住宿相当
讲究。弗雷迪在十几岁时从维也纳移民到美国，在哈佛接受的本科和研究生教
育，在他 24 岁生日前获得了博士学位，读书期间甚至还抽出两年时间到洛斯

阿拉莫斯工作。当我们约定在尼斯会面时，他已经是解密小组的成员。这个小组负责向美国原子能委员会提出关于哪些战时文件适于向公众公开的建议。

珍妮特和我见到弗雷迪之时，我们俩对他的印象都很好。这个绝顶聪明又健谈的年轻世界公民很难让人不喜欢。我到了洛斯阿拉莫斯后才知道，他已被特勒"特聘"为主任科学助理和"项目进展核查员"。特勒整个白天都在琢磨新想法，弗雷迪则每天晚上要将这些想法进行检查看看是否可行。他们的个性和工作方式可谓配合完美。后来，弗雷迪循着他的永不止息的想象去了加州，成为通用动力的总裁，后来又成为萨尔克研究院（Salk Institute）的主任。他在其他领域也成就斐然。后来，他因心血管手术输血而感染上艾滋病，于1989年65岁时去世。

我在2月前往纽约。并顺道回了趟普林斯顿与申斯通和系里的其他同事做个告别。在系里，我感觉到一种以前从未有过的氛围：与同事之间的不一致。<sup>192</sup>不只是申斯通一个人认为我去洛斯阿拉莫斯从事热核武器研究是一个错误，其他人——不论是普林斯顿的还是其他地方的——也都持与他一样的观点，尽管杜鲁门总统在一个月前（1950年1月31日）已经批准了一项设计建造氢弹的"紧急计划"。总统的这项国家优先发展计划并没有改变我的大多数物理学家朋友的看法。他们中许多人都认为，第二次世界大战才刚结束，他们已经为战争尽了自己的力量，现在应该回到学术研究与教学岗位上去。他们不希望再度投入到研制武器的工作中。有些人出于对原子弹的恐惧，因此无论对苏联的威胁持什么态度，都不愿再去研制威力更大的武器。当时的原子能委员会已经在几个月前收到了其下属的最高咨询委员会提出的建议书（1949年10月提出，12月获批），内容也是反对发展热核武器。最高咨询委员会里的科学家，有<sup>193</sup>些还是当时国内最具影响力的科学家[1]，出于技术、道义和政策上的理由，都对氢弹计划避而不谈。然而，与这项建议书的态度相反，那些来自原子能委员会的其他成员，来自深具影响力的国会议员、军方高级将领，以及部分科学家（包括洛斯阿拉莫斯的特勒，来自加州大学伯克利分校的劳伦斯和阿尔瓦雷兹等人）的支持发展超级武器的不同意见也同时传递给了杜鲁门。

---

[1]　这些科学家有：贝尔实验室的奥利弗·巴克利（Oliver Buckley）；哈佛大学的詹姆斯·柯南（James Conant）；加州理工学院的李·杜布里奇（Lee DuBridge）；芝加哥大学的恩里科·费米；洛斯阿拉莫斯的（秘书）约翰·曼利（John Manley）；普林斯顿高等研究院的（主任）奥本海默；哥伦比亚大学的 I. I. 拉比；水翼船务公司的哈特利·罗（Hartley Rowe）；加州大学伯克利分校的格伦·西博格（Glenn Seaborg）和麻省理工学院的谢利·史密斯（Cyril Smith）。

我从部分同事那里感受到的反对声浪并没有动摇我的决心，我仍然认为自己是在做正确的事情。但这种反对声确实让我感到痛苦。我过去与持不同意见的或不同国籍的科学家之间一向相处融洽。坦诚友善的同事情谊一直是我工作与成功的要素之一。我决心继续保持这种友谊，并看作是我成功的最重要的要素。在随后的几年里，科学家之间在如何对待超级武器、民防、核试验、核能、放射性污染、共产主义威胁，以及导弹防御等议题上的观点冲突日趋激烈。就是在这种情况下，我还是设法与大多数持激进观点的同事保持良好关系。早在学生年代我就知道，微笑地对待校园里每个打你身边过的人是一种明智的做法，因为我是近视眼，无法分辨接近我的人是不是熟人。这样做不但让我结交了新朋友，也让我维持着与老朋友的交情。也许正是这一点使我在后半生能够与每一个人友好相处。

我在 2 月份待在普林斯顿时，有一位叫肯·福特（Ken Ford）的二年级研究生来找我，希望跟我做博士论文研究。我欣然接受，但我也必须告诉他，我要离开普林斯顿至少一年，去从事武器研究。我告诉他，我非常愿意让他跟我到洛斯阿拉莫斯去，但我没有力劝。我先前对托尔也是这个态度。身边有学生相随总能够让我在研究工作中充满干劲，如果托尔和福特能来那真是求之不得。虽然热核武器的工作相当急迫，但我也不想完全放下理论物理方面的研究。如果这些学生愿意随我在洛斯阿拉莫斯实验室从事该计划研究，那也令人高兴。但是不是要离开校园随我去西部，尤其是要不要投身于武器研制工作，必须由他们自己在没有压力的情况下决定。

194　　　爱德华·特勒可不像我这样优柔寡断。他直接写信给在巴黎的约翰·托尔要求他加入该计划。当年春天他在访问普林斯顿时，又与肯·福特取得了联系，亲自出面要求他参加热核工程计划。肯（当时 23 岁）到现在还记得两人坐在高等研究院的阶梯上，特勒滔滔不绝地说服他的情形。最后约翰和肯都相信，如果美国比苏联更早获得热核武器，那么世界和平就更有保障。他们决定加入我的阵营，这样不论是在实验室里搞武器研究，还是在实验室外搞我们自己的纯理论研究，合作起来都愉快。

我一直喜爱坐火车旅行。它能提供一种没有干扰的环境。有些人会觉得长时间坐车单调烦闷，但我却觉得它能带给我一种在轻松的、预先安排好的时段里进行充分思考的自由。我的头脑似乎在火车上会变得特别灵光。3 月初，随着超级酋长号列车在芝加哥驶往新墨西哥州的大草原上一路奔驰，我对非球形原子核的认识逐渐清晰起来，前一年秋从哥本哈根回巴黎的旅途上产生的想法又继续在我的脑子里演化。我用超级酋长号列车上提供的信纸给玻尔写了两封信。在第一封信里，我向他报告了我的计算结果：典型核可以两种形式的半稳态——长圆形（橄榄球形）和扁圆形（薄饼形）——中的一种存在，而且一旦形成，其所具有的能量壁垒便阻止它从一种形式转变为另一种形式。在两天后发出的第二封信里，我又推翻了前述想法（或许是旅途经过拉顿隘口时让我变得更清醒些）：原子核可以轻易地**绕过**能量壁垒，通过一系列比长圆形或扁圆形更复杂的中间形态从一种形态光滑地过渡到另一种形态。也就是说，核可以轻易找到最低能量形态。不久之后，实验物理学家发现大多数原子核都具有橄榄球状的外形。而理论物理学家们——尤其是奥格·玻尔、本·莫特森以及哥本哈根的斯文·尼尔森（Sven Nilsson）——则花了更长的时间才搞清楚为什么原子核倾向于呈橄榄球形而非薄饼形。

　　与先期来到洛斯阿拉莫斯的科学家所经程序一样，我在拉米[1]下车，然后我被送到圣菲，在那里办理报到手续〔在麦克基宾女士（Dorothy McKibbin）位于广场附近东宫大街 109 号的一间不起眼的办公室里办理〕。在战时，洛斯阿拉莫斯以及住在此地的所有人员都共用一个地址：新墨西哥州，圣菲，邮政信箱 1663 号。这个信箱是事务联络渠道，至于人事联络渠道则需要经过麦克基宾女士中转。麦克基宾是一位年轻的寡妇，有一个十几岁的儿子。她为人和蔼可亲，办事高效，在"山上"的所有人都喜欢她。她在办公室里将所有人员的来往信函都标以"美国工程师"来处理。不论是"农夫"（Mr. Farmer，指费米）、"面包师"（Mr. Baker，指玻尔），还是先前从没到过新泽西州以西的技术人员，所有新来乍到的都一样受到欢迎，让人在陌生环境中有宾至如归的感受。1963 年，麦克基宾以实验室门卫的身份工作了 20 年后退休，她的办公室从此关门。

　　回到 1942 年，格罗夫斯将军之所以选择洛斯阿拉莫斯作为 Y 计划（秘密炸弹实验室的战时代码）的建设基地，并不是因为这个地方美不胜收。虽然耶美兹和森格雷-德克里斯托山脉（Jemez and Sangre de Cristo Mountains）的澄澈的空气和壮丽的美景给奥本海默很深的影响，从而让他推荐了这个地方，但格罗夫斯决定将实验室建在这里是因为这里地处偏僻，附近有大量土地（其

195

---

　　〔1〕 物理学家和数学家们在听说"艾奇逊、托皮卡和圣菲"铁路公司的主要路线居然既不经过艾奇逊，也不经过圣菲时都感到好笑。

中大部分属政府所有）可供使用，便于进行放射性和爆炸性实验。格罗夫斯运用联邦政府赋予的权力征收了他所需要的私人土地，包括一所只收男生的洛斯阿拉莫斯农牧学校。该校的几栋建筑被用作实验室运行的启动基地。

当我于 1950 年到这里时，Y 计划已改称为洛斯阿拉莫斯科学实验室（随后又改称为洛斯阿拉莫斯国家实验室）。由于我的家眷未到，因此我暂住在富勒尔小屋。这是一幢令人喜爱的用原木建造的小屋，原先是农牧学校的主要建筑。特勒在我到达的当天下午便过来探望，并告诉我，为了响应杜鲁门总统关于加快武器研制（包括氢弹的研制）的指令，实验室现在是每周 6 天工作制。这让我稍感失落，因为我还指望能抽空进行我的"普林斯顿研究"呢。第二天早上，我与特勒共进早餐时，我告诉他，我翻阅床边的犹太圣经时恰巧从上面找到了一段能确切描述我们眼下情况的经文，"汝须工作六日"。（女性实验室员工则以她们自己的温和方式表达了这种不满——许多女性员工在周六穿着牛仔裤来上班。）

那天早上我步行去实验室（仍在镇上），并迅速投入到了解有关热核武器的现有研究结果的工作中。这些工作有些可以回溯到 1942 年。当时的流行看法是，设计氢弹不说不可能，至少也是极其困难。也难怪原子能委员的最高咨询委员会在前一年秋天就美国核武器计划应如何对苏联的约瑟夫一号做出反应而召开的会议上，有部分委员会质疑这种超级武器的技术可行性。特勒和我对其中的困难看得很清楚，但我们没有理由在尚未进行更多的探索之前就轻言放弃。关于这些科学探索我在本章的后面再叙。

196　战争期间，经常是没有事先谈妥合约或报酬就开始苦干，那次我经过拉米和麦克基宾的办公室时就仿佛又回到当年的情景。当时我希望能够继续在普林斯顿拿工资，并由洛斯阿拉莫斯向普林斯顿支付借调费用。但事情不是如我想象的这般进行。申斯通和布雷德伯里都反对这样的安排，部分原因还关系到我一直担任着杜邦的顾问。最后，我在洛斯阿拉莫斯工作一个月之后，布雷德伯里告知我，我作为实验室顾问有每天 45 美元的报酬（按实际工作天数计算），外加每个月 90 美元的生活津贴。我对此感到非常满意。布雷德伯里还慷慨地批准支付我们全家人从巴黎到洛斯阿拉莫斯的往返旅费。实际上，第二年夏季，只有珍妮特和我返回巴黎，孩子们则都回到普林斯顿。

珍妮特和孩子们于 4 月末抵达。我们被安排住进当时想必是洛斯阿拉莫斯地区最好的房子里——第 20 街 1300 号，也就是奥本海默在战时居住的位于"浴缸大道"上的房子。租金非常便宜。这栋房子是农牧学校仅有的几座原来的建筑之一，屋内装有浴缸，这比战争时期那些只有莲蓬头的房子要好多了。房子相当宽敞舒适，大得足够奥本海默举办他所喜欢的派对，当然更足以容纳我们一家人。很大的后院里还有一处印第安人遗址。房子的三面外墙还盖有带窗的房间，托尔、福特和我在里面摆放着书桌，以便在晚上和周末从事研究工作。

洛斯阿拉莫斯的居住环境是"社会化的"，所有人都喜爱这一点。慈善性质的齐亚公司提供家具、补漏、更换电灯泡和疏通水管等服务。但要取得三张书桌就是另一回事儿了。在慈善机构里，官僚体制同样不易突破——书桌不在家具清单之列。在我的学生于 7 月抵达之后的几天里，我花在修理书桌上的时间与从事武器研究的时间一样多。但这两件事情都表明，坚持就是胜利。当然书桌修起来要比武器研制快得多。

珍妮特和孩子们一到达便被当地的优美景致、良好气候和台地市区内方便的生活所吸引。我们的隔壁邻居是乌拉姆一家［史坦·乌拉姆（Stanislaw Ulam）[1] 和法兰柯伊斯·乌拉姆（Francoise Ulam）］，夫妇俩分别来自波兰和法国，而他们的女儿克莱尔则是典型的美国人。克莱尔和我们的孩子很快便成为玩伴，珍妮特和我则非常喜欢史坦与法兰柯伊斯。史坦是一位才华横溢的数学家，和冯·诺伊曼一样，他对于所有事情都抱有好奇心，而且对物理具有深刻的直觉。大约在我们初次相识后的一年，乌拉姆提出了一个突破性的设想。这个设想很快被特勒采纳，并将之改进和具体化，从而使氢弹计划由可能变成近乎可行。史坦每天下午 4 点左右离开实验室时总喜欢说："我真不知道你们物理学家怎么会那么辛苦，我每天工作不会超过 6 个小时。"回到家后他便在卧室隔壁的办公室里从事纯数学研究，有时候工作到深夜。法兰柯伊斯打理家务的方式让我的孩子们大开眼界。他们从她那里学到了处理事情时如何区分轻重缓急：读书和与朋友聊天要比洗衣熨衣重要。对美食和文化的共同爱好使得乌拉姆一家与德霍夫曼成为精神上的亲密挚友。史坦后来在洛斯阿拉莫斯"创业"开办了一间欧式咖啡屋。不幸的是与他有相同文化价值观的人在洛斯阿拉莫斯为数不多，因此经营难以为继。

我们与特勒一家早已成为朋友。1934 年，我曾与特勒夫妇（爱德华和密西）同路从哥本哈根前往伦敦，那时他们刚结婚。珍妮特和我早于我们住在

197

---

〔1〕 Stanislaw Ulam（1909～1984 年），美籍波兰裔犹太人数学家。对现代数学有重要贡献。著有《一位数学家的经历》一书（中译本由上海科学技术出版 1989 年出版）。——译注

北卡罗来纳州时就与他们熟识，当时他们住在首都华盛顿。爱德华的特点是说话极具说服力，做事专注但较情绪化。他在面对技术难题时能够表现得非常乐观且富于想象力。他为人好恶分明。当受到别人的影响而变得犹豫不决时（这种事情会经常发生），他便弹钢琴以纾解情绪。如果钢琴也不能解愁，他需要通过书信或交谈来倾诉时，他就会经常拿我作为倾诉的对象。密西是一位贤妻，性格独立且富有朝气。她也是爱德华的倾诉对象。当他的情绪变得阴郁时，密西仍能够保持乐观开朗的性情。有特勒夫妇在洛斯阿拉莫斯，我们一家的生活便愉快了许多。在这种"公司型"的城镇里，新来的人要融入这里的社会结构不是那么容易。

　　满世界地跑，最麻烦的是处理汽车。珍妮特在巴黎准备卖了我们的汽车时，才发现这事儿不好办，因为汽车登记在我的名下。我必须到新奥尔良的法

史坦·乌拉姆在他位于洛斯阿拉莫斯的读书室，20世纪40年代末期。他的壁炉台上有一张冯·诺伊曼的照片

（承蒙美国物理学会埃米里奥·塞格雷视频档案馆乌拉姆文集档案提供）

爱德华·特勒在弹钢琴

（照片由弗雷德·罗斯沃尔特拍摄，承蒙美国物理学会埃米里奥·塞格雷视频档案馆提供）

国领事馆去办理委托书。我在洛斯阿拉莫斯实验室的资深法律事务官拉尔夫·史密斯（Ralph Carlisle Smith）的协助下准备所需的文件。"不要将你所有的权益都签署给珍妮特，"他对我说，"你就不怕她跟你离婚卷走所有财产？"我告诉他我不怕冒这个险。1950 年 4 月，汽车成功地卖了，珍妮特和孩子们从勒阿弗尔（Le Havre）启程越洋来纽约。我原打算早点到码头上等候，但他们下船后却没看到我的踪影。"我丈夫是不是耽于物理学忘了时间，甚至忘了日期？"珍妮特当时想到。所幸我只是稍微迟到了点，及时赶来处理了行李并拭去她的泪水。

我们没在东部停留，即刻带着行李，携妇将雏登上布劳德威号列车，连夜赶往芝加哥。在那里我们有一辆二手车可用，这是我已逝的弟弟乔的内弟杰克·哈钦斯（Jack Hutchings）替我们买下的。这是一辆由斯图贝克（Studebaker）公司产的轿车，车身的样子前后雷同，让人难分车头和车尾，珍妮特称它为"好莱坞灵车"。但我们开着它毫不费劲地穿越了新墨西哥州的沙漠和山脉，并顺道去了趟加州。第二年它又载着我们回到普林斯顿。

临近 1950 年年底，美国物理学会定于圣诞节到元旦的这一周里在加州大学洛杉矶分校举办年会。爱德华、托尔、福特和我决定在会上发表论文。这是西海岸物理学家的一次重要聚会，每年冬天都会在太平洋沿岸的南、北部轮流举办。（现在的物理学家很难想象当时的那种场景：所有的物理学家都共聚一堂，而不是分组同时进行。）珍妮特与密西也准备暂离洛斯阿拉莫斯到南加州看看。于是大家商定先由两位男士伴她们西行，随后另外两位男士伴她们东行返回。这样，爱德华和我在阿尔伯克基（Albuquerque）搭乘超级酋长号列车前往洛杉矶，珍妮特和密西则由托尔和福特陪伴驾驶斯图贝克汽车出行，车上带着行李和四个睡袋。根据他们的报告，他们冒着零度的低温在大峡谷边缘露营时，大峡谷映衬下的篝火是他们这趟旅行中所见过的最美丽的景象。元旦那天，我们所有人一起观赏了玫瑰体育场的大游行盛况，之后打道回府。福特和托尔在帕萨迪纳乘火车回来，爱德华和密西以及珍妮特和我两对夫妇则开车返回。回来的路上我们没有露宿睡袋，而是投宿汽车旅馆——但说实话，珍妮特和密西是准备好再度体验一把在星空下入睡的刺激的。

我的部分同事不赞成我到洛斯阿拉莫斯加入氢弹研制工作，这对我造成了很大的困扰。"为什么你会被原子能委员会说服去干这种事情？"有一位同事这样问我。"我想你大概是被特勒催眠了。"另一位则这样说道。但我内心清楚，我是应国家的需要去尽我的义务。并不是科学上的好奇心让我暂停一项工作去从事其他研究，尤其是在此期间我还要举家迁移。我也不是为了钱，也不是由于意志薄弱而受到他人的唆使。尽管热核问题提出了引人入胜的科学挑战，但研究这些问题则纯粹是出于实际需要。我认为美国必须尽快制定早于苏联发展出热核武器的优先计划来对约瑟夫一号做出回应。因此在杜鲁门总统做出国家优先计划后，我觉得自己有义务应征提供协助。我从来没有对此产生过怀疑。让我感到非常失望的是，在面对国家科学动员之际，与我持相同观点并奋起响应的同行竟然会那么少。所幸，我们这一小群人不但完成了这项工作，而且完成得很快。这是三股力量通力合作的结果：这里有高级顾问，有已经在洛斯阿拉莫斯工作多年的一群才华横溢的科研骨干，还有大约 20 名年轻科学家的应征加入。

我一到洛斯阿拉莫斯便与华盛顿的哈里·史密斯联系，看他能不能设法建立起一个从爱国方面肯定我参加这一计划的举动的机制。我请求他向杜鲁门总

200

统提议，由总统给普林斯顿校长多兹（Harold Dodds）和古根海姆基金会的亨利·莫伊写封信，代我提出为国家利益服务的请求。史密斯拒绝了我的建议。他说既然多兹和莫伊已经支持我的决定，就没必要动用高层的力量来向他们施压。他说，我们应当留有余地，将总统的影响力留给用于对付反对他的这一计划的科学家组织。我不放心。我在毫无征兆的情形下有生以来第一次受到的来自同事的恶意攻击，让我总想通过某种途径向他们表明，我是出于一个国民应尽的义务而并非出于一己的选择才这样做的。史密斯还是拒绝了我的请求，也不愿意再和我谈这件事。现在回想起来，他当时的做法是合适的，我当时确实在强烈的情绪驱使下有些过分。

根据间接资料报道，奥本海默曾说道："让特勒和惠勒去做，他们是不撞南墙不回头。"那时他的态度似乎是这样（后来在技术证据面前他才改变态度）：我们不可能制造出氢弹；退一步说，即使能够制造出氢弹，为此花费的时间也会相当的长；要想既能造出氢弹又不花费太长的时间，那只能投入过多的国内科学家的人力；就算不至于投入过多的国内科学家人力，造出的东西也会因为体积过大而无法运送；就算可以运送，我们也不该制造。

其他一些人也和奥本海默一样对此事抱着消极态度。或许，如果我向来重视政治，我恐怕早就躲得远远的了。但物理学界国际同行的情谊与和谐关系让我在面对这种冲突时有点无所适从。不管怎么说，我自己先得保持镇静，同时与持各种不同看法的科学家同行保持和谐关系。至于未来出现的其他问题——例如民防、导弹防御、核能利用、武器检测等——我和朋友之间则必须求同存异。有些人，例如威格纳、特勒、冯·诺伊曼和阿尔瓦雷兹等，与我的观点一致。而另一些人，例如贝特、克里斯蒂、戈德伯格、奥本海默以及施温格等人，则与我意见相左。我很高兴我能与所有人保持坦诚的关系。我们之间的相互尊重以及在探索自然的基本问题上所秉持的共同信念超越了我们在政治问题上的观点冲突。

特勒的性情和我不同，我很遗憾他过去树敌过多。战争时期他曾经希望越过（尚未完成设计的）原子弹直接研究氢弹，他的意见与洛斯阿拉莫斯的领导人特别是与著名的奥本海默和贝特相左。我在洛斯阿拉莫斯时，他对于实验室的工作流程很不以为然，他认为事情的优先次序有误，并为此与实验室主任诺里斯·布雷德伯里闹得意见不合。后来，他在推动设立新的武器实验室计划时又失去了更多的朋友。到1954年，在他出庭奥本海默的安全听证会做反证时，已经很少有物理学家与特勒交好。他是一位凭良心做事的人，一旦认定一

20世纪50年代或60年代，奥本海默在高等研究院，具体日期
不清楚

（阿兰·理查兹拍摄，罗伯特·马修斯提供）

件事情，就会不遗余力甚至不择手段地去推动，这让他付出了惨痛的代价。他
对科学政策和军备政策所施的影响将会让后世几代历史学家争论不休。虽然我
对他的行事作风不敢苟同，但我们的目标并无二致。

　　1954年4月27日，也就是特勒前往奥本海默听证会做证的前一天，我正
好也在华盛顿。晚饭后，特勒来到我住的旅馆，和我讨论他该提出什么样的证
词。他用很大的声音征询我的意见。"爱德华，"我说道，"就依照你的看法来
说明。"后来看到打印出来的庭辩记录，我对他的遣词用句一点也不感到意
外。他说道："我希望能够将我国的这项重大利益交与我更了解也更信任的人
之手。"

202　　特勒在奥本海默事件上的证词，是压断他与许多同事及原有朋友的情谊的
最后一根稻草。这事后有些人与他见面时甚至不愿待之以礼或拒绝与他握手。
1984年，他在为我们共同的朋友约翰森（Montgomery Johnson）致悼词时以惯
有的夸张语调说道："由于那几次的听证会，我失去了除了一人之外的所有朋

友。就在这个星期，我失去了这位朋友。"

鉴于我在做出去洛斯阿拉莫斯的决定之后几周内我所感受到的来自同事的反应，因此出现这个计划只能吸引少数其他资深科学家参与的局面就不足为奇了。特勒是当时的主要召集人。在他所接触的资深人士里，只有杜克大学的洛塔尔·诺德海姆（Lothar Nordheim）接受邀请参加项目并做满一年。当时资历尚浅但才华出众的马歇尔·罗森布鲁斯（Marshall Rosenbluth）也从加州应邀前来。其他人，包括那些非常有成就的人物，多是短期参与。冯·诺伊曼和贝特每个月至少要花几天工夫来从事这项工作。费米在洛斯阿拉莫斯待了整整两个夏季，并在学年期间多次短暂停留。印第安纳大学的埃米尔·科诺宾斯基（Emil Konopinski）也为这一计划付出了一定的时间。[1]这些人尽管只是兼职从事该计划，但同样做出了无价的贡献。冯·诺伊曼和费米所提供的帮助尤其值得称道。这两位都具有超凡的能力，对目前所遇到的问题只需听上一两个小时，就可以提出解决这些问题的建议或计算方法。他们每次来访几乎都会在会议上做报告，这让实验室的生活变得更加丰富。在夏天，当费米用洪亮的声音谈论机密问题时，我们便开玩笑说要去关上窗户，以免机密透过几十米远的篱笆泄漏出去。

洛斯阿拉莫斯实验室可分为 14 个处室。T 室（T 指"理论的"）主要是理论物理学家、数学家、在电子计算机上从事计算的一帮年轻女士（"女计算员"）以及第一代电子计算机——电脑的前身；P 室（P 指"物理学"）由实验物理学家及其设备构成。此外还设有 CMR 室（化学和冶金研究室）、J 室（武器测试室）、D 室（文献资料与图书馆）、W 室（武器）和 GMX 室（爆炸品）等。最初氢弹设计工作集中在 T 室。由于我们必须更多地了解有关氘氚（氢的重同位素）反应的特性和反应率，因此 P 室也很快加入进来。随着设计进展，CMR 室和其他处室也相继投入进来。到 1951 年年中，原先纸上的各种理论概念都已经变成零部件，于是热核研究工作的重心转移到 W 室。当时这个室的室主任由极为称职且讲求实干的工程师马歇尔·霍洛韦（Marshall Holloway）担任。搞理论的只需在黑板上画出球体或圆柱形，霍洛韦便能够将它做出来。（霍洛韦是差点被特勒逼疯的人之一。特勒对霍洛韦相当反感。因

203

---

〔1〕 第二次世界大战时期，科诺宾斯基在洛斯阿拉莫斯曾以令人信服的计算结果表明，原子核爆不会在大气层内或地球上触发热核反应。

冯·诺伊曼，20世纪50年代

（承蒙美国物理学会埃米里奥·塞格雷视频档案馆提供）

此，当霍洛韦在1951年接任氢弹研究总指挥时，特勒向实验室辞去了职务。）

战争期间，汉斯·贝特曾担任过 T 室主任。当时室里高手云集，有费曼、塞尔伯（Robert Serber）、特勒以及英国派驻来的代表团团长鲁道夫·皮尔斯[1]。到1950年，理论室的人员多半是新面孔。加拿大人卡尔森·马克（Carson Mark）成为室主任。他手下有一批才华横溢的年轻物理学家，包括朗缪尔（Conrad Longmire）、泰勒（Ted Taylor）和那个夏季才加入的罗森布鲁斯。史坦·乌拉姆本可以任意挑选他所期望的学术岗位，但由于一些并非所有人都能够理解的原因，他觉得洛斯阿拉莫斯是他最理想温馨的工作地点。他直到晚年才离开洛斯阿拉莫斯前往科罗拉多大学执教。腼腆的退休数学家埃弗瑞特（Cornelius Everett）经常过来与乌拉姆合作，成为数字计算的领军人物。埃弗瑞特在走道里走路时喜欢紧贴着墙壁走，一边走一边轻敲着墙壁，好让自己

---

〔1〕 皮尔斯原籍德国，1968年伊丽莎白女王封他为爵士。

的注意力集中于思考而非走道。特勒已经从芝加哥赶来重新加入该室，并与德霍夫曼组成一支实际上只有两人的小组。我领导着另外一个小组，成员有约翰·托尔、肯·福德、伯顿·弗里曼（Burton Freeman）及其他几位年轻的物理学家。洛塔尔·诺德海姆则是一个人一组。事实上，特勒、诺德海姆、我以及所有与我们一起工作的人不隶属于任何正式团队。我们都归理论室指派，直接对卡尔森·马克负责。

在外界看来，马克没有什么广为人知的重大成就，但他心思缜密，是一位老练的物理学家（原先接受的是数学教育）。他作为管理研究班子的经理人是再合适不过了。他对他所管理的学科领域非常熟悉。针对困难局面他能够直接提出恰当的问题，找出症结所在并指明解决问题的方向。他极具耐心，受到所有人的尊重。他个子高大，轮廓分明，相貌英俊，天生善于言辞。和玻尔一样，他说话语调缓慢，经常叼着烟斗，一副沉思的表情。但他说的话绝对不会让人摸不着头脑，而是言辞清楚，切中要点。

大约在1950年年初，在我到达洛斯阿拉莫斯不久，布雷德伯里成立了跨部门委员会——家族委员会，并任命特勒为主席。"家族"并不是指实验室现

卡尔森·马克，1951年

（承蒙加州大学，洛斯阿拉莫斯国家实验室提供）

有 6 个处室的 25 位成员，而是指即将成立的新的武器研究室。虽然特勒挂名该委员会主席，但他的脾气太过暴躁因而无法有效协调好这个多元化团队的合作。此外，1951 年 9 月他因故愤而返回芝加哥。实际上，在特勒离开洛斯阿拉莫斯之前和之后，家族委员会都是由马克负责。就担负协调作用和管理理论部门的日常事务来说，马克都是理想人选。他与务实的霍洛韦之间相处得也很融洽。马克堪称无名英雄，正是他将各个环节协调得顺畅，才确保了 1952 年秋氢弹的试爆成功。要知道，从清晰的设计概念到这种全新武器的大规模成功试爆，总共才用了短短的 20 个月。12 个不同部门的发展计划同时进行，最后拿到一起做无缝对接，这需要杰出的协调者在其中做大量的沟通和相互间高度的信任。

在像洛斯阿拉莫斯这种应用性实验室里，康拉德·朗缪尔这样的人才无疑是稀缺的瑰宝。康拉德总是那样让人感到愉悦，作为 7 个孩子的父亲，他的性格沉稳。他是那种对任何工程上的实际困难都非常关注同时理论上又非常棒的理论物理学家。有些理论家面对非简单理想化情形下的具体实际问题时显得一筹莫展，有些工程技术人员则无法清楚地理解他们所用的实际设备的基本工作原理。康拉德却能够跨越这一沟壑。这使得他成为马克的得力助手。

泰德·泰勒（Ted Taylor，即 Theodore Taylor），虽然后来从事武器研制工作转向能源与环境问题研究，但在当时却是洛斯阿拉莫斯新式核裂变武器设计上最具想象力的专家。1945 年诞生了两种原子弹设计——"胖子"（先后在阿拉莫戈多、新墨西哥州以及日本长崎进行了试爆和应用）与"小男孩"（用于广岛）。这两种设计尺寸都几乎达到了 B-29 轰炸机的可装载体积的极限，也几乎达到了其加满燃料飞行状况下的载重极限。10 年后，各种尺寸和重量并适于各种投射方式的炸弹已琳琅满目。对于这种设计上的丰富性，泰勒的贡献要远大于其他任何人。他是一个讲求直觉的人，还富于梦想。他能够通过想象将非常复杂的钢铁、铀、钚、各种线缆和螺栓，以及高爆物质等材料精确地具体化为系统组件。由于氢弹需要用原子弹引爆，因此泰勒的参与对于热核计划非常关键。

我们不可能全部叙述对热核计划的成功做出过贡献的所有人物。但最引人注目的或许还是完成这一计划的总人数是如此之少。参与计划的只有几十位物理学家、少数数学家和大约 20 位的工程师和冶金专家。从事这项研究的实际人员总数加起来不到 100 人——当然这里没算上大量的技术人员、助理和计算员。

我到洛斯阿拉莫斯后的首要工作是要了解已有的研究现状。当时构思的"超级"设计具有致命的缺陷。能否通过原子弹爆炸来提供足够的高温以确保氢弹引爆，这在当时是令人怀疑的。还有一个问题是，即使能够引爆，核聚变这座超级燃炉能否提供充足多的能量以维持热核火焰的燃烧？热核聚变反应是一种燃烧反应——高温引起氘或其他燃料产生聚变反应。就像壁炉里的燃木，燃烧中的燃料必须能够提供足够大的热量才能引燃附近的燃料，否则火焰就会熄灭。同时从一开始就必须有足够高的温度才能启动整个过程。这与核裂变的链式反应极为不同，裂变不需要高温，也不需要能量在局域各点间扩散。

维持热核火焰的温度必须至少达到6000万摄氏度，这个温度甚至于高于太阳的核心温度[1]。在这个温度下，大量的能量不再以物质（例如：氘）运动形式出现，而是以电磁辐射形式呈现。如果这种辐射能够逃脱掉，那么能量就无法保存下来用于物质加热，这就好比没有聚集成堆的炭火会因为能量的过度辐射散失而熄灭。不仅如此，核聚变产生的高能中子会在向附近物质转移其能量之前就逃离燃烧区域，从而无法加热周边的物质。计算结果显示，即使能用厚重的外壳将辐射包裹在内，其中物质的温度也不足以维持在确保氘燃料一旦引燃就能持续燃烧的高温状态。

那该怎么办？这个问题的性质——或者说，这种设计概念的缺陷——八年前就已明了。我们有理由悲观，但没有理由绝望。我们着手进行两件事情。首先，针对现有的设计方案，我们对燃烧过程进行比过去更仔细的计算，引入各种参数，看看是不是能将燃烧条件提高到足以成功引发热核爆炸。同时，我们尽量尝试发展出尽可能多的不同种类的设计方案，不论这种方案有多邪乎，都先拿来计算。我们考虑并放弃了基于将裂变燃料与聚变燃料混合制成固态圆柱体（"圣诞原木"）的设计思想，以及将聚变燃料散布在裂变燃料里（瑞士奶酪）的设计思想。我们复活并研究了特勒早在1946年所提出的"闹钟"概念。这个设计将聚变燃料与裂变燃料按分层相间的形式做成球丸，它可以保证

207

---

[1] 太阳的中心温度达1600万摄氏度，这个温度之所以足以维持太阳的热核聚变反应，还在于太阳的引力可以将物质压缩到水的密度的150倍。尽管如此，太阳内部的反应速率相当缓慢——太阳可以燃烧长达100亿年。

产生数百吨的热压强，但却无法产生百万吨级的热压强。苏联人安德烈·萨哈罗夫（Andrei Sakharov）也独立发明了称之为"堆层蛋糕"的设计，这个设计是基于苏联1953年首度进行的热核爆炸。

1950年夏季，我的小组完全投入到这项工作中，特勒和德霍夫曼也是如此。理论室的其他人，尤其是乌拉姆、朗缪尔和泰勒，都用头脑风暴法来研究这个问题。乌拉姆和埃弗瑞特还做了更多的计算工作。我们人数并不多，每天都可以交换意见。马克掌握着研究进展，并总是能够提出中肯的建议。我一度和四位年轻的同事共用会议室兼咖啡厅隔壁的一间大办公室。只要穿过这间公用的房间，就可以到我们的办公室，因此其他人可以方便地参与进来——你很难不与其他人保持接触。午间咖啡和吃糕饼的时间便是大家聚在一起自由交流前一天遇到的谜团或数字计算结果的机会。这个团体里没有所谓的信息隔阂，也没有任何优先权归属的问题来干扰意见交流。特勒会像黑发浓眉的以赛亚先知一般光临咖啡厅或我们的办公室，往往这便预示要有一项新的处理方法有待讨论。乌拉姆似乎花在咖啡厅、走道以及其他人的办公室里的时间要比待在他自己办公室里的时间长。他像是一位吟游诗人，他的闲散与特勒的紧张正可谓相映成趣。但当乌拉姆抛出一个问题或悠闲地提出一种新的处理方式的建议时，我们都凝神倾听。

最初，托尔、福特、弗里曼、我，还有特勒和德霍夫曼的优先要处理的问题是将当时对于热核反应的知识整理成一份综述性报告，并在其中对武器的各种设计概念进行评估。这份报告定于1950年9月10日提交到原子能委员会的最高咨询委员会会议上。随着提交日期的逐渐临近，报告的厚度也越发像曼哈顿的电话簿——于是我们干脆就称之为电话簿。当特勒和我向最高咨询委员会提交报告时，我们不能说："我们已明了研制氢弹的可行性，这里给出的就是做法。"我们只能说："许多方面都有长足的进展，有些概念很有希望成功。"实验室主任布雷德伯里小心地向委员会说明道，这份报告只是我们个人的评估结果，不代表实验室的正式结论。虽然有部分委员不表示认同，但最高咨询委员会还是给出结论：研究应当继续。奥本海默虽然对报告抱有疑虑，但还是以客观的态度表达了最高咨询委员会对我们的努力给予的"略带失望的感激"。这个评价既不是夸赞也非贬抑。

208　　奥本海默用"失望"一词实在很中肯。当时我们并非欠缺热情，甚至也不乏乐观。我们也不是不急于推进计划，但我们缺乏数据和计算能力。没有与炸弹爆炸相当的条件下的热核反应过程的实验数据，我们就只能在计算中引入许多猜测成分（"揣测性估计"）。缺乏计算能力，我们就不得不采用粗略的近似。

当时上层已决定要进行一项代号为"温室"的系列试验，时间定在 1951 年 4 月底，地点位于马绍尔群岛的埃尼威托克环礁（Eniwetok），其中就包括热核聚变反应的某方面试验。我的小组协助进行温室计划的筹备工作，但并没有完全放下以发展出实际热核武器为目标的研究工作。因此我还要负责向 1950 年 10 月底召开的最高咨询委员会的会议提交我们关于温室计划的具体方案。

第二次世界大战前，能够用计算机进行科学计算的主要是光谱学家和天文学家。前者需要对光波波长进行精确度非常高的测量和计算，后者除了光谱研究之外，还开始了解恒星的演化，因此需要通过计算来了解恒星内部物质的复杂行为，其中就包括了产生星光的热核反应过程。作为恒星研究的副产品，天文学家们发展出用于解数值方程的某些数学工具。

战争时期，洛斯阿拉莫斯的科学家开始设计原子弹时就需要用到天文学家发明的一些计算技术。炸弹内部就像恒星内部，原子核在极高的温度和压强条件下产生核反应。战时洛斯阿拉莫斯用到的许多计算过程都是采用战前天文学家的方法进行的：用电驱动的计算机（不是如今的电子计算器）。操作马钱特（Marchant）计算机的年轻女士用铅笔将计算结果手工誊抄在一张张大张纸上，结果看起来就像中世纪古董形式的试算表。每台计算机大小有如店家盛装面包的货箱，里面满是不安静的小的传动齿轮。多部计算机同时运作所发出的喀嚓喀嚓声就像是远处奔驰的货运列车。

第一批粗笨的电子计算机于战争接近尾声时问世。这些是 IBM 公司的计算机器的改进版。1950 年，如果我没有记错的话，洛斯阿拉莫斯就拥有三台这种怪物，每一台的尺寸和重量都是一台冰箱的若干倍。这些机器称为读卡型计算机，它们以每秒一张多点儿的速度读出打了孔的卡片，因此声音相当嘈杂。我们将许多待检验的想法放到这种机器上去计算，同时我们也继续借助于手工操作马钱特计算机的年轻女士。

第一台"现代"电子计算机——能够将指令贮存于内部的机型——称为电子数字积分器兼计算机（ENIAC）。这部机器于 1946 年在宾夕法尼亚大学建造完成，第二年送抵马里兰州的陆军亚伯丁测试基地。整个机器重达 30 吨，耗电功率高达 174 千瓦，但它是所有后代电脑的老祖宗。到我们于 1950～1952 年期间进行氢弹研制的主要运算时，ENIAC 已经落伍。

冯·诺伊曼很早就看出计算机的未来使用潜力，于是他着手替普林斯顿的高等研究院设计了一台。随后，梅特罗帕里斯（Nick Metropolis）基于冯·诺伊曼的设计，在洛斯阿拉莫斯开始建造 MANIAC（mathematical analyzer，numerical integrator，and computer；数学分析器、数字积分器兼计算器）。梅特罗帕里斯是一位彬彬有礼、衣着考究的"钻石级王老五"，深受城里所有"月老"的钟爱。后来他与史坦·乌拉姆联手在洛斯阿拉莫斯开设了一间欧式咖啡屋。MANIAC 在 1950~1951 年间仍处于开发和测试阶段，因此无法为我们的工作提供帮助。那时，检查 MANIAC 性能的标准方法是围着机器内部构造走一圈，敲打敲打固定带橡皮套的电子零部件的钢结构机架，然后再重复计算，看看 MANIAC 是否能给出相同的答案。MANIAC 一直没能实现日常工作所需的可靠性，但它为早期的计算概念和电子计算机设计提供了重要的测试平台。1957 年，这部机器光荣退役，取而代之的是 IBM 为满足实验室需要而专门设计的新机器。

1950 年夏末，当时仍不愿用体积庞大且运算速度忒慢的计算机的费米和乌拉姆筹备了一项非正式的对抗赛，看看到底是谁能够最先得到有关于热核燃烧的某些问题的答案。其中一边是用计算机，另一边用一对骰子。费米的助手是一位貌似天仙的年轻美人儿米莉亚姆·普朗克（Miriam Planck，与马克斯·普朗克非亲非故），她用可靠的马钱特计算机进行运算；乌拉姆则与埃弗瑞特合作，采用较新颖的"蒙特卡洛算法"，真的就是掷骰子求解。原子核或光子在穿越物质时能走多远，当两个粒子碰撞时会发生什么，这些都是按概率发生的，因此在进入下一步之前要先掷骰子来确定一种可能性。费米喜欢竞争，他决心要赢得这场比试。我们注意到他在那个夏天里花了相当多的时间在他的办公室里与米莉亚姆一起检查计算结果并准备新的计算。乌拉姆则假装只是闹着玩儿，实际上他也抱定决心要赢得比赛。最后两边的成绩不分轩轾——两组选手在大致相同时间里给出了相同的答案。这个结果让人更看不到早期的热核设计的成功希望。米莉亚姆为费米短期工作之后，与物理学家戴维·考德威尔（David Caldwell）结婚，并随他去了圣芭芭拉大学，后来她取得了社会学博士学位。当时待在洛斯阿拉莫斯的女计算员大多很快就成为计算机程序员。

1951 年 2 月底，史坦·乌拉姆想出了一个他称之为"盒装炸弹"的设想。他设想让一颗原子弹在一个大容器内引爆，炸弹释放的能量可以到达包层的各个角落，并将该处的核燃料压缩到前所未有的高密度，从而引起二级核燃料爆炸并释放出更多的能量。当时，内爆设计只在传统高爆物质上成功实现过。乌拉姆想让原子弹作为内爆源来引爆另一个炸弹。由于使用原子弹作为内爆源能够产生远比传统炸药可取得的更高的燃料压缩密度，因此乌拉姆认为二级炸弹的产能效率会相当高。

卡尔森·马克谈到，当乌拉姆没有事先约定就踏入他的办公室告诉他这个新主意时他（马克）有点不高兴，因为他当时正在全力筹划内华达州原子弹试验的细节。他不想为了听取一些新颖但"遥不可及"的概念而放下手头的紧急事务。但在乌拉姆的坚持下，马克还是听了。第二天，乌拉姆将他的想法告诉了特勒。乌拉姆原先所设想的二级炸弹也是原子弹，但特勒立刻看出用热核燃料作为二级炸弹燃料的可行性。"两级核爆概念"于是就这样诞生了——用原子弹爆炸所产生的能量来压缩并引爆氢弹。此外，他们在讨论中还产生了另一个关键思想，就是经原子弹爆炸将能量传递到热核燃料上的能量输运方式并不是激波的威力，而是辐射。二级燃料会受到强光脉冲的辐照而引发内爆并产生极高的温度。马克将这个辐射内爆的概念归功于特勒，我没有理由怀疑这个判断。特勒有一颗有准备的头脑，多年来他满脑子考虑的都是"热核"方面的事情，只需要一丁点新想法的刺激就可以想出新的设计。但从那以后，乌拉姆与特勒的关系就一直有些紧张，后人从他们的回忆录中就更难理清谁是谁非。但在当时他们还是表现得比较合作的，两人很快就这个概念——即后来所称的"特勒-乌拉姆"或"乌拉姆-特勒"概念——合写了一篇论文。

乌拉姆在写给冯·诺伊曼的一封信里描述过这个新概念。他提到特勒时说道："爱德华对这些可能性充满热情；这或许正是他的这些想法难以奏效的原因。"事实上，乌拉姆和特勒两个人都是满脑子的点子，因此失败必然多于成功。但这个想法却成功了。挡在氢弹设计成功路上的障碍是能量被散布到巨大的空间里。如果用作包层的氘或锂氘化合物（可能的热核燃料）只是以普通材料密度的形式存在，那么它们在被加热到极高温时就会燃烧，用于加热燃料的大部分能量就都被燃料所占据的空间吸收掉了。换句话说，输入的能量只有部分被用于燃料物质的加热，大部分能量都被用于空间加热了。（你的客厅里也有辐射能充斥其间，但你的房间处在常温状态下，空气分子的能量超过了空间里的辐射能量。如果将房间加热到数千万摄氏度高温，情形就完全不同了。这时房间里的大部分能量是空间辐射能的形式存在，而不是物质分子的运动动能。）

特勒-乌拉姆概念，由于要求对热核燃料进行极度压缩，因此等量物质所

211

占据的空间大大减小，这样就避免了可用能量被空间大量吸收的状况，更多的能量就能够被用来加热燃料，因此热核火焰便不会熄灭。

这个新概念可否采用，必须先进行大量计算才能确定其可行性。但这个概念让我们突然之间看到了一线曙光，我们所有人的反应都是——"嗨！为什么我们没能早点想到这一点？"但在科学上事情往往就是这样，任何概念都不是凭空产生的。它们都是建立在先前的探索和发现的基础上的。就这个事例而言，那种让奥本海默"略带失望的感激"的各种想法和计算的交织或许正是萌发新概念的必经过程。

其实在乌拉姆-特勒方法经过计算验证之前，这个概念已经对实验室的热核研究工作产生了新的推动作用。首先就是它让我们有可能进行全尺寸试验。我们开始考虑如何将这个试验提前到 1952 年秋进行的计划。重新振作的家族委员会多次召集会议，不同部门——化学、冶金学、工程学、低温学（产生和维持极低温状态）、核测量以及试验基地——也同时加快了各自的进展。到1951 年秋，定于一年后在太平洋上的埃尼威托克环礁上进行试爆的"常春藤"系列试验计划开始实施。我已不记得这个热核设备当时是如何命名的了，只记得我们称它为"麦克（Mike）"。据记载，1952 年 7 月，一具麦克模型曾作为纪念品赠予杜鲁门总统，4 个月后，麦克进行了成功试爆。

最便宜的热核燃料是氘，或称为重氢。普通的水里就含有氘，它的提取成本并不高。每个氘核含有一个质子（仅含一个质子的就是氢核）和一个中子（重氢的"重"就重在这个中子上）。在足够高的温度下，这些氘核可以产生聚变反应形成氦核并释放出大量能量（每单位质量释放的能量远远高于裂变反应）。在太阳上，提供热核燃烧能源的是"轻的"（普通）氢。但这种轻氢的燃烧过程太慢，不适于用作武器炸药，甚至不适于用作发电的受控热核燃烧燃料。

212　　较昂贵但更有效的热核燃料是氘和氚的混合物。氚是另一种更重的重氢。氚核里包含了一个质子和两个中子。地球上几乎不存在天然的氚，这是因为氚的放射性半衰期约为 12 年，少量的由宇宙线生成的这类物质很快就衰变掉了。在 20 世纪 40 年代核物理学家就知道，在相同状态下，氘氚反应比氘氘反应更容易产生。这意味着用氘氚燃料来产生热核爆炸的成功概率要高于单纯用氘为燃料的结果。另一方面，氚的生产成本非常昂贵，而且一旦生成也只能维持约12 年。1950 年，虽然氢弹计划似乎陷入僵局，但原子能委员会成员还是认为对大规模产氚的计划应该着眼长远，以备不时之需。于是 1950 年年中，杜邦又受命开始这项大规模生产计划，一如以前受命建造并运行汉福德反应堆。这一次同样需要建造反应堆。最终，在南卡罗莱纳州艾肯附近的萨凡那河厂，总共建造了五座大型反应堆并成功生产了大量的氚。这些反应堆不同于早期反应堆的地方在于能够产生更多的剩余中子（即产生的中子数超出了维持链式反应所需的量）。这些剩余中子可以触发元素锂的核反应来生成氚。如果氚的需要量不是很大，那么这些反应堆可稍做调整用来生产钚或氚以外的其他物质。总而言之，这些反应堆都是用来制造提取原子能的材料。我们可以将一座大型反应堆比作一座发电厂。电厂生产电力用于各种用途，反应堆生产的中子也能有各种用途。

我在洛斯阿拉莫斯的一年时间里，我们曾探索一种用某种特定的锂化合物作为热核燃料的设想。（这种想法并不新鲜。特勒早在几年前就提出过这种设想，而且后来我们还得知，苏联人也曾设想过这种方法。）锂是元素周期表上的第三个元素（排在氢和氦之后），它的两种常见的同位素是锂6和锂7（核中分别包含3个和4个中子）。能够用作热核燃料的化合物分子由一个锂6原子和一个氘原子（重氢原子）组成，因此有时候我们也称之为氘化锂。这种化合物与纯氘相比有两个优点。首先，它在常温下是固体，而氘是气体。如果用作燃料，氘必须先在绝对温度20度（开尔文）的低温下冷凝成为液态，然后还必须加压贮藏。其次，氘是极易燃烧的物质——这一点看看1937年的兴登堡飞船灾难就知道了。（当时在实验室里有一个笑话，说是装填了液态氘的大型容器本身就是一个氢弹。）

氘化锂还有第二个优点：它能在燃烧过程中"产"氚。这就好像你向汽车油箱里加入低品位汽油，汽车一边跑一边就能自动产生高辛烷值的汽油。

就我目前所知，所有的氢弹都用氘化锂作燃料。但在1950～1951年间，这个设想则是较新颖的概念。当时我们只能够同时检验有限数目的新概念，因此我们一边继续探索以氢的液态化同位素作热核燃料的途径，一边继续发展锂基的超级新燃料。

我从未忘记自己在洛斯阿拉莫斯的工作只是暂时的。我必须考虑该什么时候离开，离开了去哪里，我怎么才能在从事理论物理研究和教学工作的同时继续为国家服务，以及怎么做对我的家庭最有利——也就是对珍妮特的生活和孩子们的就学最有利。当时我认为热核研究肯定会不止一年。珍妮特和我曾经讨论过想在1951～1952年期间将两个较大的孩子送到日内瓦的国际学院深造，

213

她和我以及最小的艾莉森则留在洛斯阿拉莫斯待到第二年。她并不喜欢当地单一的社区组织结构。在这里，实验室外的人际关系与彼此在实验室里的职位高低紧密关联。

在我的整个学术生涯中，我经常接到邀请函，让我考虑是不是愿意去他们的机构。一般来说我都会婉言谢绝。普林斯顿的工作环境相当优越，社区生活也令人愉快。但那个时候我有点想换个地方了。我不是很清楚我为国家从事武器研究是否已经使我在与普林斯顿那些明确反对我的同事之间有了裂痕。我还有点不确定的是，普林斯顿是不是容许我既从事学术研究又参与应用性项目。因此，在加州大学伯克利分校邀请我去看看是否愿意前往任职时，我便欣然接受了，并在1950年12月去那里待了几天。厄内斯特·劳伦斯及其同事建议我担任系里的理论物理学教授，并拨出部分时间从事附近的辐射实验室的工作。辐射实验室（后来被命名为劳伦斯伯克利实验室）由原子能委员会支持，其研究工作既包括核物理学和高能物理，也包括与武器有关的研究。

我的朋友特勒以他惯有的机警、敏感、多疑的个性，在我前往伯克利之前全盘告诉了我有关于伯克利的情况。他之前曾在那里待过。当时他也接到加州大学洛杉矶分校的邀请，并很高兴至少我们可以待在同一个州内。但他非常关切物理系（以及与其他系）教授之间的裂痕。这种裂痕是由于加州大学董事会最近设立的宣誓要求与先前州议会的宣誓要求之间的冲突引起的。当时正处于后来所称的麦卡锡年代的初期，反共狂潮席卷全国，各地都流行起誓效忠的做法。虽然我对苏联的威胁以及由苏联支持的颠覆活动深感忧虑，但我认为宣誓的做法根本没用，反共名义下的捕风捉影的"政治迫害"同样应予谴责。[我的一位先祖娜斯（Mahitable Towne）就曾在萨勒姆被当作巫婆吊死。]

洛斯阿拉莫斯的员工隶属于加州大学，按照校董事会的要求都必须签署效忠誓言。我仔细阅读了誓言后签了字，虽然我认为这么做不顶事儿。几乎所有在洛斯阿拉莫斯工作的人也都签署了誓言然后回去工作，背后则都骂这种做法愚蠢至极。[1]伯克利和加州大学其他分校的员工却没这样整齐划一。有些教职员公开反对，有些辞职以示抗议，也有些人认为这项要求完全合理。关于这

---

〔1〕 根据我的记录，洛斯阿拉莫斯的2300位工作人员里只有一位资深实验物理学家约翰·曼利没有签署誓言。他在战后一直在洛斯阿拉莫斯实验室工作。其实曼利拒绝签署誓言只是一种相当温和的抗议行动。事实上，他因为反对氢弹计划早就打算离开实验室。他去了华盛顿大学。1957年后加州大学取消了宣誓要求，他这才又回到洛斯阿拉莫斯。我的学生肯·福特最初也拒绝签署，但随着免职期限的逼近，最终他还是签了。

事儿的争论并不总是在友好的气氛下进行的。它不但影响了同事间的情谊，也干扰了研究工作。我在伯克利就看到整个系分成了两派。优秀的理论物理学家吉安·卡洛·威克（Gian Carlo Wick）是提出辞呈的人士之一，而劳伦斯则属于无法容忍抗议人士的派别中的一员。（我还要加上一点，特勒反对宣誓。他谢绝了加州大学洛杉矶分校的邀请，可能正是出于这个原因。他看不出有什么充分的证据能表明宣誓就能改变宣誓者的立场。）因此在当时，伯克利似乎不是我的最佳去处。而且珍妮特也不怎么喜欢加州，于是我们就把这个念头放一边儿了。

在华盛顿，哈里·史密斯对这个结果相当高兴。他对于辐射实验室和洛斯阿拉莫斯实验室拿着原子能委员会资助的钱来竞相聘请我的做法很反感。他大力制止了劳伦斯引诱我从原子能委员会的一个机构跳槽到另一机构的做法。（在我看来，这谈不上是伯克利在对抗洛斯阿拉莫斯。我认为那是我在伯克利与普林斯顿之间做选择。）就在几年前，康普顿也曾和我在冶金研究所有过接触，建议我在战后前往芝加哥，史密斯知道后也曾强力介入，后来康普顿就没了进一步的动作。

215

甚至在我前往伯克利作短期逗留之前，我就已经开始考虑要在普林斯顿另建一个武器研究团队，这样我就可以回到我喜爱的工作环境，也回到我的家庭所乐意定居的生活环境中，同时我还能够继续为洛斯阿拉莫斯服务。我的知己特勒赞成这个主意，我的太太也赞成这个主意。于是我在1950年秋向布雷德伯里提出了这个想法，但他对此很冷淡。他先前已经对特勒发起筹备第二个武器实验室的做法感到厌烦。[18个月后，特勒选定利弗莫尔（Livermore）作为与洛斯阿拉莫斯相抗衡的第二武器实验室的基地，并开始推行这一计划，布雷德伯里很是生气。]

其实布雷德伯里是个讲道理的人。我很乐意听从他的意见，让普林斯顿成为洛斯阿拉莫斯的助力，并与之建立起互补而非竞争的关系。有了这种默契我们可算是达成了共识。而我更担心的是，普林斯顿的主管部门是否会提出反对意见，因为这有涉密的要求。但当我与阿伦·申斯通和哈罗德·多兹接触后，我很是喜出望外，竟没有遇到阻力。申斯通和多兹认为大学有义务为国家做出贡献，他们也愿意满足我的愿望，使我能够回到普林斯顿。后来我才知道，他们之前已与时任的高等研究院院长奥本海默谈过，并得到他的支持。

学校之所以同意接受这个建议的一个重要因素是有机会将这个计划的实施地点挪到离校区几千米远的地方。当时普林斯顿刚刚获得了一大块因洛克菲勒医学研究院的搬迁而腾出的 333 公顷土地。这块地位于一号公路边上，距离校区 5 千米远。（洛克菲勒医学研究院要搬到纽约市并扩张为洛克菲勒大学。）普林斯顿大学将这块地改名为弗莱斯特研究中心［为了纪念詹姆斯·弗莱斯特（James Forrestal），他是普林斯顿毕业的美国首任国防部长，1949 年因自杀身亡］。现在这里是普林斯顿等离子体物理实验室和其他一些机构的所在地。在 20 世纪 80 年代早期，即在等离子体物理研究经费被削减之前，弗莱斯特研究中心曾雇有 1500 名员工。我们这个小项目属于第一批进驻。

我在洛斯阿拉莫斯期间，反共狂潮席卷全美——加州的效忠誓言只是其中的一种表现——我在普林斯顿的同事玻姆（David Bohm）回到普林斯顿即遭到拘禁。面对众议院反美活动委员会的传唤，他拒绝回答委员会关于他在伯克利读书时作为奥本海默的助手曾与共产党往来的问题，从而被认定为藐视议会并于 1950 年 12 月被捕。［当时他为了获得保释，还不得不向研究生席尔万·施韦伯（Silvan Schweber）借钱。］学校对此事件迅速做出响应，禁止他进入校园，他的研究生因此必须到他的住地才能见到他。1951 年 5 月 31 日，对玻姆的所有指控均被判不成立。但学校没有再发给他聘书，他在美国也没能再找到合适的工作。当年 10 月，他离开美国前往巴西就职，随后又转到伦敦的伯克贝克学院（Birkbeck College）。他在那里逐渐因著述和教学而成名，他从事的研究相当奇特，可以说是基础物理学与神秘主义的综合。

由于玻姆事件——显然导致了校园两极分化——发生时我不在校内，因此我没有卷入其中。就算我当时在校内，我也不知道会不会挺身而出为玻姆辩护。即使我的父母亲双方家族都具有悠久的异议活跃分子的传承，我本身也热情支持言论自由，但我难以接受的是，在苏联压迫自己的人民并威胁世界和平时，玻姆为了保护亲近共产主义理念的人士而予以隐瞒。学校对玻姆的处理显得缺乏技巧，但我对它的目的——出于保护公正的学术咨询机构的名誉，使之不被利用作盲目忠实于这种或那种信念的人的庇护所——能够理解。玻姆选择既不公开表明自己是一个思想独立的人，也不承认他信仰苏联的教条，他声称他只是想向世人表明，他痛恨当时所发生的"政治迫害"状况。

最初是我将玻姆带到普林斯顿来的。第二次世界大战结束后不久，我造访了伯克利，并应系里的要求与玻姆进行了接触。在我的大力推荐下，普林斯顿给了他一个临时性职位，这样他便在 1947 年加入到我们系。我之所以对玻姆感兴趣，是因为他为量子理论的解释提供了一种精辟的思想，而且他对于形成和维持等离子体的关键性条件提出了某些设想。后来我对他的研究有了更深入的了解之后，我意识到他的工作不是像我最初所想象的那样是建立在扎实的基础上，而更多的是基于他的直觉。事后回想起来，为什么当时我没有挺身为他辩驳——尽管我身在异地——可能更多的是基于我对他的表现或说他在物理学上的成就使然。在他后来的学术生涯里，他确实对有关于量子理论的意义的争论，以及有关意识与实在的关系问题等方面做出了一些非常富于启发性的贡献。在他于 1992 年去世时，他已经赢得了许多人的尊崇。

大约在 1951 年 2 月或 3 月的冬末时节，普林斯顿的天体物理学项目的负责人、运动健将莱曼·斯必泽（Lyman Spitzer）在科罗拉多州结束滑雪度假后来到洛斯阿拉莫斯。他先前已经答应我，在当年稍后的时候开始与我合作在普林斯顿开展炸弹研究项目，这趟来洛斯阿拉莫斯原本是要简要听取我的意见。但他在滑雪度假时，有了一个新的设想——这个设想让他拐上了另一条研究路径——并急于找人分享。他想到的是一种像甜面包圈那样的扭成 8 字形的等离子体约束位形。他认为在这样的结构里，热的氢等离子体有可能被磁场约束住并保持时间足够长的稳态使得热核反应能够发生并放出能量。这个过程不是以爆炸而是以可控的方式进行。氢等离子体是一种加热到极高温度乃至原子的所有核外电子都被"剥离"了的气体。此时剩下的是一锅带电粒子汤——电子和裸核（即氘核和氚核）。如果磁场线绕成扭转了的环形（8 字形），这时带电粒子就会一边做着微小的回旋运动，一边做着沿着磁场线和横越磁场线的漂移运动。斯必泽的计算表明，他的这种几何位形能够使得带电粒子横越磁场的漂移损失得到抑制，这样炽热的等离子体粒子便不会打到器壁上。他希望了解实验室的科学家对于这个设想的看法，他想从实验室的领导层那里获得支持（和资助！）以便能够在普林斯顿将研究计划扩展到实施检验这种位形的可行性。

想法之间的相互交叉是明显的。我对探索爆炸性的热核反应感兴趣，而斯必泽则很早就对受控热核反应有兴趣。我们也都想在普林斯顿做相关的研究。他对科学性的概念很乐于接受，因此他希望扩展普林斯顿的研究项目。（当时争取经费不是大问题。）于是，所有的事情在几个月内搞定，我们在新建的弗莱斯特研究中心建立起各自的团队。

普林斯顿的财务主管罗伊·伍德罗（Roy Woodrow）在当年春天的一次会议上提醒我们，我们需要为我们的联合项目起个名字。斯必泽提出："叫马特

莱曼·斯必泽，20世纪60年代末

（承蒙美国物理学会埃米里奥·塞格雷视频档案馆提供）

峰计划怎么样？"他喜欢登山，对他来说，马特峰〔1〕意味着挑战。此外，他在滑雪度假时已经对这个概念有过深入地思考。于是我说："那好。而且你的这台设备也该有个名字，就叫仿星器（Stellarator）如何？"他喜欢这个名称，于是命名的事儿就这么定了。（粗略地说，仿星器就是"模仿恒星的机器"。它的目标就是要取得像维持太阳的那种聚变能量。）五年后，当苏联和美国的受控热核聚变的研究人员首度在日内瓦的"原子能和平利用"大会上聚在一起交流时，才惊讶地发现，双方遇到的许多问题是相同的，而且两边各自独立提出的许多概念也是相同的，只有仿星器是一个例外。苏联那边还没有提出过这种装置设计，但苏联提出了一种称为托卡马克的磁场位形。后来证实，托卡马克是一种更皮实的设计，并最终取代了仿星器成为许多国家热核聚变研究所采用的主要设计方案。

〔1〕 马特峰是位于瑞士境内的一处滑雪胜地，邻近意大利。——译注

1951 年 4 月，我回到普林斯顿为我们的新项目落实具体细节。马特峰 B（研制炸弹）和马特峰 S（仿星器）被安排在同一幢镀锌的钢结构建筑物里。这幢建筑先前曾是洛克菲勒医学研究院存放实验动物的地点。托尔作为我的得力助手，主要从事设立安保和办公程序以及安排与洛斯阿拉莫斯建立适当的沟通渠道。他和肯·福特于 6 月回来后就忙着聘请秘书、警卫以及计算助理。我则开始聘请科学家。

我一直希望普林斯顿这样一所重要的学术中心能够吸引不愿意搬到洛斯阿拉莫斯的资深科学家。我也一直用这个理由来推行在普林斯顿设立研究团队的设想。但我错了。在我以信件、电话、电报以及面谈所邀请的 120 位资深同行中，只有伯克利的天体物理学教授路易斯·亨颜（Louis Henyey）接受了我的邀请。我想，很少有人会认为我们的研究是不道德的，大多数人只是质疑这个计划是不是真的需要如此紧迫，他们看不出有什么理由值得为此而放下手头的工作。据说有一位英格兰同行还公开地在他所在的系里拿我的信件作为笑柄。于是我转向招募对此有兴趣的聪明的年轻人。最后，这个团队的成员多数是像托尔和福特这样的研究生以及刚获得博士学位的新人。所幸，理论物理学家的心智可能在早期就达到高峰。因此在这个大多数人的年龄不到 30 岁的团队里，我们所拥有的人才足以完成任务。我们总共拥有大约 20 名科学家及 6 位辅助人员。

这个项目最紧张的时期是从 1951 年夏天到 1952 年秋天的 15 个月。马特峰 B 小组集中精力于"麦克"发射的具体设计及其爆炸所产生的可能预期的结果的计算。首次试爆的日期定于 1952 年 10 月 31 日（11 月 1 日在埃尼威托克环礁上试爆成功）。炸弹的整个设计应归功于洛斯阿拉莫斯与马特峰小组的分工合作。设计大致可分为三个部分（事实上还有更多的其他部分）：裂变炸弹引爆装置、热核燃烧以及装置的工程和冶金设计。洛斯阿拉莫斯的人员主攻裂变炸弹的引爆装置以及如何将裂变爆炸产生的能量引导到氢弹的热核燃烧部分，我们在普林斯顿则主攻热核燃料的点燃、燃烧和整个氢弹的爆炸扩散过程（所有硬件都由洛斯阿拉莫斯负责）。

马特峰小组的许多人每隔一两个月就得去趟洛斯阿拉莫斯，我们还通过电话和邮件与洛斯阿拉莫斯保持密切联系。实际上，设计的性质和分工决定了我们没必要每天联系。麦克试爆成功后，我的小组又开展了后续研究和计算结果的修正，目标转向实际武器的设计（而不只是试验装置）。整个研制工作的重心也逐渐转移到洛斯阿拉莫斯，我们在普林斯顿的工作逐步缩减，直到马特峰

219

220

1952 年的马特峰 B 小组的大部分成员。前排左起：玛格丽特·费洛斯、佩吉·默里、多萝西娅·李菲儿、奥德丽·欧佳拉、克里斯蒂·沙克、罗伯塔·凯西；第二排左起：沃尔特·阿隆（肩上背着登山索）、威廉·克伦德宁、索罗蒙·博克纳、约翰·托尔、约翰·惠勒、肯·福特；第三、四排：戴维·莱泽、劳伦斯·怀尔兹、戴维·卡特、爱德华·弗里曼、杰伊·博格、约翰·麦金托什、拉尔夫·彭宁顿、（这位不好辨认）、罗伯特·格尔斯

（照片由霍华德·施拉德拍摄，承蒙劳伦斯·怀尔兹提供）

B 项目于 1953 年末正式结束。

在斯必泽的领导下，马特峰 S 在仿星器设计和受控核聚变理论方面取得了很大进展。他的团队不超过 12 人，成员也几乎都是年轻人。从物理学上说，马特峰 S 与马特峰 B 的界限不是那么明确。换句话说，两个团队成员之间有着充分的富有成效的相互交流。这种交流有时是通过联合会议进行的。高温下的核聚变是两个团体共同面临的问题，相互交流可以使双方从对方讨论分析自己的概念时获得新的想法。

1991 年，马特峰 S 就其 40 年来的工作成就举行庆祝活动。实验室的名称也已改名为普林斯顿等离子体物理学实验室。实验室的经费，在等离子体研究经费缩减之前，最多时每年的预算达到 6500 万美元，员工超过 500 人。项目启动时所用的金属厂房还在那里，只是已经弃置不用了。在它前面盖起了更大的现代建筑群，因此如果不特意去寻找你还真找不到它。

斯必泽来到洛斯阿拉莫斯后，口若悬河地描述了他的扭 8 字结构，解释了这种位形为什么能够将超热等离子体维持住。他预言，只需要 5 年的时间就可以证实这种位形的可行性。多年之后，实现这一目标的进程一延再延，致使在物理学界流传着这样一则笑话："受控聚变能源 5 年后就可实现，这句话永远有效。"事实上，已经没有人再提"5 年后实现"这种话了，但也没有人说它不可能实现。这项以海洋里几乎用之不竭的氘为燃料，能够让人类享有长期能源供应的研究实在太重要了，人类不可能不追求。

回到 1951 年 6 月，在氢弹的乌拉姆-特勒途径提出后，我们便陶醉在成功指日可待的明显乐观的气氛中。但我们还需要将这种乐观信息有效地传递给原

20 世纪 50 年代初，马特峰 B 小组就是在这处金属小屋里工作的。这里也是普林斯顿等离子体物理实验室的前身马特峰 S 起步的地方。照片摄于 1960 年

（由约翰·皮伯斯拍摄，承蒙普林斯顿大学许可使用）

子能委员会最高咨询委员会的那些资深顾问们。在当时，通过计算来得到采用这种工作模式的预期结果所需的计算能力仍是一项重大挑战。部分挑战则来自如何将支配这一过程的方程约化到可以用原始计算机进行计算的近似形式，同时又不能过于简化以至于失去其有效性。托尔、福特和我共同研究了这个问题，福特写了用于 IBM CPC 计算的代码。他先在阿尔伯克基的桑迪亚实验室值夜班，用那里的 CPC 机器进行了几次测试，然后于 6 月初辗转到纽约市 IBM 大楼里的 CPC 机器上进行进一步的测试。当时我们的安排是在每晚的 8 点到第二天上午 8 点之间使用机器。我们估计，只要在两周内能有超过 100 小时的运算机时就可以确保计算机代码的正确性并得到合理的结果，之后再输入有关该装置的不同假设条件进行实际运算。福特在傍晚从普林斯顿乘火车赶到纽约，第二天一早再携带当晚的工作结果乘火车返回普林斯顿。

最高咨询委员会安排于 1951 年的 6 月 16 日和 17 日在普林斯顿的高等研究院举行会议。参与人员包括奥本海默、费米和拉比。布雷德伯里和他的洛斯阿拉莫斯团队安排在第一天进行汇报，我的汇报被安排在 6 月 17 日（周日）的上午进行。（为了方便学界同仁与会，最高咨询委员会按惯例将会议安排在

周末举行。）福特在前一周的计算结果令人鼓舞，我们同意让他在周六晚上用最接近实际的假设条件来进行最后一次运算。他带着数据搭乘早班车回到马特峰办公室，将主要结果图画在一张张 60 厘米乘以 90 厘米见方的纸上。就在预定的我开始汇报之前的几分钟，他完成了全部制图。他卷起图纸迅速赶往研究院。当时我们是在一楼的会议室开会，他跑到会议室的窗户跟前轻轻地敲了敲窗户以吸引我的注意。我刚开始汇报，听到声音我停下来走到窗前，开窗接下图纸卷。他赶紧说："看来还不错。"我将图纸摊开，固定在黑板上并解释每张图的意义。反应相当热烈。这些图第一次向人们展示了热核反应的有力证据——热核火焰散布在基于乌拉姆-特勒原理的装置中，既可传导，又能自持燃烧，并能够烧掉大部分燃料。我不记得奥本海默是在这次会议上还是在后来称这个设计"技术上可行"。但在场的科学家明显感觉到，我们已经有了可确信成功的路径，不再有任何技术上的借口来推迟这个计划。

要做的事情还有很多。计算能力是一大瓶颈。我们四处寻找计算机来调用机时。马特峰团队曾以马拉松接力的方式轮流在首府华盛顿的国家标准局的 SEAC（标准东部自动计算机）上（仍是夜班）和费城的埃克特及莫奇利的新型 Univac 机器上来回计算达数月之久。当时美国气象局已经排定验收那台 Univac 机器的时间表，为了我们能用便慷慨地同意延迟验收。来自洛斯阿拉莫

斯的伊文斯夫妇（Foster and Cerda Evans）则在亚伯丁测试场的 ENIAC 上进行了大量计算，乌拉姆和埃弗瑞特用的是洛斯阿拉莫斯的 MANIAC。

我们去洛斯阿拉莫斯进行工作协调时通常都是坐火车。两天的旅程使得我们有机会暂时放下程序设计与计算的急切步调，抽出时间以放松的心情来讨论一般原理并审视有关的方程式，同时琢磨改变设计所带来的可能结果。宾夕法尼亚铁路公司有好几次特地让布劳德威号列车[1]停靠普林斯顿，以便让我们上车。有一次列车长问我们是不是普林斯顿篮球队的。他实在想不出还有什么其他的理由可以让列车破例停靠。我看起来实在不像是教练，但那几位高大威猛的年轻物理学家倒是很可能入选篮球队。

要在洛斯阿拉莫斯-马特峰项目实施期间兼顾我的物理学研究实在不容易，但我几乎每天都设法抽出时间来思考和撰写点什么。好在在洛斯阿拉莫斯有我的学生托尔和福特陪伴我，这对我是一种激励。有许多个夜晚和好些周末时光我们都是在浴缸大道的房子里的书桌前度过的。约翰（托尔）正在完成他的博士论文，肯（福特）正处于开题阶段，我则继续钻研与尼尔斯·玻尔和戴维·希尔合作展开的核物理研究，同时跟上最新的学术进展，譬如像由施温格、费曼和朝永振一郎提出的有关量子电动力学的新观点。虽然量子电动力学（即我们早年所称的电子对理论）一直是我钟爱的研究方向，但我却不愿跳上施温格-费曼-朝永振一郎的这驾马车跟着他们亦步亦趋，尽管他们的这一理论让世界各地的数百位理论物理学家趋之若鹜。每当我看到人们一窝蜂地拥向某个地方，我总喜欢另辟蹊径。我那时正琢磨着核物质的新形态，想着核能否以圆柱体、甜面圈或标准的球体或椭球体形式存在。

1950 年 4 月，我们在洛斯阿拉莫斯的富勒尔小屋安顿下来并扎进实验室开始热核研究工作后不久，我在去纽约与家人见面之前，先到普林斯顿与玻尔和希尔一起工作了几天。我们当时仍然认为经过长时期孕育的关于原子核集体模型的论文会以三个人的名义发表，同时，我为 1951 年夏季与玻尔在哥本哈根合作的事宜做了预备性的计划。古根海姆基金会的莫伊非常耐性和体谅，他同意让我用剩余的资助金来达成这项目标。结果，为了让马特峰项目尽快上马，我只得将 1951 年夏季的哥本哈根之行的行程压缩在一个月之内。但能与玻尔及其研究院的其他访问学者相聚，总让我精神焕发。

──────────

〔1〕 作为铁路迷，当布劳德威号于 1995 年做最后一次告别开行时，我不禁为之感伤。

1951 年夏季，我在哥本哈根参加了一次理论物理与应用物理国际联合会的会议。这个联合会是个相当重要的组织，它让各国科学家在第二次世界大战后不久能够重新建立起联系。会议还对是否需要在欧洲建立一所高能物理国际实验室而进行了激烈辩论。就我所知，这项建议最早不是由欧洲人而是由美国人 I. I. 拉比提出的。在 1951 年尚处讨论当中的这项建议最终成为欧洲核子研究中心（CERN，这个英文缩写源自该组织名称的法文全称）。作为当今粒子研究的权威中心，CERN 不久就将拥有世界上能量最高的加速器。[1]

224

我是带着启动马特峰项目并负责管理比以前多得多的研究队伍的责任回到普林斯顿的，因此我自己的研究工作就只能找时间来进行了。我回到普林斯顿的前几周，在珍妮特和孩子都还没有来之前，我没有时间回去整理我们在巴拓路上的房子。托尔、福特和我就在洛克菲勒医学研究院宏伟宽敞的发电厂房的一角暂时安顿下来。当时托尔和福特都按照正常的作息时间在 7 点或 7 点半起床，我则悄悄地在 5 点钟起床，洗漱后坐在书桌前钻研物理学，然后再去上班。回到我们自己的房子居住后，我一度仍保持这种早起的习惯。我白天从事马特峰项目，晚上吃完晚饭便上床睡觉。我将闹钟设定在凌晨 3 点钟，这样就有几个小时可以静静地思索热核燃烧和计算机代码以外的基础性问题。

玻尔退出关于集体模型的论文合作计划之后，希尔和我终于完成了这篇论文。我记得希尔是在 1952 年夏天来普林斯顿做短期学术访问的，我们一起起草了合作文章，并为文章准备了 52 张插图和详细的图注。经过长期琢磨，这篇文章已成为鸿篇巨制。我很难要求希尔也早晨 3 点钟起床，因此我调整了自己的作息时间和他一起在晚上工作。但刚开始的几个晚上，到了 9 点我就困得不行。后来我发现，如果稍事休息，去洗个热水澡，我就可以恢复精力并一直工作到深夜。

10 月中旬，在我去太平洋上考察麦克试爆之前，希尔和我终于将这篇关于集体模型的论文投给了《物理学评论》。杂志社的编辑古德斯密特告诉我们，文章太长了，但如果将所有插图能够集中置于文后作为附录，他可以接受刊用。于是这篇论文就以这种形式发表了——18 页的双栏正文加上 24 页的插图及图注。古德斯密特在论文付梓时建议我送一盒巧克力给负责这篇文章的

---

[1] 在 CERN 的这台加速器上，粒子在环形轨道上每秒钟从地底下跨越法国与瑞士之间的国境达数千次。

编辑。

10 月末，载着我前往埃尼威托克环礁的军用飞机在我毕生仅见的暴风雨中降落。第二天天气晴好。我乘直升机在环礁上空绕飞考察了十几座小岛和澄澈的潟湖。技术人员和科学家在其中的一座小岛——艾吕吉拉伯岛（Elugelab）——上将麦克组装起来，试爆后这座小岛已不复存在。

我们被告知，第二次世界大战时日本人曾将埃尼威托克环礁用作军事训练基地。作为体能训练项目的一部分，日本士兵跑过一座岛，再游到另一座岛，上岸后再跑过这座岛，周而复始。我们在直升机上看到，海里有许多鲨鱼，因此这种训练相当危险。

太平洋时间 11 月 1 日试爆当天，我乘美国海军柯蒂斯号巡洋舰在距艾吕吉拉伯岛约 35 海里处停泊。爆炸之前，我佩戴着黑色眼镜完全看不到任何东西，随后，在地平线上出现一个只比背景略为明亮的昏暗光点。光点很快变大变得耀眼，就好像太阳突然出现一般。随后升腾起一团混沌的黑云，在爆炸区域形成混杂的光斑。随着光焰减弱，翻腾的蘑菇云团直冲云霄。所有这些现象都在绝对的沉寂中显现。雷鸣和呼啸而至的热浪在第一束光芒乍现之后约 3 分钟才袭来。这种经历深深印刻在我的记忆里，听起来耳熟能详但它确是真实的体验。有些景象和声响让人无法忘怀。 225

我的第一个反应是完全松了口气。成功了！完全按照预期成功了！我很高兴自己能够亲临现场。后来每次讨论到核战争的议题时，我的脑海中总是清楚回想起当时的栩栩如生的景象。任何方程式、图表和数字都无法呈现出其威力的万分之一。

初步测量表明，爆炸产生的能量为 1000 万吨，是广岛炸弹能量的 800 倍。根据原子能委员会正式公布的数字是 1040 万吨。[1]马特峰团队预言的是 700万吨，这个数字是福特在华盛顿许多个夜晚守着 SEAC 得出的结果。我们的估计偏于保守。但考虑到当时我们对那种前所未有的密度、温度及压力等条件下的物理过程的知识有限，加上我们所用的计算机相当原始[2]，因此尽管误差

---

〔1〕 Richard G. Hewlett and Francis Duncan，《原子屏蔽》（*Atomic Shield*）1947/1952（University Park, Pa. : Pennsylvania State University Press, 1969）。

〔2〕 今天你能买到的最便宜的个人电脑所拥有的速度、容量与可靠性都远远超过 1952 年有一个房间大小的 SEAC。但 SEAC 在当时已经是最高端的机器了，其性能超过手摇计算器。我还记得我们当时每月的计算费用是两万美元，虽贵但很值。

达到30%，但我们没必要为此汗颜。

1952年11月4日，艾森豪威尔击败阿德兰·史蒂文森成为美国总统，我于回普林斯顿的途中在夏威夷停留时写了一封信给玻尔："今天的选举，无论结果如何，显然都不是开创有利于再次讨论世界和平的必要条件的新局面的唯一要素。"我能肯定，玻尔一定能够猜得出我之所以用夏威夷皇家大饭店的信纸写下"不是唯一要素"的意思实际上是要告诉他试爆成功。

自1944年起，玻尔首先私下倡言，后来更是公开倡导应将核武器纳入国际监督之下。他的这一倡言对于杜鲁门和丘吉尔无异于对牛弹琴。他们没有看清在玻尔呆板的、衣冠不整的教授形象的背后也有务实的一面［丘吉尔在1944年9月写给他的科学顾问彻韦尔勋爵（Lord Cherwell）的备忘录里就以"满头乱发的人"来形容玻尔］。这不禁让我们想起丘吉尔在大约30年前与亨利·詹姆斯（Henry James）的会面。根据詹姆斯的传记作者的描述，丘吉尔"缺少耐心、爱发脾气，他无法忍受冗长复杂的句子"。[1]玻尔与罗斯福的关系较好，1944年8月他们曾有过长时间的会谈。罗斯福在原定于第二年春天发表演讲（因去世未面世）的讲稿里写道："如果我们希望文明能够存在，我们就必须培育人际关系的科学——一门让这个世界上所有人都能够不分种族地、和平地生活和工作在一起的科学。"我深信玻尔对于这个思想的形成有影响。

在玻尔于1944年8月26日与罗斯福见面之后（或许是几天之后），我与玻尔及他的儿子奥格在华盛顿街头相遇，于是我们三个人便找了一家饭店叙谈。玻尔谈到他与总统进行了一个多小时的交谈（以他惯常的低沉而坚定的语气）。谈的主要是如果我们想要避免战后核军备竞赛，就必须公开分享信息。当时他突然感到自己卑微。"像我这样的人，"他自问自答地说道，"怎么能够在历史上最伟大的战争期间与世界上最伟大的国家的最伟大的人物谈话？但我还是以男人对男人的方式与他交谈。"

我对于推广玻尔的开放世界的理念没有兴趣，因此没有参与倡导。我不相信这个愿望具有实际可操作性。但我对玻尔非常尊敬，我希望最高领导层能够听取他的这一观点。我试着通过我在华盛顿的联系渠道——特别是通过亨利·杰克逊参议员和他的助理多萝西·弗斯蒂克（Dorothy Fosdick）——进行安排，看能不能让玻尔以顾问的身份受到邀请。我将这件事情告诉了玻尔，同时指出

---

〔1〕 Leon Edel, *Henry James, the Master: 1901—1916* (London: R. Hart-Davis, 1972), p. 526

我的努力也可能会白费，因此我建议他自己从丹麦驻美国大使那里着手进行。我希望新总统较能够接受玻尔的想法，尤其是在最近实现了数百万吨级武器的背景下。在此之前，玻尔的确没受到过美国官方高层的垂询。

在那个世界局势高度紧张的敏感时期，美国在热核武器方面的相当短暂的领先局面或许对维持和平和稳定有一定的效果。不久苏联也拥有了这种武器。苏联设计团队的领导人物是安德烈·沙哈罗夫，我后来才认识他，并对他捍卫自由和开放的英勇事迹表示崇敬。他独立构思出"乌拉姆－特勒概念"（而没有剽窃），这说明许多概念不可能由某方所独占。正如我和特勒在 1950 年所担心的，苏联人在约瑟夫一号成功之后大力发展并研制成功氢武器。如果不是我们这一小群美国人这么努力地从事这项研究，苏联可能就赢得了这场竞争。

麦克的试爆成功仅比苏联的第一次氢弹核试验早了 9 个月。我曾扪心自问，假使我们在苏联实现这个目标后再来开始努力发展氢弹，欧洲和世界的历史将往何处去？所幸我们领先了一步，尽管这只是一小步。有时候会有人问我，和平时期核能的最重要的用途是什么？我的回答很简单：维持和平的核设施。

麦克试爆之后我便发了封电报给马特峰团队告知他们试爆成功。至少这是我的愿望。当然，我发出去的是一封没有加密的明码电报。我在遣词用字方面用了心思——英国人可能会说是聪明过了头——结果普林斯顿的年轻同事们只感到困惑，不明白我的暗示。（遗憾的是我已找不到当时的原文。）好在他们从其他渠道得知试爆成功的消息。特勒在预定时间一直守在伯克利的地震仪旁边——地震波的传播时间是可知的——并看到指针在预定时刻准时发生了大幅度摆动。他大致推算出爆炸的能量当量，并得出结论：释放的能量与我们估算的值一致。等候片刻，他看到再没有其他信号传来，便发了份电报给洛斯阿拉莫斯的物理学家伊莉莎白·格雷夫斯（Elizabeth Graves）："是个男孩。"他的用词比我到位。伊莉莎白正确解读了电文，这是洛斯阿拉莫斯最先获知试爆成功的消息。伊莉莎白的丈夫艾尔文·格雷夫斯（Alvin Graves）是 J 部门（武器测试室）的主管，当时也在太平洋测试地点。由那里过来的直接消息到得较晚。她或是她的一位助手电话给普林斯顿的马特峰团队，告诉了他们首次试爆成功的确认消息。

马特峰的主要任务已经完成。在随后的几个月里，我们着手对麦克的数据进行分析，并与洛斯阿拉莫斯的同事合作改进原设计。或许我们所完成的最重

227

要事情是将所有先前完成的和所学得的成果总结成报告。在我们将所涉知识系统化并将洛斯阿拉莫斯同事的观点纳入报告的过程中，冯·诺伊曼伸出援手帮了大忙。据说我们的这份总结报告——"PMB－38"（PMB 是 Project Matterhorn B 的缩写）——在随后的十年里成为洛斯阿拉莫斯和利弗莫尔的氢弹设计师们的标准参考文献。

# 第 10 章　引力作用

1952 年 5 月 6 日，离麦克试爆的预定日期已不到 6 个月，我在马特峰项目 228 忙碌了一天回到家里，从书架上取出一本新的笔记本，写上标题"相对论 I"，并在第一页上写下："下午 5 点 55 分。半小时前从申斯通处得知好消息，下学期我可以教授相对论。我希望尽可能教好这门课程。我要好好把握这个机会，如果能够就这个主题写一本书就好了。"这便是我踏入这个领域的第一步。后来，这个领域成为我后半生的思考和研究的重点。

我之所以希望教授相对论，理由很简单——我希望学习这个课题。当年秋季，有 15 位研究生选修了我的这门课程——这是相对论课程第一次在普林斯顿开设。我们共同努力，按我们自己的方式来研究这个课题，那就是超越数十年来主宰这一理论的数学形式，寻找其背后真实、明确的物理。到 1953 年 5 月，也就是我在自己的笔记本上写下第一行笔记后的一年里，我的"相对论 I"笔记本上已经写满了备课笔记和我对相对论的思索，当然还有学生表现的记录。

实际上，正是核物理学和量子理论将我引入到相对论领域。1952 年 1 月，我花时间认真研读了发表于 1939 年的两篇论文。一篇的作者是奥本海默和乔治·沃尔科夫（George Volkoff），另一篇由奥本海默和斯奈德（Hartland Snyder）合写。两篇文章的主题都是引力坍缩，即大质量恒星在其热核燃料燃尽之后的可能归宿。奥本海默及其合作者已经表明，这种归宿就是坍缩到一个"奇点"——一种物质密度无穷大的几何点。这是相对论的真实结果，而不是 229 某种无意义的数学符号。我们必须将它作为大质量恒星消亡后的真实归宿来严肃对待。

最终，我对引力坍缩概念完全信服，并将这一归宿命名为"黑洞"。我和学生们研究了黑洞的属性。但在 1952 年，我对奇点的概念还是感到困惑。由笔记本里记录的阅读奥本海默-沃尔科夫-斯奈德两篇论文的心得笔记可知，当时我正寻求一条出路。我觉得在那种极度微细的空间里一定存在某种东西能够阻止完全坍塌。亚里士多德说过，自然憎恶真空。我则确信自然憎恶奇点。随后多年里我一直坚持这种信念，直到现在我还是认为，某种新的物理学将证实黑洞中心存在某种结构。

这里就有一个说明表观奇点并非真实奇点的例子。在质子附近，电场很强，而且我们越靠近这个粒子，电场就越强。假如质子真的是一个点，那么当你接近质子时，电场强度就将变得无穷大。但事实上这种事情不会发生。质子有有限的大小，它有结构。可以确信，在质子外的任何地方，质子的电场强度都与将该质子看作一个几何点时相同。但你一旦穿过质子表面进入其内部，你就会发现电场强度虽大却不是无穷大。质子的大小和结构为场强设定了上限。我认为，当星体的全部质量坍缩到很小尺度时，也会发生类似的现象，尽管这个尺度只有针尖那么大或者甚至比针尖更小。我想，在此量子力学是否会起一定作用，从而改变了广义相对论的预言结果，避免了完全崩塌呢？或许坍缩星体会以某种方式辐射出质量和能量直到其所剩灰烬过小而无法继续坍缩。

如果我想反驳真实奇点的概念，那么我首先必须要了解"敌人"。我必须先学习广义相对论，并将它纳入我的知识体系，这样我才能够探索这个相对论和量子力学都有一席用武之地的超高致密物质新领域。这便是为什么我希望教授这门课程的原因，也就不难理解我听到申斯通批准我开设这门课程时会那么愉快。他在4月就已批准让我在当年秋季回到普林斯顿大学教书，在1952～1953学年期间用1/4的时间教书，3/4的时间从事马特峰项目和洛斯阿拉莫斯的工作。物理学家的工作时间总计不是百分之百，而是超过百分之百。授课的工作时间超过正常授课课表的1/4，马特峰项目也超过3/4，其他活动——例如花时间撰写有关核裂变的评述性文章——也需要时间。而且我还得设法抽出时间陪伴家人和阅读——自己安安静静地看书和对珍妮特大声朗诵文章。我不打猎、不钓鱼、不骑车锻炼、不登山或打高尔夫球，阅读是我的唯一嗜好。

230　　　　爱因斯坦1905年提出的狭义相对论动摇了经典物理学的基础。这个理论将时间和空间概念整合为一个时空概念，并证明我们不是生活在三维世界里而是生活在四维世界里。它将能量与动量统一起来，将电与磁更紧密地联系在一起，证明了时间是相对的，并对自然界的速度提出了上限，最精彩的是，这一理论揭示了质量与能量之间的等价性质，给出了20世纪最著名的公式：$E = mc^2$。

然而10年后，爱因斯坦在1915～1916年期间完成的广义相对论则在许多方面更具革命性。它证明了，时空可以是"弯曲的"或"翘曲的"，主宰宇宙的引力也只是时空弯曲的一种表象。1919 年，爱因斯坦关于光线会受到引力的作用而发生偏折的预言得到实验证实，从而使他享誉国际。分别来自英国格林尼治天文台和剑桥大学天文台的两支科学探险队分赴即将发生日全食的赤道地区。由亚瑟·爱丁顿领导的剑桥探险队前往西非外海的普林西比岛进行观测，格林尼治观测队则前往巴西的索布拉尔。当月亮在两地将太阳完全遮蔽时，每支科考队用相机拍下太阳边缘处的星场照片。回到英格兰后，他们将在非洲和南美洲拍摄的日食照片与在一年中不同日期的夜晚对同一空域拍摄的星空照片进行仔细比对。结果发现，两组照片中相同区域的星空显现出微细的差异，这表明恒星发出的光线在经过太阳附近时产生了偏折，其偏折的角度与爱因斯坦预言的结果相符。爱因斯坦通过电报得知了这个好消息，于是便拿给他的一位女学生看。她问爱因斯坦，如果观测结果没有证实他的理论他该怎么办。"那么我真的为亲爱的上帝感到遗憾，"他答道，"因为这个理论是正确的。"

我的父母应该也听到过这个惊人的结果，因为所有的报纸都登过这个消息。我当时 8 岁，不记得曾听说过这件事情，但我奇怪的是我父母好像不曾在家里提到过这件事情。

这个结果为什么会吸引大众的注意力？我认为主要是因为它隐含了弯曲空间的性质。我们所有人都认为空间是最简单、最可靠、最为人所理解的事实。空间就在那里，它是我们生活和观察其他一切事物的舞台。它不是——我们的日常经验使得我们相信—— 作用的参与者。爱因斯坦的理论却颠覆了这些概念。这一理论摧毁了我们赖以认识自然的支柱。如果空间可以延展，如果空间是作用的一部分而非背景，那么是不是会有某些事实其实也只是表象而已？或许有人还会提出，前往非洲进行测量的传奇性也会对我们接受光线弯曲的新闻产生影响。当然了，这种科学研究方式与那种穿着白大褂、戴着厚厚的眼镜、头发蓬乱、在实验室里捣鼓流动液体的科学家形象相去甚远。我们不应低估各种神秘现象的吸引力。毕竟，几乎没有人能够真正理解弯曲空间意味着什么，以及在什么意义上时间可以看作第四维。爱因斯坦之所以能成为神秘人物，就在于他真的理解这些事情。

不是所有的广义相对论结果都远离我们的日常观察。至少这一理论对我们最熟悉的一种日常现象——所有物体都受到引力作用以相同的加速度下落——提出了精辟的解释。［一般认为，伽利略曾在 17 世纪早期用从比萨斜塔上让木

231

球和金属球同时下落，结果同时落地的实验演示了这一事实。据说亚历山大港的约翰·菲洛波努斯（John Philoponus）早在517年就提出了同样的发现。〕如果我们考虑到时空曲率，那么自由落体的运动就不是受到外力的推或拉的作用。它是"漂浮着的"，其运动不是对地球（或其他物体）的吸引做出的响应，而是对其附近的时空几何特性做出的响应。为什么一个重物体和一个轻物体，它们的重量不同——受到的引力不同——却能以相同加速度同时落地？这个问题已经无须提出了。这个问题应该这样问，为什么引力源附近的两个相邻物体在下落（或做轨道运行）过程中能够保持接近状态？答案是，没有任何作用力使它们分离。它们在相同的时空区域并行漂浮。

在我开始教授相对论课程后的数十年间，这一理论的多项惊人的预言都得到了验证。其实在当时，广义相对论的一些惊人的结果已经广为人知。其中之一便是我们的宇宙处于一种动态的扩张演化状态。另一项预言就是前面提到的：物质会坍缩成具有无穷大密度的一个奇点。

本章标题里提到的"作用力"，不只是指物体彼此间所施加的引力，同时也指引力理论对我的吸引力。我在普林斯顿教授的第一堂课就让我感受到这种吸引性。从教授这门课程中我学到一点，那就是爱因斯坦的理论极其丰富，其内涵远没有得到充分发掘。这些方程式看似简单，却有着复杂的应用前景——这是一个有待开发的丰富宝藏。

20世纪30年代和40年代的研究者关注的主要是这一理论在数学上的精密性，很少有人看出用新的实验和观察来检验这一理论的可能性。这里"新的实验和观察"是指20世纪20年代已让科学界信服广义相对论的正确性的三项经典检验以外的情形。这三项检验中的第一项便是水星绕日轨道的进动：如果我们在水星的椭圆形轨道上的近日点与远日点之间连一条线（椭圆的长轴），会发现这条线在缓慢地转动，这种转动无法用其他行星的影响来解释。第二项检验是太阳对星光的偏折（1919年日食期间爱丁顿率领的探险队要观测的对象），第三项是"引力红移"现象——大质量恒星表面辐射出的电磁脉冲频率呈现出向低频侧偏移的现象。

奥本海默在1939年发表的一篇论文里提出了一种在当时看待广义相对论的例外情形。他认为广义相对论，或称引力理论（我将二者视为同义词），不过是数学家的游乐场。他提请注意一种新现象——引力坍缩。但奥本海默本人却没有继续钻研这个问题，也许他并不严肃看待这个问题。他可能认为，这是个很有意思的（或用物理学家的话来说"很有趣的"）怪诞理论，它与我们在宇宙中实际观察到的结果毫无关联。

我对相对论的处理另辟蹊径，就像我过去看待量子理论和核物理学时的态度一样。我认为这个理论是关于奇特的极限情形的理论，它所包含的新观点还不为人知，有待发掘。此外，我的哲学信仰让我深信，大自然会通过正确理论所导出的方程来展现其全貌。如果理论表明原子核可以呈现出甜面圈的形状，那么，我认为，很可能会有某些核实际就呈现为这种形状。如果理论表明重物质可以仅由电子和正电子组成，那么很可能会有某些重物质就是由这些粒子组成的。如果理论表明物质可以坍缩成无穷小甚至于零尺度，那么很可能会有某种物质出现坍缩。我们物理学家应该思考这种可能存在的极端行为，并找出它。

将理论推演到极致，我们还可以发现其结构中所隐藏的破绽。例如：在20世纪初，在大尺度世界里毫无破绽的牛顿运动理论被运用到小至单个原子这样的小尺度世界，结果失效了。总有一天，我们会发现广义相对论的适用极限并暴露其缺陷。这个极限只有在我们将广义相对论沿我们能想到的各个方向推演到极致时才会出现。在此过程中，我们很可能会发现某种新的途径，在此之前这个理论有效，在此之后理论变得无效。


在教学之外，最佳的学习方式是写作。在我得知自己可以教授相对论课程后的半小时里，我在我的"相对论 I"笔记本上写下了如下文字："如果能够就这个主题写一本书就好了。"这本书已经写完，书名叫《引力论》，篇幅长达 1279 页，于 1973 年出版，即在我从事这项研究的 20 年后出版。这本书能够完成应归功于两位熟练的合作者——查尔斯·米斯纳（Charles Misner）和基普·索恩（Kip Thorne）。他们都曾是我的学生，也都在相对论领域成就了非凡的事业。米斯纳目前是马里兰大学帕克分校的教授和教务长，索恩是加州理工学院的费曼讲席教授，也是引力波天文台建造计划的负责人，同时还是一位才华横溢的公众人物[1]。

事实上，《引力论》不是我的第一本相对论方面的著作。作为"热身"，我曾与另一位年轻人——埃德温·泰勒（Edwin Taylor，与泰德·泰勒没有关

233

―――――――――

〔1〕 基普·索恩，《黑洞与时间弯曲：爱因斯坦的幽灵》（*Black Holes and Time Warps*: *Einstein's Outrageous Legacy*）（New York：W. W. Norton & Company, 1994）。（中文版，李泳译，湖南科学技术出版社，2001 年第一版。）

系）——共同撰写了一本关于狭义相对论的本科教科书。1962 年 9 月，他利用学术休假由韦斯利恩大学来到普林斯顿。我们谈到我将在大一的物理学专家授课课程里尝试的一种新的教学方法——由狭义相对论出发讲授物理学。泰勒同意旁听这门课并做笔记。那时我对他并不熟悉，我正在物色人选，因此看到有人对此有兴趣并愿意合作，我自然乐得顺水推舟玉成此事。后来我才知道，泰勒不只是一位优秀的教师，而且是一位稀世罕有的天才教师，他的文笔也相当优雅。他对物理学的贡献一直是在物理学教学上，但其重要性一点不亚于推进人类知识进步的研究性工作。

我给大一新生开设狭义相对论课的第二年，泰勒和我准备将课程笔记作为讲义下发学生并请同事给予评估。随后我们将笔记改写成书。泰勒充满了进取心，不断提出好主意，逼得我必须发奋努力。1966 年，我们的努力凝结为《时空物理学》一书。感谢他后来即使到了麻省理工学院的新岗位上仍为此笔耕不辍，1991 年我们又推出了本书的第二版。1996 年我们又合出了一本新书——《探索黑洞》。

广义相对论涵盖极广，这一点使得它比我过去所从事的研究更适合写成一本书。1962 年，我将过去发表的有关这方面的研究论文集结成书，取名为《几何动力学》。之所以取这个书名是要与以前大家熟悉的《电动力学》匹配。电动力学是一种描述电和磁的性质——电场和磁场如何产生、传播和被吸收——的理论。我想强调的是相对论内容的相似性——本质上说，这一理论是关于时空几何的理论，动态、变动的时空几何是如何受到物质质量的影响，如何传播，以及反过来如何影响物质质量的。

1964 年，我的三位学生——肯特·哈里森（Kent Harrison）、基普·索恩和若野正见（Masami Wakano）和我共同完成了另一本书：《引力理论与引力坍缩》（于第二年出版）。正如我在书的第 14 章的起始段所述的那样，这本书缘自我的两个缺点：喜欢长篇大论和拖延的倾向。这本书面世时我还没引入"黑洞"的这个名词，但我已经开始琢磨相对论的主要特征的意义，即引力坍缩意味着什么。1965 年，为响应德国同行邀请出席庆祝广义相对论问世 50 周年的纪念活动，我写了长篇论文《爱因斯坦的愿景》。这个愿景让爱因斯坦在晚年仍充满活力。我在许多场合与他讨论过这个愿景—— 一个全然几何的世界，一个万物皆由时空构成的世界。后面我会澄清所谓"由时空构成"是什么意思。几年后，这篇论文及其附录被编辑成德文版小书《爱因斯坦的愿景》。[虽然我在高中时曾获得过德文奖，平时阅读德语论文也还凑合，但在整

234

理这本德文版小书时还是需要专家的协助。帮忙的有几位说德语的同事，尤其是从维也纳来普林斯顿做短期访问的赫尔穆特·克里卡瓦（Helmut Krikava）。]

这几本书为米斯纳-索恩-惠勒合著的单卷本《引力论》专著提供了充分的准备。这些书之所以能出版主要应归功于我的学生对我的激励，并给了我教益和灵感。几年之后，当我应彼得·伦兹之邀为弗里曼出版社写一本面向非专业人士的科普书时，我感受到前所未有的艰难。我必须独立完成！没有合作者的督促，我真想将写书的事儿撂到一边去做其他事情。1989年夏天，这本拖拖拉拉写了几年的书眼看就要到交稿的期限，我开始每天早晨接到非常可爱的责任编辑苏珊·莫兰的电话。"关于这本书，你今天有什么计划？"她亲切地问道。每天傍晚（差不多这样）她也会打电话来，以相同的语调问道："今天完成了多少？"这种做法还真有效。《引力与时空之旅》就这么完成了，并于1990年出版。现在看着这本以四种语言同时推出的书陈列在我的书架上，我感到非常欣喜。像莫兰这样的编辑是难得的瑰宝。

物理学的支柱之一是牛顿第三定律。这一定律通常陈述为：任何作用都存在大小相等、方向相反的反作用。另一种陈述是：作用力都以相互平衡的对偶方式出现。太阳对地球的作用力与地球对太阳的作用力大小相等但方向相反。人将地球向上拉的力量与地球将这个人向下拉的力量大小相等。这条定律也可以应用到运动的性质——动量上。一个撞击原子核的质子反弹时其动量会改变，而这个原子核受此碰撞也会发生相反方向的动量改变。

牛顿第三定律的现代的一般形式可以用来描述所有物质间的一切相互作用。它告诉我们，作用到它事物上的任何事物都会受到被它作用的事物的反作用。天才教师暨教科书作者保罗·休伊特（Paul Hewitt）用生动的人际交往来表达这个概念："你碰触别人就不可能不被别人碰触。"为了为我的《引力与时空之旅》一书引入一个主题，我想引用牛顿第三定律的基本要点来描述引力和弯曲时空。我引用较早出版的《引力论》里的叙述写道："时空界定了物质如何运动；物质则界定了时空如何弯曲。"换句话说，某物质（或质量，或能量）按照它所处位置的弯曲时空的指令运动。（落向地面的球是对其周围弯曲时空的响应。）同时，质量或能量本身也会对其所在位置的时空的曲率产生影响。（下落的球体会影响到时空，因此也会影响到其周围其他物体的运动。）

牛顿第三定律在我的第一篇关于广义相对论的文章里起着重要作用。爱因

235

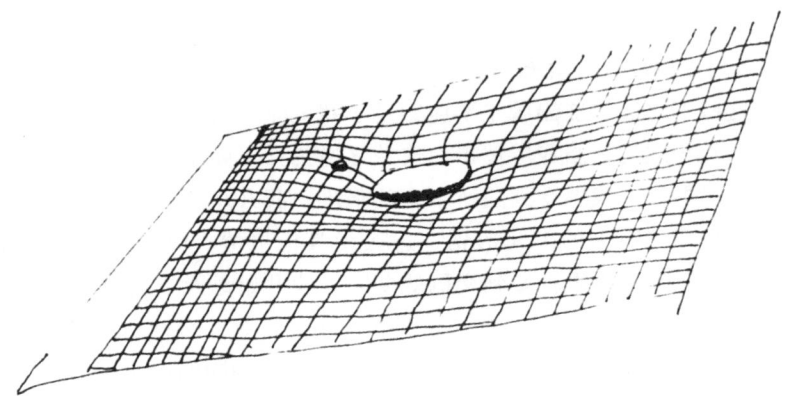

物质（大石头）决定时空的弯曲程度；时空则决定物质（小石头）如何移动（惠勒绘图）

斯坦理论的三大检验之一是太阳造成星光偏折。在 1953 年春季讲授相对论课程时，我开始思索这样一个事实：如果光受到引力的影响，那么引力也会受到光的影响。换句话说，光不仅对引力做出响应，光还会产生引力。这个想法本身并不新鲜。爱因斯坦早就提出，所有的能量，不只是包含在物质里的能量，都是引力的来源。既然光有能量，当然也可以是引力的来源。我要做的是将这一思想推演到极致。我问自己这样一个问题，要多少光才能产生足够大的引力使光折向自身？经过太阳的星光会有微小偏折。如果我们用更大质量的星体（但不增加其体积）来取代太阳，那么不难计算出足以使光折成绕该星体的一个圈（就像卫星绕地球一圈）所需的质量。由此我推断，如果我们将中心超大质量星体去除，同时将光的强度提高到其自身就能产生等强度的引力场的程度，这时将会发生什么事？答案是光将持续绕圈，由其自身的引力作用而束缚在轨道上。其维持不需要任何中心吸引体。

这种假设性实体作为一种完全由电磁场构成的引力体，我称之为"京子"［geon，g 代表引力（gravity），e 代表电磁（electromagnetism），on 是粒子的字根］。目前没有证据表明自然界存在京子，后来我能够证明这种实体是不稳定的——即使能够形成，也会迅速自行毁灭。无论如何，我们很自然会去设想，自然总有办法来实现所有可能的途径。或许京子在宇宙的早期曾短暂地存在过，或许在现今的宇宙里它们形成了又迅速解体，或许（最近有些学生和我猜测）这种实体是黑洞生成过程中的中间态。

236

— 221 —

京子的概念之所以吸引人，除了让我感受到将理论推到极致所带来的一般性乐趣之外，还有一个特殊的理由，那就是这些实体是一种"没有质量的物质"（mass without mass）。我来解释一下这个让人费解的概念。整个物理学，不论是经典物理学还是量子物理学，都面临如何处理点粒子这个概念的问题。我们认为电子、中微子和夸克都是数学上的点，我们认为光子是在数学上的一个几何点的位置上生成和被吸收的，但我们对这种点粒子和点相互作用所隐含的无穷大质量密度和无穷大电荷密度无法处理。这些"点"是物理学领域棘手的难题。我们必须容忍这种存在，期待有一天我们能够搞清楚并理解今天看作"点"的那些东西的内在结构。京子的美妙之处，在我看来，就在于它能够展现这种内在结构——它肯定不是无穷小的实体，而是一种从远距离观察呈现为点状引力源的客体。

1953～1954 学年，是我 4 年来回到普林斯顿后首度回归到全职教学和研究工作状态。我一边教学指导研究生，一边从事核物理研究。我还抽出时间来思考有关京子的性质。在 20 世纪 30 年代和 40 年代，我曾搞过用无场的粒子来构建宇宙（至少是一种模型宇宙）的研究。我与费曼合写的有关超距作用的论文描述的正是这样一种世界。现在我则持相反的观点：一种没有粒子的世界（更准确地说，一种一切所谓粒子皆可解释成某种内在的时空结构的世界）。

1954 年夏天，孩子们与他们各自的朋友去"逛"欧洲了，珍妮特和我则在瑞士日内瓦住了一个月。所住的舒适公寓是她"姨妈"（实际上是她母亲的表亲）马德琳·多蒂（Madeline Doty）提供的。从公寓向外望去，可以看到日内瓦湖的水流泻入罗讷河形成的瀑布。这里真是写作的好地方，那么平静、宜人。琢磨京子一年有余，我打算就此写篇文章。夏末，论文草成，孩子们过来和我们会合，然后我们一起开车去罗马。

第二年夏天我又来到日内瓦，这次来是参加第一届原子能和平利用国际大会。我第一次见到了一些苏联同行，非常兴奋。我们逃过了部分议程，抽空溜到室外，边散步边讨论物理学课题。由于双方在热核研究上还有保密壁垒，因此我们很少谈到聚变。直到 1958 年的第四届原子能和平利用大会上，双方才充分交换了有关聚变的信息。苏联等离子体物理学家暨空间科学家萨格杰耶夫

（Roald Sagdeev）[1] 在他的自传里，从一个首次出国的 26 岁的年轻人的视角以风趣的笔调描述了 1958 年的这次大会：他在日内瓦街头到处寻觅受到压迫的大众而不可得。（萨格杰耶夫根本没想到，苏珊·艾森豪威尔，发起并推动这几届大会的艾森豪威尔总统的孙女，有一天会成为他的妻子。）

在 1954 年于肃穆的罗讷河瀑布景观里完成的京子论文里，我总结道，最小的"纯经典的"京子（可以忽略量子效应的京子）是一种尺寸约为太阳大小、质量约为 100 万个太阳质量的甜面圈。（这个质量等同于引起形成甜面圈轨道所需的电磁能量。由于京子不依赖于物质粒子，因此称它是"没有质量的物质"。）我发现，大如宇宙的更大的京子理论上是可能的。即使是最小的经典京子体积也相当庞大，但这不构成我们停止探讨这种实体的理由。我觉得，首先，无论钻研优美的广义相对论会将我们带向何方，也无论所得到的结果为何，进行这种研究都是一种义务，更何况其中还蕴藏着令人神往的内涵。再者说，如果我们将量子效应考虑进来，那么京子的大小就有可能小得多。我怎么可能抗拒这种诱惑而不去设想：我们有可能发现体积小到跟单个基本粒子一样的微型量子京子？

我回到普林斯顿后，将论文的复印件送交爱因斯坦（当时他已经 75 岁）寻求他的建议，并请他将这篇论文送冯·诺伊曼过目。爱因斯坦回复了一封短信，先对没有及时回复表示了"良心上的惴惴不安"，然后写道："当然，我之所以没有及早回复，是因为我并不完全信服，而且我发现我们是朝着不同的方向思索。如果我们能够面谈，对理解彼此的观点或许要容易得多。"因此，在 10 月底，我们做了一次交谈（根据我的记录，我们是通过电话进行的交流，并没有见面）。他说他自己也曾考虑过类似京子的高致密能量概念，而且其体积更小。但没有继续研究下去，因为他认为那样"不自然"（就是说，他看不出这种实体与自然界已知物质之间存在什么联系）。

爱因斯坦再次表现出他惯有的惊人直觉。在交谈中，爱因斯坦说他愿意接受他的相对论方程可以有我所探索的京子解，但他怀疑京子是否稳定。几年后，我在准备纽约大学的一场演讲时才认识到京子确实是不稳定的。京子就像一支用笔尖站立的铅笔。在完美的理想条件下，铅笔是可以竖立不倒，但实际上只要有轻微扰动，它就会倾倒。相同道理，在完美的理想条件下，京子可以

---

[1] 萨格杰耶夫，《一位苏联科学家的作为》（*The Making of a Soviet Scientist*）（New York：John Wiley & Sons，1994）。

将巨大的能量处于压缩态。但实际上，只要有轻微扰动，京子就会坍缩或解体，并将所含能量辐射到宇宙中。

我送交爱因斯坦过目的论文基本上只讨论了经典（非量子的）广义相对论。但其中也包含某些对量子情形下的评述，例如，如果京子较小，那么量子现象对这种京子的属性会有什么影响；在电子-正电子对里京子如何辐射其能量，等等。爱因斯坦对这些内容均不置可否。他在交谈中再次告诉我，他不喜欢量子理论中的或然性质。这正是他与玻尔25年前的著名论争的回响。作为20世纪最耀眼、最具创造性的物理学家，爱因斯坦笃信大自然在本质上是决定论的而非概率论的，他有一句名言："上帝之心难测，但不恶毒。"只要有关支配微观的和高能的定律的问题没有答案，他的哲学立场就必然会继续在物理学界得到响应。

在1955年发表的这篇京子论文中，我除了讨论了甜面圈状京子外，也讨论了球状京子，以及由中微子与光子构成的京子。随后，我探索了"更纯的"仅由引力能量构成的京子，在其周围激荡着超强的引力波，引力波所产生的足够强的引力使其自身被牢牢约束住。我认为，这种京子可能提供了一种引力波与黑洞之前的过渡状态。

海洋中汹涌的波涛有时候会形成极高的波浪——我所知道的浪高的最高纪录是52米。同样，早期宇宙中的物质和能量也可能形成幅度极高的引力波。但如果条件合适，京子般引力波能量的集中不会形成类似海洋上的高耸的浪涛，而是坍缩成黑洞。这个结果同样属于"没有质量的物质"。强引力作为黑洞的成因而不只是其结果，是我1993年的一项研究课题。参加该项目的还有普林斯顿的资深研究员丹尼尔·霍兹（Daniel Holz）；我曾经的研究生，现在洛斯阿拉莫斯工作的沃纳·米勒（Warner Miller）以及我的多年合作伙伴，现在日本教物理的若野正见。

自从我从事引力物理学研究以来40年过去了。这些年来，看着我的学生，学生的学生，循着我第一篇京子论文开拓的路子不断深入探索，我非常高兴。现在他们都是学术带头人，轮到他们来激发我的思考，让我坚持揭去蒙蔽我们看清存在背后机制的面纱。因此当他们邀请我参加某项研究时，我十分乐意。

与爱因斯坦讨论京子过后仅几个月，他就于1955年4月辞世了。从我1933年与他第一次见面以来，他一直对我相当照顾。在他谢世之前两年，他邀请我带上相对论课程班上同学一起到他家里喝茶，他和我就这一主题有过几次富于启发的交谈。这个主题让他难以割舍逾40年，也让他投身其中欲罢不能。

"没有质量的物质"——能够自己约束自己的纯能量——并不是我 1955 年发表的京子论文的唯一主题，其中还提出了另一个概念："不带电的电荷"（charge without charge）。通常，我们说电场线发自或始于质子这样的带正电的粒子，汇聚或终结于电子这样的带负电的粒子。但如果我们希望提出这样一种新理论——京子理论——其中排除掉点粒子概念以及随之而来的无穷大密度、无穷大场强等奇异属性，那么首先我们就必须排除掉电荷的概念。如果不存在有始有终的电场线，电荷就没有存在的必要。这种情形在牛顿的"平直"空间里当然不可能存在。但在爱因斯坦的"弯曲"空间里，几何性质就允许存在这种情形。想象早期西部牛仔电影里所使用的平底浴盆，它就相当于一种平直空间。里面的水（相当于空间电场）因为没有排水口故泄放不掉。相比之下，现代浴缸有弯曲的底面，而且缸底连接排水管位置的弯曲程度更明显。浴缸里的水沿排水口流出而"消失"。但水流不是遗失在宇宙中，而是遗失在被洗浴者占据的那部分宇宙中。高度弯曲空间里的电场线就像水一样，会从一处消失而再现于远处的另一个地方。

具有类似浴缸和排水口性质的空间即所谓"多连通"空间。场线似乎可以从一处消失并在另外一处再现而无所谓起点和终点。曾经在普林斯顿给我启发的伟大的数学家赫尔曼·外尔，早在 1924 年就最先想到被多连通空间捕获的电场线。

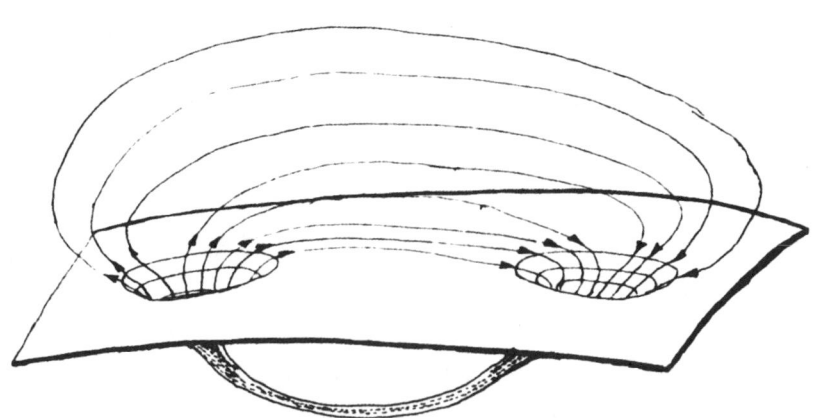

"不带电的电荷"的概念：从一地发出在另一地终结的电场线可以是联通的，这要归功于存在"多连通"空间的虫洞

（惠勒绘图）

在上面这幅图中，我用二维的纸面代表三维空间。场线消失在右边的洞里；右边的洞代表负电荷。场线从左边的洞穿出；左边的洞代表正电荷。图中位于纸面下连接两个洞的"柄"为场线提供了连续路径。场线无始无终，这个柄也使空间变为多连通区域。任何实验者都无法从远处看出这两个供场线出入的洞口的差别，这两个洞口即相当于场线起点和终点处的正负粒子。这一概念也可以应用到三维空间。根据这个理论，场线可以从视线中消失——消失在地平线下，而消失处等同于负电荷，再从另一处——可能有亿万千米远——出现，出现处则等同于正电荷。

后来我给这种柄取了个名字叫"虫洞"。它是场线从一处消失并再现于另一处的多连通空间的管道。虫洞的洞口可以想象为任意小，使得它看上去非常接近于点粒子。这将在我眼前呈现一幅什么样的图景！一个有着无穷多虫洞的空间，你无从区别洞口与带电粒子之间的差异。这就是不带电的电荷。 241

电荷的虫洞理论漂不漂亮暂且不论，但肯定有困难。它暗示自然界里每种类型的正负粒子应保持完美的平衡。但我们在我们的宇宙中所见的电子数目却远远多于正电子数目，质子数目也远远多于反质子数目。虫洞的稳定性如何？"虫洞不会坍缩吗？"玻尔在1962年去世前不久曾这样问过我。这个问题也正是那时我和我的学生富勒（Robert Fuller）试图解答的问题。是的，我们发现，玻尔的质疑相当准确。虫洞的直径收缩得是如此之快，以至于连光子都无法在虫洞关闭前从一边射入并从另一边穿出。但在相对论描述的这个极度扭曲的世界里，虫洞的闭合需要无限长的时间，如果有人从外面观察的话。在某些情形下，穿越虫洞的场线的存在使得虫洞免遭坍缩。因此，从理论上说，虫洞这种实体和景观是可以存活很长时间的。

存在的都是合理的。（Whatever can be, is. 或说得更武断点，凡存在的必有其合理之处。Whatever can be, must be.）[1] 这一信条——这也只能是信条——让我相信，大自然总会找到一条路径来实现每一个站得住脚的理论给出的每一种特性。所有的信仰，包括这一条，都必然有某种界限。这条信仰成立的条件就是宇宙的有限性。宇宙里的粒子数目是有限的，质量是有限的，它们的存在时间也是有限的——宇宙有开始，很可能也有终端。因此，并非任何一种理论做出的任何一条预言都能够实现。但我倾向于认为，所有的普遍性特性

---

[1]　有些物理学家有意无意地大胆断言，自然就是个绝对的独裁者，它规定凡不禁止者皆必定发生。

都能实现。如果相对论是正确的，如果相对论容许虫洞存在，那么虫洞必然会在某处以某种方式存在——或者说，这就是我所期望的结果。

量子力学或许可以为虫洞提供令人信服的逻辑依据。早在 20 世纪 20 年代末和 30 年代初，量子理论就已经告诉我们，亚微观世界，就是那种需要通过想象的放大倍数足够高的显微镜来观察的世界，是一个充满了随机涨落的混沌世界，在这里粒子会不断产生和湮灭。在这里，即使是物理学的支柱——能量守恒定律——也得允许暂时的破缺。不仅如此，时空尺度越小，涨落就越大——即偏离"常态"的程度就越高。有相当多的证据表明存在这种涨落，因为它们改变了粒子和原子的可测量性质。

因此，安静地待在虚空中的电子实际上并不安分。如果我们用假想的放大倍数越来越高的显微镜来观察它们，我们就会看到电子的周围变得越来越活跃。在它附近，有其他电子和正电子在不断产生和湮灭，光子出现了又消失了，更重的粒子也加入这场无休止的生生灭灭的舞会。我们越接近观察，看到的活跃程度就越高。每个"孤立的"电子都是沸腾的火山的爆发点。粒子领域里所有可能发生的事件都可以在这个微小的小宇宙里被观测到。

反过来，如果我们一步步退后，从越来越远的距离上用倍数越来越低的显微镜来观察，那么所有的一切又都恢复到简单和有序。如果我们从远处观察，单个电子具有一个单位的负电荷、特征质量和自旋，看上去完全是独立的。但如果我们测量它的磁矩（由自旋电荷产生的磁性强度），就会发现测得的不是最初狄拉克独立电子理论所预言的值，而是预言值的 1.001159652 倍。这是因为存在虚粒子的缘故。附着于电子的虚粒子群虽然看不见，但测量给出的这个差值却让我们知道了它们的存在。甚至在远离电子的位置上，它们还是会由电子的磁性露出不可否认的印迹，正是这一点导致测得的电子磁矩与理论值之间存在千分之一的误差。

有关量子涨落的实验和理论研究进展，在 1947 年纽约州谢尔特岛召开的量子物理学基础会议上得到了前所未有的充分交流。我之所以要提及这次重要的会议，是因为它标志着第二次世界大战后美国物理学界的成熟。[1] 会议的

---

〔1〕 关于谢尔特岛会议的详细记录，见 Silvan Schweber 所著《量子电动力学及其创立者：戴森、费曼、施温格和朝永振一郎》（*QED and the Men Who Made It*：*Dyson，Feynman，Schwinger，and Tomonaga*）（Princeton，N. J.：Prrinceton University Press，1994）。舒韦伯对物理学的深刻理解使得他对这段历史的翔实研究更为可信。

筹备工作始于 1945 年末，几乎是战争甫一结束就立即展开。这次会议最先是由物理化学学家邓肯·麦金尼斯（Duncan MacInnes）提出的。麦金尼斯任职于纽约洛克菲勒大学，很有才华且精力充沛。他通过他的朋友弗兰克·朱厄特（Frank Jewett）——国家科学院主席——的帮助，取得了国家科学院的资助承诺。然后麦金尼斯又请求美国物理学会的秘书长，性格张扬又固执但人气很旺的卡尔·达罗（Karl K. Darrow）协助进行具体计划。他们起初设想会议规模不会很大——与会者不超过 30 人，因此作为非正式的会议，找个乡间旅馆布置一下就得了。来的想必多半是年轻人和美国人，大家聚在一起探讨量子物理学的基本问题。

243

由于经费有限，因此只考虑集中邀请美国科学家。但美国幅员辽阔，因此事实上变成了只邀请东部地区的美国科学家。[麦金尼斯最初估计会议花费为 3120 美元。国家科学院提供 1500 美元赞助，而实际开销不到 1000 美元！与会人员中唯一的欧洲科学家是荷兰物理学家亨德里克·克拉默斯（Hendrik Kramers），他也只需从新泽西普林斯顿高等研究院附近赶来。总共 25 位与会人员中，奥本海默和塞尔伯来自加州；费米来自芝加哥；其他人都来自东岸。] 但与会的绝大多数是美国人并不仅仅是因为经费的原因。时代变了。随着雷达和原子弹在战时的成功运用，美国物理学家已经放开手脚，美国的物理学发展已成为时代主流。

尽管如此，会议主办者还是首先向（在美国的）欧洲学者请教。当时在纽约的法国理论物理学家莱昂·布里渊（Léon Brillouin）提供了一些 20 世纪 20 年代至 30 年代在布鲁塞尔多次成功举办索尔维会议的经验。许多物理学泰斗（主要是欧洲人）通过会议进行了多次重要的交流。1945 年获得诺贝尔奖的瑞士物理学家泡利，在获奖后到访普林斯顿时建议举办规模大一些的会议，以便能够使绝大多数知名的欧洲和美国的科学家与会。但麦金尼斯没有采纳这个建议。他希望与会者是少数"较年轻的人"，是那些希望在未来有所突破的年轻人。由于他、达罗和泡利都将我归类到这种"较年轻的人"（我当时是 34 岁），而且我就在附近，因此他们转而请我就邀请名单和讨论的议题提些建议。对于这个请求我感到非常荣幸，乐于从命。最后，参加会议的人员大多是我建议邀请的人士，会议主题也包含了我认为重要的议题。与会者中有我先前的学生费曼（当时他在康奈尔大学）和当时已经获得哈佛终身教职的施温格，两位都还只是二十几岁的年轻人，后来他们与日本的朝永振一郎三人一起共同获得了诺贝尔物理学奖，获奖的研究成果正是受到谢尔特岛会议所描述的实验

244

出席 1947 年谢尔特岛会议的部分科学家。左边站着的是威利斯·兰姆。坐着的（由左至右）分别是：亚伯拉罕·派斯、理查德·费曼、赫尔曼·费什巴赫和朱利安·施温格。我站在后面

（承蒙美国物理学会埃米里奥·塞格雷视频档案馆提供）

的启发。

1947 年 6 月 2 日~3 日，短短两天时间，25 位物理学家（那个时期全都是男性）将长岛东端附近的谢尔特岛上的公羊头旅馆整个包下。我们一起吃，一起交谈，一起听报告，然后再一起交流。精彩热烈的讨论主要集中于两大议题：哥伦比亚大学的兰姆的新的实验测量结果表明，氢原子能级与狄拉克量子理论的预言值之间存在微小差异；宇宙辐射里的介子存在令人迷惑的性质。

对于第二个议题，罗彻斯特大学的罗伯特·马尔沙克（Robert Marshak）认为，如果存在两种不同的介子，那么所观测到的奇异结果就可以得到解释。两种介子中，较重的、相互作用较强的那个产生于高空大气层的核碰撞，而质量较轻、相互作用力较弱的那个则属于到达地球表面的宇宙线中的次级粒子。一年之内，他的这一假设就得到了英国布里斯托大学的塞西尔·鲍威尔

（Cecil Powell）及其课题组的确认。鲍威尔采用特殊感光乳剂捕捉宇宙线粒子痕迹来进行研究。他们研究了宇宙线粒子在照相乳胶底板上留下的径迹，正如马尔沙克所预言的那样，一切瞬间变得真相大白。短寿命的 μ 子在高空大气层就消逝，寿命较长的 μ 子则能够到达地表。如果你将一支盖革计数器放在远离放射源的地方，那么你听到的滴滴答答声就是接收到的 μ 子引起的。

会议上比介子议题更令人激动的是兰姆的新结果。兰姆和他的学生罗伯特·雷瑟福德（Robert Retherford）发现，氢原子里电子的能量并不严格等 245 于根据公认的狄拉克量子理论计算得到的值。实验中兰姆和雷瑟福特采用的是由战时雷达技术发展而来的实验技术。与会的大多数物理学家，包括我在内，都认为要对这个实验结果给予理论解释只有从量子涨落上来考虑。但这并不意味着我们知道该如何来计算这种效应。好在来自康奈尔大学的汉斯·贝特在回家途中想出了解决办法。会议结束后，在从纽约回奥尔巴尼的火车上，贝特通过近似计算得出了接近兰姆所报告的能量位移的正确结果。这在各大学里激起一波研究热潮。在谢尔特岛会议后的一年多时间里，物理学家已经深入理解了造成兰姆-雷瑟福德结果的起因。这是精彩纷呈的一年。一年里，几乎所有与会者彼此间都以开放性科学研究的优良传统进行了常态化的充分交流。

兰姆和雷瑟福德所展示的现象可以解释如下：电子在绕氢原子核中心的质子旋转时实际感受到的力要大于中心质子给它的力。此外，这个电子还对空间无处不在的量子涨落有反应。这就好比地球在环绕太阳旋转的过程中，地球所感受到的不仅有远处太阳所施加的引力，而且还会受到运行途中来自数以百万计的微小陨石块对其所施加的微弱作用力。

奥本海默在谢尔特岛会议后不久写道："对我们大多数人而言，（谢尔特岛）会议是我们所参加过的会议中最成功的一次。"两年后，费曼说道："自那之后，国际上举办过多次学术交流会，但我再也没有感觉到有比这次更重要的。"[1]我们所有人都有同感。那是天时地利人和的结果。

从某种意义上说，谢尔特岛会议是一件纯美国事件，25 位与会者中有 24

---

〔1〕 奥本海默的这段评论是在写给理查斯（A. N. Richards）的一封信里。费曼则是在接受维纳（Charles Weiner）的"口述历史"访谈时做上述表示的。二者均引自 Silvan Schweber 所著《量子电动力学及其创立者：戴森、费曼、施温格和朝永振一郎》一书（参见本章前注）：奥本海默，见 179 页；费曼的见 159 页。

位是美国公民或未来的美国公民。但这次会议也是一次国际性会议——有将近一半的与会者出生于欧洲。我们应该感谢欧洲的法西斯主义，他们不但使大量人才流入美国，而且铸就了美国的战时辉煌，这二者直接导致了美国在科学上的优势地位。

# 第 11 章　量子泡沫

　　甚至在我 1953 年春第一次通过教学来研究相对论时，我就已经开始考虑它与量子理论之间的联系了。既然量子理论可以支配电场、磁场和中微子场，那它就应该能够支配引力场，即时空本身。我在 1955 年的那篇京子论文里提到过这个想法，但真正清楚地构想出量子引力的"彩色（Technicolor）"图像时已经是多年之后的事了。事实上，这个图像的形成很大程度上是得益于我和我的学生查尔斯·米斯纳之间的讨论。量子引力的图像是一种湍流图像——湍性空间、湍性时间、湍性时空，甚至超越湍流。如果我的想法正确，那么足够小区域上的时空不只是有"起伏"，不只曲率不规则，而且应当是分形成不断变化的多连通几何。对于非常小非常快的情形，虫洞应当像那些造成电子的能量和磁性发生细微变化的舞动着的虚粒子一样，是这景观里的一部分。

　　如果我们再次挪开假想显微镜，凑近来看某种物质粒子（譬如质子）及其周围的时空本身时，我们会看见什么呢？如果我们观测的是 $10^{-16}$ 米范围的空间，即单个质子尺度的空间，观察时间仅 $10^{-24}$ 秒，即不到光从质子直径的这端走到另一端所需的时间，那么我们将看到粒子的狂舞——量子湍流带来的微观世界里极为活跃的场面。但我们看不到量子湍流对时空的影响。时空仍保持平滑如镜。

　　要想看到"量子泡沫"——即受湍流扰动而变成多连通区域的时空，我们就必须更深入地观察，而且要相当地深入。

　　量子概念的提出者马克斯·普朗克最先注意到，我们可以将某些物理常数综合成某个长度量纲的量。虽然他并不清楚这个长度所代表的意义，但他认为它是一种"自然"长度，而且比我们日常生活中用到的物体尺寸的长度（例如：米的最初定义是赤道到两极距离的千万分之一）更为重要。普朗克组合用到的常数有源自引力理论的引力常数 $G$、源自电磁理论的光速 $c$ 和他自己的量子常数 $h$。（现在我们通常用的是将普朗克常数 $h$ 除以 $2\pi$ 得到的 $\hbar$，或称 h

拔，它是量子理论的基本常数。）

我和米斯纳讨论后认为，这种"普朗克长度"正是时空量子涨落的尺度。这个尺度极其微小。究竟有多小呢？我们不妨想象有这么一列小球，每个小球的直径等于一个普朗克长度。那么用这种小球排到一个质子直径长度所需的小球数目，相当于用质子排列到横跨新泽西州所需的质子数目。10万个质子排成一行才相当于一个原子直径的长度，100万个原子排成一行才等于一句话从头到尾的文字长度，更不消说要有多少句话的文字长度才能跨越新泽西州。与普朗克长度比起来，甚至连我们称为基本粒子的微小实体都显得巨大无比。如果我们换一种比喻，将距离比作金钱，那么一分钱相对于美国的年度预算之比都要比普朗克长度相对于质子大小之比大上100万倍。

如同普朗克长度一样，有所谓的"普朗克时间"。这个时间就是光走过一个普朗克长度所需的时间。[1] 假设一个钟滴答一声走过一个普朗克时间单位，那么这个钟在一秒钟内所滴答的总次数要比你手表的石英晶体在整个宇宙寿命时限里所振荡的总次数还要多出数十亿倍。普朗克时间实在是太短了，根本无法观察——但还不至于短到无法想象！如果有趣的事件是发生在普朗克长度的尺度上，那么这些事件的持续时间也必然是在普朗克时间的时间尺度上。

如果我们向越来越小的尺度进发，那么到达质子尺度后，我们还需要下探 $10^{20}$ 才能到达普朗克长度。只有在这种尺度上，原先光滑如镜的原子和粒子世界的时空才会变成动荡混沌的古怪的时空几何。虫洞也许是能够出现的这种扭曲状态的另一种方式。涨落是如此剧烈以至于根本就不存在左和右、前与后之间的区别。日常的长度概念消失了，日常的时间概念也不见了。对于这种状态，我找不出比"量子泡沫"更贴切的名词了。

上述这些想法是我在荷兰莱顿度过的美好的 8 个月——1956 年 1 月到 9 月——里逐渐明确起来的。在那里，我与莱顿大学的学生和教授，以及和我在一起的三位美国年轻人——普林斯顿的两位研究生查尔斯·米斯纳和彼得·普特南（Peter Putnam）及来自马里兰大学的电气工程教授约瑟夫·韦伯（Joseph Weber，他加入我们小组是想从事相对论研究）——经常在一起讨论。这些讨论对我启发很大。这一切皆缘自莱顿大学昂内斯实验室主任科内留斯·戈

---

〔1〕 普朗克长度公式为 $L=(\hbar G/c^3)^{1/2}$，即普朗克常数乘以引力常数再除以光速立方所得结果的平方根。用科学记法来表示为 $1.6 \times 10^{-35}$ 米。相应的普朗克时间为 $5 \times 10^{-44}$ 秒。

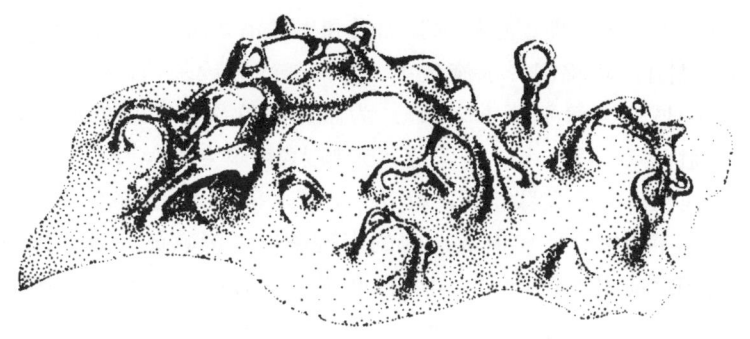

量子泡沫

（转载自基普·索恩的《黑洞与时间弯曲》图 13.7c。NY：W.
W. Norton& Company, 1994, 478 页；中文版, 461 页）

特（Cornelius Gorter）邀请我担任春季学期的 H. A. 洛伦兹讲席的客座教授。
我愉快地接受了邀请（当然这得感谢普林斯顿我所在系的系主任和同事的支
持）。我讲授的是量子理论和相对论以及这两大理论之间的联系。讲课能够磨
炼我的思考。这段时光是我一生中最多产和快乐的时段之一。珍妮特和我一想
起在莱顿的岁月就感到温馨。

当年 1 月末，在珍妮特、我们的女儿艾莉森和我预定到达之前，普林斯顿 249
的天文物理学家马丁·施瓦西和他的妻子芭芭拉正好要从法国的勒阿弗尔
（Le Havre）乘船回美国。于是我们看也没看就设法买下了他们的雷诺"四驹"
轿车。这样我们不用办理烦琐的手续就得到了代步工具。我们爬上车，驾车沿
东北方向穿过法国和比利时进入荷兰，在风雪严寒中到达莱顿（感到冷是由
于汽车提供的暖气不够）。我们看到在结冰了的荷兰运河上有人在滑冰，就如
同我们在《银色滑冰鞋》[1]一书中所读到的场景一样。

到达莱顿后，我们住进了与市政府一街之隔（隔着一条鹅卵石马路）的
金羊毛旅馆。这里出门便是 16 世纪的历史风貌。街面上铺着排列整齐的鹅卵
石，街心镶嵌着六角形的蓝色石块。它标志着此处曾是行刑场。那些在 1573～

---

[1]　本书原名 *Hans Brinker Or, The Silver Skates：A Story of Life in Holland*，是美国作家玛丽·
M. 道奇（Mary Mapes Dodge）于 1865 年出版的一本小说。书中通过主人翁汉斯·布林克试图赢得
速滑比赛而得到奖品银色滑冰鞋的故事，形象生动地描述了 19 世纪早期的荷兰的生活状态。值得
称道的是，正是这本小书将荷兰的速度滑冰运动引入美国。因此在美国媒体上，常常用 Hans Brin-
ker 来指称优秀的速滑选手。——译注

1574 年西班牙攻城期间不愿意拿起武器来抵抗侵略军的市民在此处被吊死。在威廉一世（沉默者威廉，也称拿骚伯爵和奥兰治亲王[1]）的领导下，荷兰人于 1574 年掘开海堤堤坝，水淹敌军，并驾战舰驰援莱顿，终于击败了西班牙人。（莱顿城低于海平面 1.2 米。）为了纪念这次保卫战的胜利，威廉在1575 年——胜利后的第二年——设立了莱顿大学。9 年后，在西班牙国王菲利普二世誓取他性命的重金悬赏下，威廉一世被杀身亡。威廉的传奇故事部分还与他为之奋斗的宗教宽容有关。他的事迹激发了清教徒（包括我的部分祖先）在来美国之前先来到荷兰。大约有 40 位清教徒在莱顿度过了美好时光。

我对这些历史怎么能不感兴趣！普林斯顿校园里最古老的建筑就叫拿骚楼。这幢曾在 1783 年被用作美国独立战争时期的国会办公场所和美国政府所在地的建筑的命名可追溯到 12 世纪的欧洲[2]。普林斯顿市（以及后来的普林斯顿大学）的名称则是按英格兰国王威廉三世[3]的称号命名的——和他的曾祖父威廉一世一样，威廉三世也是尼德兰的统治者和奥兰治亲王（Prince，

---

〔1〕 威廉·奥兰治 1533 年出生于世袭的拿骚伯爵家族，后他以长子身份承袭父亲爵位，故称拿骚伯爵。11 岁时，他的叔伯兄弟、奥兰治亲王勒内·沙龙奉德皇查理五世之命与法军作战，战死沙场，于是他经查理五世恩准又继承了堂兄奥兰治亲王的爵位和领地，故又称奥兰治亲王。1559 年，威廉以西班牙代表身份赴法谈判，签订了卡托-康布雷齐和约，并以使臣身份留驻巴黎。在与法王亨利二世的接触中，他得知和约中还有秘密条款，规定两国在镇压新教徒方面相互支援。为了寻求机会将这一消息送出去，他几天沉默不语，终获成功。故史称"沉默者威廉"。因为欧洲史上称"威廉一世"的不止一个，故提到某个"威廉"时总是将他的其他称号并列出来，以示区别。——译注

〔2〕 拿骚家族起源于今德国中部莱茵河流域的拿骚城堡。城堡由瓦尔拉姆一世（Walram，1146~1198）于 1151 年创建，故有此说。——译注

〔3〕 英国历史上的威廉三世国王正好也是奥兰治亲王威廉三世。威廉三世 1650 年出生于荷兰共和国的海牙。母亲玛丽是英格兰国王查理一世的长女。在他出生前 8 天，父亲威廉二世因病去世，因此小威廉一出生就是奥兰治亲王。与中国人取名避讳先祖名字的传统不同，欧洲人并不避讳取父辈先祖的名。威廉三世的取名"威廉"就是由他祖母定的。1677 年，威廉三世娶英国国王詹姆斯二世的长女玛丽公主（与他是表兄妹关系）为妻，从而成为英国王位的候补继承人。1688 年，威廉夫妇率军南下，登陆英国，逼使岳父詹姆斯二世出走法国，并与议会达成一致：与妻子玛丽被共尊为英国国王（史称"威廉和玛丽"双王共治）；同意议会通过限制王权的《权利法案》。由此奠定了英国长期稳定的君主立宪制政体（史称"光荣革命"）。由此可知，奥兰治家族里成为英国国王的只有威廉三世，我们不要想当然地认为威廉三世的曾祖威廉一世也是（这与中国古代"秦二世"的意义完全不同）。事实上，威廉一世连荷兰国王都没当过，虽尊为荷兰"国父"，但只是总督（执政）。荷兰后来实行君主立宪制那是 19 世纪以后的事了。——译注

亲王——译注）。不消说，普林斯顿大学的官方颜色之一是橘黄色。[1]附近的新泽西州立大学——位于新布朗斯维克的罗格斯大学——的校园里有一尊威廉一世的雕像。雕像的基座上刻着："他死的时候，孩子们都哭了。"在新泽西州，荷兰移民属于最早一批欧洲殖民者，他们在此留下了痕迹。

当我们来到欧洲就任洛仑兹讲席教授时，我们将两个较大的孩子留在了麻省的坎布里奇。19 岁的雷蒂西娅和 17 岁的杰米都已是大一新生。雷蒂西娅入读拉德克利夫学院，杰米上了哈佛。他们在暑假里前来和我们团聚。艾莉森当时 13 岁，随我们同行，在海牙国际学校就读。每天早上，她都要搭乘电车去火车站再转乘火车到海牙，下午再坐火车回家。她的课程都是英文讲授，因此在某个荷兰假日里，当她以荷兰语背诵对女王朱丽安娜的效忠誓言时，我们都感到十分惊奇。

荷兰早餐的丰盛是出了名的。金羊毛旅馆的早餐总是足够让珍妮特和我吃上两顿。我们将早餐吃不完的乳酪、肉类、面包和水煮蛋打包起来放到中午就是一顿非常棒的午餐。艾莉森的学校午餐也是由"吃剩的"早餐构成。

虽然我们对荷兰在宗教方面的宽容性非常了解，也知道有那么多的荷兰人在第二次世界大战时期为收留犹太人所展现的伟大勇气，但当我们在莱顿看到那些远比我们习惯了的差别大得多的宗教差别时，还是感到相当的惊讶。这里有些店属于天主教的店，有些则属于基督教新教的店。军人可以去天主教的军用茶室用茶，也可以去新教的军用茶室用茶（这里的区别只是大家这么认定，并不是这么命名）——荷兰的这种军用茶室脱胎于早先服务于美国海外军人和水手的美国服务团。

我在大学填表写薪资申请表时，发现有一栏要填入宗教类别。我的薪资有一小部分要被扣去用于资助基督教堂或犹太会堂。我在表格上没有发现唯一神教的选项，于是我选择了看上去最广泛的范畴——"基督徒"。后来我才知道，自己在无意间成了基督教会这个教派的捐款人。后来，珍妮特和我终于在莱顿找到了一个合得来的教会团体——几乎是后继乏人的瓦尔登教派（Waldensians）。两位牧师主持星期日礼拜，一位用法语主持，另一位用荷兰语主持，我们的加入大大提高了整个聚会的人数比例。

---

〔1〕 橘黄色的英文是 orange，与奥兰治（Orange，在今法国南部）是同一个词。自从威廉一世当选为尼德兰联省共和国（今荷兰前身）首任执政后，奥兰治家族就成为荷兰的统治者并延续至今。奥兰治亲王一直是荷兰王国的王位继承人。——译注

我们发现，从施瓦西手里购买的四驹小车是一种重要的社交工具。当时，第二次世界大战结束才 10 年多点时间，在荷兰拥有汽车的家庭相当少（欧洲其他国家也是如此）。我们的荷兰朋友里也很少有人有汽车。因此，珍妮特的女性朋友能有机会跟着她驾车出游相当高兴。

20 世纪 50 年代，我越来越乐意研究引力和广义相对论，同时也不断自问，为什么不去考虑宏大的效应？40 年来，研究这个领域的大多数科学家考虑的都是细小的效应。例如，由于存在广义相对论效应，水星的绕日轨道的近日点会有每个世纪前移 40 弧秒的进动。也就是说，相对论效应会让近日点在 320 万年里绕日转一圈。而在这段时间里，水星已经绕日转了 13 亿圈。因此近日点的进动实际上是一种微小的效应。类似的，1919 年进行的对路经太阳的星光偏折的测量虽然让爱因斯坦举世闻名，但测得的偏折量也只有 1.7 弧秒（约为两千分之一弧度），同样也属于微小效应。再举个例子，在地球轨道上运行的作为全球定位系统一部分的原子钟，必须对广义相对论效应带来的振荡频率的改变进行校正，因为地球高空的计时器走得要比地表上的快。全球定位系统的卫星轨道位于 2000 千米高空，因此该处的原子钟每绕地球一周要比地表的时钟快 2500 万分之一秒。（狭义相对论的其他效应也必须考虑。）

过去 100 多年的物理学有一个特征，那就是新理论颠覆了旧理论，但却（看似矛盾的是）丝毫未伤及旧理论。让我来解释一下我这句话的意思。回顾 19 世纪 60 年代，麦克斯韦预言，电场和磁场可以波的形式传播到很远。在今天，电磁辐射早已是一个广为人知的概念，但对麦克斯韦时代的人来说却是难以接受的概念。麦克斯韦的革命性理论提供了一种新现象——辐射，但并没有损害到当时已经在实验室里受到广泛研究的电和磁的现象。

20 世纪的诸多发现就更为生动。爱因斯坦的狭义相对论预言了一系列新现象——物质可以转变成能量；一米长的运动的金属棒在实验室静止参照系来测量，测得的长度不到 1 米；一对孪生子，一个做太空旅行，另一个待在地球上，结果飞行的那个的年龄会逐渐地比待在家里的那个小，等等。然而这个理论却没有对我们所熟悉并经过广泛验证的牛顿理论——"经典"力学——造成丝毫破坏。只要速度远低于光速，并且能量远小于物体静质量所相当的能量，那么经典力学就仍然适用。我们说，新理论在一定适用范围内"还原到"旧理论，这个范围就是旧理论经过检验被证明有效的范围。在爱因斯坦提出狭义相对论多年后，对它的实验验证的次数还很少而且很不精确。这是因为检验都只能在偏离旧理论不大的速度和能量范围内进行。（爱因斯坦于 1921 年因他提出的光量子理论而荣获诺贝尔奖时，诺贝尔奖委员会专门告诉他，他这次获奖不是因为他的相对论工作。）直到后来有了能轻易地将物质加速到接近光速并产生核反应的粒子加速器，物质与能量之间的联系才得以揭示。我们终于有了这些宏大的效应，但它们是依据新理论的原理产生的，而且比小的效应迟到了约 25 年。

量子力学也一样，在我们熟知的领域里只有小的效应，大效应皆超出了人类的普通经验领域。在经典（非量子）世界里，粒子就是粒子，波就是波，两者截然不同。我们可以同时精确测量物体的速度与其所在的位置，我们也可以看清楚一事件与另一事件之间的因果链。而在量子世界里，世界的尺度非常小，波和粒子是同一个事物的两面，其位置和速度更是无法同时精确测量。简单的因果链为概率性质的联系所代替。然而在大尺度世界里，量子物理学还原为经典牛顿物理学。正如科学史所表明的那样，量子物理学的发现与对它的大效应确认之间不存在大的时间鸿沟。这是因为即使小如单个原子这样的实体的行为，尽管受量子力学支配，仍然可以在大尺度世界里轻易观察到（例如通过此单个原子发出的光辐射）。

广义相对论也是一种不破坏现有知识成果的革命性理论。这个理论彻底颠覆了我们关于空间、时间和引力的观念，但在我们熟悉的物理学尺度上，它却没有引起任何可感知的效应。在时空曲率很小的情形下它"还原"为牛顿的万有引力的平方反比律。在我们的太阳系里，也只有水星能够显示出新理论与旧理论之间的些微差异。在地球上，引力对时间的微弱影响在实验上一直难以观测到，直到 1960 年，哈佛大学的罗伯特·庞德（Robert Pound）和格伦·雷博卡（Glen Rebka）才发现一种方法，就是用原子核放出的伽马射线本身作为计时钟来测量当它上升或下降大约 21 米后的前后两次时钟"滴答"声（即振荡频率）的变化。测得的这个频差仅为 $2 \times 10^{-15}\,\mathrm{s}^{-1}$。后来，到了 20 世纪 70 年代，又有几个团队，其中包括由马里兰大学的卡罗尔·艾里（Carroll Alley）领导的团队，从事这方面研究。他们比较了由飞机携带的原子钟与地面上相同原子钟之间的走时差异。结果发现了预期的可归结为引力效应的微弱差别（结果中还包含了由两时钟相对运动所导致的狭义相对论效应引起的差异）。这种效应虽然微弱却能够产生巨大的影响，它不只是影响到我们对自然的理解，而且具有实用上的意义——它使得飞行员、航海家、驾驶员，或登山者能够极其精确地知道自己的位置，因为全球卫星定位系统里的原子钟依照相对论原理进行了校正。

毫不奇怪，自广义相对论 1915 年诞生以来的几十年里，大多数科学上的努力都集中在微小效应上，即关注的是广义相对论对弱引力场的预言值与经典物理学估计之间的偏差。这种弱引力场似乎不只存在于我们的太阳系，而是遍及银河系和整个宇宙。那时还没有证据表明引力能够强到在宇宙中任何地点都可以显示出潜在的广义相对论的宏大效应。

我既对将主要研究方向集中在小效应上这一点不满意，也对认为任何地点的引力都不够强这一假设不满意。我关于广义相对论的第一篇论文引入了京子概念，并假设电磁辐射的能量密度大到使得辐射不是由一处传播到另一处（如同手电筒的光束），而是折返成闭合的圈。这种假设在由自身能量产生的引力场极强乃至于可将自身限定在某个有限空间的情形下是成立的。（假设手电筒发出的光如同京子内的光，那么光束就会折返照到你的后脑勺。）京子是一种仅仅用来表明相对论里面所包含东西的数学运算，还是我们可以在自然界找到的某种实体？对此我并无定论。一方面，我认为它在数学上适于将理论推演到其极限，无论其预言的结果是否真的可实现；另一方面，我确实相信，自然必会以某种方式，或在某处，实现理论所包含的各种可能性（如果理论是正确的话）。

在莱顿期间，这种信念引导我在授课过程中构思出各种在引力极强且时空极度弯曲的情形下可能呈现的现象。好在我身边有一群杰出的年轻同事，他们决定与我一起研究这类课题，这样我才能超越沉思默想与他们一起深入考虑这些概念的某些细节。韦伯、米斯纳和普特南都在我身边。我在莱顿这段时期的前后，还有其他一些人也对这些概念的发展做出了重要贡献。

随着我研究引力物理学的热情逐渐高涨，我也越来越愿意将学生领入这个领域。在最初的几年间，我担心接受广义相对论训练的学生将来找工作会有麻烦。学生所接受的训练应该成为他们日后工作的资本，同时也应该鼓励他们在所受训练的专业领域继续从事研究。我本身也正是出于这个原因才没有在年轻时就投身到相对论领域的研究。我害怕这些受到吸引而投入这个领域的学生其前景不乐观，我也无法想象自己在没有学生的情形下还能够认真工作。

在高等研究院我看到了太多曾跟随爱因斯坦工作的年轻科学家陷于这种"跛脚"的境地。我不想让类似于这样的不平衡状态在大学里继续蔓延。但我在普林斯顿教授了第一遍相对论课程后，我的看法变了。我开始看到这其中有很多可行的项目可做，看出如果我们了解了宇宙及其历史，就有可能让理论与实验相互印证。因此，在莱顿期间，我变得愿意接受有兴趣钻研时空物理学的学生。结果，许多学生对这个领域产生了浓厚兴趣，他们不因为担心将来的工作前景而裹足不前。所幸，自此以后许多研究中心都设立了相对论研究，那些愿意继续在这个领域探索的学生也都可以如愿以偿。

在莱顿时，我很幸运有米斯纳跟我在一起，因为我从他那里学到许多数学 254
知识。他在圣母大学（Notre Dame University）时主修数学，并且很快就掌握了与相对论有关的数学知识。好在他对物理学和对数学一样感兴趣，我们一起工作时彼此都获得了极大的乐趣。这是一次愉快的合作，如同在 20 世纪 40 年代我与费曼的合作。米斯纳能够为虫洞提供坚实的数学基础，他探索了如何从时空的曲率来"读取"电磁场的一般方法。由此我们写出了一篇长篇论文《作为几何的经典物理学》，并于次年发表。

彼得·普特南于莱顿，1956 年

（照片由 Alison Lahnston 提供）

我在莱顿的另一位学生是彼得·普特南。他非常聪明，看问题敏锐，情感丰富。他是物理学家，也是哲学家。1948 年他在我指导下完成的大四论文《关于自然的思索》，是一篇混合着哲学、神秘主义和物理学的大杂烩，弄得我和评分的同事都不知道该如何给分。我们只能大致明白他所论述的意思。那就是自然的结构必然与思维的结构和心灵的结构相契合。最后，我们采用了一种"算法"，就是将彼得的各门课程的得分与其他同学的相应课程的平均得分的比值等同于他的大四论文评分与其他大四同学的论文的平均得分的比值，来反推他的论文得分。

彼得本科毕业后便离开了物理学界，转了一圈后又回到物理学上，在完成大四论文的 12 年后才获得物理学博士学位。他后来的经历就更为曲折。他先是按照母亲的意愿进入耶鲁法学院。他唯一的兄弟死于第二次世界大战，父亲也在之后不久去世，母亲米尔德丽德（Mildred）是活跃于俄亥俄州克里夫兰的企业家，富裕且意志坚定。但彼得对法律不感兴趣。他从法学院退学并在新罕布什尔州的一所电子公司里找到一份兼职工作，好留出时间钻研物理学和哲学。彼得通过通信和来访一直和我保持着联系。在爱丁顿爵士的《物理世界的本质》一书的影响下，他很早就相信，通过单纯的推理就可以得到所有的自然定律。无论我怎么劝说，都无法改变他的这个信念。

最后，彼得还是听从我的建议——与爱丁顿作别，及时回到物理世界可感知的事情上来。他进入普林斯顿成为一名物理系研究生，并请求随我一道来莱顿。他旁听了我的课程，并为我制作了多幅优美的大图用于说明我在课上所阐述的观点。但他真正从事研究则是回到普林斯顿以后才开始。他完成的博士论文是关于高辐射恒星内部的质量和能量的分布问题的研究。

在莱顿，我们惊奇地发现彼得有同性恋倾向。米尔德丽德·普特南来莱顿探访时也发现了这个令她惶恐的事实。她认为他先前放弃家族的财富已经够糟糕的了，现在又发生这种事。但母子俩关系还算亲近。虽然彼得不愿意接受母亲的金钱，但他鼓励母亲将钱捐给普林斯顿。后来她慷慨地捐了一尊室外雕塑。彼得很早就认定，雕塑是最震撼人心的当代艺术形式，并为此将他的新罕布什尔电子公司的股份捐献出来为普林斯顿的雕塑筹募资金。由于我和彼得的关系，我实际上也成了普林斯顿基金募集部门的力量，在米尔德丽德答应的资金到位之前，经常通过信函和登门拜访来与她进行沟通。要说从事这项工作给我带来的好处，那就是有机会到英国著名雕塑家亨利·摩尔（Henry Moore）的工作室拜访，并在他的雕塑《带尖端的椭圆形》落成时欢迎他来到普林斯顿。感谢普特南的赠礼。

在哥伦比亚大学从事博士后教学工作期间，彼得开设的物理学课充满了哲学味儿，引得附近的联盟神学院的学生闻风前来听讲。不久之后，他便取得了

255

联盟神学院的教职。那里的一位教员告诉我，他是那里唯一能辩赢伟大的神学家赖因霍尔德·尼布尔（Reinhold Niebuhr）的人。

谁也说不清彼得是怎么想的，反正他的生活道路充满曲折。大约在1971年，他没有接到联盟神学院的续聘通知——我猜想大概是因为他没有发表论文——他决定去民权运动组织碰碰运气，于是去了霍马，路易斯安那州河口乡间的一个小镇。他在那里以低价甚至免费的方式为黑人提供法律服务。为了维持简单的食宿，他与一位室友合租一间公寓，并在一间教堂兼职夜间清洁工。1976年，珍妮特和我前往得州途中顺道拜访他，我们一眼就看出他是真正处于赤贫状态。他母亲不止一次去看望他，但无法说动他离开霍马或收下金钱。1987年的一个夜晚，彼得骑自行车在住所与清洁工作之间的路上被一位醉酒的司机驾车撞到而身亡。他身后留下了大量的笔记和文稿，虽然有一位仰慕彼得的以前讨论班的学生一直在从事手稿的整理工作并寻找机会发表，但就我所知，到目前为止尚无办法付梓。

在我的学生群里，彼得不算优秀，也没有继续从事物理学。他的才能并没有表现在论文的发表上。他或许有些疯狂。但他却深深影响了一些人，我就是其中之一。在我们持续多年的通信和偶尔的长谈中，他总是能够提出各种问题并质疑公认的各项解释，这一点有助于我磨炼我对物理学的思考，也有助于增强我们对我们周围世界的描述和理解。

爱因斯坦的相对论方程式告诉我们，时空不仅可以"弯曲"，它还可以摆动或振荡。振荡的时空可以将能量由一地传递到另一地。简言之，根据这个理论，引力波是存在的。

以戏剧舞台做比喻。（这里就不拿洗脸池或浴缸来比喻了。）如果舞台是完全坚硬的，那么它相当于我们日常体验到的平直空间，即牛顿物理学空间。它就在"那儿"，它是表演的平台，而其本身并不是表演的一部分。如果舞台具有某种柔性，那么演员所站的位置就会稍稍下陷，而安置布景等重物的地方则会下陷得更深。这种舞台就有点像广义相对论的弯曲空间了——质量最大的地方会造成最大的弯曲。如果演员在台上跳跃，或者某个重物突然从上方掉落到舞台上，这时弹性地板便会产生振动，这个振动会从舞台的一处传播到另一处。这时的这个舞台就相当于一种动态的相对论时空，它允许存在波和曲率。柔性舞台（"弯曲"空间）的概念已经很难让人接受，动态舞台（引力波）的概念就更让我们难以具象。但我们必须遵循引力理论所指引的方向。时空是演出的重要组成部分，而不只是演出的平台。

　　在我的部分研究中，我试图将引力物理学推演到极限。我甚至提出这样一个问题：可否说时空就是一切——它"是什么"，是"如何发生的"？无论问题的答案是什么，引力波都会毫无疑问地散布在宇宙间，将能量从一地传递到另一地。

　　自广义相对论提出之初起，某些科学家就已经提出了它所蕴含的实在性的问题。这一理论预言了宇宙的膨胀。但有人很肯定地说——爱因斯坦本人一度也这样认为——宇宙不可能是膨胀的。[1]然而，哈勃在20世纪20年代用他的望远镜证实，宇宙确实是膨胀的。广义相对论还预言，物质会坍缩为黑洞。有人说，这正是这一理论诡异的地方——与实际世界毫无关联。然而年复一年，黑洞实在性的证据却越来越让人信服。其存在性几乎已成为不容怀疑的事实。此外，这一理论还预言了京子和虫洞。它们真的存在吗？我们还不知道。但我不想持否定的立场。广义相对论还预言了引力波的存在。1956年在莱顿期间，当我的博士后同事乔伊·韦伯和我对引力物理学的这个领域感兴趣时，我们第一次面临其他科学家对引力波的否定论断。当然，我们不可能拿出其存在的证据。（第一个这类证据的报道出现在1978年。）我们能做的就是设法证明这种波的存在与这个理论的所有其他部分是完全相容的，相信其存在不存在任何理论上的障碍。我们探讨这个问题的论文于次年发表。差不多与此同时，赫尔曼·邦迪（Hermann Bondi）、菲利克斯·皮拉尼（Felix Pirani）和其他人也发表了相关的研究成果。这些都有助于我们搞清这个问题。到20世纪50年代末，引力波概念已经被广为接受。

　　是什么引起的引力波？某些引力波，作为时间起始时刻大爆炸的结果，可能到今天都还在宇宙间振荡。[2]超新星爆发和物质坍缩到黑洞的过程也会不可避免地产生这种波。无论是两颗中子星合并，还是两个黑洞相互碰撞或是形成涡漩状轨道互相绕行，都会发射出横贯宇宙间的引力波。无论引力波的来源

---

　　〔1〕　爱因斯坦后来在与伽莫夫的谈话中表示，他放弃宇宙膨胀学说是他一生中最大的失误。

　　〔2〕　2014年3月17日，美国哈佛-史密森天体物理中心的天文学家John Kovac在召开的新闻发布会上宣布，首次观测到宇宙初始引力波存在的直接证据。他们通过架设在南极极点附近的BICEP2望远镜，对宇宙微波背景辐射的B模偏振信号进行了多年观测。经过3年多时间的缜密分析，认定这种B模偏振确实是由宇宙大爆炸初始时刻的初始引力波引起的，因此可认定为初始引力波存在的直接证据。BICEP是英文Background Imaging of Cosmic Extragalactic Polarization（宇宙泛星系偏振背景成像）的首字母缩写。BICEP2是第二代BICEP望远镜，包括BICEP2本身和后续的凯克阵列望远镜。——译注

是什么，用我们通常的标准来看都会是一场剧变。然而所有的计算表明，无论引力波诞生时如何剧烈，它们到达地球时的强度都必然极其微弱。对这些引力波进行探测是一项高度技术性的挑战。

乔伊·韦伯，1952 年
（承蒙美国物理学会埃米里奥·塞格雷视频档案馆提供）

　　韦伯是第一个接受这项挑战的人。我们在莱顿的合作结束之后，他以宗教的狂热态度全身心投入到这项研究中，自此他的学术生涯便完全为探索引力波所占据。我有时候问自己，我是不是对韦伯的影响太深，才使他过分热衷于这项空前困难的工作。至于最后公认的是他还是其他人或是其他某个小组最先进行的引力波探测工作，这都已经不重要了。事实上，他必将以开路先锋的荣誉而名留青史。在韦伯表明这项工作有可能成功之前，根本没有人有勇气去寻找引力波。

258

当引力波与物质相遇之际会出现什么情况？引力波效应是一种"潮汐"。这意味着它会沿某个方向将物质拉长，而使物质在横向上收缩，就如同月球使地球上面向月面的近端和背对月面的远端的洋面拉起（形成涨潮），而在地球的垂直于上述轴线方向的横向上造成洋面下降（形成落潮）。引力波探测器的设计就是要能够对这种潮汐力做出反应。为了说明探测器的工作原理，我们想象有这样一个由金属杆焊接成的四方形。你将四方形平摆在地面上，并将四根金属杆依照指南针的方位标示为 N，E，S，W。现在有来自外太空的引力波传播到这里。在某一瞬间，杆 N 和杆 S 被略微拉近，杆 E 和杆 W 杆则被略微推开。而在下一瞬间，N 和 S 被推开，而 E 和 W 被拉近。发生这种推拉的频率是多少，这种效应的强度有多大？到来的引力波的频率取决于其来源，但应当比光波甚至无线电波的频率要低得多。典型值可能在 1000 赫兹（每秒振动次数）左右。至于这一效应的强度，应当小到难以想象。当来自宇宙某处的引力波作用到金属方框上时，造成的方框各臂的位移预计将远小于一个原子核的直径。

韦伯设计了一种"棒探测器"，一个安装有高度灵敏的压电探测器的巨型铝制实心圆柱。它可以接收到最微弱的振动，只要入射波引起这个圆柱按其共振频率（物体受撞击后产生的自然振动频率）轻微振动。在 1969 年和 20 世纪 70 年代初，韦伯报告了一些测得的被认为可以看成有引力波通过的信号的振荡结果。但大多数对引力波感兴趣的物理学家怀疑这些信号的真实性。但不管怎么说，正是在韦伯的先驱性工作的启示下，才有了下一代更为灵敏的探测器。

新款探测器检测的是由悬垂物微弱的相对运动引起的激光束干涉信号。这里不用前述的正方形金属框架设计，而是采用下述办法：设想从正方形天花板的四角中的三个角各悬垂一物体。这三个物体构成一个"L"字形（正方形的相邻两边）。我们将其中位于西边的标示为 W，另一边（南边）的标示为 S。当引力波由上方（或下方）到来时，处于 W 边末端的物体会略微（非常微细）分开，而 S 边末端的物体则会略微靠拢。这些微细的运动可以通过激光束来测知。其基本原理是：首先将激光束分成两束，让两束激光分别沿 W 和 S 入射到两边末端悬垂的反射镜上，再沿原路反射回来合并成一束（反射束）被接收。通过检测反射束引起的干涉条纹变化（相移）就可得知位于 W 和 S 两边末端上反射镜对垂直方向的偏移。

加州理工学院-麻省理工学院（Caltech-MIT）联合实验组进行了这项重要

实验，基普·索恩是这项实验的发起者之一。他们计划用三个探测器，其中两个位于华盛顿州，一个位于路易斯安那州。每个地点的探测器都有一个长达4千米的两臂（L形的两边）。这项宏伟的计划的名称缩写为LIGO（激光干涉仪引力波天文台），它将引领我们进入一个引力波天文学的新时代。

我们需要多组探测器来确认这种极为微弱的讯号确实是由引力波引起的。每个探测器的结果都可以从另两个探测器得到验证。在意大利-法国的探测器VIRGO的协助下，科学家将能够测得讯号抵达不同探测器的微小的时间差，从而确定引力波的入射方向并从中得到完整的信息内容。

我们这些研究引力波的人相信引力波确实存在，就如同爱因斯坦在1919年深信星光会受到太阳的影响而产生偏折一样。不管怎么说，手里有引力波存在的确切的间接证据也是件好事情。1993年，我的普林斯顿同事约瑟夫·泰勒（Joseph Taylor）与拉塞尔·赫尔斯（Russell Hulse）因测得中子双星（其中一颗是脉冲星）的自转轨道半径"减小"而获得诺贝尔奖。这种彼此围绕着对方旋转的天体无法维持（像地球与太阳那样的）分离状态，而是彼此以涡旋方式逐渐接近——二者的分离距离以每年十亿分之二点七的速率减小。这种向内旋绕意味着双星系统一直在损失能量（即便如此，让人困惑的是，双星彼此接近时，绕行速度也会逐渐加快）。对这种能量损失，除了引力辐射之外还没有其他机制可以解释。如果正是引力辐射带走了系统能量，那么向内旋绕的速率恰是我们可以预期的。


在莱顿期间，我见到了保罗·埃伦费斯特的遗孀。埃伦费斯特是伟大的荷兰理论物理学家，也是爱因斯坦和许多欧洲物理学泰斗的朋友。1933年，埃伦费斯特不堪心理疾病的折磨在射杀智障的儿子后举枪自尽。在莱顿，普特南热衷于与名人来往，于是他引荐我与埃伦费斯特夫人见了面。我对她讲了保存好她丈夫的论文著述的重要性。她当时没有回应，但几个月后，当我回到普林斯顿拆阅日常邮件时，我收到了她从莱顿寄来的一个棕色大信封。我先将这个大信封放在一旁，优先拆阅可能是私人信函的小邮件。当我最后拆开这个大信封后，从里面倒出了一叠明信片——都是多年来爱因斯坦写给埃伦费斯特的明信片。它们足以表明两人之间的深厚情谊。

我丝毫没想过要自己收藏这些珍贵的史料，它们显然是历史学家的重要资源，应当公开以便让更多的公众分享。于是我打电话给海伦·杜卡斯（Helen Dukas）——爱因斯坦多年的秘书。杜卡斯仍住在默塞尔大街的住宅里，是爱

保罗·埃伦费斯特，1924 年
（承蒙哥本哈根尼尔斯·玻尔档案馆提供）

因斯坦遗产的执行人。她建议我与居住在纽约市的另一位遗产执行人奥托·内森（Otto Nathan）联系。不久我就意识到，内森是一位身材矮小、脾气暴躁的人，他自恃是爱因斯坦文献的监控人而变得狂妄自大。当他知道明信片的事情后，便火速给我写了一封措辞严厉的信，然后出现在我的普林斯顿办公室，准备强取这些明信片。如果他了解我，他就该知道，想要从我这里得到他想要的东西，这种威胁是最不可取的方式。我没有屈服于他的要求，而是联系了普林斯顿大学出版社的社长赫尔伯特·贝利（Herbert Baily）。在他的建议下，我将明信片转交给了波士顿大学的约翰·施塔赫尔（John Stachel），他是出版爱因斯坦论文集的主编。如今，这些明信片依照适当的编年顺序被辑入出版的论文集里。

　　我和内森的接触并没有就此完结。1981 年，我出面为内森与普林斯顿大

261

学出版社的纠纷向纽约的一位仲裁人做证。内森希望革除施塔赫尔的爱因斯坦论文集主编的职务。但这场官司最后是普林斯顿大学出版社获胜，施塔赫尔被留任（虽然他后来在执行该出版计划多年并取得优异成绩后卸任）。

在来到莱顿的最初几个月里，珍妮特经常开着我们的小车出游，并将闲暇时间都用在了阅读亨利·詹姆斯的著作上。艾莉森也习惯了每天坐火车去海牙上学，她的法语和德语都有了很大提高，还学会了一点荷兰语，变得越来越像一位世界公民。6月来临，哈佛-拉德克里夫的学期结束了，我们的孩子雷蒂西娅和杰米乘坐美国号轮船跨越大西洋来荷兰和我们团聚了一段时间，随后他们又前往欧洲的其他地方。为了能和他们待上一星期，我们租了一条船在弗里斯兰的运河和湖泊间航行。我们没有雇请船长或导游，完全是自助旅游。我们度过了一段快乐的时光，甚至穿越了横跨须德海（Zuider Zee）大坝上的水桥[1]。由此我们懂得了为什么许多荷兰朋友将船看成是取得个人空间的通行证。有了它，一个人不需要离开这个国家就可以立即远离人潮和拥挤的环境。

我得承认我从来没有停止过思考物理学。至于我思考的是物理学的哪方面内容，以及我如何进行思考，这要取决于我在哪儿和我正在做什么。如果是全家出游，并且我正在心情十分轻松的情形下与旁人聊天，就譬如像我们在荷兰驾船出游这次，这时我的科学思维几乎是在下意识中进行的。我会围绕着原理性问题深入思考，而不是就某个特定计算或正在准备中的论文进行思考。我从来不曾放下的问题有：为何有存在？为何有量子？我与宇宙及其法则的关系是怎样的？时空能否就是一切？时间是否有终点？

我要申明一点，这些问题和我的宗教信仰没有任何关系。宗教是生活的指引，引导我们文明地进行人际往来。我所苦苦追求的深刻问题，正如我对它们的定义，都属于科学范畴，与宗教无关。

我想不起来在我的生命中，还有哪个时期能比我在莱顿担任洛伦兹教授的这8个月的时间更富于激情、更多产并且更令人愉快的了。自从爱因斯坦提出了他的广义相对论之后，40年过去了。这个理论已经成熟并开花结果，物理

262

---

〔1〕 这里补充一点有关须德海工程的知识。荷兰国土有1/4低于海平面。为防止海水倒灌，从4世纪起就开始构筑海堤，17世纪起开始围海造田。须德海原是一片古河口和湖泊滩涂地。1920年起，荷兰上马了须德海工程，至1932年基本完成。工程包括拦海大坝（32.5千米）、船闸、泄水闸、围堤、泵站等设施。大坝将须德海分为内外两部分。内部是艾瑟尔湖，蓄淡水供灌溉；外部称瓦登海。——译注

学界也很快就能够准备就绪用实验予以验证。离开莱顿的 15 年后，米斯纳、索恩和我在我们合著的《引力论》一书中写道："在其前半个世纪的生命里，广义相对论是理论物理学家的天堂，也是实验物理学家的地狱。没有一种理论比它更完美，也没有一种理论比它更难检验。但这种情况已经改变了……半个世纪后，技术进步终于赶上了爱因斯坦的天分。"我有幸能在这一理论还处于理论家的天堂之际就开始从事相对论研究，我必须要说，这个理论至今仍是理论家的天堂——并不因为出现了实验验证的新的机会而有所削弱。当一项理论能够预言新的实验结果，并能够与测量结果相互印证时，这会令人更加兴奋。

的确，理论物理学家的大部分时间都花在了发展能与经验联系起来的概念和方程上。这是这门学科的标准工作模式。理论家也许会注目于黑板，或一页论文，或计算机屏幕，或与同事交谈，但是，在他或她以这种模式工作时，其中心任务是要在理论与实验之间建立起联系，这里所说的实验既可能是过去的实验也可能是未来的实验。然而这还不是理论物理学家工作的全部意义。他们的工作有时是出于自由创造的需要，有时是出于审美的需要：这个方程式是不是优美？这些概念放在一起像不像艺术大师作品中的元素？

263

对我来说，还不只这些。我始终无法停止思索的是"存在"这个谜团。在所谓科学核心的计算和实验与最基本的哲学问题之间，有一条牢不可破的联系之链。在这条索链上，不存在任何清楚的分界点可以让真正好奇的物理学家感到，"我只进行到这里，不打算走得更远"。

# 第 12 章　自然与国家

1955 年，在纽约州罗彻斯特会议上，我认识了满头红发、年轻活泼、充
满热情的意大利研究生图里奥·雷吉（Tullio Regge）。罗彻斯特大学物理系主
任、才华横溢的理论物理学家罗伯特·马尔沙克向他介绍了我。1950 年，马
尔沙克就在罗彻斯特主办了第一届高能物理会议。这项学术会议很快便成为对
基本粒子感兴趣的物理学家一年一度来罗彻斯特取经的朝圣活动。（基本粒子
物理学通常也称为高能物理学，因为高能加速器或高能宇宙线是产生新粒子的
要件。）自 1958 年起，这项会议开始在美国和欧洲不同城市举行。但是无论是
在伯克利、日内瓦、第比利斯，还是在东京举行，会议名称始终都叫"罗彻
斯特会议"。（同样，每年元月由美国物理学会举办的会议都冠以"纽约会
议"，尽管这项会议已移师美国其他城市多年。纽约会议最后停办，是因为会
议的议题越来越集中于某个狭窄的物理学领域。[1] 罗彻斯特会议从一开始就
是高级别专家会议，虽然同类会议也有，但它还是延续下来并取得过相当的成
功。目前最重要的是国际高能物理学会议，它每两年在世界各城市轮流
举办。）

马尔沙克向我介绍雷吉是一位杰出的数学物理学家，对广义相对论有些兴
趣。我与雷吉交谈后肯定了马尔沙克的判断。当时我正琢磨如何解决所谓
"施瓦西奇点"的稳定性问题。这个"施瓦西"是指卡尔·施瓦西——马丁·
施瓦西的父亲。卡尔·施瓦西在第一次世界大战前就是柏林市郊波茨坦天文台
的台长并认识爱因斯坦。1916 年，就在爱斯坦发表他的广义相对论后不久，
施瓦西解决了有关假设性的质量集中于一点的情形下该点周围的时空几何问
题。由于当时他正在德国陆军服役（大战爆发后不久他便自愿从军），因此这

---

〔1〕　更确切地说，1 月会议已经脱胎换骨。它不再是美国物理学会的会议，而是转为美国物
理教师学会的会议，并由此获得了新的活力。

个成就更为难得。现在，我们在每一本相对论教材里都能找到这个施瓦西解。

这个"施瓦西解"是卡尔的最后力作。他在大战期间染上疾病，死于这项研究发表的同一年，身后留下妻子和两个幼小的男孩。[1]

我们在相当一段时间之后才认识到，施瓦西几何中心所呈现的现象有可能是个真实的奇点，质量真的有可能凝聚在一个数学的几何点上。在施瓦西研究这个问题的当时和随后的许多年里，大多数物理学家认为，施瓦西奇点只是一种方便的近似，当不得真。直到 1939 年，奥本海默等人的研究成果出现之后，我们才开始考虑质量是否真的会坍缩到一点。而引力坍缩概念——不论它是否是一个真实的点——直到 20 世纪 60 年代才开始被广为接受。（至于有关黑洞的可信的实验证据，则还要再等 25 年。）

在我 1955 年遇到雷吉时，我在琢磨的问题是：假设施瓦西奇点真的存在，这种奇点是否稳定？凡是稳定的某种存在，我们可以期望在自然界里找到它；凡是不稳定的存在，则未必能在自然界里找到。为了看清这一点，我们不妨想象有 100 个可绕固定点做 360 度转动的钟摆。开始时其中的 50 个摆呈摆锤垂直向下状态，另 50 个摆则小心地调整到让其摆锤垂直朝上状态。现在这 100 个钟摆都处于平衡状态，没有任何外力作用其上。如果这些钟摆的位置都经过精心地调整，现场也没有任何风吹或其他扰动，那么摆锤朝下的钟摆不会自发地摆动，摆锤朝上的钟摆也不会自发地动起来。但是这两种钟摆之间有着极大的差异。摆锤朝下的都处于稳态：即使受到某种扰动，摆锤至多会有小幅摆动，最终它们都会回到最初的静止状态。而摆锤朝上的则处于不稳定状态：任何一点干扰都会使得它们大幅度摆动，并会在摩擦力的作用下最终停留在摆锤朝下的静止或接近静止的状态。所谓在"自然界中得到"的佐证是指，如果你精心地调整好这 100 个钟摆，使得一半的摆锤朝上，另一半朝下，然后离开一个星期。当你回来后你会发现，所有的钟摆都变成了摆锤朝下的状态。大自然的扰动会让不稳定的、摆锤朝上的状态消失。因此我们观察不到任何这样的

266

---

〔1〕 马丁的弟弟阿尔弗雷德出生于 1914 年，当时他父亲已奔赴俄国前线。阿尔弗雷德的全名由 9 个名字组成（算上姓氏施瓦西，共有 10 个词）。卡尔与他太太在孩子出生前议定，如果是男孩子就取名阿尔弗雷德。但有几位家族成员不喜欢这个名字，于是马丁的母亲只好先暂时不给孩子命名。但警察很快就找上门来，因为按照当时的德国法律，婴儿出生后必须迅速命名。她被传唤到法官前面。作为回应，她给出了另类"施瓦西解"——为婴儿登记了一连串 9 个名字，其中有一个是阿尔弗雷德。卡尔休假回家后认可了"阿尔弗雷德"这个名字。但阿尔弗雷德终其一生都无法摆脱他的其他 8 个正式名字。

事例。

施瓦西已经证明，凝聚成球状对称的物质周围的时空几何是一种平衡状态，但他没证明这种状态是否稳定。例如，如果这种几何轻微偏离了完美的球形对称状态，接下来它是会继续朝着完全不同的状态发展（如同摆锤朝上的钟摆受到扰动后的运动趋势），还是会（像摆锤朝下的钟摆那样）在小幅振荡后又回复到原来的状态？

我直觉地认为，施瓦西奇点应该是稳定的，但到那时为止我还没有办法证明。而给出这种证明非常重要。如果这种奇点是不稳定的，那么我们就没必要在自然界中寻找其存在的证据。这种存在在时间上不可能长到让我们能够观察到。雷吉的数学天赋似乎正是我所需要的。我向他简明扼要地描述了这个问题并谈了我的想法，他同意和我一起进行研究。随后我们便回到各自的研究机构——我回到普林斯顿，他回到意大利的都灵。由于我对整个问题该怎么去解决，可以解决到什么程度等已经有了明确思路，因此我坐下来起草了一篇文章并预留了公式的位置，然后将这篇文章寄给了雷吉。他即刻着手工作，将所有留白填满。1956 年初，我从普林斯顿的"基本粒子研究之友"基金会（该基金由我在杜邦的朋友所创立）募得一笔旅费资助雷吉来莱顿，我们一起花了10 天时间对文章进行润色和修改。施瓦西奇点果然是稳定的。这篇论文为鼓励人们在这一领域继续深入研究提供了一份依据。正是这种深入探索才最终有了我们对黑洞及其属性的较为完整的理解。

我和雷吉的合作论文是我在 1957 年发表的 10 篇论文中的一篇，其他论文大多是我和从事广义相对论和引力物理学的学生或是其他较年轻的同事共同撰写的。1952～1953 年间讲授相对论的经历于我是一笔投资，这些论文就是对这一投资的数倍的回报。多亏了我有这些学生以及能有在莱顿进行深入思考的这么一段时光。与物理学其他分支相比，广义相对论的一个显著特点是，其基本方程最大限度地浓缩了这个课题的精华，因此需要高强度的全身心投入才能发掘出方程所隐含的意义。

1957 年元月，在查珀尔山上，北卡罗来纳大学的两位广义相对论大师布赖斯·德威特（Bryce DeWitt）和塞西尔·德威特-莫瑞特（Céile DeWitt-Morette）夫妇主持召开了一次会议，议题是"引力在物理学中的角色"。这对我和我的学生不啻为一种激励——赶紧将我们已有的部分研究成果撰写成论文发表。为此我们受到来自同事的温和抗议，责备我们"霸占"了《现代物理学评论》。在当年 7 月号这期期刊中，我们的论文占到了 8 篇，其中有我和伦敦大学学院的埃德温·鲍尔（Edwin Power）合作的一篇，我和我的学生理查德·林德奎斯特（Richard Lindquist）、约翰·克劳德（John Klauder）、迪特尔·布里尔（Dieter Brill）分别合作的论文，还有一篇是我和乔伊·韦伯合写的有关引力波的文章。韦伯对这种剧烈振荡的宇宙涟漪充满了热情。

从我关于京子的第一篇论文开始，我一直同时关注经典（非量子）引力和量子引力。一方面，我知道爱因斯坦的经典相对论仍是一个丰富的宝藏，京子、虫洞、引力辐射以及可能的质量无穷大凝聚等概念都属于这个经典理论的范畴，在这里时间和空间是连续的且无限可分的，量子理论所描述的块状、粒状和涨落等概念则在这里不适用。

另一方面，我也知道任何最终的引力理论必定要考虑到量子理论。微小世界是一个量子世界，在这里时间、空间和引力的存在性与电子、光子和夸克一样真实。1956 年，我在莱顿与能力超群的研究生米斯纳合作，在这两个领域都取得了进展。我们两人还"占据"了另一份期刊——《物理学年报》（Annals of Physics）——的 1957 年 12 月号那一期。这是一次新的冒险，好在编辑菲尔·莫尔斯（Phil Morse）对我们冗长的漫谈式论文欣然接受（他不像《物理学评论》的编辑，后者强调文章精练）。我们的这篇论文篇幅长达 79 页，标题为《作为几何学的经典物理学》。我们在文中发展了电磁学的几何特性。我喜欢称它为"既成统一理论"（它不同于爱因斯坦在晚年花了非常多时间所打造的理论），因为我们给出了如何从时空本身的曲率引出电场和磁场的方法。在这篇论文中，我们进一步发展了电场线从一处消失并在另一处出现的虫洞概念。

在这篇联名发表的论文之后，我又在《物理学年报》上发表了一篇关于引力理论的量子特性的较短的论文。文章的标题是《论量子几何动力学的本质》。几何动力学这个词有点拗口，但我喜欢这个词，因为它能够让人联想到其姊妹理论——电动力学。文章的思想是：三维空间几何是一种可随着时间演化而历经变化的对象，这种变化可由一处传递到另一处，就像电磁场的情形一样。如果我们将量子理论应用到这个概念上，就将引申出不断生灭的虫洞和搅动成量子泡沫的空间，就像波涛被溅射成泡沫的水。我在第 11 章中提到，这些空间的量子涨落会以令人难以置信的小尺度出现，这种尺度甚至可与单个质子的大小相比。

米斯纳和我在完成了我们的"经典"论文（我们不敢妄称为"经典"之作）之后才知道，论文里的某些我们以为是崭新的概念其实早在 1925 年就由乔治·赖尼希（George Rainich）提出过。相对论的重要先驱之一，当时任职于锡拉丘兹大学的彼得·伯格曼（Peter Bergmann）向我们指出了这一点（我们与他一直有联系）。这样，我们的那篇 79 页长的论文就变成部分是创新、部分属于评述。米斯纳在这篇论文上投入了大量心血，却发现他所提出的部分重要概念已有人提出在先。对许多研究生来说，这个事实不啻致命一击，但对米斯纳则不然。我们商议后决定，由他另外提出一项研究作为他的博士论文选题，这样他可以向答辩委员会提交一份完全原创性的研究成果。他奋起接受了这一挑战。他将论文选题由经典引力转向量子引力，并在短短数月之中完成了一篇漂亮的论文（和毕业论文）：《广义相对论的费曼量子化》。这篇论文和我们的其他论文一样被录用于 1957 年 7 月号的《现代物理学评论》。

在这一期的《现代物理学评论》中还有一篇论文是由我的学生休·艾弗瑞特（Hugh Everett）完成的。这篇文章相当艰深，为此我特地在这篇文章之后发了一篇短文：《对艾弗瑞特的量子理论"相对态"公式的评论》。艾弗瑞特是一位善于独立思考、用功且知道自我鞭策的年轻人。当我看了他带来的博士论文初稿后，我就意识到这是一篇非常深奥的论文，并看出他正钻研某些非常基本的问题。但我发现他的初稿很难让人理解。我知道如果连我理解起来都有困难，那论文答辩委员会中的其他人员评审起来就更困难。他们可能不仅认为论文难以理解，甚至认为这种研究根本就没有意义。因此我和艾弗瑞特晚上在我的办公室里花了很长时间来修改这篇论文。即使如此，我还是决定需要为这篇论文写一篇伴读性文章用于同时发表。我的用意是要使答辩委员会的其他成员更容易理解这篇论文。

艾弗瑞特的论文和我的解释性附文关注的是量子理论的基本问题，与相对论的关系非常弱。当时（现在依然如此）对量子理论的标准研究途径是用概率来刻画可能的量子事件。具体实验的实际结果是由"大的"非量子性的探测器的测量得到的。这里说的探测器也许是一种实验室装置，也许就是我们的眼睛。同一实验结果只有重复出现多次，我们才能断言这一结果是否符合理论所预言的概率。也只有在实际测量完成之后，我们才能知道所有可能的结果中究竟哪一种会出现。

这种"哥本哈根解释"的困难——这一困难一直让我和其他许多人感到困惑——在于它将世界一分为二：一是量子世界，在其中概率决定一切；另一个是经典世界，我们用以进行实际测量。二者之间的明确的界线该如何划定？

概率事件在什么情况下才会实现？

艾弗瑞特用一种独特的方式来描述完全的量子世界，以求绕开这些令人棘手的问题。在他描述的这个世界里，没有像经典观察者这样的事情，只有以各种大小尺度和各种复杂性呈现的量子体系。艾弗瑞特的"观察者"是量子体系的一部分，而不是独立于该体系之外。如果用一种过分简单化的方式来描述其推理结果，那就是所有可能发生的（各具不同概率的）事件都会真的发生。由于在他的体系里不存在经典测量手段来确定哪一种可能的结果会出现，因此我们必须假定所有结果都正在发生，但它们之间并没有关联性。

要了解这个意思，我们不妨想象一下，譬如你开车来到了一个交叉路口。根据经典物理学的观点，你将选择其中一条路开下去，于是一切顺理成章。但根据量子力学的传统解释，你可能选择这条岔路，也可以选择其他岔路，在没有某个东西恰好确定了你的位置（譬如某个外部"观察者"报告了你在某个加油站或是在某个旅馆的位置）之前，你取哪条路开下去都是可能的。要不怎么说传统的量子解释诡异呢，因为它假定你"虚拟地"（而非"真实地"）同时开上了两条岔路，直到有人在其中一条路上看到你，这时你才"真实地"开上了某条具体的岔路。而根据艾弗瑞特的解释，你确实同时开上了两条岔路。如果后来你开上左边的岔路并停车加油，就在这时你被别人看到了，你自己也意识到你是在这个位置，但这并不意味着不存在另一个"你"，这个与左边岔上的你毫不相干的"你"正在右边岔道上吃东西，也被那里的某人瞧见，而且"你"也意识到自己身处何处。我在查珀尔山的朋友布赖斯·德威特称艾弗瑞特的这个解释为"多世界"解释。德威特的这个术语如今已在物理学界广为使用（虽然我并不喜欢这个术语），这个想法也以"平行宇宙"的概念植入大众意识之中。虽然我也发明了一个新词汇以便让人容易记住。就这个例子来说，我选取了一个严谨保守的术语。"多世界"和"平行宇宙"都让我无法接受，我称这种世界为"相对态"。

在我看来，重要的不是对艾弗瑞特的工作做出什么样的类比或推衍出什么样的前景，而是两个基本问题：这种解释是否能提供新的见解？它是否能提出不同于传统量子理论预言的实验现象？第一个问题的回答是完全肯定的，至于第二个问题的答案则是完全否定的。

如果在可测量方面做不出新的预言，科学家是否还应关心这种不同于现有看待事物的方式的新见解呢？答案是肯定的。我们需要不断地用新的观点来看待已知的事物，就像艺术家需要从不同的角度来鉴赏一件雕塑作品。和艺术家

270

一样，科学家也许能对"已知"现象提出新的想法或至少有更深入的理解。我们对事物的理解是无止境的。对同一组方程用不同的方式来描述就能够扩展我们的视野。某种方法或许比另一种方法在思维上更经济、更"优美"，于是我们便采用了这种方法。也许采用两种方式来检验同一个范畴的自然属性可以丰富我们对这个问题的理解。也许在某个时间，或为了某个目的，采用某种描述会清晰，而在另一个时间，或出于另一种目的，采用另一种描述会更明确。以广义相对论为例，有时候采用在时间中演化的三维空间几何描述较容易理解，有时候则采用四维空间时空几何描述较容易理解。这不是一个是否一种描述是正确的而另一种描述是错误的，或者说一种方式比另一种方式更好的问题，它们仅仅是用来描述同一个物理现象的不同描述方式。对于某些应用，采用某种处理方式可能较简单，而对于另一些应用，则可能用另一种处理更好。

艾弗瑞特的研究让我们能够从全新的角度来审视量子理论。尽管它并没有预言新的实验事实，但它启发我们用创造性的思维来看待世界的本质。这个全新的观点有可能在未来的某一天帮助我们开创一种更完善的量子理论，或促使量子理论和相对论达到更好地融合。量子理论伴随着我们差不多走过了整个20世纪，它的成功是一个传奇。但这一理论到目前为止还没有获得最后定论。我每天还都在思考这个问题。

艾弗瑞特毕业之后并没有去数学系或物理系，而是去了五角大楼。他的聪明才智用在了解决实际问题而不是平行宇宙上。多年后，我有机会在他的安排下愉快地参观了五角大楼。我这才知道，他几乎把那里的所有计算机程序都改写了一遍。他是个不爱运动的大烟鬼，1982年因心脏病而英年早逝。

271

1957年10月，苏联发射了人造地球卫星史波尼克（Sputnik）。正如8年前"约瑟夫一号"（苏联的第一颗原子弹）的情形，这一消息震撼了美国人。但史波尼克引发的许多反应却有利于美国。除了推动我们自己的空间计划外，这一事件还促进了一系列教育改革，例如由国家科学基金会资助并持续到今天的各项基础研究项目。遗憾的是，史波尼克也助长了冷战，并造成美苏双方国防开支的不断攀升。

其实冷战并不只是一个投入千亿军费支出导致国际局势高度紧张的时期，它也是欧洲和平的保障。冷战是两个时代——美苏战时合作的40年代和美苏在贸易和国际事务上仍充满摩擦合作的90年代——之间充满疑虑、恐惧和互不信任的过渡时期。自有历史记载以来，欧洲始终饱受一波又一波的战火摧残。在目前这个阶段之前，欧洲享有的最长的和平时期是从 1871 年的普法战争结束至 1914 年第一次世界大战爆发。但这项纪录已经被打破了。到 1988 年，这项 43 年的和平纪录已经被超越，而且和平发展在欧洲仍是主流。未来的历史学家可以肯定，正是由于冷战，欧洲才有了长期和平的新纪元。我个人认为，氢弹虽然一旦投入战场势必带来恐怖的后果，但它却起着保证保障目前这个阶段长期和平的执法警棒的作用。

我不像许多人那样对史波尼克的出现感到非常意外。多年来，苏联的科技实力一直让我担心。我深信，只要苏联在军事上取得绝对优势，它必然会冒险进行扩张和征服行动，第三次世界大战也许会因此而引发。虽然纯学术研究一直是我的最高理想，但我始终认为帮助国家发展最先进的军力以加强国防是我的责任。在第二次世界大战期间，我出于这种使命感而投身于反应堆研究，制造用于原子武器的钚元素。1950~1953 年期间，这种使命感促使我从事研究热核武器研究。在氢弹计划成功之后，我认为自己应该关注比核武器更广泛的问题来帮助加强国防力量。以导弹为例，导弹技术除了在军事上具有极高的重要性之外，对于空间探索和开发也具有重要意义。此外还有其他诸多广泛的技术领域，也都用得上物理学家的意见。

272 20 世纪 50 年代初，冯·诺伊曼在辩论他为什么支持热核武器的发展时所用的理由就是导弹的精确性问题无法解决。他认为，导弹不可能以足够高的精确度击中数千千米之外的目标，因此应当允许有效使用普通的原子弹。他认为氢弹具有更高的杀伤力（破坏性），即使偏离目标一千米甚至更远，仍具有有效摧毁目标的能力。这是冯·诺伊曼在预见技术发展方面罕见的失误例证之一。导弹精度上的稳定发展已经使我们不再需要数百万吨的高度破坏性杀伤力。世界核武库中置于导弹弹头里的热核武器已变得体积越来越小，重量越来越轻，其爆炸的杀伤力也比我们能制造出的真正的超级武器的杀伤力小得多。因此，导弹本身也变得更小、更轻，并可以同时携带多枚弹头。

我记得我首次进入航空航天工业的时间应该是在 1954 年。当时应马尔温·斯特恩（Marvin Stern）——一位刚从纽约移居到南加州的聪慧年轻的应用数学家——的邀请，我接受了圣地亚哥康维尔公司顾问一职。（大部分工作都可以在普林斯顿进行，但偶尔需要前往圣地亚哥。）当时康维尔是阿特拉斯导弹的主要承包商，由此斯特恩才有经费可以聘请顾问。斯特恩关心的问题远远超出了导弹技术领域，因此我很感兴趣决定参与。早期的一项挑战是如何解决南加州因人口急增所带来的供水问题。有没有可能从南极冰原上敲下一大块冰让它向北漂浮到洛杉矶？我们知道，来自南极冰原的水相对比较新鲜和纯净。经过计算我们给出的结论是：不可行。大部分冰块在向北长途拖运的途中会融化。

第二次世界大战后有人想象可不可以制造出核能飞机。这也是康维尔让我们分析的一个课题。我们的结论是：有可能造出核能驱动的潜艇，但核能飞机不现实。为防止机上人员受到辐射所需的屏蔽材料的重量就使飞机根本不可能用反应堆作动力。有些人不甘心，继续在这个设想上折腾了好些年，最后什么也没得到。相比之下，核潜艇现在已广为人知，并彻底改变了水下战争和防卫的形态。

我在康维尔的工作，以及随后在洛克希德公司的工作，都与冯·诺伊曼有间接关系。20世纪50年代初，害怕苏联在导弹技术方面领先的畏惧心理开始在情报部门蔓延，为此冯·诺伊曼被指派到一个专门负责形势分析并提出行动建议的政府委员会。委员会最终提出的一项建议——我相信它深受冯·诺伊曼的影响——是要将所有政府导弹研发合同计划追加某个百分比，以支持由公司主导的更广泛的研究。在委员会任职期间，冯·诺伊曼走访了南加州的几个导弹承包商。"他们都开设了金属薄板厂，"他后来告诉我，"做的主要事情就是弯曲和焊接钢板。"

这样，受惠于冯·诺伊曼影响下形成的这份研究建议，斯特恩有了足够的经费，聘请了大约20名顾问。除了我之外，还包括我的普林斯顿同事尤金·威格纳和奥斯卡·摩根斯特恩（Oskar Morgenstern），我的老朋友爱德华·特勒，以及斯特恩的博士论文导师，任职于纽约大学数学科学研究院的理查德·库朗（Richard Courant）。斯特恩非常活跃，对各种想法都感兴趣，跟他在一起挺有意思。他与洛斯阿拉莫斯的卡尔森·马克一样，不仅精明过人，而且善于与技术人员打交道，让他们发挥最大的潜能。

1955年，在我首次加入康维尔公司后不久，我接受蒙哥马利·约翰森的邀请，为洛克希德公司在加州范奈斯（Van Nuys）的类似的导弹计划出谋划策。我与约翰森早在1933年就已经认识，当时我们都在纽约大学跟布赖特一起工作。约翰森长得有点像泰迪熊，年纪比斯特恩大，性情也比较冷静。他是出色的研究者，也是一位优秀的管理者，能够知人善任。他长期聘任的顾问里有爱德华·特勒，还有我在普林斯顿的年轻同事萨姆·特莱曼（Sam Treiman）和我先前的学生肯·福特。当时约翰森腾出他家里的一间房间给我居住达一个月，让我在范奈斯期间过得非常愉快。

1956 年，基于我对美国导弹计划的观察以及对苏联导弹计划的了解，我确信，苏联与西方民主国家之间的"导弹差距"，即使目前还不存在，在不久之后也会产生。"导弹差距"实际上是"军事技术差距"的代称。我担心的不只是导弹，还包括必须依赖于尖端科技的许多其他军事层面。

　　在我看来，军事技术的差距，不论是现有的还是潜在的，其解决的关键很简单：人才。先设定需要解决的问题再去延揽人才或团队来解决这些问题决非可取之道。我们需要寻找并征募最优秀的科学人才，让他们协助确定需要解决的问题，并由他们来着手解决。这正是我们在第二次世界大战中的做法，这个做法相当有效。但在 20 世纪 50 年代中期却没有这样做。最具创造力的科学家都回到了他们的办公室、实验室和教室，从事他们自己的研究工作，对国家安全毫不关心。尤其是那些最优秀的年轻科学家几乎与国防应用研究不沾边。这种情形并不令人意外。因为大部分科学家认为他们已经在最近的战争期间尽了国民应尽的义务，他们没有看到国际形势的紧迫性，迫切需要他们献身国防，哪怕只是兼职工作。

　　我那时是少数感受到可能的国际危机的人之一。我希望将自己的部分时间用于国防工作，我打算尽自己所能去吸引富于创造力的年轻人投入到这项工作中来。我无意轻视在洛斯阿拉莫斯、利弗莫尔和其他国防实验室里工作的人才，这些地方正进行着许多高质量工作，一些在战争期间就来到这些单位的部分顶尖人才仍在这里工作。但总的来说，美国的努力不够。原因之一是最杰出的年轻科学家在攻读博士学位时从未考虑过国防工作，无论是全职的还是兼职的均如此。还有一个原因是在核武器领域之外的国防问题上，我们还缺乏能与洛斯阿拉莫斯和利弗莫尔相提并论的实验室。

　　我知道，就现实而言，在 20 世纪 50 年代，根本不可能召集顶尖的科学家全身心投入到国防研究上来。我自己顶多也只算是兼职工作，又怎么能够期待别人付出更多？因此，当时所面临的挑战是如何能够产生一套体制来吸引更多的优秀科学家投身到范围广大的国防工作上来，同时又不要求他们牺牲纯科学性质的研究工作。1957~1960 年这三年间，我努力推动设立这种国家级国防实验室，这在当时的氛围下是一种有可能成功的做法。那时学术团体内和政府机构内的联盟基础非常不稳定，有必要沟通的目标机构也在不断改变，因此我不得不谨慎行事。如何实现这一目标的设想也变化得相当快。到最后，所有的努力并没有促成建立起一系列新的国防实验室（这个目标曾经是我们倡导的重点），甚至于连一座新实验室都没能设立。鼓动所产生的结果是成立了一个名为贾森（Jason）的咨询团体。贾森一直到现在都在运转，其作用是为国内那些对维护国防安全感兴趣的优秀科学家提供一个相互联系的场所。

就在这段时间之前不久，其他一些有用的机构也成立起来，我对这些机构的设立没有发挥过什么影响。这些机构包括国防分析研究院（IDA）、高等研究项目机构（ARPA）（二者都由国防部设立），以及总统科学咨询委员会（PSAC）。设立总统科学咨询委员会和高等研究项目机构主要是对苏联发射人造卫星做出的响应。

我第一次对科学政策的制定发挥影响力是在国外而不是在国内。1957年1月，刚被任命为北大西洋公约组织的科学技术人才常备委员会主席的斯库普·杰克逊（Scoop Jackson）邀请我担任北约的这个委员会的咨询顾问。大概是因为我对这项工作表现出高度热忱，我很快便应邀出任这个咨询委员会的主席。 275
委员会里还包括爱德华·特勒（他一直和我相伴）、麻省理工学院院长兼总统科学咨询委员会主席詹姆斯·基利安（James Killian）、我在约翰霍普金斯当学生时便结识了的核物理学家玛丽亚·梅耶、纽约大学的应用数学家理查德·库朗、孔巴斯钦工程公司的高级主管肯尼斯·曼斯费尔德（J. Kenneth Mansfield），以及在拉莫－乌尔瑞吉公司担任武器系统技术督导的鲁宾·梅特勒（Ruben Mettler）。

在我看来，将最出色的科学人才吸引到国防建设上来对于其他北约国家来说同样非常紧迫。其中需要优先考虑的是将北约各个国家境内的最优秀的学生吸引到科学科技领域上来，以便加强应用领域和基础研究领域的生力军。这个想法促使我向咨询委员会的其他专家提出建议，同时也是向杰克逊参议员提出的非正式建议：成立一所北约高等科学技术研究中心。当我鼓吹这项建议时，套句俗话，没有多少人行注目礼。梅耶热衷的是创立一个新的组织来统合欧洲科学（她称之为一所"学院"），但是其他的大部分专家，不论是否是咨询委员会成员，则倾向于建立一个规模较小的机构。

在呈交杰克逊的委员会的总结报告中，我们建议：设立研究生科学奖学金，提高颁给中学和高校中学习和从事科学的有潜力的学生及其老师的奖学金，计划设立北约暑期科学学校。这些建议于1957年9月，即苏联人造卫星升空后不久，送达科技人才常备委员会。我不记得对提高给师生的奖学金计划是否有什么措施，但其他两项建议都被采纳并且付诸实行了好几年。北约的奖学金不只资助欧洲的年轻科学家，也包括在欧洲从事博士后研究的美国人。北约的暑期学校已成为最具启发的和最具效益的国际会议，吸引了来自许多国家的不同领域的优秀人才齐聚一堂交换意见。这些计划在军备上最多也只是发挥了些间接作用，但它促进了科学的国际化交流。

在我看来，苏联人造卫星的发射确认了"导弹差距"这一事实，也确认了苏联对世界和平的威胁。同时，它促使华盛顿更愿意听取我和其他与我有相同想法的人的建议。于是我开始从两方面着手：加强美国的科学教育，成立一所或多所致力于广泛国防问题研究的实验室。然而，我对于华盛顿还只是个局外人，我不知道该从哪里着手才能够取得最佳效果。我曾与杰克逊参议员和他的两位高级助手——威廉·勃尔登（William Borden）和多萝西·弗斯蒂克（Dorothy Fosdick）——有过接触。杰克逊当时是美国国防事务方面最具影响力的参议员。在这之前我逐渐结识了肯尼斯·曼斯费尔德、阿尔伯特·希尔（Albert Hill）、詹姆斯·麦考梅克（James McCormack）等人，他们全都是与国防分析研究院（IDA）有关的人员。总统科学咨询委员会成立后，我有了通过总统咨询委员会成员（例如詹姆斯·基利安和 I. I. 拉比）与白宫建立联系的渠道。我的一项原则是，如果我们在足够多的不同地方同时推动一项倡议，那么其中的一些地方必然会发挥作用。

当我在 1957 年秋天将注意力由欧洲转回到美国国内时，我首先关心的是科学教育。在苏联人造卫星发射不到两星期，我便写信给海军研究部核物理处处长威廉·莱特（William Wright）："难道您不认为北约国家所采取的计划对美国而言只是大得多的科学人才培育计划的一个样本？"我之所以选择海军研究部作为推动这一设想的对象，是因为自第二次世界大战以来这个机构一直是科学研究和教育的主要支持者。几天后，我又用更精彩的措辞向杰克逊参议员提出建言，他在北约国家进行的"原子"水平的科学训练计划应该与在美国进行的"热核"水平的科学技术管理培训计划形成互补。

1957 年 11 月，奥斯瓦尔德·韦布伦（Oswald Veblen）呼吁建立一所"国家级高等研究大学"。但像这样雄心勃勃的设想很难在各地找到支持者。范布伦当时是高等研究院的教授，他可能受到欧洲各国由中央政府支持办大学的模式的影响。（尽管乔治·华盛顿曾于 1794～1796 年间愿意自掏腰包资助成立国家级大学，但其办学效果并不是很好。[1]）但事实上，各种旨在加强科学领

---

〔1〕 华盛顿当年得到了约翰·亚当斯和托马斯·杰斐逊的支持，这个想法后来也得到了詹姆斯·门罗和约翰·昆西·亚当斯的拥护（这四位均是早期的美国总统——译注），但还是没有成功。

域高等教育的政府计划已开始实施——尤其是加大了对从事基础研究的博士和博士后的奖学金支持力度。这些需求通过"流传"被许多人所知晓。我在推动这些事情落实方面的影响力，如果说有的话，也很有限。

1957年12月，我开始将我对科学思考的重心转移到与国家利益有关的问题上。我一直倡导的对教育和基础研究增加投入已经得到越来越多的支持。从长远来看，这种投入的加强对国家的健康发展非常关键。但就近期来说，我开始确信，我们必须采取更大的步骤才能消减苏联在导弹和其他军事科技方面的领先所带来的威胁。12月11日，我发了份长篇电报给基利安、拉比和总统科学咨询委员会的其他成员，支持拟议但尚未获批准的成立高等研究项目机构（ARPA）的建议，同时呼吁他们在ARPA之外另行创立一所全国性的高等研究项目实验室。我设想的这所实验室实际上是一个互相关联的实验室群，它们与国防部的关系就如同洛斯阿拉莫斯和利弗莫尔实验室与原子能委员会的关系。我在电报中还提出了"实验室校园"的设想，其中包括"项目启动实验室"，并且补充道："如果没有这种研究的集中化，我看不出我们能在哪里让科学人才去做他们应该做的事情。"

是什么让我相信我能够推动庞大的官僚体制？是因为我觉得我应该试一试。我确信我们的国家安全面临危机，而且必须有所应对。我读过很多历史，知道如果没有意志坚定的倡导者强有力的推动，变革就不可能出现。我也知道自己在权力走廊上经验有限（只见过特勒和其他科学家在这个走廊上表演），知道华盛顿对于科学成就的影响力超乎我们的想象。当时不只是我在总统科学咨询委员会的同事愿意聆听我的建议，那些政治家、政府管理人员和企业家们也愿意。他们似乎将我当成一位不仅具有深厚修养的科学家（他们可能会称我是一名机敏的科学家），而且有一颗清晰思路的实务的头脑。我经常自省，如果我选择的是公职生涯，以接近并影响政府最高层人士为目标，那么我很可能还不如像现在这样——从事纯学术研究而且在起初并没有想到这种目标——能够发挥更大的影响力。

我为什么确信自己的理念是对的？这是因为我从孩提时代起就充满自信，毕竟，这种自信也是科学领域成功所需的必备条件。而且，我所取得的成就，不论是应用研究方面的还是基础研究领域的，毫无疑问都更增强了我的自信心。它让我赢得了我所尊重的许多科学家的支持。尽管我的主张在科学家群体中属于少数派，但却并非孤鸣。我还从历史方面寻求支持。历史上那些推动历史进步，其所作所为受到后世称赞的改革家，往往愿意偏离历史发展主流而另辟蹊径，并为他们的非主流观点而奋斗。

在给总统科学咨询委员会成员发出第一封信之后，我又写了份内容更为详细的提案寄给了国防分析研究院主任詹姆斯·麦考梅克。我还将这份提案分寄给国内的多位物理学家以寻求他们的评议。康维尔公司的马尔温·斯特恩和威斯康星大学的肯尼斯·沃特森等人都回复并给出了支持性建议。36 岁的沃特森不仅拥有篮球运动员一般的高挑身材，而且有着数学家和理论物理学家所特有的敏锐领悟力。当时他已因在基本粒子物理学领域的研究成果而享誉学界。后来他去了加州伯克利大学，并在那里对国防研究做出了重大贡献。他是贾森咨询机构的常设专家，对航天工业也有过重要贡献。我一直不清楚沃特森在多大程度上是出于爱国主义情怀的激励，多大程度上是出于他认为国防研究作为与基础研究相对应的一极，既具有挑战性又很"有趣"。

另一位以国家兴亡为己任的年轻理论物理学家是我的普林斯顿同事马尔温·戈德伯格。我们不仅同样都在普林斯顿任教，而且在俄亥俄州扬斯敦的雷炎中学曾前后受教于同一位老师。戈德伯格和沃特森属于同一代人，他们后来共同撰写了一本有关碰撞理论的书。戈德伯格和他既富魅力又有才华的妻子米尔德丽德两人如影随形，对美食和美酒的评鉴能力出众，堪比冯·诺伊曼。但我与戈德伯格之间的一致性远远比不上我与冯·诺伊曼之间的默契——尽管戈德伯格支持我关于国防实验室的设想。虽然作为物理学家戈德伯格很出色，但他有时会让我觉得他更像是一位对那些在寻找答案的过程中瞻前顾后、犹豫不决的科学家很不耐烦的行业主管。后来他担任了普林斯顿物理系的主任，由于我们对物理系的未来发展持不同的看法，这让我好几个晚上睡不着觉。我一向热切希望能与周围的人保持良好关系，因此一旦这种关系触礁便会让我感到非常难过。后来戈德伯格出任加州理工学院院长，当他 1987 年从这个职位上退休后，他又回到普林斯顿接任了奥本海默所担任的职务——高等研究院院长。

1958 年 1 月中旬，就在我提出第一份国防实验室计划提案的第二个月，杰克逊参议员计划邀请来自学术界、工业界和政府部门的科学顾问在普林斯顿进行一次非正式会谈。普林斯顿方面除了我之外，收到邀请的还有奥斯卡·摩根斯特恩、尤金·威格纳和莱曼·斯必泽。（稍后我会详谈有关摩根斯特恩和威格纳的事情。）其他与会人员还包括马尔温·斯特恩（圣地亚哥康维尔公司）、哈维·布鲁克斯（Harvey Brooks，哈佛大学，工程与应用科学部）、亚瑟·肯特罗威兹（Arthur Kantrowitz，麻省的国防工程承包商）和阿尔文·温伯格（橡树岭国家实验室主任）。奇怪的是，爱德华·特勒没有出席，我不知道他有否受到邀请。

　　到最后一刻，杰克逊参议员因病无法前来，只好由他的助理多萝西·弗斯蒂克代为出席。弗斯蒂克是一位知识渊博、机敏过人的女性，我很喜欢与她共事。她的才能在华盛顿之外也受到肯定。她曾经四次谢绝了出任高校校长的邀请，宁愿追随杰克逊参议员。作为著名牧师哈里·埃默森·弗斯蒂克的千金，多萝西在上大学时曾在暑期里到缅因州捕捉龙虾。但缅因州捕龙虾的男性同业组织非常排外，并不欢迎她。她发现她的捕虾网的绳索经常被人割断。这种情况一直持续到有一天她救了一名捕虾人的性命才改变，当时这个人被绳索缠住了腿并被拖出船外。多萝西告诉我，有一回她在华盛顿拉着她父亲去听一位她很崇敬的牧师布道。布道刚开始，她和父亲便相视而笑——他们听到的竟然是她父亲布道的翻版。　279

　　尽管杰克逊参议员缺席，普林斯顿会谈仍进行了很长时间而且收获甚丰。与会者有充分时间讨论我提出的关于成立一所或多所国防实验室的提案。会议结束后，六位与会者将他们对这个问题的具体想法寄给我。他们大多数人对我的提案表示支持，但认为我这个宏大的计划过于宏大了。

　　摩根斯特恩和威格纳在这个问题的观点和我最为一致。由于他们都在普林斯顿，因此我们很方便地携手合作。在超过一年的合作期间，我们共同推动正在执行的国防研究取得大的进展，希望因此可以提升努力的层次，让更多的最聪明的年轻科学家能够吸收进来。这里具体细节就只有割爱了，因为合作过程牵扯到太多的人和机构，也经历了太多的挫折，更不必说各方对于我们的构想由热转冷又重新趋热的种种不同反应。[1] 1958 年春的学术年假让我更能积极　280
地投入这项工作。

　　摩根斯特恩是一位数理经济学家，与冯·诺伊曼合作撰写了著名的《博弈论与经济行为》一书。他是奥地利人，当我认识他时，他仍习惯于用德语而不是用英语来说和写，虽然他的英语已臻完美。他喜欢担任军方咨询委员会成员，也乐于转述他在华盛顿听到的内幕消息。在从事学术研究之前，他已经在普林斯顿成立了一家自己的咨询公司。直到他 1977 年因罹患癌症去世之前，

---

　　〔1〕 科学史家 Finn Aaserud 对这个时期做过翔实的研究。他的文章《史波尼克与"普林斯顿三人组"：未能成立的国家安全实验室》（"*Sputnik and the Princeton Three*"：*The National Security Lab that Was Not to Be*）一文发表在《物理学与生物科学的历史研究》（*Historical Studies in the Physical and Biological Sciences*），vol. 25，part 2，1995，pp. 185—239。Aaserud 目前供职于哥本哈根尼尔斯·玻尔档案馆。

我才知道他是德皇弗里德里克三世的孙子。那是我最后一次到他家拜访。在楼上他的卧室探视之后，我在下楼时看到墙上一幅胸前挂满勋章的人物肖像。"这是谁？"我向他的妻子多萝西问道。"是他祖父，弗里德里克三世。"她答道，"弗里德里克年轻时曾经有一段风流韵事。后来那位年轻女孩被安排通过一场非常体面的婚礼嫁给了别人，而她的女儿长大后便成为奥斯卡（摩根斯特恩）的母亲。"

奥斯卡·摩根斯特恩坐在高等研究院的草坪上，1950 年
（照片由多萝西·摩根斯特恩拍摄，承蒙高等研究院档案馆提供）

我在这本书里很早就提到过尤金·威格纳。他不仅造诣极深，而且和他的匈牙利同胞特勒一样对共产主义是又怕又恨。威格纳对人过分讲究礼数，但对人性却抱有负面的态度。当他发现自己在国防和苏联威胁等问题上属于科学家中的少数派时，他对外界的批评比我更敏感，也更容易受到伤害。摩根斯特恩和威格纳两人都与政府、产业界和学术界的高层有接触。但我想他们是希望在我们的合作过程中由我这位土生土长的美国人出面来确保我们积极投身国防研

究的承诺能够实现。

摩根斯特恩认为，既然我如此坚信应该成立一所新的国防研究实验室并这么下劲儿来实现它，那么我肯定愿意担任这所实验室的领导人。但当他得知我对于这个职位不感兴趣之后，他变得对我相当恼怒。而威格纳却没有表现出这种怒气，只是清楚地表明他对于科研管理工作也毫无兴趣。最后，我们三人——摩根斯特恩、威格纳和我——都不愿意长期在新的实验室担任全职工作。其他合适的人选，例如沃特森和戈德伯格，也对于主管实验室不感兴趣。1959 年，新实验室仍然悬而未决。如果我决定不去担任领导角色，这个实验室便有可能烟消云散。我终于意识到，所有的努力是否能够成功，取决于我是否愿意接下这个领导职务。为此我陷入彷徨不定的痛苦之中。我记得有一天晚上我对珍妮特说："我真希望我被卡车撞倒，撞断几块骨头，这样我就不用去做决定了。"最后，我还是对纯学术研究更看重，我知道自己更适合从事研究而非管理。

但是在决定性时刻（1959 年春天）来临之前，我们在 1958 年夏天进行了一次试运作，看看在大科学家群体（主要是物理学家）里通过听取内部人员简报能提出什么建设性意见。所听取的问题不限于具有潜在军事意义的问题。这个暑期研习会的构想来自于麻省理工学院的奥尔·希尔，并得到总统科学咨询委员会主席詹姆斯·基利安的支持。他们采纳了我所建议的名称——137 计划，但要求我领导这次活动。（稍后我会简要说明这个名称的由来。）

1958 年 7 月，137 计划的 22 名专家在华盛顿召开了为期三周的工作聚会。威格纳事到临头却无法参加，摩根斯特恩人虽来了但热情却不高。但这仍是一个可靠的团队，好些物理学家正值 30 多岁的青壮年，包括戈德伯格、沃特森、斯特恩、菲奇和萨姆·特莱曼。菲奇当时供职于哥伦比亚大学，后来来到普林斯顿与我共事。特莱曼在 1958 年已是普林斯顿大学的一员，我们经常一起用餐。我们俩都坚信最好的研究课题来自于教学，而大部分优质教学内容则源于研究成果。当时成员里还包括弗莱德·莱因斯（Fred Reines），他在理论和实验两方面都是一把好手。他经常穿一双过大的皮鞋，一边漫步一边思考着某个几乎不可能解决的大问题。就在 137 计划实施的两年前，他和克莱德·考恩（Clyde Cowan）首次在实验上确认了中微子的存在——这项成就让他获得了1995 年度诺贝尔物理学奖。

既然"137 计划"这个名称是我提议的，因此我在此说明一下这个暑期研讨会名称的由来。物理学家处理的某些数值会依照所使用的单位而有所不同。

以光速为例。光速为 300000 千米/秒，也可以叫 186000 英里（1 英里 ≈ 1.61 千米）/秒。质子的质量是 1.007 原子质量单位，也称为 938 百万电子伏特。但有些数字，即所谓的无量纲数，则无论取什么测量单位其数值都不变。其中最著名的当属"精细结构常数"。它是电子电荷的平方除以普朗克量子常数与光速的乘积，即 $e^2/\hbar c$，数值上它近似等于 137 的倒数（精准值为 137.036 的倒数）。

282     物理学家对这个数字情有独钟，不只是由于它是个无量纲数，还在于这个数代表着自然界中三个基本常数的结合。为什么这些常数组合起来会得到 1/137.036这个特定的数字而不是其他数字？没有人知道。到现在为止，精细结构常数对物理学家来说仍是个谜。[1]

你从下列清单便可以看出 137 计划所罗列的问题是非常广泛的（但不涉及核武器）：化学感知（针对蝴蝶和其他昆虫）、有限战争情况下部队的燃料补给、野外信息处理、能量的无线传输、高强度红外辐射的产生、水下航标，以及潜水艇水下全球通信的发射和接收等。其中部分课题已是普通实验室正在研究的甚至是已经解决的问题，另一些课题则属于需要全新的思索，它们在一般实验室中还没有提出过。

在短短三周的会期里要让所有讨论的议题都取得令人满意的结论无疑要求过高，但所有与会者都愿意奋起接受挑战。当我于 8 月向国防部长尼尔·麦克尔罗伊（Neil McElroy）和其他政府官员口头报告该计划成果时，部分同事比我还要紧张。事实上，我们已经取得许多有趣的结论，我的报告也得到了很高的评价。麦克尔罗伊开始认识到，由科学家群体进行自由探讨能够产生怎样的新构想，这对他的部门有相当大的帮助。他希望看到 137 计划能变成一个永久性计划。他基本上支持由摩根斯特恩、威格纳和我一直倡导的国防预研实验室计划。与此同时，我们又有了一位支持者——赫伯特·约克（Herbert York），特勒的追随者，也是利弗莫尔实验室的前主管。他不久前刚被任命为高等研究计划机构的主管，此后不久又成为国防研究与工程机构的首脑。我推举约克出任新的国防实验室的主管，并前去征询他的意见。结果他和我一样婉言谢绝了。由于缺少主管——戈德伯格、威格纳、约克、我和其他人选都不愿承担此职——这个实验室的构想最后无疾而终。

---

〔1〕 据说泡利生前最后一次因病入院时被孤零零地安排在维也纳一家医院的 136 病房。在他去世的前几天，他设法让自己搬到了 137 病房。

多年后，约克出任加州大学圣地亚哥分校总校长一职时，重新回顾了他参与国防工作的经历，并写了几本书来评论各项国防计划，其中也包括氢弹计划。他是个原则性很强的人，他的眼光也发生了变化。我认为正是他在意识形态上的这种变化导致了他和他亲密的朋友与恩师特勒的疏离。这使他相当难过和痛苦。

2 年后，从"流产了的国家安全实验室"（引自 Aaserud，参见 289 页脚 283
注）和 137 计划的灰烬中产生了一个被证明较为健全，并对国防部和其他政府部门起到长效作用的机构，这就是贾森（Jason）—— 一个以从事技术研究为主旨的团体。贾森的活动主要在暑期，对它的最贴切的描述是俱乐部。一方面，贾森采取会员制，如同一个入会程序严格的乡村俱乐部，一旦加入，你很可能要一直待下去。而要想加入，你必须由其会员推荐才行。作为一种向政府提供科学技术方面咨询的模式，这个组织有那种"老男孩俱乐部"组织所固有的缺陷。一些不错的人选，尤其是女性，可能被忽略。另一方面，贾森是由 284
一群科技精英组成的团体，这个团体所提出的精辟分析和建议绝不是那些更大更民主的团队所能做到的。换句话说，已加入的人都称得上是精英，只是有些精英还在门外。

"贾森"这个名称由来并不像"137 计划"那么明确。根据戈德伯格的说法，贾森这个名称是由他妻子米尔德丽德建议的，因此他知道这个典故——这个名称象征着勇敢追求现代版金羊毛的当代年轻男性。米尔德丽德说对了一点，投身这项研究的勇敢的年轻女性的数目实在少得可怜。


出于和盘托出真相的考虑，我必须讲清楚我是怎么在艾森豪威尔总统的特意坚持下受到斥责的。事情发生在 1953 年 1 月，所幸的是我并没有因为这件事而惨遭类似奥本海默所曾经受的厄运。就我所知，这件事情可能还对我有利。虽然它让我在政界恶名昭彰，但却因此有助于提高了我后来在华盛顿政界的影响力。（诚如娱乐界所言，曝光就是好事。）

1952 年年末，"麦克"在埃尼威托克环礁试爆成功之后，我们清楚地知道，锂 6 同位素将成为未来热核武器燃料中的关键成分。自然界里锂 6 同位素只占全部锂元素的 7.5% 。如果要将它与丰度较高的锂 7 同位素分离开来，其难度比从铀 238 中分离出铀 235 要小得多，但这同样需要有工业规模的生产。当时，橡树岭国家实验室已经准备接下此项任务。但凡事若无人推

我制作的普林斯顿人行道上的石刻（已得到后勤主管部门的许可），1993 年。照片摄于 1995 年

（由罗伯特·马修斯拍摄，承蒙普林斯顿大学提供）

动，都将一事无成。这件事情的推动者是詹姆斯·麦考梅克将军，他是原子能委员会军事应用部门的首脑。他还得到了国会原子能委员会主席杰克逊参议员的大力支持。杰克逊的助理威廉·勃尔登对此也十分积极。我与麦考梅克、杰克逊和勃尔登一直保持着密切联系，也强烈支持实施大规模生产锂 6 的计划。

　　我想大约是在 1952 年，当时勃尔登已经知道马特峰计划，他从华盛顿来普林斯顿找我。他问我，为了加速推动热核武器的进展我们还需要什么。我告诉他："锂6。"这促使勃尔登开始关注这个问题，并让我结识了杰克逊参议员和多萝西·弗斯蒂克女士。

勃尔登就像初生牛犊不怕虎。他看到什么都觉得是想延缓或搞砸美国武器发展的阴谋。当锂6的生产计划进度过于缓慢时，他认为这是有卖国贼从中作梗。奥本海默就是这样一位他不能信任的人。第二年（1953年11月7日），勃尔登在离开华盛顿加入匹兹堡的西屋电器公司时，写了一封信给联邦调查局局长埃德加·胡佛（J. Edgar Hoover），后来正是这封信使他再也无法回到华盛顿。他在信中宣称"奥本海默很可能是苏联间谍"。而我违反保密规定出事时，勃尔登还在华盛顿，奥本海默的听证会则还没影儿呢。（这场听证会于1954年4月和5月举行，它导致奥本海默失去了保安权限。） 285

1953年1月初的一个晚上，我在新泽西州的特伦顿（普林斯顿附近的火车站）坐夜车前往华盛顿。（整趟行程的时间不够睡个好觉，但这班列车的卧铺车厢停靠华盛顿的中央火车站，要到早上8点才让旅客下车。）当时我违反标准的保密规定，随身携带了一份机密文件，打算在前往华盛顿的途中阅读。文件是勃尔登的国会工作人员同事兼助理约翰·沃克（John Walker）所撰写的报告的一部分。内容是有关锂6同位素的重要性、需要多少以及如何生产等问题。根据我后来从其他资料来源（但我已想不起来究竟源自何处）所读到的，沃克完整的92页报告还包含了氢弹的设计信息，并阐述了先前克劳斯·福克斯可能已经提供给苏联的究竟是哪些热核信息等问题。我在火车卧铺上研读了沃克报告的摘要，到华盛顿时已精神饱满，对要讨论的与氢弹有关的武器发展问题做好了准备。

但当我早晨起来收拾东西准备下车时，却找不到这份有关锂6的报告了。我到处搜寻——卧铺上下、地板和洗手间，还求助于列车员并询问了好几位乘客，却仍然找不到这份报告。锂是设计氢弹的关键，这在当时是高度机密。后来我们得知，在1953年，苏联科学家也已经得出与我们相同的结论，并在核武器试验中首次使用了锂6。但在我坐火车去华盛顿的1953年年初，我们并不知道苏联的氢弹进展状况，因此我感到非常沮丧。

我到达中央车站后给在家的勃尔登打了电话。他马上通知安全人员开始工作。他们把我乘坐的车厢与列车的其他车厢分开来，并拖到好几条街后的铁道备用线上，然后翻箱倒柜，四处寻找，但都无济于事。那份报告后来也再没有出现过。听说安全人员沿着铁道从特伦顿一直找到华盛顿，仍一无所获。 286

这项严重的安全事故在艾森豪威尔就职后很快就传到他的耳朵里。他简直气炸了。他传唤了原子能委员会的所有 5 位委员到白宫椭圆形办公室，让他们站着听训。"你们怎么能发生这种安全事故！"（根据当时在场的我的朋友史密斯所述）他简直是暴跳如雷。他坚持我必须受到行政处分，我也确实受到了处分。

直到现在，大家仍然怀疑我的文件是不是被苏联间谍窃走了。文件不会平白无故地消失。如果苏联科学家看了这份报告，他们也只能知道敌我双方都在朝着相同的方向进展（而且双方可能都不会仅根据科学家的建议就采取任何重大步骤）。

我在年过半百之后才首次接触社会学。在 1958 年召开的"快速变化的世界中的邻里关系目标"会议中，我就"国家生存与人类发展"的问题做了报告。我的发言仍是关于我对所面临的苏联威胁和可能爆发的另一场战争的思考。我强调了让全体国民充分发挥潜力的重要性，这对于个人和国家都有好处。我还谈了与世界欠发达地区结盟所带来的双赢局面。所幸，我并没有养成那种对人类生存状态做自以为是的表达的毛病。虽然我后来在纯学术之外也做了很多演说和著述，但总的来说，我关注的仍是科学和科学家的责任。

我在康维尔公司的咨询工作在 1959 年准备题为《有限战争指导原则》的长篇报告时达到顶峰。为准备这篇报告，在前后一年半的时间里，马尔温·斯特恩、查尔默斯·薛尔温（Chalmers Sherwin）、亨利·基辛格（Henry Kissinger）、奥斯卡·摩根斯特恩和我每隔一个半月就抽出一天半在南加州聚会。基辛格负责这篇报告的初稿，我负责最后一稿的大部分工作。在我们的合作期间，我逐渐对基辛格的历史修养和清晰机敏的思维感到由衷敬佩。虽然我在国际关系方面的研究和实际经验远逊于基辛格，但我在此基础上所确立的思想却与他非常接近。我现在仍然经常回想起他曾引述的年轻的俾斯麦（Otto von Bismarck）对他的未婚妻说的话："我们应该骑上生命之驹，让它们把我们带到世界各个角落。"

要撰写"有限战争"，首先必须为"有限战争"下个确切定义。它是指冲突双方都不认为事件足以导致国家的生存受到威胁的一种冲突情形。例如，中国在朝鲜战争期间称入朝军队为"志愿军"，这即表示他们并不认为中国的生

287

存受到威胁。

在我们的报告里，我们采取了这样的立场：在任何情形下都排除使用核武器是愚蠢的。这样将无法使核武器成为外交工具。我们建议设计并建造小型战术核武器，并制定在特定情形下允许使用这些核武器的政策。我们认为，如果美国及其盟国在有限战争中准备使用核武器，那么可能就更容易达成两个相关的目标——尽可能避免战争，以及一旦战争爆发，将尽可能减少人员伤亡和破坏程度。我们同样认为，有限战争在 20 世纪下半叶会是一种常态，事实表明确实如此。至于战争带来的伤亡人数和破坏程度是否真的因使用战术核武器政策的制定而有所减少，至今仍争议不休。

康维尔公司作为我们关于有限战争行为守则报告的赞助商，在报告于 1959 年秋天即将完成之际开始感到烦恼。公司决策高层对于制造战争武器并无任何不安，这是这个企业的主业。他们害怕的是，发表这么一篇鼓吹在有限战争中使用战术核武器的具有爆炸性主张的报告，会被贴上"死亡贩子"的标签。于是这篇报告从未发表。然而，它的大部分内容通过基辛格晚年的著作为公众所知晓——毫无疑问，这比起由康维尔公司来发表更具效力。

如今，我已步入晚年，后头的日子越来越少，头脑也渐渐变得不灵光了。我设法将注意力集中在最艰深的问题上。每天早上，无论是夏季到缅因州亥岛去避暑时站在峭石边注视着海洋，还是从新泽西亥兹镇的住所坐公车去我在普林斯顿的办公室的路上，我都会自问：量子是怎么产生的？宇宙是怎么产生的？存在是怎么产生的？如果有幸，我也许能在我的余生对这些问题做出一点点贡献。我的同事中不是所有人都认为这些问题值得思考。但这些问题如果在 20 世纪得不到认真对待，它们也会在 21 世纪得到认真对待。这些问题将是下一代物理学家所面临的问题。它们应该成为——也必将会成为——物理学的研究课题，它们将得到科学层面上的回答，而不是通过哲学或神学，或通过沉思默想来获得解答。

在莱顿任教后的那几年里，我并没有专注上述这些问题。后来，直到现在，我被赶着去理解宇宙、被赶着去理解量子理论与时空几何学之间到底是如何相互关联的。但我得对我的学生负责，他们的事业前途不能耽误在这些最艰深的问题的解答上。我还得眼看国家受到威胁挺身来尽一个国民应尽的义务。  288
我对大众也有责任，毕竟，是他们提供了我作为科学家和教授所享有的资源。

如今当我回首过去，我惊奇地发现自己为了尽这些义务曾参与过这么多种活动。我的精力或许太过于分散了，我走得或许有些过头了。但是慢条斯理不是我的本性。我的父亲，我父亲的父亲，他们的事例都表明，无私地服务于大众的精神乃深植于我的灵魂深处。

# 第 13 章　黑　　　洞

玻尔在他 1913 年发表的有关氢原子量子理论的经典论文中引入了一条基 289
本原理，这就是著名的"对应原理"（请不要与他的"互补原则"相混淆）。
物理学里的大多数原理都可以用方程来表示，但对应原理则不然，我们只能用
文字予以表述。这条原理是将牛顿经典物理世界与现代量子物理世界联系起来
的最重要的原理。

每个量子体系都有某种不连续性，或称为粒子性（也就是数学家所谓的
离散性）。其能量、动量、角动量（对转动强度的量度）和电荷都只能取某个
特定的不同数值，而不是像经典物理学体系那样取连续的各种可能的值。对应
原理是说，如果量子体系的粒子性相对较弱——也就是说，如果某个物理量
（例如能量）从一个量子态的值变到相邻的量子态的值只变化了很小的百分
比，那么该量子体系将近似遵从相应的经典物理学定律。不仅如此，这时由量
子行为到经典行为的转变是渐变的，即不存在明确的界限。当粒子性由于相对
测量而变得越发微不足道时，对这种量子体系的经典描述就会越发精确。

例如，当氢原子中的电子处于高激态时，这个电子跳到允许的相邻量子态 290
所造成的能量改变和离原子核的距离的改变只有很小的百分比。这时电子的运
动就可以近似地看成是一个固体物质在绕"日"（原子核）轨道上的运动。相
比之下，当电子在非常接近原子核的量子态上运动时，它要从这个量子态跳到
允许的相邻量子态，就需要在能量和距核的距离上有相对较大的改变。这时经
典的行星轨道描述就完全失效了。这时对电子的描述需要用概率云来进行，此
时这个电子的速度或位置都没有精确的定义。

量子行为到经典行为的渐变不同于色素混合——将一种颜色慢慢添加到另
一种颜色上直到最后完全覆盖后者——所造成的颜色改变。我们毋宁说它更像
是向糖分子逐渐增添糖晶体所带来的糖的性质的改变。当糖晶体的数量较少
时，晶体添加一点点都会使晶体数量发生大幅度的变化（例如由 4 个结晶体增

加到 5 个结晶体，数量变化了 25%）。这时糖是"量子化"的，或者说呈粒子性。这时糖表现出的行为就是一堆分立物质的集体行为。可是如果糖晶体的数量以百万计，那么增加或减少一两个结晶体，我们是无法测出其性质变化的。在这种情况下，糖的行为就像是液体。它可以溢出，可以流动。它的体积大小由盛它的容器决定。它的粒子性已变得不重要。但我们必须记住，一桶糖，不管它表现出什么样的"连续性"行为，归根到底它还是粒子性的。所有的物理体系归根到底都是量子体系。它在特定条件下所表现出的经典行为只是一种近似。

早在学生时代，我就对对应原理和由量子行为到经典行为的奇妙转变非常感兴趣。1958 年，我又回到这个课题上来，并邀请我以前的学生肯·福特和我一起从事散射的半经典分析。半经典分析也可以称作半量子分析，它涵盖了量子世界与经典世界之间很难定义的边缘地带。

考虑一个经典粒子的散射时，我们会将它处理成沿着一条明确的路径接近靶（例如一个原子或一个核子），然后改变方向，沿另一条不同但明确的路径飞离目标。这种情形如同一个小女孩用豌豆枪将一粒干豌豆射向她哥哥的后脑勺，豌豆被弹开。而一个量子粒子则呈现为一种模糊的概率波波包，这个波包可能比靶还大。因此量子粒子朝着靶的运动就如同小姑娘拿一个枕头向她哥的头砸过去。当然，量子粒子不像枕头，它与靶发生相互作用后会飞离靶。随着概率波的波长变短或是靶的截面积变大，这个形状模糊的量子波包相对于靶就会变得较小。这就是所谓的中间地带，或称为半经典地带，这时飞向靶的粒子可以比作一个扔向可怜的哥哥的头部的针线包。对于物理学家来说，这里的挑战是要构建这样一个理论，它能充分利用量子理论和经典理论来处理这种中间地带的散射问题，以便从散射结果来推出靶的性质。

肯和我合作撰写了三篇有关于半经典散射的论文。其中有一篇我们得到了其他两位同事的帮助。这两位一个是戴维·希尔，10 年前他在我的指导下完成了有关核裂变机制的博士论文；另一个是若野正见，当时是我的研究生，后来成为我的同事并和我共同撰写了好些篇论文。我将这三篇文章投给了《物理学评论》，但从期刊编辑萨姆·古德斯密特那里得到的反应却很冷淡。这也不是第一次了。古德斯密特和乔治·乌伦贝克共同发现了电子自旋现象，他们两位都是在 20 世纪 30 年代知识分子流亡潮时期从欧洲来到美国，这两个荷兰人从外形到个性都有很大差异。乌伦贝克任职于密歇根大学，长得高挑纤细、为人和善但较严肃，穿着和举止显得保守。他的演讲用词洗练，精彩绝伦。古

291

德斯密特任职于长岛的布鲁克海文国家实验室，他的身材较为矮小敦实，是位生就的乐天派，他的衬衫后摆老是跑到裤子外面。他热爱美女和美酒。他的演讲看似散乱无章，却浑然天成。让大多数物理学家大跌眼镜的是这两位大师竟没有获得诺贝尔奖。我们大多数人都认为他们应当被授予这个奖项。

古德斯密特为《物理学评论》订立了一个简单的目标：成为世界上最好的物理学期刊。他办到了。《物理学评论》举世闻名，被普遍认为是首屈一指的期刊。但古德斯密特不喜欢长篇大论，也不喜欢掉书袋。我之所以在《物理学评论》上发表的文章数量比其他美国物理学家的少，就因为我喜欢讨论来讨论去，而且还好为人师。我的许多文章都发在美国物理学会的另一份期刊——《现代物理学评论》上。古德斯密特认为我的半经典散射论文不仅太长，而且说教味儿也过于浓厚。他建议我不必删改，直接改投给《物理学年报》。我照着做了。年报编辑菲尔·莫尔斯（Phil Morse）在过去就比较能接受我的文章。于是这三篇文章一字不改地在 1959 年刊出。这些文章在原子分子物理学家和核物理学家那里得到了广泛的回响和应用。虽然这几篇论文不是我最具代表性的研究成果，但却是我发表的论文中被再版次数最多、被引述最多的文献。

我们在半经典散射论文中所运用的对应原理可谓效用惊人，因为它既有实用性又具基础性。为什么说它具有实用性？这是因为在量子世界与经典物理世界之间的模糊地带，我们必须发展出一套技术来处理这种既缺乏纯粹量子体系的简单性，又缺乏纯粹经典体系的明确的可预见性的系统。我们的工作，以及其他人的相关工作，都指向能发现一套实用的方法来分析这个灰色地带的问题。事实表明，很多感兴趣的现象，例如一个分子去撞击另一个分子，或是一个大的核子撞击另一个核子（甚至一个无质量的波去撞击一个黑洞），都属于这种半量子半经典的领域。

那为什么又说具有基础性呢？这是因为这条量子-经典界限将两个互不相干的世界区分开来。量子世界违反我们的直觉，它用粒子性取代了连续性，用或然性取代了确定性。它将波看作粒子，将粒子看作波，用不确定性迷雾取代了确定的位置和确定的速度。与此相反，经典世界则完全符合我们的直觉。它是我们从周围所看到的世界，它符合我们的常识，因为我们的常识正是在这个世界中孕育而成。但这两个世界是彼此相连的，它们也必然相连。只要我们凑得足够近去看，我们周围的经典世界就是各种量子体系的集合。问题在于是否可以在二者之间定义一个界限？这个界限定义在什么位置？这个问题至今仍缺乏深入而令人满意的答案。我们只知道过了某个极限，量子行为便让位于经典行为。

对于像我这样的对核物理学和相对论都感兴趣的人来说，对恒星世界不感兴趣几乎是不可能的。我的普林斯顿的朋友马丁·施瓦西将我吸引到星际世界中来。我很自然地便深入到恒星的中心。20 世纪 50 年代，施瓦西、他的天体物理学同行莱曼·斯必泽、普林斯顿的统计学家约翰·图基（John Tukey）和我 4 个人经常中午在一起聚餐。图基称我们的聚会是"杂烩兼行进协会"，我们在这里分享有关于科学和世界现状的不同想法。

像冯·诺伊曼一样，图基是个精神抖擞、体格健壮、性情外向的人。他不仅精通数学，对物理学和天文学也有很高的兴趣和造诣。他曾是普林斯顿大学民间舞蹈社团的组织者。他的童年是在麻省的新贝德福德度过的，中小学教育由母亲在家亲自教授，所读的第一所学校是布朗大学。图基和施瓦西都曾为马特峰计划效力。斯必泽自然是马特峰计划的重要领导人。图基在担任贝尔实验室的顾问期间，发明了"比特"一词用作信息的最小单位。这个词一经出现便永垂不朽。[至于字节（byte）一词，通常指 8 比特的信息，则是由维尔纳·布赫霍尔兹（Werner Buchholz）于 1956 年创造的。]

回到 1946 或 1947 年，施瓦西还在哥伦比亚大学读书时，他和我便已经就辐射逃逸出较冷星体现象的研究有过合作。在这种星体的外层，某些电子能够通过依附于氢原子而躲过居无定所的折磨。这样便产生了带负电的原子（负离子），每个这样的原子都具有一个质子和两个电子（而不同通常的带一个电子）。这类原子的辐射吸收能力要比普通的氢原子强得多，因此有这种原子的星体就不会因为辐射而失去能量。至于这一点是如何做到的这正是我打算搞清楚的问题，因为我在约翰霍普金斯攻读博士论文时就曾研究过氦的辐射吸收，氦也是有两个电子的原子。最后，由于当时计算能力不足，施瓦西和我没能完成对这种冷星体外层的研究。这项工作被搁置一旁。但在一次午餐聚会上，我们重新讨论到这个问题，于是我再度开始琢磨这种星体。

一不做二不休。这次我希望直接深入这种恒星的中心。我感兴趣的不是像太阳这样的普通恒星的星核，这种星核会因为产生热核能量而逐渐耗尽。我感兴趣的是已冷下来的、死亡了的恒星的星核。恒星在耗尽所有核燃料无法继续燃烧之后其最终的命运是什么？这种星体会自爆解体吗？它会凝缩成一团结构致密的物质块吗？如果会，那么这块物质会有多小，密度会有多大？它是否会坍缩成一个黑洞，这个黑洞的中心是否存在一个奇点？

在我之前其他人已经考虑过这些问题。早在 20 世纪 30 年代，加州理工学院的弗利茨·兹威克（Fritz Zwicky）就曾经提出过中子星的存在性。后来，剑桥大学的钱德拉塞卡（Subrahmanyan Chandrasekhar）计算了白矮星为抵御引力坍缩作用所需的最大质量；罗伯特·奥本海默和伯克利大学的乔治·沃尔科夫及哈特兰德·斯奈德也曾探讨过大质量恒星的坍缩问题。但关于各种大小的恒星的最终命运仍有不少问题有待解决。不同星体的归宿取决于它们是小的、中等的、大的还是超大的。我让几位优秀的学生考虑恒星死亡的问题，他们都给出了答案。到了 1958 年，肯特·哈里森、若野正见和我已经得出能源耗尽后恒星的三种可能的归宿。我们认为，像我们的太阳这样的恒星最后会收缩成一颗白矮星。白矮星谈不上极端，它的体积很小，但绝非极端小；它很致密，但并非极其致密。这种星体内部的时空是"平直的"（也就是说相对论在此处派不上用场），位于其核心的原子仍旧是原子。

质量更大的恒星则会陷入第二种命运。斯特林·柯尔盖特（Stirling Colgate），由高能量密度武器专家转来的天体物理学家，在 20 世纪 50 年代末采用利弗莫尔实验室性能强大的计算机来追踪质量略大于太阳质量的恒星的最后阶段。他的计算结果表明，这类恒星最终会变成超新星。由计算得到的这类恒星的性质与天文学家不止一次从其他星系里观察到的超新星的性质是一致的。（1054 年 7 月，中国天文学家曾目睹了一颗超新星的爆发[1]。后来证实这是一颗我们自己星系里的超新星。其残余，即蟹状星云，到现在仍是一个非常令 294 人感兴趣的观测对象。）

超新星是一种既发生坍缩又会发生爆炸的恒星。其坍缩所释放的能量导致其外壳爆炸。根据理论计算，由此留下的是一个比白矮星更小且密度更高的星体。这种星称为中子星，因为它就是颗完全由中子构成的巨型核子。它的原子由于被引力压碎而早已不存在，电子和质子则在强大的引力作用下结合成为中

[1] 这里指的是 1054 年北宋仁宗至和元年对"天关客星"的观察。中国史书上的"天关星"即现今所称的金牛座 ξ 星。天关客星即出现在天关星近旁的新星。据史书《宋会要》描述：初，至和元年五月，晨出东方，守天关。昼见如太白，芒角四出，色赤白，凡见二十三日。就是说，这颗超新星出现后可以连着 23 天在大白天看到它！综合其他史料知，这颗超新星在 1054 年 7 月 4 日凌晨 4 点左右突然爆发，直到 1056 年 4 月 6 日才消失（肉眼看不见了），共计 643 天。我国史书上共记载了 9 次超新星爆发，最早可追溯到东汉中平二年（185），最后一次是明万历三十二年（1604），其中以 1054 年这次最负盛名。译者编自苏宜《天文学新概论（第 4 版）》，科学出版社，2009 年，176~177 页。——译注

子。若野正见的计算显示，在一定的体积和密度条件下，中子星可以是稳定的星体。因此与体积大得多的白矮星一样，中子星也是星体能量耗尽后的一种可能的归宿。白矮星和中子星可以存在无限久远，它们不再释放能量，也不再进一步坍缩。根据我们的计算结果，一个稳定的中子星的直径只有约 24 千米，密度则为太阳的 $10^{15}$ 倍。其质量可与太阳质量相当，最多是两个太阳质量。

我们于 1958 年发表这项研究结果时，中子星还只是一个理论上的星体。直到 10 年后，英国的安托尼·休伊什（Antony Hewish）和乔斯林·贝尔（Jocelyn Bell）报告发现了脉冲星，人们才很快证实它就是旋转着的中子星。这以后，我们才能够以实际观察证据来支撑我们关于这种天文学奇异客体的观点。如今我们知道，在蟹状星云的中心，也就是 1054 年 7 月星空爆发灿烂光芒的那个位置上，有一个中子星正以每秒 30 周的转动速率绕自身轴旋转，并以相同的频率向我们眨眼。

死亡恒星的第三种命运最具戏剧性。现在我们确信，如果恒星的质量足够大，那么它既不会像白矮星那样平和地迈向终态，也不会像超新星那样爆发之后变成一颗中子星。它会坍缩成为具有无穷大或近乎无穷大密度的一个点，无论是光线还是其他任何物质都无法从中逃脱出去。我们能看到的只有其周围的引力晕团。

有好些年，我对这种现今被称为黑洞的坍缩概念接受不了。我实在不喜欢这个概念。我费尽心思希望能够找出一种方法来避开大质量天体必然发生内爆的结局。最初我认为坍缩星体在其收缩的早期阶段会辐射出大量的光并抛射出大量物质，以至于其质量缩减到低于维持坍缩所需的数值。这样星体便会停止收缩而转变为白矮星或中子星。但不久之后我们便得知，这种机制没有办法让具有庞大质量的星体幸免于难。于是我转而寻求基本粒子之间的相互作用来解脱。我问自己，粒子之间的互斥力是否有可能阻止粒子被压缩到超过原子核的密度？随后我们得知这种机制同样也无法让星体苟延残喘。坍缩物质所产生的巨大压力实际上会使坍缩物质的质量迅速增加，并形成比阻止坍缩的向外的作用力更大的引力，从而使物质进一步向内坍缩。

295

我的思考演变到这时（20 世纪 60 年代初），我终于明白，没有任何东西能阻止体积足够庞大的冷物质坍缩到一种"施瓦西半径"以下。在这个半径的球形区域内，任何物质，包括光在内，都会被俘获。这个球面定义了我们所称的"视界"，即黑洞的边界。然而我还是深信，在黑洞内会有一种"新物理学"来避免物质坍缩到数学上的那种密度无穷大的点。1964 年，罗杰·彭罗斯（Roger Penrose）提出一项强有力的定理，表明新物理学确实够新颖。他的定理确立了一种任何人都能想到的物质描述的观点：在黑洞的中心必然存在一个奇点。

我目前的主张则是，想象能在未来发现一种将量子与广义相对论结合起来的理论，它将提供一种适用于"普朗克尺度"的新物理学。在这种极端渺小而难以想象的尺度下，我们可以观察到量子泡沫，并证实黑洞核心也具有某种结构，尽管小得超乎想象。

在研究相对论之初，我曾得出一个错误的结论，认为如果光严格按照直线辐射，即垂直于坍缩星体的表面，那么无论坍缩星体的引力有多强，它总是能够逃逸的，并带走能量（和物质）。1959 年，戴维·芬克尔施泰因（David Finkelstein）和查理·米斯纳的某些工作表明，足够强的引力可以将所有光线捕获。自此又过了好几年，我才按我自己的方式确信，足够强的引力确实封闭了所有的逃逸。让我改变想法的是两篇 1962 年普林斯顿大学的本科高年级论文。这两篇论文的作者分别是阿伦·米尔斯（就是那个探测到三体电子——由一个正电子和两个负电子构成的实体——的米尔斯）和戴维·贝克道夫（David Beckedorff）。贝克道夫在米斯纳指导下的工作让奥本海默与斯奈德1939 年的旧观点——足够重的恒星能够完全坍缩——得到了新的澄清。曾跟着我工作过的米尔斯则研究了途经巨大密度物质的光线弯曲路径，这种弯曲路径就如同接近地球的陨石轨迹。正如经常发生的，初学者能够拨开迷雾让我们看清事实。我很快就明白，所有的辐射在途经足够大质量时都会被完全俘获。

贝克道夫在其工作中曾引用马丁·克鲁斯卡尔（Martin Kruskal）1960 年的文章。这篇文章带有我的印迹。1956 或是 1957 年的一天，当时我正埋头相对论研究，克鲁斯卡尔——普林斯顿马特峰计划中从事等离子体物理研究的数学物理学家——告诉我他的一个关于在处理"施瓦西奇点"周围时空时如何克服数学上困难的设想。他的论证表明，在我们现今所称的黑洞视界上不会出现异常现象，视界内外的时空是光滑连续的。我感到克鲁斯卡尔的这个既简单又优美的发现非常有趣，虽然我还不能充分领悟到它的重要性。研究表明，它与时空上两个相距遥远的位置之间的虫洞隧道连接有关系。1959 年，考虑到克鲁斯卡尔尚未发表这一结果，我决定自己来帮他完成发表。我写了一篇文章，署名作者为克鲁斯卡尔，投给了《物理学评论》。但我一时疏忽忘了将这一做法告知马丁。第二年春天或夏天，他正在德国休假时，收到了编辑部发来的论文校样。他被弄得"一头雾水"，他这么描述道。但他很快明白过来，或

296

许是文章里用于说明的图示和长长的图注让他看出了这出自谁的手笔。马丁很快便恢复冷静，建议我们共同署名作者，但由于重要概念是他的，我谢绝了。

克鲁斯卡尔、贝克道夫和米尔斯的工作以及我的研究生罗伯特·富勒和我的研究结果表明——正如在我们 1962 年的文章中所述的——"时空中存在某些点，在这些地方光信号永远不可能被接收到，无论我们等多久。"换言之，坍缩星体能够像捕获物质那样捕获光。我们在这篇文章中还证明了，比光速慢得多的信号，即使通过虫洞，也不可能比光信号更快地到达目的地。为了明白这句话的意思，我们不妨想象有这样一群恶徒打算取道某条峡谷捷径由铁路的某一点到达另一点。这样即使他们的速度比火车慢，也仍可以拦截到火车。但如果火车是一道光线，那么他们就无法办到了。

1967 年秋天，美国太空总署位于纽约市百老汇大道 2880 号上的戈达德空间研究院的行政主管维多利奥·卡努多（Vittorio Canuto）邀请我出席一场会议，讨论对英国发现的令人兴奋的脉冲星的新证据的可能的解释。这些脉冲星是什么呢？是振荡的白矮星？或是转动着的中子星？[1] 我在发言中主张，我们应考虑这些脉冲星的核心可能是一个完全引力坍缩了的物体。我指出，我们不能总说"完全引力坍缩了的物体"，我们需要有一个较短的描述性用词。"就叫黑洞如何？"听众中有人这么建议道。在此之前，我已经想了好几个月希望能想出个恰当的名词来。我在床上、在澡盆里、在车上，只要有片刻宁静便考虑这个问题。现在突然间冒出的这个名词似乎非常合适。几周后的 1967 年 12 月 29 日，当我在纽约希尔顿的西舞厅做较正式的 Sigma Xi–Phi Beta Kappa 演说时，便用了这个名词，并将它正式写入于 1968 年春天出版的讲演录中。（经过证实，脉冲星的能量的"唯一"来源是中子星而非黑洞。）

我决定以随意的态度来对待黑洞这个名称，在演说和书面记录中率性使用，就好像它是个大家都熟知的老朋友。这管用吗？管用。如今每个小学生都听说过这个名词。费曼见到这个名词时把我数落了一顿。他认为这个名词仅具暗示性，他认为我处理得不太严肃。事实上，黑洞这个名词自有其背景，因此才深合我意。起码是从 19 世纪 90 年代以来，物理学界一直用"黑体"这个名词来描述能够吸收所有辐射，并在给定温度下以最大可能的速率释放出辐射的

297

---

〔1〕 于 1967 年首先发现脉冲星证据的英国学生乔斯琳·贝尔·伯内尔，最初在提到这种脉冲的来源时，开玩笑说是 LGM（little geen men，小绿人）。

理想物体。黑体既是完美的吸收体，也是完美的辐射体（当它有可能放出辐射时）。而黑洞则只具有其中一项特性。它吸收一切落在其上的东西，但不辐射任何东西。[1]因此黑洞这个词汇似乎正是这种实体的最理想名称。黑洞附近的时空几何具有最大的曲率，也使得这个名称更名副其实。

几年后，当我试图用"黑洞无毛"来总结黑洞的显著的简单性时，费曼打电话给我说我的这种用词有欠文雅（实际上，他说我的用语是猥亵的）。我猜想费曼和我心里所想的不是同一件事。我想的是一个房间里挤满了秃头的人，这些人很难辨认，因为他们无法从头发的长短、发式或发色上看出差异。黑洞正是这样，它被证明对外界只表现出三种特性：质量、电荷（如果有的话）及其角动量或自旋（如果有的话）。它缺乏一般物质都具有的、能够表现出其个性差异的"毛发"。我们无法从外界辨认出一个黑洞究竟是由中微子，还是电子或质子，或是旧式的大钢琴——或是任何落入其中的物质构成的。黑洞只是一种时空的涟漪，没有任何发型设计师可以为黑洞造型让它显出某种颜色或发式。黑洞是个秃子。

自从我着手研究广义相对论以来，引力坍缩一直是理论中最令人瞩目的推断——实际上它也是整个物理学中最令人瞩目的推断。我先前说过，最初我抗 298
拒这个概念，并想尽办法来排斥这个概念。当我最终发现根本没有可能去除这一结论——引力坍缩是理论上不可避免的结果，是自然界不可避免的事实——时，我不得不转移视角。我不再试图避开大质量冷星体的必然归宿，而是想方设法来探究引力坍缩问题。我们究竟可以从主宰宇宙的机制里学到点什么？

它告诉我们空间可以像纸一样被团成无穷小的一个点，时间可以像火焰一样被风吹灭，被我们看作"神圣的"、始终如一的物理学定律可以一无是处。20 世纪 60 年代初，我第一次推测认为，黑洞内的东西——落入黑洞的物质——将失去它们在黑洞外所具有的性质。譬如说在实验室里，我们有重子数守恒律——质子加中子再加上该家族的其他粒子的总数是守恒的。它们的数目始终不变，从不减少也从不增多。我推测，这条法则对黑洞并不有效，就是说如果一把包含一定数目重子的椅子落入黑洞，则黑洞并不会得到这么多的重子

---

〔1〕 在剑桥大学，担任艾萨克·牛顿曾担任过的教职的英国著名天体物理学家霍金（Stephen Hawking）在 1974 年证明了，通过微妙的量子效应，黑洞实际上可以辐射出某些能量。只要有足够长的时间，霍金机制会使得黑洞蒸发掉。早在 1964 年，我的两位严肃谨慎的学生基普·索恩和戴维·夏普说服我不要将这个疯狂的建议写进索恩和我正在合写的有关引力坍缩的书里。

数——实际上，"重子数"对黑洞毫无意义。当这把椅子落入黑洞时，我们可以在宇宙中计数的重子数减少。重子数守恒律在此失效。其他类似的粒子数守恒律也不再有效。我宁愿说这些定律被超越了而不是失效。

1967 年的一天，在我正考虑如何给黑洞取名的当口，我接到了华盛顿特区附近海军研究实验室的一位朋友的来信。他向我推荐了一位名叫季米特里奥斯·赫里斯托祖卢（Demetrois Christodoulou）的聪明希腊男孩，希望普林斯顿能够接受他入学。我知道我们系的招生政策较灵活，对任何有才华的人敞开大门，因此我向系里申请并获准由我亲自对这名年轻男孩进行面试。由于我正准备在 1968 年春季学期去巴黎，于是我写信给赫里斯托祖卢，问他是否可以到巴黎进行面试。他答应了。这样，在我 1 月份到巴黎后不久我们见了面。我们为他安排了连续几天的口试。我还专门邀请了一位巴黎的同行阿希尔·帕帕佩特鲁（Achille Papapetrou）担任评审人，他本身也是一位希腊人。

赫里斯托祖卢 16 岁，高中还没有毕业，却已自修了很多远远超出高中所能提供的物理学和数学知识，有些甚至超出了他在雅典大学旁听的课程范围。我们想测试一下他课本外的知识，但又无法给他实验室工作来测评，于是我们给他一本最近的《物理学评论》期刊，要求他在两天后提交一篇有关文中实验的详细报告。文章由斯坦福大学的威廉·费尔班克（William Fairbank）撰写，内容是测量物质和反物质是否受到同等的引力。

面试的结果非常令人满意。我向普林斯顿的同事汇报并根据测试结果推荐了这名学生。几天后，当赫里斯托祖卢和我正参加一次会议时，我收到了同意他入学的电报。我向发言者——来自莫斯科的朋友艾萨克·卡拉尼可夫（Isaak Khalatnikov）——请求插句话，然后宣布赫里斯托祖卢已经获准入学普林斯顿。赫里斯托祖卢说他当时兴奋得根本无法集中注意听完卡拉尼可夫后面的演讲。他立即赶往普林斯顿，并且在春季学期里各门功课都取得了优异成绩，从而获准在秋季以正式学生身份就读。他 19 岁完成了学位论文，并揭开了黑洞研究史上出乎意料的一章。现在他已成为黑洞物理学的领军人物，对这门学科贡献颇多。

赫里斯托祖卢的学位论文选题可追溯到英国物理学家罗杰·彭罗斯[1]。

---

〔1〕 1959~1960 年，彭罗斯获得北大西洋公约组织的资助来普林斯顿做博士后研究。我亲眼看到了当初提议设立北约科学计划所带来的收获。1957 年在北约议会的第三届年度大会上，这项计划获得了通过。

1968 年的一个星期五，彭罗斯从他位于伦敦郊外的住宅启程，坐地铁到伦敦市内的地铁站，接着步行到他上班的伯克贝克学院的办公室（每个周末他要来办公室与他的研究小组聚会）。这一路上，据他说，他都在琢磨该准备哪些主题——"新颖而真实的"题材——来激发小组的精彩讨论。他想到旋转的黑洞，他不禁问自己：是否存在某种方式能抽取黑洞的旋转能量？一定有的，他自言自语道，如果我将一颗行星（或其他大质量天体）扔向黑洞，在此过程中该天体破裂，其中一部分落入黑洞，另一部分急速飞离，逃离的这部分碎片便会带走比原先入射时更多的能量。黑洞的自转动量被夺走的同时，也失去部分质量。

赫里斯托祖卢和我都被这种"彭罗斯过程"所吸引。这个过程的效率如何？有多少物质可以从一个旋转的黑洞中抽取出来？赫里斯托祖卢很快便得知，飞向黑洞的行星更可能是增加黑洞的质量而不是相反，但黑洞的质量也有可能会像彭罗斯说的那样减少，代价是黑洞失去自旋。赫里斯托祖卢发扬古希腊人的优良传统，发现存在一种可用直角三角形的三个边长来描述的特别简单的关系。就不带电荷的黑洞而言，三角形的斜边代表黑洞的质量，竖直直角边代表其自旋，底边代表"不可约质量"，即黑洞所具有的最小能量。这个质量是黑洞经历彭罗斯过程将所有自旋完全抽离后所剩余的质量。 300

对于不仅有自旋还有电荷的黑洞，赫里斯托祖卢和当时在普林斯顿做博士后的雷蒙·鲁菲尼（Remo Ruffini）发现同样可以用简单三角形来描述，只不过现在底边代表的是不可约质量和电荷的组合。这里不可约质量仍是黑洞的最小质量（未计入量子效应），即当黑洞的所有电荷和自旋都减少到零时所具有的质量。只要黑洞有电荷或自旋，其质量就大于不可约质量。如此简单的毕达哥拉斯几何竟能显示出黑洞动力学的法则，实在是不可思议。

除了这套几何学之外，这里还有足以让古希腊人感到高兴的成果。如果两个黏性球相互碰撞后粘在一起，那么这个新的比较大的球的质量就是这两个碰撞球的质量总和。但这对于黑洞而言则否。如果两个无自旋、无电荷的黑洞相互碰撞并且合而为一，同时如果它们在合并过程中尽可能以引力波形式释放出能量，那么新形成的较重的黑洞的质量的平方将等于结合前两个质量的平方的和。也就是说，一个直角三角形的两个直角边代表着两个黑洞的质量，其斜边 301
则代表着两个黑洞合并后的单个黑洞的质量。想象一下两个黑洞相互环抱着交缠在一起彼此吞噬的壮观景象，二者都以引力辐射的方式搅拌着空间和时间。而简单的毕达哥拉斯定理竟能将这些最后的宇宙混沌理出个头绪来，这是何等

季米特里奥斯·赫里斯托祖卢，摄于 1971 年。黑板上的文字是我所写，但他将"THEMAGIC MOUNTAIN THOMAS MANN（魔山托马斯·曼）"的字样改成了"PURGATORIODANTE（炼狱但丁）"

（罗伯特·马修斯拍摄，承蒙普林斯顿大学提供）

的奇妙！

1968 年夏日的某个夜晚，原子能委员会主席格伦·西博格打电话到维也纳我下榻的饭店，告诉我我已获选为当年的费米奖得主。珍妮特听到我在电话里交谈，还以为我又要接受某个委员会的请求去担任什么职务。于是她小声说道："就说不去，就说不去。"事后我向西博格开玩笑提到此事，他又转述给总统听。12 月 2 日是费米在芝加哥完成反应堆链式反应自持运行的周年庆祝日，我和珍妮特一同前往白宫觐见约翰逊总统。总统在夸赞了我过去的成就之后说道："嗯，在此向惠勒夫人致意，感谢珍妮特决定前来接受奖项。"随后，他兴致昂扬地将奖金支票递给我，但他一直握着支票的那一端不放。"如果你不想要支票，"他说，"我的两个女儿会很乐意分享。"

当时我被允许邀请我的家庭成员和两位朋友参加典礼。我的母亲玛贝尔已经不幸辞世了，她于 1960 年在庆祝结婚 50 周年后不久逝世。但我的父亲约瑟夫·惠勒身体依然强健（他于 1970 年逝世），因此他以受奖人父亲的身份陪

罗杰·彭罗斯和他儿子克里斯多夫 1963 年在得克萨斯州奥斯汀

（承蒙罗杰·彭罗斯提供）

同珍妮特与会。此外还有我们的三个孩子雷蒂西娅、杰米和艾莉森，还有两个孙子也都到场。珍妮特和我审视了学术界和专业领域的朋友后发觉，我们根本不可能遵照白宫的规定只邀请两位朋友；因此我们转而邀请了另一类朋友——长期为我们服务的园丁哈里·戴维斯（Harry Davis）和他的妻子莎拉（Sarah）来参加典礼。

在两百多名应邀参加的贵宾当中，我只看见了两张黑人面孔，即戴维斯夫妇。走在贵宾队伍里的莎拉在走近约翰逊总统时，按照礼仪参考书的指示简单说道："您好，总统先生！"但随后发生的事情则完全出乎意料。她和总统进行了长时间的交谈，约翰逊总统的魅力让她非常放松。莎拉在那次宴会上非常

1968 年 12 月 3 日，惠勒家族四代人和约翰逊总统的合影。左边是我父亲约瑟夫，右边的是我儿子杰米和他的儿子麦克基希

（承蒙白宫提供）

尽兴。后来当戴维斯夫妇回到新泽西的潘宁顿时，邻居们问他们去了哪里。

"去了华盛顿。"他们回答道。

"你们去那里做什么？"

"我们去那里参观白宫并觐见总统。"但直到两个星期后，白宫将照片寄来之后，戴维斯夫妇才让邻居们相信他们确实没瞎说。

四年后，戴维斯夫妇给下野回到得克萨斯州牧场的前总统约翰逊写了封信。信中不只是感谢他当年邀请他们访问白宫，而且也感谢他为推动民权所做的努力。约翰逊非常礼貌地回了一封信，信里说道他一直清楚记得他们。一周后他便去世了。

我是费米奖的第十二位获奖人——费米本人是 1955 年原子能委员会设立这一奖项的第一位获奖人。这之后他的名字便被用来为这个奖项命名。在我之前的费米奖得主有功勋卓著的匈牙利裔物理学家冯·诺伊曼、威格纳和特勒，他们对所皈依的国家贡献良多；美国出生的伯克利的泰斗级人物劳伦斯和西博格、德裔的贝特，以及核裂变的发现者哈恩（辞世后追赠）、迈特纳和斯特拉斯曼。奥本海默在麦卡锡时代备受打击，想必在 1963 年获得费米奖时感到特别安慰，这是他获得平反的重要象征。

我本人也有某种翻身的感受，这不仅是因为我在 20 世纪 50 年代初从事氢弹研究时遭到少数同事的嘲笑奚落，也因为我在 20 世纪 60 年代由于我的爱国主义信念得不到共鸣而在校园里得不到尊重。让我感到安慰的是，约翰逊总统在他的致辞中，除了提到我在纯科学领域的贡献之外，还提到了我在国防上的努力。这个奖项由美国总统亲自颁发，这对我别具意义。它不但对我在第二次世界大战期间的努力给予了肯定，也认可了我在战后为保障美国强盛所投入的心血。同时我还要承认，这终于让我对自己在火车上遗失机密文件一事能够释怀。

# 第 14 章　得克萨斯州和我们这个宇宙

　　　　我一直是个被截止期催着走的人：有一场演讲等着进行，有一个章节需要完成，有堂课得准备，校稿得看完，答应学生给他定论文题目……综观我后半生所出版的著作，其中大部分都是在交稿压力下赶出来的。承诺，承诺。没有这些承诺，我不可能取得这些成就。

　　　　事先排定的演说最没有弹性，你必须准时出现于某地。我经常带着半成熟的设想走上演讲台。然而最让我惊讶的是我常常能够面对听众产生出新的想法，或是浮现出新的联系。或许这正是我多年来不止一次愿意接受演讲邀请的原因。每次我都期望能够学到些新的东西，接下来面临的是基于演讲所写文章的交稿期限，我通常会将演讲内容写成文章发表。

　　　　当然，我不是每次都能在截止期到来前交稿。1964 年的达拉斯相对论天体物理学会议结束后，我和年轻的同事肯特·哈里森、基普·索恩和若野正见一起着手将我在会议中代表我们大家所做的发言扩展成书面文章。随着写作的深入，我们不断发现更多的需要写入文章的材料，我们希望这些内容能作为文章的一部分被收录进会议文集。出版会议文集的芝加哥大学出版社一再向我们催稿，我们一方面拼命地赶稿希望能如期完成，一方面请求他们再宽限几天，出版社也答应了再延后一段时间。最终，经过熬夜赶写并和索恩等人商定后，我终于将手稿寄出。但随后收到了出版社编辑的回函。我们遇到了时空上的问题——文稿篇幅过长，再改已赶不上时限。

　　　　但结局还算圆满。贝特·赛克斯（Bette Sikes）在信里说："我们乐意将您的报告以专著形式出版。"这样便有了 1965 年出版的《引力理论与引力坍缩》一书。这本书归纳了当时我们所知道的所有坍缩星体，包括它们生命尽头的最后坟场：白矮星、中子星或当时我们仍不敢称之为黑洞的完全坍缩天体。两年后，一位著名的苏联天体物理学家朋友雅科夫·泽尔多维奇（Yakov Zel'dovich）组织人手将这本书译成了俄文，这对于我个人是一个极大的鼓舞。

泽尔多维奇和我有着非常相近的兴趣，不管是氢弹还是中子星乃至黑洞。

1968 年夏天，我建议我的刚毕业的学生查理·米斯纳和基普·索恩写一本书。米斯纳当时已是马里兰大学的相对论研究小组的负责人，索恩则在加州理工学院当教授。当时我们一边沿着塞纳河散步一边聊天。（会议经常在宜人的地点举办。）"克里斯蒂·默勒（Christian Møller）和彼得·伯格曼合写的相对论经典著作，"我指出，"的确非常优秀，也具有权威性，但用了几十年有点过时了。现在是写一本能综合所有最新进展的新书的时候了。新书应该强调物理学而不只是数学。你俩是写这本书的理想人选。"但他们不是那么容易被说服的。（年轻人未必都明白完成一本著作是件多么艰巨的大工程，但是米斯纳和索恩在许多方面都明显强于同龄人，因此他们立刻意识到写书不是一件容易的事情。）"是啊"，他们说道，"市面上确实需要一本关于相对论和引力方面的新书，但是没有您我们不可能做到。"他们拉我入伙。我当时实在没有余力承担一份新任务，但我也知道，集中思想、看出新问题甚至给出新答案的最好的方法，就是对给定领域内我们已知的知识进行系统归纳。我难以推辞，于是我们在一个角落停下来，握手结成了这一合作计划。

1969 年，在纽约举办的由美国国家航空航天局赞助的一次会议上，我们三人又相聚了。在会议间隙，我们到一家中国餐馆去讨论出书计划。在那里我们也时髦了一把，将议定的计划称为"中国餐馆协定"。我们讨论了书的篇幅、内容和分工等问题，商定将书的篇幅控制在 200 页左右，内容分 6～8 章。协定中最重要的部分——也是两位年轻人刻意坚持的——是如何断定书的完成。我们一致同意：只要三人中有两人同意书的写作已经完工，我们就认定书已完成。（他们太清楚了我写东西会不断地增删修改，今天加一点，明天又加一点，润色捯饬，没完没了——这或许都是我从玻尔那里师承来的。）

威廉·考夫曼（William Kaufmann）当时任 W. H. 弗里曼出版社总裁，他在我早年与艾德温·泰勒合著的《时空物理学》一书的出版上出力甚多。这次同样是他帮助我们让出书计划上了正轨。当弗里曼出版社的非常耐心、忍受着长期折腾的编辑设计队伍——尤其是厄尔·通德尔（Earl Tondreau）、贝丝·爱迪（Beth Eddy）、艾丹·凯利（Aidan Kelly）和鲍勃·石川（Bob Ishikawa）等人——在 1973 年终于将这本书呈现在世人面前时，它已经是有 1279 页，分为 9 部分 44 章的巨著了。我又一次改弦易辙。当然了，我们很高兴这本《引力论》在以后的 20 多年里卖出了 60000 多册，直到现在市面上仍有售。

306

弗里曼出版社的阿达姆·库德拉奇克（Adam Kudlacik）对本书的面世可谓厥功至伟。正是他的大胆设想，才使这本巨著能以普通人可接受的价格出版。

在苏联，我们的朋友和同事弗拉基米尔·布拉金斯基（Vladimir Braginsky）和伊戈尔·诺维科夫（Igor Novikov）编辑出版了《引力论》一书的俄文版。米哈伊尔·巴斯科（Mikhail Basco）完成了艰巨的翻译工作。（诺维科夫本人以前在泽尔多维奇组织下曾翻译过芝加哥大学出版社出版的关于引力坍缩的书。）米尔出版社印的16000册在4天内即告售罄。由于米尔版后来没有再版，因此这个版本已成为收藏家的收藏品。（布拉金斯基最近告诉我，莫斯科已出现盗版。）

和其他大多数教科书的出版合同一样，何时印行第二版由出版社决定。而且，如果我们自己无法修订，出版社可以商定选择其他人来做这件事情。大约是本书出版的5年后，弗里曼出版社的彼得·伦兹（Peter Renz）询问我们是否打算对书进行修订。我们答道，我们都有太多的其他事情要忙，不急着修订。"我已经和生产部门的人商量了，"他说道，"他们的意见是，如果你们能修订并且将篇幅压缩到一半，那么他们只需将定价翻倍就行了。"这个决定听上去很容易操作。但伦兹的提议却让事情变得不那么容易抉择：他建议我们单写一个篇幅较短的增补版。1980年1月27日，索恩、米斯纳和我在费城机场碰面，我们花了几个小时讨论这个事情。最后，征得伦兹的同意，我们决定让《引力论》一书像旧的经典一样慢慢退出市场，不修订了。

这本书最近的译本是台湾出版的中文版（繁体字版）。（该译本由台湾正中书局1997年出版，网上书店有卖——译注）

307　　米斯纳曾用"有趣"来形容我们投在这本书上的三年的艰辛工作。事实的确如此，不仅是因为他和索恩都是杰出的科学家，还因为他们都是非常认真的优秀作者。米斯纳曾到普林斯顿做过一个学期的客座教授。我前往旁听还做了笔记。他在相对论数学方面是我们三人中最强的，我们三人曾不止一次地在位于缅因州南布里斯托亥岛上的惠勒宅第和世界其他许多地方聚首商讨写书的事儿。不论在哪儿，只要三人中有两人计划同时前往某地，第三人便会设法赶过去。我们通常会在会议之后多待上几天，以便讨论本书的撰写工作。我们三个人也会在我们的工作地点，例如普林斯顿、马里兰大学帕克分校、帕萨迪纳，以及得州的奥斯汀、哥本哈根、莫斯科、彼得格勒和基辅等地碰面。我还曾与米斯纳在都柏林和京都会面，与索恩在墨西哥的圣费利佩附近的海滩进行讨论。而在两次会商之间的空档，则互相传阅草稿，直到能够达成"共

1993 年，基普·索恩、查理·米斯纳和我在《引力论》出版 20 周年庆典上
（照片由苏珊娜·K. 米斯纳拍摄）

识"——直到一位作者不做任何修改为止。

有一次，米斯纳、索恩和我在普林斯顿一块儿写书时，我们溜出校园穿过
小镇，前往高等研究院想找一处较为安静的地方。当我们打算休息 20 分钟时，
我说："我们去找哥德尔好不好？"于是我带着他们去了库尔特·哥德尔（Kurt
Gödel）的办公室，并将他们介绍给他认识。哥德尔是一位数学家和逻辑学家，
他最著名的成就就是证明了数学命题的不可判定性。

那是美丽的春季里的一天。哥德尔办公室内的落地玻璃门正对着研究院的
冷却水池和较远处的树林。我们到达时门紧闭着，哥德尔正穿着一件大衣，屋
里开着电加热器。索恩和米斯纳比我更为惊讶。我早就认识哥德尔，他总是担
心自己的健康，他在服用医生给他开的处方药之前，总是先对有关的医学论文
做一番研究。我向他解释说我们正在合写一本有关于引力的书，但我们最想知
道的是他对数学命题不可判定性的著名论证——那是自亚里士多德以来数理逻
辑上最重要成就——与海森伯的不确定性原理之间究竟有什么关系。

哥德尔很不愿意讨论这个问题。他转而询问我们打算如何在书中陈述他的
"旋转宇宙"理论。（这个术语不是要说明宇宙整体是否在旋转，而是要说明

宇宙是相对于什么在旋转。哥德尔理论认为，单个星系倾向于沿某个方向而不是其他方向旋转——就如同墙上挂钟，指针只会朝一个方向转动而不会朝另一个方向转动。）"什么都没写。"我们不得不承认。这个答案让他相当沮丧。他对这个主题有极为浓厚的兴趣，他竭力搜集各种证据和数据。当时他已经搜集了大量哈勃望远镜拍摄的各种星系的照片，对每个星系进行了测量以估计其转轴指向，并在此基础上进行统计。但他并没有发现任何足以显示转轴有偏向性的证据。

大约在索恩、米斯纳和我拜访哥德尔的一年后，有一天我在普林斯顿同事詹姆斯·皮布尔斯（James Peebles）的办公室里讨论宇宙论。办公室的门突然被人撞开，他的学生丹·霍立（Dan Hawley）走进来朗声说道："有了，皮布尔斯教授。"说着他将装订好的学位论文放在了我和皮布尔斯之间的矮桌上。

"怎么了？"我问他。

"星系间的转动是否偏向。"他回答道。

"哦，那太好了！"我赞叹道，"哥德尔一定很高兴。"

"哥德尔？谁是哥德尔？"

"自亚里士多德以来最伟大的逻辑学家。"我回答。

"你不是在开玩笑吧？"

"不是。"

"他住在哪个国家？"

"他生在捷克斯洛伐克，在维也纳上的学，但他现在就在普林斯顿这里。让我拨个电话给他。"我将电话打到哥德尔家里找到他。哥德尔询问了许多问题，于是我将电话交给丹·霍立。霍立很快就理屈词穷，只好将电话交给皮布尔斯。当皮布尔斯终于挂上电话后，说道："天啊！早知道我们在开始这项研究前先跟他谈谈就好了。"

为什么哥德尔对这个课题如此热衷呢？我第一次听他谈到这个主题时是在1949 年爱因斯坦 70 岁寿宴上。他总结道，在整体旋转的宇宙里，有可能存在一种两头闭合的世界线（即时空历史）。在这种宇宙中，原则上，我们会不断地重生。于是我归结为，哥德尔不仅对其自身的健康充满热情，而且还有一种虽不明显但很执着的信念，那就是期望能够击败死亡获得重生。

大约是在遇见皮布尔斯的学生一年之后，在奥斯卡和多萝西·摩根斯特恩夫妇举办的一场鸡尾酒会上，我有幸与哥德尔有了更亲近的交谈。哥德尔终于向我承认他当初为什么不愿意与索恩、米斯纳和我谈论他在逻辑领域所发现的

310

1949年，在爱因斯坦70大寿的庆典上。左起：尤金·威格纳、赫尔曼·外尔、库尔特·哥德尔、I. I. 拉比、阿尔伯特·爱因斯坦、鲁道夫·拉登伯格和罗伯特·奥本海默

（照片由霍华德·施拉德拍摄。承蒙普林斯顿大学提供）

命题的不可判定性与作为现代量子力学核心的不确定性原理之间的可能联系。因为他不相信量子力学。哥德尔是爱因斯坦的朋友，显然他们两人也曾经多次在一起漫步长谈，想必爱因斯坦已经说服他放弃玻尔和海森伯的教义。

　　除了爱因斯坦，摩根斯特恩可能是哥德尔最亲近的朋友。摩根斯特恩告诉我，有一次他到哥德尔家去拜访。敲了半天门却没有人回应，摩根斯特恩只好推门向里探视。他看到厨房桌上的咖啡还在冒热气，却看不到哥德尔的影子。于是摩根斯坦恩走进去探看，这才发现哥德尔躲在暖气炉后面的地下室里。

哥德尔死于 1978 年，享年 71 岁。（他提出他的著名论证是在 1931 年，当时他是 25 岁。）他去世后不久，有一天我在研究院用午餐时和一位来自纽约的年轻人闲聊。"你来普林斯顿做什么？"我问他。

"我正在编辑哥德尔的论文。"他答道。

因此我忍不住又问道："你有没有发现一篇有关星系旋转的文章？"

"这个问题很有意思，"他说，"最近我发现了一大沓写满数字的文稿，完全不像他的其他文章。我花了些时间才弄清楚这些文稿的内容，原来是他做的星系旋转的统计分析基础。"


在我一生所研究的所有物理学对象里，没有任何东西比黑洞更令人着迷。而且我认为，也没有什么比我们的宇宙的组成成分更重要。黑洞集中体现了广义相对论所引发的变革。它将广义相对论（弯曲时空动力学）的特征推至极限，因此能够用以鉴别广义相对论与狭义相对论（静态的"平直"时空物理学）以及更早的牛顿物理学之间的界限。时空曲率、作为物理学一部分的几何、引力辐射，等等，所有这些都因黑洞的存在而变得不只是对传统的旧物理学的少许修正，而是新物理学的精华。

途经太阳的星光会偏转一个小得几乎无法察觉的角度，但黑洞附近的星光却会弯成一个闭合轨道，永远环绕着黑洞。在绕日轨道上运行的水星，其轨迹对牛顿物理学给出的轨迹有很小的偏离。但如果水星是在黑洞附近的话，那么问题就不是轨道偏离有多大了，而是必定会被黑洞的潮汐引力撕得粉碎。由太阳射向地球的光线会有所"延长"，就是说，就单次振动走过的距离来看，它会比地球上某一点向另一点辐射出的光线略略长那么一点点。另一方面，当一个原子消失在黑洞中时，它所发出的光线则会无限延伸直到根本就不再振动为止。

但黑洞除了它对其周边事物的影响之外还有什么作用呢？1970 年，雷蒙·鲁菲尼和我推测，如果从外面看，黑洞是一个极其简单的物体。它只能通过其质量、电荷和自旋（角动量）来影响其周围的世界——除此之外别无其他。（黑洞没有毛发。）但这个推测得到证实则是其他人——包括加拿大人维尔纳·伊斯雷尔（Werner Israel）、英国科学家史蒂芬·霍金和布兰登·卡特尔

（Brandon Carter，两人都是丹尼斯·席尔玛的学生）以及戴维·罗宾逊（David Robinson）——多年努力的结果。我们现在知道，黑洞的外表没有任何修饰物。它就像福特 T 型车一样没有"备选"对象。但黑洞的内部就是另一回事了。1972 年，我的一位学生雅可布·贝肯斯坦（Jacob Bekenstein）研究了黑洞的熵，于是黑洞内部的"神秘生活"成了严肃的研究课题。

贝肯斯坦的双亲是由波兰移民到墨西哥的犹太人。他曾对我说过他们一家在获准从墨西哥移民到美国后是如何从墨西哥坐汽车到纽约的。我们喜欢互相开玩笑，但他有严肃的一面。他在宗教信念上笃信正统教义，但在学术研究上却敢于质疑物理学"正统观念"。他不会被天花乱坠的推理或权威所迷惑。他是解决黑洞熵问题的最适当人选。

熵量度的是无序程度或复杂性程度。任何由最少单位组成并以最有序的方式排列的东西（例如单个冷却了的分子）具有最小熵。体积大的、复杂的以及无序的东西（例如一间孩童的房间）具有大的熵。热力学第二定理被阐述为：孤立系统的熵永远不会减少。除了某些特例，熵总是递增的。换言之，自然界里的事情总是趋向更高的无序性。

1970 年，霍金发现了黑洞的"面积定律"。这个定律与热力学第二定理有异曲同工之妙。黑洞的界定属性是它的视界，一个将其内部所有东西都遮蔽起来的球壳。在视界之外，光可以逃脱。但在视界之内，光则无从逃离。（对于一个质量相当于太阳质量的黑洞，其视界的周长约为 19 千米。）霍金所发现的是，黑洞的视界面积永远不会减小。既然视界是对其质量的量度，因此它永远不会减小就一点不奇怪了，因为黑洞会吸收物质（引起其视界扩张），但不会丢弃任何物质（这将导致其视界收缩）。但霍金和其他关注这个问题的人都没有看出永不收缩的视界与熵之间的联系。不管怎么说，黑洞都是一种几乎"无毛的"极为简单的实体。有人甚至认为黑洞的熵为零。

我对于黑洞没有熵的看法感到困惑，但我却又找不出否定这一结论的办法。一天在我的办公室里，我和贝肯斯坦半开玩笑地说，当我把一杯热茶放在一杯冰茶旁边让两杯茶的温度都变成常温时，我总有一种负罪感。因为虽然整个世界的能量是守恒的，但世界的熵却增加了。我告诉贝肯斯坦，我的罪过会持续到时间的尽头，没有办法可以消除或是回复原貌。但如果有一个黑洞漂流经过，我就可以将热茶和冰茶都丢到黑洞之中。这样一来是不是我的犯罪证据就都洗刷干净了？这番议论正是贝肯斯坦所需要的。他认真地揣摩着这番话，一路思考着走了。

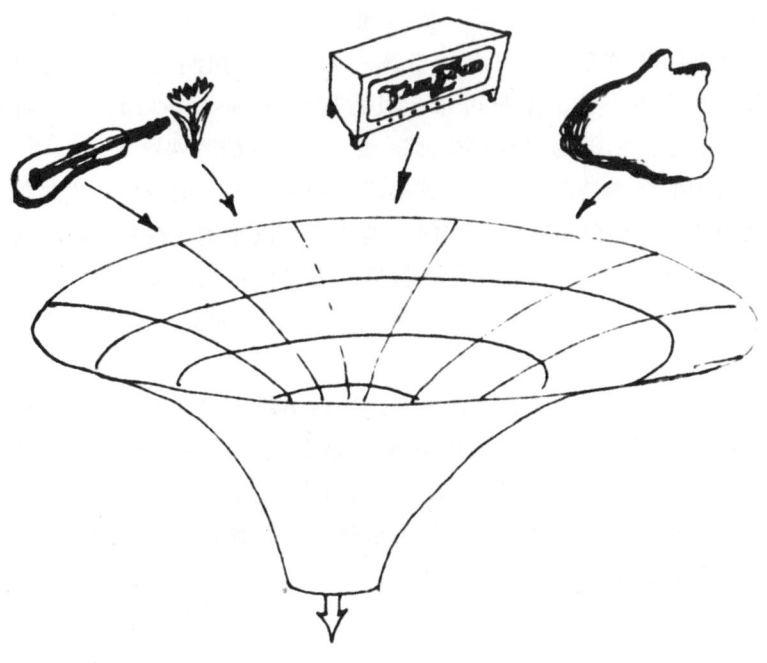

物体的大部分身份性质在落入黑洞后都失去了

（惠勒绘图）

几个月后，他带着他的回应出现在我门前。他说道，黑洞视界的面积并不只是类似于黑洞的熵——实际上它就是黑洞的熵（二者至多相差一个比例常数）。在我的学术生涯里，对于自然表现出的远远超乎我们所设想的情形我已经领教得太多太多了。于是我告诉贝肯斯坦："你的想法够疯狂，但它恰恰可能是对的。拿去发表吧。"结果这个结论果真是正确的。这个结果带给我最大的快乐，特别是贝肯斯坦的正确性被证明是建立在自然界的量子特征之上，因而显得尤为可贵。除了一个数值因子，黑洞的熵就等于以"普朗克面积"为单位来衡量的它的视界的数值。普朗克面积是指以普朗克长度（引力物理学的基本量子长度，见 255 页脚注）为边长的正方形区域大小。由于这个长度即使与单个质子的直径比起来也非常之小，因此要覆盖区区几平方千米的视界面积都需要大量的普朗克面积。事实上，即使是只覆盖一个质子的表面积，所需要的普朗克面积都将以天文数字计！

即使是在由年轻人主宰的黑洞物理学的前沿领域，也还是存在某种成见。这种成见起先并不接受贝肯斯坦的概念。霍金是在访问正在巴黎天文台工作的另一位英国物理学家布兰登·卡特尔时读到贝肯斯坦的文章的。他认为贝肯斯坦的文章是如此荒谬（或者说我都能想象出他们在交谈中所说的话），他们必须写一篇短文来说明它为什么不正确。但霍金想必还是说道："等一下，这事儿还真得再仔细推敲推敲。"结果他们没写这么一篇东西。两年后，霍金发现了由黑洞发出的所谓"霍金辐射"，并认识到黑洞有温度。这时他才清楚理解了贝肯斯坦的结论中令人赞叹的推理逻辑。即使如此，还是有人尚未信服。

熵是一个难以捉摸的概念，但贝肯斯坦概念所要传达的信息则很容易理解。这个概念告诉我们，黑洞终究还是一种复杂、无序的对象。其外表看起来很简单，但其内部则一点儿都不简单。

对黑洞持有成见的人要想真正信服贝肯斯坦的结果需要花些时间，这是因为他们不理解黑洞的高熵与黑洞具有辐射能力之间存在着必然联系。撇开论证不说，几乎所有人都认为既然黑洞正如其定义的那样不产生辐射，那它就不可能有高熵。实际上，就在一年前的 1971 年，雅科夫·泽尔多维奇在莫斯科与索恩的一次非正式的交谈中就提出过这样的观点：时空的量子涨落将使得黑洞有可能辐射出能量——这个能量可能极其微弱，但绝不是零。他说道，黑洞并不是完全不与外界联系。1974 年，霍金在一项令人赞叹的卓越研究中证明，所有黑洞都产生辐射。不管这种辐射有多微弱，这个结果本身已足以表明它与贝肯斯坦的熵假设是一致性的。

一定大小的、质量超过三倍太阳质量的星体，最终都会坍缩成黑洞。目前我们已经有存在这些"星体"黑洞——即由年老的死亡星体坍缩而成的黑洞——的确切证据。我们具有充分证据确信宇宙间有数十亿个这样的星体。（由于在坍缩的初期这类星体会抛出大部分质量，因此最终形成的黑洞的质量将远小于该星体原初的质量。）

但我们没有理由认为黑洞只能由星体形成。它们可以是任意大小。就是在一个基本粒子尺度上，也可能存在无数个由量子起源的虫洞坍缩而成的"迷你微型黑洞"。和虫洞本身一样，这些黑洞——全都是在极小维上翻搅时空的各种形式的量子泡沫——预料其消失与其诞生得一样快。

与这种迷你微型黑洞分居两个极端的是那些巨型黑洞。现在我们已经有了各种星系——包括我们银河系——中心都存在黑洞的确切证据。星系级黑洞的质量可能是太阳质量的数百万甚至数十亿倍。我们还不知道是什么条件导致了这种黑洞的形成。

1975 年，在我 64 岁生日即将到来之际，我感到还有很多工作要做，还有很多东西需要学习。我的年龄距普林斯顿规定的 70 岁强制退休年限还有 6 年，我还没有考虑过退休的事。因此，在这年夏天，当乔治·苏达杉（George Sudarshan）问我是否愿意接受邀请前往奥斯汀的得克萨斯大学时，我非常乐意谈一谈。苏达杉来自印度，衣着整洁，他的头脑也和他的衣橱一样条理分明。他在基本粒子物理学和数学物理领域的成就显著，他也从事广义相对论的研究。他在 1969 年来到得克萨斯大学之前曾在哈佛、罗彻斯特和锡拉丘兹等大学任职。

在我们的邀请下，苏达杉在这年夏天去欧洲的途中来普林斯顿与我们一起待了一两天。他在谈到奥斯汀的工作条件时让我非常心动。他向我保证，就他所知，得克萨斯没有强制退休制度。珍妮特也参与了我们的交谈，和我一起考虑这个问题。虽然我们在普林斯顿的漫长日子过得相当快乐，但她还是愿意前往这个新地方开始新的生活。（尽管我们还没有拿到工作许可！）苏达杉暗示，他们很可能会聘请其他人来组建一支比我在普林斯顿的团队更强的相对论研究团队。老实说，我对于普林斯顿物理系在聘请新教授时所考虑到的研究方向一直感到失望。

每一位研究人员都希望自己所在的系聘请的是本专业的人。这是一种天性，有共同兴趣的人结成团队才好形成互动，相互激励。普林斯顿也不例外。当系里讨论哪些研究方向宜作为系里的发展方向时，大家不得不在决定新的教授人选方面准备好取舍和妥协办法。20 多年来，我对于加强相对论研究方向以及我感兴趣的理论物理其他方向的研究队伍一直持低调的立场。但进人的优先考虑似乎总是落在其他领域，因此我一直是单打独斗（当然，我有许多优秀的研究生和本科生以及博士后可用以加强和扩展我的研究）。

我之所以愿意接受苏达杉的提议还因为我在越战时期（如果可以用这个词来表示这么一段时期的话）心理上受到过轻微创伤。当时我发现自己和系里的某些同事——包括我的好朋友，当时的系主任戈德伯格——渐行渐远。那时校园正处于动荡时期，在一次物理系召开的师生大会上，戈德伯格用强烈的语调批评联邦政府和国防部的所作所为，我感到听不下去，便起身指出，没有

哪个国家比我们国家更民主。我们的军事力量由选举产生并任命的文职人员所掌控，我说道，它不是他人的国防部，而是我们自己的国防部。当然，我的发

言没有得到掌声，但还是要感谢与会的师生，当时也没人对我的发言嗤之以鼻。

1976 年 1 月，在我准备动身前往塔拉哈西的佛罗里达州立大学参加一个会议之前，我收到了得克萨斯大学物理学暨天文学系系主任汤姆·格里菲（Tom Griffy）从奥斯汀寄来的信。他和他的同事们希望我能来得克萨斯大学。我可以如愿组建一个相对论和引力物理学的研究团队。他建议我近期来奥斯汀一趟。当时珍妮特正陪我一同前往塔拉哈西，于是我们带上信，决定到佛罗里达后再讨论这件事。没想到的是我们俩都对此大感兴趣。在塔拉哈西会议期间，我给格里菲回了一封信，表示我和珍妮特很高兴接受邀请。接着，就在我们要离开佛罗里达之前，格里菲又打电话给我，表示事不宜迟。我答应这就赶过来——直接从佛罗里达去奥斯汀——商讨落实方案。这趟行程让我对奥斯汀有了很好的印象。当珍妮特和我回到普林斯顿时，我们已经决定前往得州，唯一待定的是待遇问题。

我在做出任何重大决定之前一定会听取珍妮特的意见并取得她的首肯。我们不讨论物理学，但是我们讨论人，讨论机会和义务。没有她的精辟判断，我根本无法做任何决策。（没有她的指引我也无法融入社会生活。）我们第一次迁居是由查珀尔山前往普林斯顿，尽管做出这个决定对她来说非常不易。接着她又同意我们从巴黎迁到洛斯阿拉莫斯，尽管这让她原本打算好好享受一下的美妙计划就此中断。我经常听从她的建议谢绝了邀请，但从普林斯顿转到奥斯汀则不同。孩子们都已经长大并离家独自生活，她和我一样期望生活有所变化。我们都对这个想法充满期待。

我们彼此关系的一个关键就是承诺。我对珍妮特信守诺言，她对我也一样。这种彼此之间的承诺引领我们度过了艰难时刻，尤其是在第二次世界大战前和第二次世界大战期间我们共同生活的早期。当时，我们需要养育年幼的子女，我的工作几乎耗尽了我的全部精力，我经常不在家。但我有承诺，我总是找时间写信、打电话、交谈并陪她朗诵。她对于我从事的工作总是保持兴趣，总能和与我共事的每一个人保持良好关系。她在对我提出建议时没有任何压力，但绝非盲目支持。从过去到现在，她一直帮助我让我变得更有爱心。在后来的日子里，我们已经取得了一种平衡，我们的压力逐渐减少，对彼此的支持一如既往。

我原先以为我必须辞去普林斯顿的职位，但我的朋友阿伦·莱蒙尼克（Aaron Lemonick）提出了一个更好的主意。莱蒙尼克以物理学家起家，后来升任院长，他可以说是终生都在普林斯顿度过。他在罗伯特·迪克（Robert Dicke）的指导下取得博士学位，之后再也不曾离开过普林斯顿。（曾经有两所声名卓著的研究机构邀请他前去担任院长，但他都不为所动。）他是那种少见的让人喜欢的行政主管，总是想尽办法为大家解决问题，排忧解难，而不是挡道。"你不该辞职，约翰"，他说道，"你应该办理退休。"后来我正是这么做的。在莱蒙尼克的帮助下，我在去得州开始新的生活之前成为普林斯顿的荣誉退休教授。1976年夏天我们搬到了得克萨斯州，这个夏季我也正好年满65岁。

我们在普林斯顿盖的两栋房子都坐落在高等研究院的土地上。第一栋位于巴拓路95号，于我们来到普林斯顿的第一年建成；第二栋位于麦克斯韦小区30号，建于1962年，那时孩子们都长大了，并且大多不在家。研究院具有优先收购这类房屋的权利，其价格由双方都认可的估价师的估价决定。当年我们位于麦克斯韦小区的房子接近竣工时，研究院就打算运用优先权来购买我们位于巴拓路上的房子，以便提供给杰出的理论物理学家李政道，希望能吸引他从哥伦比亚大学前来普林斯顿任职。为此我们在研究院位于爱因斯坦大道的临时住所里住了几个月。随后 T. D.（大家都这样称呼李政道）还真的搬来了普林斯顿。珍妮特和我前往拜会他们一家时，我还教他们的小孩如何操控书房里的一个暗钮来打开一间密室。

在搬去得州之前我们决定卖掉麦克斯韦小区的房子。如果只是考虑到往后的经济状况，我们大可保留这栋房子。实际上做此决定主要是出于心理因素。我们希望能无牵无挂地搬到得克萨斯州，不再与普林斯顿有任何牵挂。卡尔·凯森（Karl Kaysen）当时就要以高等研究院院长的身份退休，他最初曾对这栋房子感兴趣，但最后没有成交，因为他和他的妻子回了麻省。他和麻省理工学院渊源很深。高等研究院的学者并不都赏识凯森，这或许是他改变主意没买我们的房子的原因。在凯森考虑购买房子的这段时间里，研究院出资为每户人家添置了空调，这让后来的买家，研究院的科学史家马歇尔·克雷吉特（Marshall Clagett）得到了便宜。克雷吉特和他妻子苏（Sue）不但非常喜欢我们的房子，而且很中意房子的位置。他们高兴地买下了这栋房子。我们在房子里安置了许多书架，书房里还有几十个固定的小抽屉，使得文件拿起来非常方便——每个抽屉放置一个项目的文件。这栋房子还有一个防空用的地下室，我不知道克雷吉特一家是否看重这一点。

我们在缅因州度过夏天后，于1976年秋天搬到奥斯汀。我开车过去，珍妮特坐飞机随后赶来。我们在休斯敦她落地的地方会合，晚上住旅馆。侍者问："你们在庆祝什么大事吧？"我回答道："那当然。"于是我们被安排住进一间得州级的特大房间，还附赠了一盘水果以示欢迎我们来到得州——侍者说那是蜜月特供赠礼。

在学校里，在得州所有地方，你都能明显感受到"凡事皆可为"的精神。格里菲性格外向，能言善道，在系里不仅是一位优秀的物理学家，也是一位出色的领导者。我也非常欣赏他在国家安全方面为国防部和中央情报局所做的工作。珍妮特和我很快在奥斯汀的城里结识了许多朋友，我们很欣赏这里人的那种热情好客毫不矫揉造作的性格。在寻找住所期间，我们暂居在剑桥大楼的公寓里。随后我们看上并果断买下了野猫洞 1410 号（1410 Wildcat Hollow），一所由弗兰克·劳埃德·赖特（Frank Lloyd Wright[1]）的伙伴设计的大房子。这是一栋位于山腰的建筑，前后纵深达 27 米，珍妮特称之为"有趣"。虽然房子所在的街道称为"野猫洞"，但新房子的前厅却有着一排宽大的落地窗，近处的奥斯汀湖和远处的市区一览无余。我们又增添了一座游泳池，这样我们便和偶尔造访的蛇类共同分享着这所房子和泳池。

得州大学的理论物理研究中心坐落在奥斯汀的罗伯特·李·摩尔大楼的九楼，我在这里度过了 4 年的工作时光。当时，我身处由教授、博士后和研究生组成的研究组当中，在研究工作上收获很大。每在我下楼或走向办公室的道上，总会碰到人提出一些发人深省的想法或问题。至于我的那个精力充沛的学生沃纳·米勒，我甚至不必走进大楼就可以见到他。我曾多次在早上开车到他家载上他一起去上班，一路上讨论着彼此得到的新消息。后来我才知道，米勒经常工作到深夜，一清早便从被窝里爬起来，用冷水洗个脸，然后做深呼吸来提神醒脑，这时我的电话便打过来了，告诉他我已启程在路上了。他后来承认，有时候他会在早上稍后的时间里回家小睡片刻。

组建研究队伍需要花钱，即使是理论物理团队也是如此。在奥斯汀的相对论研究中心主任阿尔弗雷德·席尔德（Alfred Schild）的忠告和鼓励下，我提议创立一个理论物理研究中心。当我第一次与奥斯汀校园的主管洛丽·罗杰斯（Loreen Rogers）谈起这个新的研究中心需要哪些资源时，这位性情急躁、冲

---

〔1〕 Frank Lloyd Wright（1867~1959 年），美国著名建筑师，提出功能与形式相统一的建筑设计理念，在 20 世纪前后设计了许多标志性建筑，使美国的建筑学从此走出了模仿拷贝欧洲建筑风格的套路。——译注

劲儿十足的主管并没有被吓倒。她和格里菲——或许还有其他我不知道的领导——对我大力支持。这个项目一经开工，国家科学基金会也伸出援手。我们的初期工作事项之一是要聘请一位对量子基本理论感兴趣的助理教授。在与同事席尔德、理查德·梅兹奈（Richard Matzner）以及布赖斯·德威特一起对候选人进行面试时，我提出一个尤金·威格纳聘请新教授时喜欢提出的问题："他（或她）是不是曾经发现过火药？"哪一位年轻的候选人在未来能发现火药？在我看来，这个问题要回答的其实是"量子究竟从何而来？"以及"奇异的量子行为背后的那种支配世界的深层次原理是什么？"这类问题。最后我们选定的是来自英国的菲利普·坎得拉斯（Philip Candelas），当时他正要从牛津获得博士学位。（他在得克萨斯大学的第一年，也就是在他获得牛津大学学位之前，他只能担任研究助理。）到现在为止，无论是坎得拉斯还是其他人都还没有发现量子火药，但是他在得克萨斯已经有了非凡的成就，他的专业方向是数理物理和神奇的"弦理论"，这个理论将基本粒子看作是一种振动的弦。

出于需要，我还聘请了克劳迪奥·泰特伯姆（Claudio Teiteboim）。他是智利人，我以前的研究生，毕业后成为普林斯顿大学的助教，随后又转到小镇另一端的高等研究院任职。泰特伯姆满脑子都是原创而又有用的点子。（为了使邀请变得更有吸引力，我匿名为他订了《得州月刊》，一本我这个第二故乡所出的漂亮的杂志。这个举措肯定发挥了作用。）在得克萨斯工作了几年后，他想去圣地亚哥，以便实现他建立一所理论物理研究中心的梦想。于是我们想出办法让他能够两头兼顾而不必辞去在得克萨斯的工作。这样，在他回智利定居之前，他有六年时间都是在圣地亚哥和奥斯汀之间奔波。泰特伯姆的父亲佛罗迪亚（Volodia）是一位小说家、记者兼行动主义者，1973 年以前一直任参议员和智利共产党领袖。1973 年在他访问莫斯科之际，皮诺切特发动政变，他只好留在莫斯科以保全性命。当老泰特伯姆于 1989 年回到智利后，克劳迪奥劝说他就做一名作家不要再当革命家了。1993 年，我去智利参加一场为纪念黑洞物理学诞生 25 周年的纪念大会时，很荣幸见到了佛罗迪亚。虽然克劳迪奥从未和我联名发表过文章，但在我们无数次有关引力物理和量子物理学的交谈中他都能给我激励和启迪。即使到今天，他来高等研究院做例行访问时我们仍继续着这种对话。

聘请的另一位年轻人也来自牛津，名叫戴维·多伊奇（David Deutsch）。我在盛夏的某天在缅因州的波特兰机场对他进行了面试。我们在户外走了一圈

1985年，我在得州的研究团队的部分成员。坐着的是伊尼亚齐奥·丘福利尼（Ignazio Ciufolini）；站立者由左至右：阿尔卡季·希费兹（Arkady Kheyfets）、威廉姆·武特斯（William Wootters）、约翰·惠勒、沃尔夫冈·施莱希（Wolfgang Schleich）、菲利普·坎得拉斯、罗伯托·布鲁诺和沃纳·米勒

又一圈，一边讨论着神秘的量子理论以及如何去揭示其中奥秘的方法。我情不自禁地将机场比作物理学。机场广阔辽远的平直性正如我们已知的领域；机场上空的无垠空间则是我们所未知的领域。只有蠕虫才会想象地面就是存在的一切。多伊奇在奥斯汀加入我们团队一段时间后便发现了量子理论如何以奇异的方式影响超导线圈的行为。

321

　　我们深知招收研究生与聘请教授和研究人员一样重要，因此我提出一项政策并为系里所采纳：每年向全美国、加拿大和墨西哥各高校的物理系邀请顶尖的本科生前来奥斯汀参加讲习班，所有费用由我们承担。我们希望他们能喜欢上他们所看到的并愿意到奥斯汀来读研究生。我们也希望这项举措能够产生"共鸣放大"效应，即希望在这些受邀者中会出现两三名出于志同道合而希望将来能够进入同一个研究生院读研的学生。这项举措在短期内没有发挥明显的效果。像加州理工学院、芝加哥大学、麻省理工学院和常春藤盟校这些院校的魅力实在太强了。但在经过一段时间之后，我们看到申请入学的学生在数量上和质量上都有所提升。现在得克萨斯大学已能够招收到最好的学生。

在我转到奥斯汀的几年后，斯蒂芬·温伯格加入了我们系，从而大大加强了研究力量。1979年，温伯格因统一了基本粒子的弱作用力和电磁作用力而荣获诺贝尔物理学奖。他的确是世界上最优秀的理论物理学家之一。虽然他还是那么年轻，但已变得更为圆熟，也不再有20多岁时的尖锐作风。谣传他在协商从哈佛转到得克萨斯时曾提出要求薪水不低于足球教练的薪酬水平。我不知道校方有没有答应他的这项夸张的要求。当时温伯格已经在广义相对论领域完成了几项著名的研究，并出版了一本这方面的高级教科书。但在奥斯汀，他在粒子物理学方面的研究兴趣与我在引力及量子物理学方面的兴趣并没有共通之处，因此我们并没有携手合作研究过什么东西，虽然我们在共进午餐以及在走廊聊天时相谈甚欢。

后来温伯格大力倡议在得克萨斯州建造超级超导对撞机（SSC）计划。当这一计划被美国国会取消时，我和他一样感到失望。因为这样一来，粒子物理的领先地位便会转移到欧洲——当然在那里美国科学家无疑仍会扮演重要角色。现在，物理学研究再也不像1934年我首次去哥本哈根时那样国际化了。

得克萨斯精神似乎也唤醒了我的顽皮本性。有一天，我的学生布鲁诺将拓扑学（一个数学分支）与马赫原理（我会在下一章里介绍）联系起来并得到了一些结果，我对这些结果感到非常兴奋，决定要庆祝一下。"这里是5个美元，"我对米勒说道，"去买一些爆竹，我们必须庆祝一下这项突破。"米勒不知道去哪里买爆竹，却很快从家里拿来了先前收藏的得克萨斯冲天炮。这玩意儿比我想要的炮仗更厉害，但我豁出去了。我来到廊厅，告诉秘书们都待在办公室里别出来。随后我派米勒和其他同学到廊厅的另一端，不要让任何人冒险来九楼。接着我点燃了一支冲天炮。我们所有人都看着冲天炮一边喷射着缤纷的火花一边呼啸着射向廊厅的另一端，最后卡在了办公室的门缝里。惊恐万状的秘书们小心翼翼地走过烟雾弥漫的过道，学生们则着迷得欢呼雀跃。好在校方和消防单位都原谅了我的这场恶作剧。

# 第15章 万物源自比特

恩斯特·马赫是一位德国物理学家兼哲学家，他属于爱因斯坦之前的一代
人（按科学界对这一划分的惯例）。他的影响深远的著作《力学科学：批判与
历史的解释》初版于 1883 年。对爱因斯坦研究广义相对论产生影响的可能是
1912 年印行的该书的第 7 版。（马赫这本书的另一种译本问世于 1933 年，没
有几本专著能够延续这么久远！）马赫对这个问题的陈述不只是针对研读牛顿
物理学的学生，他通过对物理学的意义的深入思考提出了具有启发性的问题。
如今他因"马赫原理"而名垂青史，这个原理认为，物质的惯性来自宇宙间
所有的其他物质。[1]

惯性是质量的代名词。它是物体的一种抗拒加速度的性质。弹弓必须施以
很大的力才能将石弹打出去，空间飞船只有在强大的火箭引擎的推动下才能被
加速进入到轨道运动。如果你用脚去踢石头，石头会"抗拒"加速运动——
石头不会立即被踢开。石弹、空间飞船和石头都具有质量，或惯性，即它们不
"愿意"由静止转变成运动状态或改变速度。在马赫之前，没有人认真问过为
什么会有惯性，就像没人问过为什么有空间或为什么有时间一样，人们认为这
些都是当然的，它们就是在那里。

质量与加速度相联系。对于给定的力，一个物体的质量越大，它获得的加
速度就越小；反之质量越小则加速度越大。（地球有巨大的质量，因此一个下
落的苹果对地球的向上的引力根本无法带来地球的加速。而光子的质量为零，
因此对任何加速度都没有抗拒力。这就是为什么光子在生成的那一瞬间便会即
刻加速到自然界所容许的最高速度即光速。）牛顿在 17 世纪最先指出，加速度

---

〔1〕 马赫对流体的高速运动进行过先驱性研究，现今我们用马赫数作为航空器的速度单位
以纪念他对这一领域的不朽贡献。马赫数 1 等于声速，马赫数 2 为两倍声速，依此类推。协和客
机是第一款飞行速度大于 1 个马赫数的商用飞机。它在无人居住地区的巡航速度可以达到马赫数
2.04。

显然是"绝对的"，而速度则是"相对的"。以一桶水为例（牛顿所用的例子），如果我们以均匀平稳的速度提着水桶前进，那么水桶里的水与桶之间就不会有相对运动，这时水面是一个平面，与静止状态的桶中的水面没有任何差别。这个例子说明速度具有相对性，桶里的水的状态并不能告诉你这桶水是处于静止状态还是正在做匀速运动。

现在假设你将一条由屋顶悬垂下来的绳子绑在水桶的提把上，然后转动水桶让绳子缠紧，然后松开手。这时水桶在绳子的扭力作用下开始旋转起来，一会儿桶里的水也跟着转动起来，液面变得弯曲凹陷，中心较低而周边较高。这以后，桶里的水与桶之间又没有相对运动了，但这时水的状态与静止的水的状态不同。转动——一种加速度形式——对水的影响完全不同于匀速直线运动对水的影响。由此看出加速度是绝对的。

牛顿认为整个空间里充满了一种称为"以太"的实体，因此他可以毫无困难地解释旋转桶中的水的行为。水正相对于以太在加速，他说道。如果真的存在以太的话，那么我们就可以定义什么叫"绝对静止"和"绝对运动"。静止的桶中的水与转动的桶中的水之所以会表现出不同的行为，就因为前者是处于相对于以太静止的状态，而后者则处于相对于以太加速的状态。（牛顿定律能够阐明为什么以太中的匀速运动不产生可测量的效应，但这里我们不就此深入讨论。）

在马赫于 1912 年出版《力学科学》的第 7 版时，以太概念正面临着被质疑的境地。所有搜寻以太的实验均告失败。爱因斯坦的狭义相对论则根本就不理以太。马赫也同样抛弃了这个概念。然而转动桶中的水的状态不同于静止桶中的水的状态是个不争的事实，这是为什么？对此马赫提出了一项假设，也就是我们现在所称的马赫原理。这一假设认为，"固定的群星"（即宇宙间所有其他物质）决定了桶中的水的惯性，因此决定了水对加速运动的响应。彼处的质量能量决定了此处的惯性。马赫说道，当桶中的水相对于固定星群转动时，水面便呈凹陷状态；若水与固定星群之间不存在相对转动，则水面呈平坦状态。

部分科学评论家认为马赫原理纯属哲学呓语。其他人说得厚道点儿，认为这种思想很具启发性，但却无法融入科学。爱因斯坦则很认真地对待这一假说，认为加速度的这种表观绝对性必须得到解释。1913 年 6 月 25 日，爱因斯坦在艰难研究广义相对论的间隙给马赫写了一封短信[1]来表达赞赏之情，称他的研究是对"力学基础的令人愉快的研究"。他补充道："结果必将表明，惯性起源于物体之间的某种相互作用，与你对牛顿水桶实验的考虑不谋而合。"

爱因斯坦将以一种完全相容的方式将马赫原理结合进相对论，他发现，只有在宇宙是封闭的条件下，这种结合才是可能的。这就是为什么爱因斯坦会相信封闭宇宙的一个原因。同样，这也是我之所以相信封闭宇宙的原因。"封闭"意味着宇宙有非常巨大的质量，宇宙各部分之间以引力互相吸引，由此避免了无限膨胀。它还意味着发射到空间的光束会沿闭合轨道行走，其路径会被引力弯曲并最终回到起点。多年前，我在首次论证宇宙很可能具有封闭性时，遇到的一个问题是有大量的"失踪质量"有待解释。所有星系的所有星体质量加在一块儿，与形成封闭宇宙所需要的总质量相比，仍只占很小的一部分。如果这些可见的星体和星系是引力的唯一来源，那么宇宙很可能就是开放的，宇宙膨胀将永不止息。随着时间流逝，越来越多的不可见物质被探测到，"不请假就失踪"的质量正在逐渐减少。目前，许多天体物理学家相信，宇宙包含了足以形成封闭宇宙的质量，用不了多久这些失踪的质量就会被探测到。

有一种流行的观点认为，宇宙所拥有的质量恰好可以使自身停止膨胀，同时又不会引起收缩。根据这个观点，宇宙会逐渐膨胀到某种静态平衡状态然后就永远静止下去。在我看来，这是一种极为临界的状态，太过理想因而当不得真。如果宇宙所包含的质量比这个精确值哪怕小一点点，那么宇宙必然会走向开放，导致永不止息的无限度膨胀；如果宇宙质量略大于这个精确数值，那么宇宙就将是闭合的，在膨胀到最大之后便转向大收缩。我认为这种大收缩是最具说服力的宇宙的长远归宿。

和爱因斯坦一样，我也认为马赫原理值得认真考虑。这个原理对我很有吸引力，我确信这个原理能够像广义相对论的任何部分一样成为物理学牢固的基础。一旦我们将空间视为一种"事物"，一种每一部分都受到其他部分的碰触和影响的实体，那么我们就可以看出其合理性。空间就如同一张巨大的圆形帐篷，其中的任何一处细微的褶皱都可能是由 60 米外的撑杆引起的——"此处的"空间反映了"彼处的"质量的影响。这种将空间视为动态实体的观点，

326

---

〔1〕 爱因斯坦的这封信的德文手稿复印件见米斯纳、索恩和惠勒，《引力论》（New York：W. H. Freeman, 1973），pp. 544~545。

即认为空间的任何一部分都对所有其他部分有影响并受其影响的观点，与牛顿的以太概念明显不同。牛顿的以太是一种被动的背景，更像是悬挂于博物馆中的画布，而不是在风中飞舞的圆形帐篷顶盖。

1963年，我写了第一篇关于马赫原理的论文，论证道这一原理可被用来探索描述我们所知的自然的爱因斯坦方程的所有可能的数学解。（物理学基本方程通常可以用不止一个数学解，其中有些解不具有任何物理意义。从这些解中挑出符合真实物理情形的限定条件称为"边界条件"。）

1979年，我在奥斯汀带着学生詹姆斯·埃森堡（James Isenberg）重拾马赫原理。受柏拉图的对话和伽利略的对话的启发，我们也以对话录的形式写了篇论文。对话的一方是一位称为F的持怀疑态度的资深物理学家，另一方（称为W）则是一位信徒，最后自然是W赢得了这场辩论，就如同他肯定站在柏拉图或伽利略一方一样。在实际生活中，怀疑论者并不总是如此轻易地屈服于他人的观点。为了戏弄这群怀疑论者，我在文中写道："许多人认为马赫原理的内涵神秘而晦涩。"

我们很难想象，类似我们握在手中的棒球这样的东西的性质竟会由宇宙中数百万乃至数十亿光年之遥的其他物质的影响来决定。但这却正是马赫和爱因斯坦给我们的启示。1995年，我在撰写《惯性与引力》一书时再次回到了"此处的"惯性起因于"彼处的"质能这一奇妙性质上来。这本书是我和我的老朋友，也是我以前的学生伊尼亚齐奥·丘福利尼（Ignazio Ciufolini）共同撰写的。在罗马的老同事雷蒙·鲁菲尼的建议下，丘福利尼打算到蒙大拿州立大学跟肯尼斯·诺德维特（Kenneth Nordtvedt）从事广义相对论研究。当他到达波兹曼时，却发现诺德维特效仿古希腊雅典政治家伯里克利（Pericles）[1]，决心以政治为天职。诺德维特赢得了蒙大拿州议会中的席位——这对诺德维特是个好消息，但对丘福利尼则不然。因此当他听说我们在奥斯汀的研究工作后，便决定转学过来和我一起工作。

丘福利尼的博士论文涉及这样一个假设性问题：环绕黑洞的卫星群如何运用进行激光或其他测距技术来测定黑洞的所有性质？同时他还对激光测距的实际应用产生了浓厚兴趣。当时校内有一组航空航天工程师正采用激光反射法跟踪探测地球与月球之间的距离，其精度可达到几厘米的水平。这种方法的原理

327

---

〔1〕 伯里克利，公元前495~前429年，古希腊雅典的大将军和政治家，在他的领导下，雅典达到黄金盛世。——译注

是发射一束激光到月球表面，然后精确测量反射光束到达地面接收站的时间，由发射时刻与接受时刻的时间差即可算得地月之间距离。分析这些测量值时要求将影响地月间距离的每一项微小效应（例如潮汐效应）均考虑到。丘福利尼决定看看广义相对论效应是否也起着一定作用。他特别观察了地球自转所产生的效应，即所谓"引力磁性"效应（一种类似于电荷流动产生磁力的效应，只是这里将做圆周运动的电荷换成了质量）。他总结道，引力磁性对于地月之间距离的影响极其微弱，我们无法测得这种效应，但他的计算让他对马赫原理及惯性的起源产生了兴趣，并最终促成了我们合作撰写了《惯性与引力》一书。

研究表明，如果"彼处"质量是"此处"惯性的来源，那么"此处"的质量也会对"此处"的惯性产生小幅影响。（这就好比虽然马戏团帐篷上的褶皱主要是由 60 米外的帐篷撑杆造成的，但 5 厘米外的另一个皱褶也会对它有些微影响。）一项用于验证马赫原理的实验计划[1]便是建立在这样一种条件下——物体的惯性虽然主要取决于远处的质量，但仍会受到附近质量的轻微影响。在这项精密且困难的实验中，牛顿的旋转水桶由四个自转的石英球取代，每个球均为乒乓球大小。整个装置置于绕地球做轨道运动的距地面 644 千米高的人造卫星之内。每个小球都类似一个陀螺仪[2]，它的自转轴都经过精心设置以避免任何有可能改变其倾角的微细扰动。在完美的牛顿世界中，陀螺仪的自转轴准确指向相对于"固定群星"的某个方向。（这正是陀螺仪能够有效控制飞机和宇宙飞船的作用。）但在爱因斯坦世界里，地球附近的空间曲率和空间"曳引力"将引起陀螺仪的转轴发生缓慢的环绕圆周的摆动。这两种效应中的较弱者，即由地球自转造成的坐标架曳引效应，将使陀螺仪的转轴发生每日三百二十亿分之一度的倾角变化。如果一切顺利，这项已经延期了的精密

---

〔1〕 这项实验实际上检测的是爱因斯坦广义相对论的一项称为"坐标架曳引（frame-dragging）"的外推结果，这个结果最终与马赫原理有关。

〔2〕 陀螺仪，顾名思义，是一种用来观察旋转的仪器。傅科（Jean-Bernard-Léon Foucault）于 1852 年发明了陀螺仪，用来观察地球的转动。

（且花费甚巨的）实验（称为引力探针B）将于2000年10月发射升空[1]。引力探针B实验的一位领导人弗朗西斯·埃弗略特（Francis Everitt）总喜欢这样来比喻：陀螺仪转轴每天因受到曳引而产生的偏角角宽相当于145千米外的一根头发的角宽。

这项实验的意义可以通过一种理想情形来说明。想象我们在北极上空安置了一具陀螺仪，其转轴与地面平行，并在给定时刻指向英国格林尼治的零度经线。随着地球的转动，陀螺仪的转轴将指向天空的不同位置。相对于地球，转轴所指的经线的经度将逐渐增大，直到24小时后它再次与格林尼治的经线对齐。相对论的一项精彩预言是，假设宇宙中除了地球之外不存在其他任何物质，那么陀螺仪的转轴就将随地球自转而偏转（转轴的偏转由此可得到定义）。一旦我们将转轴设定在指向格林尼治零度经线后，它将永远指向格林尼治零度经线。陀螺仪并不"知道"它应该指向宇宙中的其他什么位置。因为宇宙中就没有其他位置。

现在回到我们居住的这个真实宇宙里。陀螺仪的大部分惯性是由远处的物质产生的，但有那么一丁点儿是由地球引起的。因此，当地球在陀螺仪的下方转动时，陀螺仪的转轴也将"试着"跟随地球转动。它每天转过的角度非常微小。如果它在今天中午指向格林尼治天文学家诺亚的书桌上的某个标记，那么到明天中午它指向的位置将移过1厘米的距离——即移过百万分之一度的六分之一。卫星轨道上的陀螺仪的偏移角度则是这个数值的1/5！

我在得州安顿下来后，便开始深入思考有关量子理论的问题。相对论虽然具有戏剧性和挑战性，但在扩展人类理解——或者说，令人相信——方面却不如量子理论。很明显，如果我们要在21世纪更深入理解这个世界，我们就必须将20世纪物理学的这两项伟大理论——相对论和量子力学——协调统一起来。目前这两者之间充其量也只是勉强共处。

普朗克的量子原理——即自然呈颗粒状——始于1900年。5年之后，爱

---

[1] 引力探针B实验卫星（GP-B）的实际发射时间是2004年4月20日。实验数据的搜集从2004年8月28日开始一直持续到2005年8月14日。再经过5年的数据分析，最终结果发表在2011年5月31日出版的《物理评论快报》上。结果显示，地表曲率效应带来的陀螺转轴漂移速率为（四项加权平均结果，下同）−6601.8±18.3 mas/yr（毫弧秒/年），坐标架曳引效应引起的陀螺转轴漂移速率为−37.2 ± 7.2 mas/yr，与理论给出的预言值−6606.1 mas/yr和−39.2 mas/yr符合得相当好。——译注

因斯坦通过将其应用于辐射量子——光子——巩固了这一原理。这些事情都发生在我出生之前，在我父母相遇之前。1913 年（我尚处幼年），玻尔将量子理论应用于解释原子结构，并引入了一系列更奇特的概念——"量子跃迁"（成为日后常用语）、特定量子事件的不可预知性、"基态"概念（即存在一种粒子高速运动但却能够不丧失能量的状态）以及发出辐射（即释放出振动频率不同于引起这种辐射的电子转动频率的辐射）等。

20 世纪 20 年代中期（当我上中学时），量子理论的这些"奇异性"被海森伯、薛定谔、玻尔等人打造成我们今天所称的量子力学。这种综合带来的结果中没有比海森伯的不确定性原理更令人惊诧的了。这个原理表明，我们不可能同时测量运动的某些属性。不确定性原理还引入了量子涨落概念，揭示了所谓虚空实际上是一个充满了各种活动的熔炉。你凑得越近去看一个越狭小的时空区域，便会发现这种活动越发剧烈。由量子涨落衍生出粒子和原子的各种可测量性质（这些我们在第 10 章已经讨论过），以及时空本身的尚不可测量的性质——虫洞、量子泡沫以及不确定几何。

量子力学经过 20 世纪 20 年代的大综合之后已经成为一种大体完整的理论。它被应用于各式各样的场合但却从未动摇其根本。在我这么多年的职业生涯里，这一点一直令我着迷。因此当我在奥斯汀的罗伯特·李·摩尔大楼的九楼建立起理论物理中心后，我情不自禁又回到量子理论上来。爱因斯坦不仅提出了光子概念，而且奠定了激光的理论基础。他对量子理论的贡献无与伦比，但他至死不信这个理论。玻尔则至死抱定这个理论，并且认识到它有不完善的地方。"一个人如果谈到普朗克常数而没感到一丝晕眩，"玻尔说道，"那他一定不知道自己在说什么。"[1]这个常数在 1933 年就让我迷惑，直到今天依然如此。

相对论带来了许多令人惊叹的奇观，为我们指引了一条研究膨胀的宇宙、黑洞、引力辐射、动态几何和惯性起源等问题的途径。但是如果不借助量子力学，相对论也无法完成这些探索。我在得州时提醒自己，如果我要去探索这些最艰深的问题，我最好像钻研相对论那样更深入地思考量子理论。

量子力学经常被描述为针对微观世界的理论。就其适用范围而言，确实如此。在解释分子、原子、光子、电子和其他基本粒子的行为时，量子力学是一

---

〔1〕 玻尔的这句话出自爱德华·特勒的回忆录，见《尼尔斯·玻尔：百年纪念》（A. P. French and P. J. Kennedy, Eds., Cambridge, Mass.: Harvard University Press, 1985），第 184 页。

种绝对不可或缺的常备工具。但在解释宇宙飞船、行星、彗星和整个星系的运行时，这一理论则显得很不给力。因此我们不禁要问，量子与宇宙之间到底是怎么联系的？或许在任何事情上都存在着这种联系，因为任何一种有关存在的基本理论或多或少都无法截然分开。大爆炸，万物凝聚于无穷大密度的起始点，产生了我们的宇宙。大爆炸就是最原始的高能粒子实验室。大收缩，万物重新挤压至无穷大密度的状态，也许就是我们这个宇宙的终点。在宇宙的起点与可能的终点之间，似乎还有大量经过无限压缩的物质和能量存在于大大小小的黑洞之中。穿梭于宇宙的引力波既可能起源于重如好几倍太阳质量的物质，也可能源自小如单个粒子的物质。量子涨落能扭曲最纤细的维度，也能影响大尺度的时空结构。简言之，我们只有既考虑到相对论又考虑到量子力学，才有可能领悟这一"大图像"。

我曾谈到，量子涨落能以虫洞和难以置信的小尺度量子泡沫来搅动时空结构。时空几何的涨落也同样如此。而所谓几何涨落就是引力涨落。在足够小的距离和足够短的时间尺度上，不确定性原理主宰一切。经典物理里那种平滑、可预言的行为被随机涨落所取代。正如雅科夫·泽尔多维奇所猜测并为斯蒂芬·霍金所证明的那样，这类涨落甚至允许黑洞（缓慢地）蒸发，由此才躲过了万物均难逃黑洞魔掌的法则。不确定性原理以及由其引申出的无限涨落概念是量子力学所带来的一项最重要的信息。

量子理论还为不同的层次——即人类观察者和实验室测量水平上——带来了其他重要信息。不论微观世界具有什么样的不确定性，也不论涨落有多混沌，我们对自然的认知最终都是建立在十分确定、毫不含糊的观察基础之上——即建立在我们直接观察到或测量仪器给出的观测结果基础上。这是怎么做到的？如果"彼处的"世界扭动得像一桶鳝鱼，为什么我们看它时看到的却是一桶混凝土？我们也可以换个方式来陈述这个问题。粒子在其中不断生灭的、充满随机的不确定性的量子世界与我们居住的、看到的、感知到的可预言的经典物理世界之间的界限究竟在哪里？这个问题与我们在第13章里讨论过的对应原理有关，是现代物理学中最深刻的问题之一。它造成了玻尔和爱因斯坦之间的多年论战，并成为多次国际性会议的中心议题。有关量子测量理论的书籍可谓层出不穷（1983年我和沃伊切赫·苏雷克也出了一本讨论这一课题的书）。

对于量子理论中的测量问题，通常都是说测量动作使得不确定性"坍缩"成确定性。这个概念可以通过一个著名的实验来说明。这个实验起初只是一个思想实验，但现在已经可以实际进行了。一个弱光源向一块不透明的挡板一次一个地发射出光子，挡板上有两道间隔很小的狭缝。在挡板的另一侧设有一列小型探测器，用以接收到来的光子。每一个光子到达时探测器都会发出讯号告知人类观察者。

从经典物理的角度看，这个实验毫无神秘之处。每一个光子都会穿越两道狭缝中的一道并被其后的探测器记录下，从而我们知道它走的是哪一道狭缝。实验如果按先仅开一道狭缝，然后再仅开另一道狭缝来进行，然后将所得到的实验结果全部加起来，那么其所得到的结果与同时打开两道狭缝的实验结果并无二致。

但从量子力学的角度来看，其情形就有意思多了。每个光子都遵循概率法则，其行为就像云雾般捉摸不定**直到被探测器接收到为止**。每个光子都穿越了两道狭缝，既不能肯定说是这道也不能肯定是那一道，这之后它到达的可以是探测器阵列的任意一个位置，只不过到达其中某些探测器的概率大，到达另一些探测器的概率小，到达其余探测器的概率为零而已。最终，假如探测器对单个光子足够灵敏，那么每一个光子都会在某个位置上被探测到，但具体会在何处被探测到则完全不可预知。只有在大量的光子被探测到之后，探测器阵列接收光子的概率分布才能够得到确认。因此测量的行为就是将不确定性转换为确定性的行为。

观察这项真实实验的每一步过程便可以生动理解量子行为。我们看到某处出现一道闪光[1]，接着是另一处，随后又是另一处。这些闪光看似随机，起初并没有明显的模式。然而，随着闪光次数的逐渐累积——每一道闪光代表一个测量事件——我们便看出有些地方探测到许多光子，而另一些地方则不曾探测到光子。光强显示出有规律的起伏：由强到弱再到强再到弱……。这种振荡精确反映了原初的概率，即按照假设——每个光子都走两个狭缝且每个光子云的不同部分都会与其他部分发生"干涉"——计算得到的概率。不仅如此，与经典物理的情形不同，如果我们让实验按一次只开启一道狭缝，接着只开启另一道狭缝来进行，那么将两次实验的结果合并起来后所得的总效果并完全不

---

[1] 这里的解释只能针对思想实验情形，与前一句里的"真实实验"不沾边，否则这个解释似是而非。如果真实实验一次只放出一个光子，你是看不到这道"闪光"的。你能看到东西是因为有光子作用于你的眼球。就算你的眼球能够感知单个光子，那么这个光子飞向你的眼球就不可能再被探测器感知到，所以你也就谈不上走哪条路径的不确定性。凡是你"看到"的路径都已确定，凡是路径不确定的你都"看不到"，你说你如何真实检验这项实验？——译注

等同于同时开放两道狭缝的实验结果。因为在双狭缝实验中，光子通过的是两道狭缝，双缝实验的结果并不完全等同于两个单缝实验结果的加和。

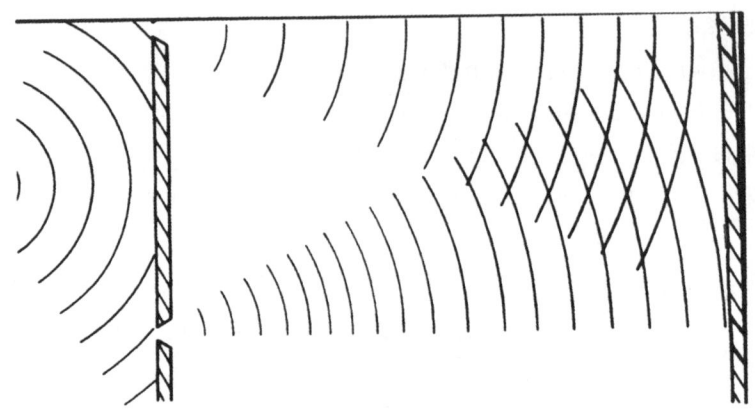

源自两个狭缝的波的干涉。玻尔的同事哈罗德·霍夫汀（Harald Høffding）曾问道："质子究竟会在哪里出现？"玻尔答道："出现？出现？出现是什么意思？"

　　我在上面谈到了经典行为和量子行为。量子行为是我们在光子实验或电子实验中实际观察到的行为，而经典行为则是在粒子遵从经典法则的情形下可能被观察到的行为。它们是不同的。那么我们用棒球来做实验会怎样呢？既然光子和电子都不遵循经典法则，为什么棒球要遵循经典法则？假设我们在棒球场的本垒附近安装一道开了两个洞的大的金属挡板，每个洞的直径是 30 厘米，两个洞之间的间隔为几厘米。当投手向挡板投球时，有些球被投进其中一个洞，另一些球被投进另一个洞（还有些球则会落空）。球不可能被同时投进两个洞。这里看不出有概率云，也看不到干涉作用，更没有不确定性"坍缩"到确定性的事例。事实上，这里**确实**有概率云存在，也确实**存在**坍缩到确定性的过程，只不过棒球的概率云属于亚微观尺度，就好像棒球披了件不确定性的薄纱，其厚度远小于球的表皮厚度，甚至小于单个原子的直径。量子涨落对小尺度时空显得非常大，但对于大尺度时空来说则显得相当微小。对于"庞大"的棒球，量子涨落的大小远远小于可观察的阈值。

　　至于从不确定性坍缩到确定性，除非光子触发了探测器，否则我们根本无法观察到这一行为。从光子被发射出的那一瞬间到它被探测到的这段时间内，我们完全不知道其位置或其运动方向。由于这时它是不可观测的，因此我们说此时光子完全表现为概率云的特性。相反，棒球则是从投手投出到挡板再到捕

333

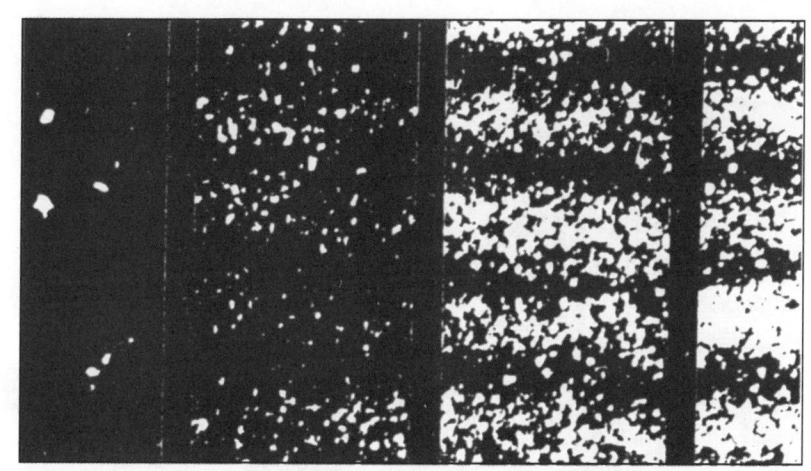

这四幅照片显示的是电子通过间距很小的双狭缝实验的探测器输出结果。（像质子一样，电子是具有波动性质的粒子。）左图是曝光时间不足一秒的结果，电子呈随机分布。随着曝光时间逐渐加长，到最右边的一张图增加到两分钟，图案呈现出越来越接近预期的波的双缝干涉条纹。由曝光两分钟照片中的条纹间距我们可以测得电子的波长。因为该分布是由电子一次一个地飞向探测器形成的，因此我们必然得出结论：每个电子都穿越了两个狭缝。两次单狭缝实验结果相加得到的总效果与此截然不同，那样只会出现两道明线，没有粒子能到达两线之间的中间点。而在双狭缝实验中，这里显示的是最亮条纹

（承蒙德累斯顿和图宾根大学 Hannes Lichte 提供）

手的整个过程都可以被重复观测。我们可以使用各式各样的工具——高速照相机、雷达、声呐测距仪甚至肉眼——对这整个过程进行观测。因此观测过程——即从不确定性坍缩到确定性这件事情——是重复出现的，它提供了有关棒球所在位置、移动速度以及路径方向等特定信息，而不只是最终的某个观察点。光子和棒球之间的差别只在于其尺度而非原理。

　　我希望能对双狭缝实验做更深入的研究。这个实验在概念上很简单，但却 334
能很好地展现量子理论令人迷惑的奇异特征。（在四分之三个世纪里，这个实验一直是论述量子理论所隐含意义的试金石。）想象一个比光子大但比棒球小的球体，例如某种大分子球。如果我们将其射向有两道狭缝的挡板，那么其行为是类似于光子呢还是类似于棒球？或者说，它类似于"纯粹的"量子客体

C. 亚当斯绘画，原载于 1940 年的《纽约客》杂志（© 1940，*The New Yorker Magazine*，Inc.）

还是类似于一个经典物体？回答是两者皆有可能，具体要看我们是如何来检验这个实验结果。如果我们不对它做扰动性观察，那么其量子特性就会占主导。它可以同时穿过两道狭缝，落在某个无法预言的位置上，并表现出其概率云的一部分与另一部分相干的结果。这种行为对于大如原子的客体都是可演示的。然而，假设我们出于好奇，沿着它走过的路径对其进行观察，那么它的行为就会表现得像个经典物体的行为。对它的重复观测致使其"坍缩"到确定性——我们的追踪观察使得不确定性的概率云烟消云散。

玻尔与爱因斯坦针对量子力学意义的论战持续了 28 年，战场跨越欧洲和美洲。这两位物理学巨匠彼此惺惺相惜，认识上却从未达成一致。爱因斯坦不相信量子力学能够提供一种关于实在的可接受的观点，但他却找不出理论的矛盾之处。玻尔捍卫这一理论，却也从不掩饰他对其诡异之处的疑虑。据说有一次，爱因斯坦又提到他喜欢讲的一句话，说他不相信上帝会玩掷骰子游戏，玻尔说道："爱因斯坦，别老想着告诉上帝该做什么事情。"

我在 1978 年首次讨论的一项思想实验触及了玻尔-爱因斯坦论战的核心。这个实验除了彰显出这场著名论战的实质之外，还告诉我们有关宇宙运行机制方面的某些东西。我将这项思想实验称为"延迟选择实验"。下面就说明其原理。

　　首先，我们借用一处棒球场。[1]我们在本垒板上设置一面镀有半透膜的镜子。镜子的一面镀有薄的金属反射层，这层极薄的金属膜将入射光的一半反射并让另一半透射。我们在附近设置一个光源，并安排好光路使得来自光源的一半光线被反射到三垒，另一半光线透射到一垒。用量子语言来描述就是，光子有 50% 的概率射向三垒，有 50% 的概率射向一垒。平均而言，射向两个垒的光子数各占发出的总光子数的一半。

　　接着，我们在一垒和三垒上也各安置一面全反射镜。三垒的镜子将入射光线反射到二垒并射向右外场，一垒的镜子将入射的光线反射到二垒并射向左外场。如果我们在左、右外场各安装一套探测器，就能够知道沿每条光路各有多少光子通过。如果右外场的探测器发出声音，就代表有一个光子到达那里，这样我们便可以断定这个光子是来自三垒。如果是左外场的探测器发出声音，则可断定这个光子来自一垒。量子力学预言光子到达两探测器的次数是随机的，但平均次数相同，至少没有奇特之处。这种安排使得光子被等概率地随机发送到不同的路径。每当我们探测到光子，我们就可以断定其所经过的路径。

　　且慢。量子力学可没说光子是按某种随机序列来选取某条路径的。它说的是光子在被探测到之前是一团概率云，这团云可以同时取道两个路径！这就像双缝实验，两个路径之间的干涉表明单个光子是同时通过两个狭缝的。只有在被测量后，不确定性才会坍缩到确定性。

　　现在，我们回到棒球场实验上来。我们可以证明，每一个光子都同时取道一垒和三垒两条路径。在这一轮实验中，我们在二垒处安置一面镀有半透膜的镜子，并将镜子设置得使来自三垒的光有一半被反射到左外场，另一半光透过镜面射向右外场。同样，来自一垒的光也是一半被反射到右外场，另一半透射到左外场。这面半透膜镜面的作用，就是让射向左外场的两束光彼此干涉相消（就是说，使其中一束概率波的波峰正好与另一束概率波的波谷重叠从而相互抵销），结果没有任何光被左外场的探测器探测到。而射向右外场的两束光则发生干涉相长（即两束概率波的波峰相互重叠从而相互增强），所有的光都被右外场的探测器探测到。（这时，尽管你对棒球场地不是很熟悉，但你能看出

---

〔1〕　我要向不熟悉棒球的读者表示歉意。您可以请教棒球迷来协助您理解这个实验的运作。

左外场是一片漆黑，没有任何光线。）

如果我们对两个探测器观察一段时间，我们就会发现，左外场的探测器从不发出声音，而右外场探测器的发声次数则是第一轮棒球场实验时的两倍。所有的光子都射向了右外场。这时我们可以发现一个新现象：所有的光子都同时取道两条路径，否则我们就无从解释二垒上的镜面怎么会将所有的光都射向了右外场。

实验正顺利进行，这时一条狗漫步到场内，并在二垒与三垒之间的垒线上走动。狗阻断了三垒到二垒的光路，于是探测器的输出突然发生变化。左、右外场的探测器开始以大致相等的频次发出声音，其频次是狗出现之前右外场探测器频次的1/4。一半的光打在了狗身上，来自一垒的另一半光在二垒又分成两半分别射向两个探测器。这时不出现干涉现象，既没有干涉相消，也没有干涉相长，因为光线只来自一条路径。位于二垒的镜面作用只是将光束分成两半。现在那只狗漫步穿过内场，不再阻挡光路。于是，位于左外场的探测器再度沉寂，而右外场的探测器也再度以先前的频次记录到入射光子。实验显示所有的光子又同时取道两条路径而非单一路径。你可以自己推想当狗穿越本垒与一垒之间的垒线时将会发生什么情形。两个探测器又会以相同频次发声，与狗阻断另一路光束时的情形相同。最后，当狗漫步离开球场，于是我们再次看到每一个光子与自身干涉的结果。

量子力学的伟大启示是，如果我们选择了测量某个事件，我们就无法测量另一事件。我们可以决定想要测量的对象，但我们无法做到同时测量一个系统的所有特性。这个限制的最基本事例就是我们无法同时测定一个电子的位置和速度。在我们的棒球场实验中，我们可以选择将光子取道哪一条路径作为测量内容（这时二垒不设半透膜镜面），但这样一来我们就无法获取光子概率云的不同部分之间的干涉信息。反过来，如果我们选择观察干涉结果（这时在二垒需安置半透膜镜面），那么我们就无法获得光子取道的路径信息。说得确切点儿，取道单一路径的想法已变得毫无意义。

这个例子已经让人大感意外，但我们还可以给出更令人惊诧的情形，这就是这里要谈的延迟选择。我们将本垒板附近的光源开启十亿分之一秒，在此期间光源发射出大约一千个光子。光子以光速前进，在这十亿分之一秒的时间里走过大约30厘米。这样，在光源关闭后，我们可以等上约10个或20个十亿分之一秒，然后决定究竟要进行哪一种实验——也就是说，究竟要做哪一种测量。在我们思考期间，光子已离开本垒板，但还没有到达二垒，它们都还在途中。如果我们希望知道每个光子取道哪条路径，那么我们只需将二垒上的半透膜镜面移去并等候左、右外场探测器的声响，就可以知道每个光子的路径。如果我们希望能展示每个光子都同时取道两条路径这一事实，那么我们只需（在所有光子都离开本垒板后）在二垒上安置半透膜镜面，然后等着右外场的探测器发出双倍频次的声响而左外场的探测器一声不响的反应，这样就可以证明所有光子都同时取道两条路径。

和某些其他思想实验一样，随着科技进步，这个思想实验已能够在实验室里真实地进行。1984 年，在马里兰大学，卡罗尔·艾里（Carroll Alley）、奥列格·雅库波维奇（Oleg Jakubowicz）和威廉·威克斯（William Wickes）在实验室的台面上而不是棒球场上成功展示了延迟选择效应。量子世界的奇异性质——让爱因斯坦一直寻求去除而玻尔则断言无可避免的性质——终于得以实现。

如果延迟选择在实验室里成真，那么在棒球场上或在宇宙空间里也都会是一项事实。我们只需将棒球场的尺度扩大到十亿光年的范围，并在本垒板上放置一个类星体，一垒和三垒上各安置一个星系，将地球设置为二垒，并在其上安置望远镜和计数器。星系一和星系三（即一垒和三垒）可将发自类星体的光线弯曲使之经两条不同的路径到达地球。（这种星系还真的存在。引力可以将光线弯曲就像它可以使运动中的物质粒子的路径弯曲一样。）如果我们用望远镜对准星系一，我们就会看到来自于类星体的经星系一折射而来的光子。如果我们用望远镜对准星系三，我们同样会看到来自于这个类星体的经星系三折射而来的光子。但如果我们在观测位置上安置一面半透膜镜子（就像先前在二垒上设置的那种镜子），使得来自星系一和星系三的光像前述思想实验中那样被分成两部分沿两个方向传播，那么，从原理上说我们可以使这两个方向上的星光发生干涉，使得在一个方向上发生干涉相消，另一个方向上发生干涉相长。不仅如此，原理上同样可知，由于类星体发射光子的频率是如此之低，以至于我们每次只能探测到一个光子，要等一段时间才能接收到下一个光子，因此对于这种干涉现象，我们除了用"每个光子在从类星体到达地球的十亿光年的旅程中，都是以短暂的、弥漫于遥远空间距离上的概率云形式同时穿越两个不同的星系，直到我们用测量手段探测到它为止"这个解释外，还能有什么别的解释？既然我们是在光子开始其漫长旅程之后的大约十亿年后才决定究竟是要测量其取道两条路径所产生的干涉现象，还是要测量它走过的路径，因此必然可得出这样的结论：我们的测量行为不只是揭示了光子的这段"历史"

属性，而且在某种意义上说也"**决定**"了其历史。宇宙过去的历史由我们现在的测量来决定！

正是这种论证让我提出一个问题：宇宙是不是一种"自激回路"——一种其存在及其历史[1]均由测量决定的系统？这里所谓"测量"不必是指由人类或用人类设计的仪器所进行的观察，它可以指由任何外星智慧生命甚至是蚂蚁或变形虫来进行的观察。在这个方程式里生命并非必要。在这里，"测量"，就其本意来说，是一种让不确定性坍缩成确定性的不可逆的行为。它是量子世界与经典世界之间的连接点。在这里，有可能发生的事情——如多路径、干涉图案、弥散的概率云等——被真实发生的事情所取代。这些真实发生的事情可以是经典世界里的某些事件——计数器的嘀嗒声，人眼的视觉神经的活动，或只是一种由量子事件所引发的物质聚合。

我这里所说的测量就是玻尔所谓的"登记"。玻尔喜欢格言。他说过，任何现象，只有在被登记后，才是一种基本现象。例如，一次放射性事件放出的高能粒子会以概率云的形式弥漫于四面八方。如果它在一片云母中留下一串散裂的原子痕迹，而这痕迹在百万年后又被观察到，那么它的（位置和方向上的）不确定性便坍缩成确定性。这时粒子向四面八方扩散的"未知性"与"不可知性"便被"测量"或"观察"或"登记"——一种在云母片中形成的、不再受到粒子的未来历史所逆转或擦除或变更的宏观痕迹——所取代。粒子的可能行为——或从量子观点上说，它正在同时进行的所有事情——都被它已完成之行为所取代。

并非所有的潜在性都能在有限时间内转变为既成事实。宇宙中有数不尽的概率云没能触发成宏观世界里的某个登记事件。我们可以十分有把握地认为，宇宙中的不确定性多过确定性。我们关于宇宙的知识——那些可知的部分——都是基于少数片段的、在一定理论背景下所进行的观察。这些观察片段告诉我们的不只是它现在的样子，也包括它的过去。我试图用一幅大写字母 U（代表宇宙）的图来解释这个设想。U 的右上端代表大爆炸发生时刻，沿着右边的细线段往下一直行进到左上粗直段则象征着宇宙由小到大的演化过程——这段时间长到足以发展出生命和心智。最终，在 U 的左上端出现了观察者的眼睛。通过回顾，通过观察宇宙诞生之初所发生的一切，我们使这段历史变成了现实。

---

〔1〕 或许还应该加上其定律。但这个问题我放到下一章再去讨论。

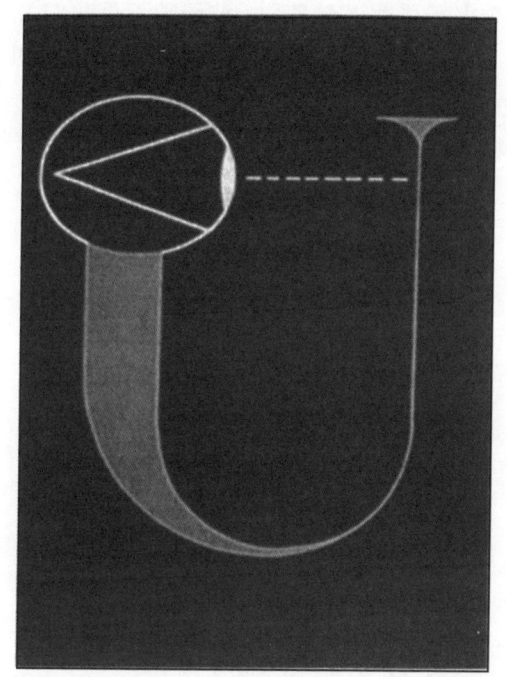

通过回顾，"现在"是否能给出"彼时"所发生的一切

　　这只眼睛可以是一片云母。它不必是智慧生命的器官。关键在于宇宙本身就是一个庞大的综合体，随时都处于自成一体的过程中。宇宙的历史并非我们通常所理解的历史。它不是一个一件事情跟着一件事情发生的事件序列。宇宙是一个总体，一个"此时"所发生的事情使得"彼时"所发生的一切变成现实，甚至决定着彼时发生过的事情的总体。

　　许多化学系和物理系的学生学了量子力学后被告知，量子力学以概率波或概率云来展现其本质。像原子这样的体系可以用波函数来描述。这个函数满足薛定谔于 1926 年发表的方程。在这种描述里，电子不再是局域于某一点的物质，而是一种散布于整个原子体积（或其他空间区域）的一种波。

　　到目前为止这一图像都是对的。它恰当地强调了概率在量子力学中的核心作用。波函数给出的是电子的"可能"位置而非"真实"位置。但我认为薛定谔波并没有抓住量子力学的真正本质。这个本质，正像延迟选择实验所揭示的，是**测量**。事实上，适当的实验可以确定电子在原子内的位置。不同的实验则可以告诉我们这个电子移动得有多快。波函数不是我们关于电子或原子实际知道些什么的核心。它只是告诉我们一个具体实验产生某种具体结果的概率。只有实验才能够提供对象的真实信息。

让可能性转变成事实的测量行为是一种选择行为，即在各种可能的结果中进行选择。测量过后，某些路径就无法取道了。而在测量之前，所有路径都是可能的——我们甚至可以说所有路径被同时取道。

曾经有人断定
"上帝肯定觉得
这事儿好生奇怪
如果他发现，这棵树
始终在那儿，
而四周却没人。"
　　　　　　——罗纳德·诺克斯


尊敬的先生，你不必大惊小怪：
我一直都在这儿，
至于树
为什么会在那儿，
那是因为
有你忠实的观察。上帝复。
　　　　　　——无名氏

"看见"是否导致"存在"？

（这首打油诗引自 E. O. Parrott 编辑的"企鹅丛书"《诗选》，New York：Viking Penguin，1986，p.55。Ronald Knox reprinted by permission of A. P. Watt Ltd. on behalf of Earl Oxford Asquith.）

以这种方式来理解量子力学，使得我将计算机的运行方式与宇宙的运行方式进行类比。计算机用的是"是/否"逻辑，或许宇宙也是如此。电子要么通过 A 缝要么否，它要么引起计数器 B 鸣响要么引起计数器 C 鸣响，这些都是确切的观察结果。

然而计算机与宇宙之间有很大的不同——机会。原则上，计算机的输出完全由输入决定（不要忘了程序员的著名警语：垃圾进，垃圾出），机会在这里不起作用。而宇宙则相反，机会起着决定性作用。物理定律只告诉我们未来可能发生的事情，而实际测量则告诉我们什么事正在发生（或曾经发生了什么）。除了这个区别之外，我们可以当然地认为信息在物理学中占有核心地位，正如它在计算机那里具有核心地位一样。

我试着将这种信息论概念作为"存在"的基础，提出了一个断言"万物源自比特（it from bit）"。宇宙及其所包含的一切（"it"）可能都起源于测量的"是/否"选择（"bit"）。玻尔终其一生都在努力解决测量（或登记）行为如何影响实在的问题。正是登记——无论是由人来登记还是由仪器或一片云母（任何可以保留记录的东西）来记录——使得潜在性转变为事实。我只是在玻尔的思想基础上略微向前推进了一点，提出了这样一个断言：只有当我们懂得了信息是如何影响实在的之后，我们才可能理解量子这个奇异事物。信息并不只是我们对这个世界的了解，它或许正是**构成**这个世界的东西。

"万物源自比特"这个概念的一个例证：当光子被吸收后，同时也是被"测量"后——在被吸收前，光子并非既成事实——我们对世界的了解就又增加了一份不可分割的信息，同时，这部分信息决定了这个世界的一小部分结构。它产生了光子在某时某地相互作用这个事实。

另一个例子：黑洞周围的球形视界面积量度了这个黑洞的熵，而熵不过是损失掉的信息的总数。对于一个视界跨度仅几千米的黑洞来说，损失掉的信息的比特值要远远大于任何寻常的所谓大数，甚至远远大于我们所称的"天文数字"。但它毕竟不是不可想象的。我们有一个由黑洞的视界面积所屏蔽的信息的比特值决定的"it"（黑洞的视界面积）。

据说建筑师路德维希·密斯·范·德·罗厄（Ludwing Mise van der Rohe）说过这样一句被人经常引用的话："越少即是越多（less is more）。"这是一项好的设计原则，也是很好的物理学研究原则。我在考虑总体世界时喜欢引用另一句话，那是我在普林斯顿的同事菲利普·安德森说的话："多即不同（more is different）"。如果你将足够多的基本单元组合在一起，那么你得到的就不只是这些单元的简单加和。例如，由大量分子所形成的物质可以具备任何单个分子所不具有的性质，例如压力和温度。这个物质可以是固体或液体或气体，虽然没有一个分子称得上是固体或液体或气体。

"多即不同"或许与"万物源自比特"有关。宇宙尽管从整体上说极为复杂，但这并不意味着宇宙不能由像 1 比特信息这样的极其简单的基元构成。当

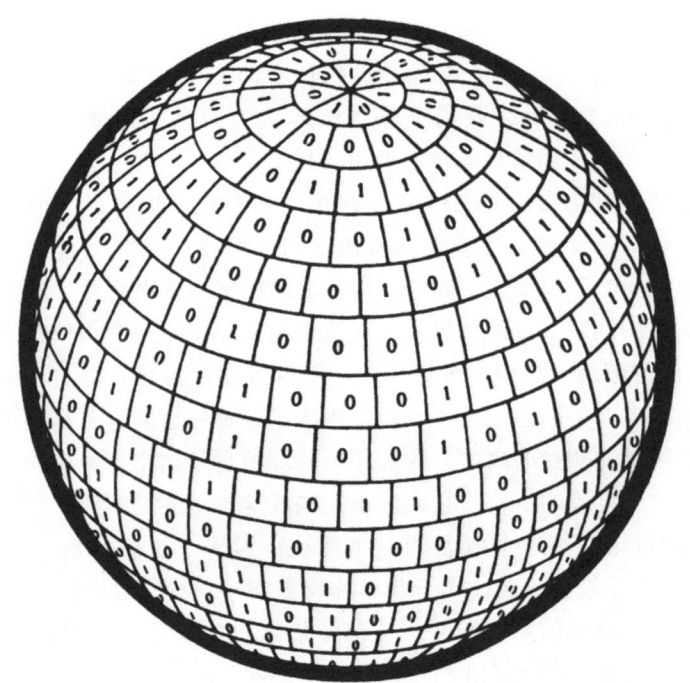

铺满黑洞视界所需的普朗克面积数决定了有多少比特的信息被视界屏
蔽了。摘自惠勒所著的《引力与时空之旅》（© 1990 by John Archibald
Wheeler. Used with permission of W. H. Freeman and Company.）

足够数量的简单基元累加在一起后，便可以产生无限数量的不同结果。

从 20 世纪 60 年代中期到 20 世纪 70 年代初的越战时期是美国社会的一个
分水岭——某个程度上说，也是整个世界的分水岭。这期间发生了许多好事
情：少数族裔和妇女的平等意识有了明显提高，对不同己见的宽容程度大大增
强，对环境的关切程度普遍提升，不同价值体系之间的对话得到加强。到现在
我们仍在受益于这些变革。然而这期间也发生了一些不好的事情，例如，让某
些可以自食其力的人变成坐享其成的人的犬儒主义，毒品日益泛滥，知识分子
的谈吐不再像从前那般庄重，腐朽的道德标准大行其道，敌视科学的态度滋
生，以及日渐增多的对于非理性和非科学言行的容忍，等等。我喜欢探索科学
的极限，喜欢沉思未来科学的可能发展方向，这使得我特别在意科学与非科学
的界限，尤其无法容忍伪科学。

342

在我越来越深入地探索量子世界，并就延迟选择实验这类课题进行撰述时，曾发生一些让我感到不舒服和苦恼的事情——我发现自己的言论越来越经常地被一些伪科学家引用来证明他们的那些见不得阳光的勾当是有科学上的依据的。20世纪70年代曾掀起过这样的风潮，试图通过寻找真正的科学解释来使心灵学"合法化"。有些合格的科学家也投入其中。但他们完全走错了方向，其主要原因就是误解了量子力学和测量理论的研究结果。我所尊敬的部分科学界同行认为我在研究上有点偏离主流，但我并不以为意。他们尽可以持保守态度，而我则一如既往地大胆尝试。但当我发现我的工作被人引用来支持超自然现象时，我真的是非常恼怒。

1969年，美国科学促进协会在会长、人类学家玛格丽特·米德（Margaret Mead）的领导下，不顾我和少数人的反对，经董事会投票接纳心灵学会为协会会员。10年后的1979年1月，在休斯敦召开的美国科学促进协会年会上，我有机会发表演说，于是我选择以量子测量理论为演讲主题。在这次演说中我想强调的是，"测量"行为的本质特征是将被观察的量子对象放大到经典物体大小来进行观察，它不需要人的介入，与人的意识毫不相干。（我演讲的标题有些凝重：《不是意识，而是探测者与被探测者之间的区分才是基本量子观测行为的核心》。）

在休斯敦会议上，我的朋友和杰出的同事尤金·威格纳和我都坐在主席台上。让我们颇感意外和惊愕的是，我们被告知要与几位心灵学家同台就座，想退出为时已晚。我发表演说并讨论了量子测量的要义，同时也提到几个表面看起来属于悖论的现象，对此玻尔与爱因斯坦已经苦思良久。为了避开与心灵学家携手的嫌疑，我预先准备了两份附件供媒体发表。演讲结束后，我给当时的美国科学促进协会主席威廉·凯里（William Carey）写了封信，建议这个美国最受尊崇的科学组织是否能成立一个委员会来决定是否应该将心灵学会从这个组织里剔除出去。我认为当初该组织之所以会接纳一门伪科学，纯粹是由于越战时期的自由主义带来的恶果，现在到了该修正的时候了。

1979年5月，《纽约图书评论》杂志刊出了我的两份附件和我写给凯里的信，我的态度得以为广大读者所了解。马丁·加德纳（Martin Gardner）还专门为我的文章写了一篇出色的介绍性短文。加德纳是一位极受欢迎的科普作家，他在普及数学和科学知识方面的作品可谓影响深远，惠及海内外。但他也写过像《假借科学之名的流行性谬误观点》的书。我的第一个附件《将伪科学逐出科学界》驳斥了心灵学家披着科学外衣所获取的权利，并要求将他们逐出美国科学促进协会，他们不配受到这顶保护伞的保护。我的第二个附件由其标题就可以看出内容：《哪里起烟，哪里就有人在玩火》。

但美国科学促进协会对这些都不为所动。心灵学会至今仍是其会员，非科学的心灵学仍在盛行。

# 第16章 时间的终点

时间绝不简单。

反观一个人的寿命，我们很容易像牛顿在 17 世纪所认识的那样，认为时光就像一条河流，无情地向前流淌着，它不会因为我们做了什么或自然的变迁而变得迟缓或加速或转向。"绝对的、真实的和数学上的时间，"牛顿在他的《自然哲学的数学原理》一书的开篇写道，"因其本质使然，自身在均匀地流逝着，与一切外在事物无关。"牛顿时间的流逝是用重复性运动——钟摆的摆动、石英晶体的振荡以及地球绕行太阳的周期性运动等——来测量的。这种时间的定义在整个 18 世纪和 19 世纪里为经典物理学里所发生的一切——机械运动、热、电与磁、光和无线电波——提供了值得称道的时间标准。对某些科学家来说，在时间中运动的概念似乎比将时间比作河流更合他们的想象，但结果都一样——地球与地球上的生命以及这整个世界都以相同的速率老去。在日常交流中，我们经常谈到时光流逝（牛顿的时间流），但我们也会说从时间的这一时刻到另一时刻（时间像标尺静止在那里，是我们在这个标尺上运动）。

爱因斯坦 1905 年提出的狭义相对论里，最让人无法接受的就是时间的相对性。这种时间的相对性在实验室中很常见（例如我们观察到，高速运动中的放射性粒子的寿命要比它在低速运动时长），但人们到现在还没有直接体验到这个事实。为了了解其意义，我们不妨想象，在将来，高速空间旅行成为日常生活的一部分。假设在未来的某一天，地球上的所有居民都同意在 2050 年

1 月 1 日星期六这一天，旅行者以不同的速度（但全都近光速）启程进入太空，做不同时长的星系旅行，然后回到地球。这时你将发现时间很快就不再同步。随后你打电话给你的朋友——他们有些人进行的是短程旅行，有些人是长程旅行；有些人乘坐的长途汽车以非常接近光速的速度行走，有些人的行进速度则略慢，还有些人则干脆待在家里——你会看到，有些人的年纪只略有增长，而有些人则苍老得多。他们家里墙上的挂钟不只会显示不同的时间，连日

期也会显示不同的月份和不同的年份。在某个家庭，父母亲出去旅游了而孩子们待在家里，现在回来一看，父母比他们的孩子还要年轻。如果有人问现在是什么时候？答案将不只一个。甚至连今天是几号这样的问题都有不同的答案。而所有的答案，对不同的人来说，都是正确的。在这个未来世界里，每个人的时间都取决于他的旅行经历。

在这个故事里，只有这个想象的旅行速度属于科学幻想小说的范畴，其他所述都是牢靠的科学事实，而且属于"老掉牙的"科学事实。如果这种速度真的能够实现，地球上就会出现各种不同的时间和日期，再也不可能存在统一的日期和时间。

狭义相对论的另一个成果是将时间和空间连接成四维时空。1908 年，赫尔曼·闵可夫斯基（Hermann Minkowski），而非爱因斯坦本人，给出了这个漂亮的几何表达式。"从今以后，"闵可夫斯基说道，"空间本身和时间本身都将黯然褪色为阴影，只有这两者的某种统一才是独立存在的实体。"[1]闵可夫斯基的观点有力地改变了我们看待周围世界的方式。他表明，爱因斯坦的理论不仅将空间和时间统一起来，而且也将电场和磁场、能量和动量合二为一。在闵可夫斯基的世界里，"事件"获得了新的意义。它是时空框架下的一个点——即发生于特定地点和特定时间的某件事。事件由"世界线"——时空轨迹——串联起来。这个新的时空观的一个结果是，那种在时间中运动，或时间的运动的观点——两种无论你选哪一种都是经典时间——将被静态时间所取代。也就是说，时间和空间一样，它就是在"那儿"。世界线变成了地图上的线。在这张四维地图上，所有线段都代表空间和时间上的一段轨迹。

狭义相对论的时空被称为是一张画布。画布上的点和线代表了所有曾经发生过、正在发生的以及未来将要发生的事件。我先前曾说过，时空也可以称作一个舞台，一个上演所有剧目的舞台。无论是画布还是舞台，它都是动作发生的剧场而非动作本身。爱因斯坦在 1915 年提出的广义相对论彻底颠覆了这一切。空间和时间都参与到动作中来了。我一直在想，或许这些全都是动作。我们可以想象出一个仅由时空构成的世界。它的山川、峡谷、涟漪和虫洞都是物质和场的某种呈现。我在前几章里曾说过，让我着迷的广义相对论的形式体系

---

〔1〕 这段引文出自闵可夫斯基的谈话，见阿兰 L. 麦凯主编的《科学引言辞典》（Alan L. Mackay, Ed. *Dictionary of Scientific Quotations*, Bristol, England：Institute of Physics Publishing, 1991），第 174 页。

是我所称的几何动力学。它不只是可以处理时空框架下世界线的轨迹，而且还可以处理整个空间（三维空间）在时间坐标下的运动。空间几何以一种奇特的方式随着运动而演化。因此所谓几何动力学就是几何的动力学。

将时间视为动作的一部分还只是故事的一部分。时间还有更奇异的其他特性，正是这些特性让我欲罢不能。这其中之一是时间的不对称性，另一个是时间的量子涨落特性。除了这二者之外，还有最诡异的特性，那就是时间的终点。

我们可以向前走、向后走、向左走、向右走、向上走、向下走，所有这些运动都一样的容易。没有任何自然定律或生活经验限定我们只能沿空间的一个方向运动。那么，为什么我们在时间上似乎只能走单行道？为什么时间会有方向性？为什么我们只记得过去却不记得未来？这些问题在 20 世纪的物理学里变得十分尖锐，但它们其实早就存在了。

在第 8 章里，我引入了一个牛顿力学性质，称为"时间反转不变性"。它意味着对于任何已发生或可能发生的运动，其逆向运动也是可能的。钟摆可以从左到右摆动，也可以从右到左地摆动，后者过程中的每一步都是前者的逆运动。你从家漫步到街角，也可以倒着从街角走回家（尽管这并非必要）。说明时间反转的一个好方法就是想象将某个动作用录像机录下来。当影像被播放出来时，它呈现的是与事实完全一致的情形。但如果我们将影像倒过来播放，你看到的则是不曾发生过的事情。牛顿力学认为，倒播的情景是有可能实现的，就是说，你单看录像，是无从分辨你所看的到底是真实情形还是其倒播。

例如，我们不妨想象一位居住在北极星附近的外星人将镜头对准我们太阳系来试验他的新录像机。他看到并录下一群行星以**逆时针**方向环绕太阳运行。随后他邀请几位朋友并将所录得的影像倒着播放给他们看，这时他们看到的是一群行星以**顺时针**方向环绕着太阳运行。他们能够分辨出他们所见到的是行星的真实运动还是其逆运动影像吗？不能，因为太阳系里的所有行星都**可能**按相反方向转动。如果反向运行能够实现，那么其运动的每一步细节都将与现在的实际运动方式完全相反。这就是时间反转不变性的意义。

但且慢。如果你所录制的是将一张纸撕成两半这样的简单动作。这时如果你将影像倒着播放，你看到将是有两张边缘破碎的纸奇迹般地拼成了一张，破碎的边缘变成了平滑无缝的一体。对此你可以毫无困难地分辨出，你所看到的究竟是实际发生的情形还是其时间反转的影像。你或许会说，正时序的影像可以发生（也可以不发生），但逆时序的影像永远不可能发生。但牛顿以及 19

世纪中那些追随他的人则会告诉你，你不见得完全正确。事实上，它是可以发生的，只是发生的概率非常非常小而已。你的寿命不够长，等不到看到它发生的那一刻。宇宙寿命恐怕也不够长，也等不到其发生的那一刻。但原则上，两张撕开的纸是**可以**结合成一张完整平滑的纸的。两辆撞毁的汽车也是有可能从撞击点回复到二者远离的状态，并且其损伤部分也会自行复原。挥发散布于室内的香水分子也有可能回迁并重行聚集到踏入室内的小明星身上。

因此，对复杂事件而言，时间确实有方向性。大多数事件序列是沿着一个方向发生而不能反向。对于你周围的几乎所有事情，你可以轻易辨别正时序与逆时序的差异。但19世纪物理学告诉我们的是，这种差异只是发生的概率不同而已，并非绝对不行。沿一个方向发生的机会非常大，而沿相反方向的机会则小之又小。但可能性小不等于完全不可能。因此牛顿的时间反转不变性是成立的，尽管它与我们所经历的世界关系不大。

对于简单系统，正时序与逆时序运动可能具有相等的发生机会。太阳系就具有这种简单性。这个系统只有一个太阳，九个行星，星体之间没有摩擦力。而撕碎的纸因涉及无数个原子，因此要复杂得多。对此，发生的机会与不发生的机会之间的差异是如此之大，以至于就实际情形而言，前者是可能的，而后者则是不可能的。

热力学第二定律把概率与时间的方向性联系起来。根据这个定律，任何不受外界影响的孤立系统将趋向更高的无序性。实现无序的方式比实现有序的方式多得多，无序性比有序性的发生概率更高。如果系统是高度复杂的，那么出现无序的概率更要远远高于出现有序的概率，以至于从实用上说实际只存在一个变化方向（就孤立系统而言）：从有序到无序。想象在某个荒废社区里的一栋房子，因为没人照看，它遭到侵蚀和衰朽。经过足够漫长的时间，房子将最终化为一堆尘土。再经过更长的时间——例如数千年——我们会根本找不到房子曾经存在的印迹。这里起作用的就是热力学第二定律，有序会自发地演变成为无序状态。

考虑到这些因素之后，我们便形成了一个诱人的想法：我们之所以注意到时间的单向性，只是因为我们自身就是一种不断与其他复杂系统相互作用的复杂系统。我们之所以记得过去而不记得未来，并不是由于时间存在不对称性这一基本性质，而是因为我们的存在状态、我们的所作所为以及我们所见到的一切，在其发生与否的问题上都存在一种呈一边倒的概率上的不对称性。

回想当初费曼和我在谈到电子可以同等概率按正时序和逆时序运动时，我们就认识到这种考虑有其合理性，因为电子是一种极其简单的实体。你看一个人的脸就可以对他有过的经历猜个八九不离十，但你看一个电子却完全看不出它的任何历史。所有电子都完全一个样，过去的时光在它们身上没有留下任何痕迹，即使是人或计算机的记忆再好也无济于事。电子不记得未来和过去，因此才能在时间流里自由来去。我们记得过去，并受困于时间的单向性。

在谈到 19 世纪的物理学时，我实际上是在谈热力学和统计力学。这些领域的进展展现了大数统计是如何将支配简单事件的时间对称的定律转变成我们所看到的支配复杂事件的时间不对称定律。

在 20 世纪的大部分时间里，人们仍然认为，在微观世界里，时间仍然是对称的；时间的不对称性是复杂性的产物。随着众多基本粒子被发现，随着对核子探索的深入，随着量子力学的发展，起初并没有发现任何足以损害这一奠定所有基本定律基础的完美的时间对称性的事例。例如，在费曼和我进行超距作用研究时，我们发现，辐射现象的表观单向性（即只按正时序发生而不能逆时序发生）完全可以用宇宙中分布有大量的吸收性物质来解释。我们并不需要采用电动力学基本定律里的时间不对称性来加以解释。

但后来到了 1964 年，詹姆斯·克罗宁（目前在芝加哥大学）和瓦尔·菲奇，还有他们的同事詹姆斯·克里斯坦森（James Christenson）和勒内·图莱（RenéTurlay）等人，发现时间反演不变性对 K 介子衰变失效。这是第一次在单个粒子层面而不是复杂系统层面上时间表现出不对称性。

自很早开始，人们对简单性的信仰一直是科学发展的动力。我们坚信这世上存在规律，这些规律具有简单性和不变性的特征。这个信心让我们越来越深入地钻研越来越小的物质单位，我们发现了更简单的体系及其更简单的规律。349
20 世纪的科学仍部分秉持着这一信仰，但已不是全部。一方面，像爱因斯坦的广义相对论和狄拉克的电子理论这样的基本定律都能用令人惊叹的简洁性和普适性方程来表示。大多数物理学家认为这些方程式简单优美。它们支撑着我们的"自然就其本质而言是简单性的"这样一种信仰；另一方面，当我们看到时间对称性在基本过程中被破坏，当我们想到时空在虫洞和量子泡沫中翻腾，当我们看到电子因量子涨落而产生出与狄拉克预言的值之间的细微偏差，我们逐步认识到，随着深入到越来越小的微观领域，简单性的"基底"已是一种错觉。在这个"基底"之下，在更小的领域里，我们再度看到无序和复杂性的主宰力量。

曾有一个关于威廉·詹姆斯（William James）的故事。是不是杜撰的不知道，但我喜欢这个故事。据说詹姆斯曾在一次演讲中说道，世界是由一头大象支撑着。大概他想阐述的是在我们周围世界的表象之下还存在更深层的实在。听众中一位女士起立问道："那支撑大象的又是什么呢？"

"一只乌龟，女士。"他答道。

"那支撑乌龟的又是什么呢？"她追问道。

"另一只乌龟。"詹姆斯回答。

"那么又是什么支撑着这另一只乌龟呢？"她又问道。

"女士，还是乌龟。"

不对，并非自始至终全是乌龟。确切说，物质的被观察到的力学性质可用原子来解释，而原子可用电子、质子和中子来解释，而质子和中子又可用夸克来解释。所以说乌龟下面还有乌龟。但我们有许多理由相信，这种解释的层级结构不可能无止境地持续下去。其中一个理由是，随着探索的逐渐深入，物质已变得不可区分。没有两支铅笔芯是完全相同的，但所有碳 12（石墨的主要成分）的原子都完全相同。如果层次的数目（乌龟的数目）无穷大，那么为什么碳原子不像铅笔芯一样复杂？我们还可以给出另一个理由，量子理论告诉我们，当我们探索得越深入，事情会变得越发无序而不是更有序。实在的最终基础似乎不该出现不可预测的涨落状态，但这却是最深层级上最小维度的特征。乌龟怎么可能由沸腾的量子泡沫组成？在此甚至连时间和空间都不具有任何意义，又怎么能够支撑更多的实实在在的乌龟？

350　　我开始相信，时间本身就是普遍的复杂性、涨落以及不确定性的参与者。平稳的时间流——或者说事物在时间流里的平稳过程——原是一种错觉。当我们检视足够短的时间片段，当我们问及大爆炸发生的那一瞬间的时间、问及引力坍缩那一瞬间或大收缩的那一瞬间的时间，这种错觉就会破灭。

学生们或其他人经常会问大爆炸之前存在什么。光是说我们不知道是不够的。甚至说我们无从知道也是不够的。我们必须说，时间和空间是与物质、能量和物理学定律在大爆炸的瞬间同时存在的。如果宇宙膨胀到最大尺寸后开始收缩，最终坍缩到一种彻底无序的死寂状态——一种我和其他一些理论家都认为躲不过的宿命，尽管有关证据目前仍十分稀缺——那么时间和空间就都会终止于这种大收缩。我只能得出这个结论：大爆炸之前没有所谓的"之前"，大收缩之后也没有所谓的"之后"。

但我们谈论时间的起点不一定要回到大爆炸时刻，谈论时间的终点也不必一定要展望大收缩。在宇宙的当下，黑洞总是在逐渐形成，也可能正在蒸发。

每一个黑洞都必然将时间、空间及其物理定律带入终点，就如同大收缩必然将整个宇宙带向终点一样。尽管目前我们还没有看到黑洞的生成过程，但我们已看到充分的宇宙鼎沸翻腾这一特征的证据。天文学家经常通过望远镜看到正在爆发的超新星。最近的一次是 1987A 超新星，位置在我们银河系的近邻麦哲伦星云内。1054 年 7 月的超新星发生在银河系内并留下美丽的蟹状星云，其中心还留有一个旋转的中子星（或称为脉冲星）。天文学家已经发现了许多其他的脉冲星。我们又何必怀疑黑洞也同样会以如此众多的数目在不断产生。如果不是这样那才真叫奇怪。

理论还认为，众多尺寸极小的黑洞——普朗克长度大小的黑洞——正以数以千亿个的数量随时随地地产生和消亡，其存在的空间范围不超过一个基本粒子的大小。在这个尺度上，时空激荡成量子泡沫，时间和空间本身已失去意义。当我们将 20 世纪的两大最伟大的理论——量子理论和广义相对论——统一起来看，我们将必定得出结论：时间只是一种次级概念，是一种推断出来的概念。时间只有在大于普朗克长度的尺度上，在远离黑洞、大爆炸或大收缩的地方才具有意义。它不是一条无情地向前流淌着的长河，它也不是任由我们滑过的湖面。时间更像是温度或熵，这些概念只有在存在大量粒子时才有意义。因此我们的结论是，时间是一种统计产物，只有在尺度够大，同时不处在极端状况下才有意义。

351

以前我在得州奥斯汀沛肯街的一家咖啡屋的男厕里看到一幅画，说的是"时间是大自然不让所有事情同时发生的一种途径"。这个定义可以说和其他任何定义一样棒。事实上，时间是一个极其复杂的概念，处于关于宇宙和存在的一系列关键但尚无法回答的问题的核心。而这些问题正是我停不下思考的问题。

到了 1970 年，我已经确信，黑洞不只是广义相对论得出的必然结果，它们很可能在宇宙中大量存在，而且这种存在意味着物理学定律的**可变性**。如果时间能够在黑洞中终结，如果空间会在其中心塌缩成无，如果粒子数目在黑洞中已不具任何意义，那么，我们有什么理由要相信我们所发现并应用的物理学定律存在某种特别的、独特的性质呢？这些定律想必与时间和空间一样，同时诞生于大爆炸发生之际。

让我以生物学做比喻。我们有充足的理由相信生命产生自无生命的物质。生命为什么会以它所呈现的形式和它所经历的演化过程出现？生命的途径肯定不只一条，在这里概率起着十分重要的作用。我们所熟悉的生命恰好在太阳附近的这个行星上开始，这个星球附近恰好有个月球带来潮汐，地球的自转又造成了风和四季的变换。因此我们没有理由相信在其他恒星附近的其他行星上诞生的生命一定会和我们所知的生命形态有共通之处。我们也有充分的理由相信，我们这个星球上的生命也有可能依照另一种完全不同的方式演化。达尔文在他的《物种起源》一书出版后不久，在提到一位与他唱反调的人时说道："（天文学家约翰伯爵）赫歇尔说我的书宣扬的是一种'莫名其妙的定律'。"[1]

我认为在大爆炸那一刻物理定律的起源同样如此。空间的诞生，时间的诞生，物理定律的诞生都是这种说不清楚的概率导致的结果。至于地球上生命的起源，或许有其限定条件，并非完全"随心所欲"，但也并不是"只此一条道"可走。正如地球上的生命起源自无生命的物质，宇宙也是有生于无的。但这种产生出"有"的"无"并非真空意义上的无，而是一种更深奥的虚无，本义上的无。宇宙为什么会以现在这种方式呈现？如果它以其他方式呈现会是什么情形？这些都是尚不能回答的问题，也几乎没有人问起。

352　　40 多年来，我们在缅因州亥岛的夏季住宅一直是我休息和思考这些问题和其他一些问题的最佳去处。我的《引力论》一书在这里完成初稿，尤其是查理·米斯纳和基普·索恩的来访使进度更快。苏珊·莫兰督促的《引力与时空之旅》一书也是在这里最终完成的。

我一生中第一次离家避暑是在佛蒙特州的本森，也就是 1935 年我和珍妮特度蜜月的地方。后来，我们也经常去珍妮特的父母位于缅因州沙漠岛山脉的索尔兹伯里湾的夏季住宅避暑。当我们的孩子渐渐长大，同时我们也有了一定积蓄后，我们很自然地会在新英格兰地区寻找我们自己的夏季住宅。1956 年在荷兰逗留期间的拥挤经历对我们是一种刺激，我们在那里的朋友只有奥斯特一家能够享有独处的宁静。每逢周日他们便待在一艘航行于湖泊之中的船屋里。

1956 年末到 1957 年初的那些个周末，我们都在寻找一处宽阔而又宁静的海边不动产。我们从康涅狄格州开始沿着海岸向北搜寻，最后，到了 4 月，只剩下缅因州还有待考察。我们在缅因州的商会所印制的简介上注意到三个可能

---

〔1〕 摘自查尔斯·H. 武德（Charles Hershaw Ward）：《达尔文：其人及其奋斗》（Indianapolis, lnd.：Bobbs-Merrill, 1927），第 297 页。

缅因州南布里斯托的亥岛（杰克·兰恩拍摄）

地点。于是在我的建议下，珍妮特飞到波特兰，租了一辆车，开了大约 113 千米去考察那些不动产。第一个已经售出，第二个正是她想要的住宅：有漂亮的大房子，窗外有宽阔的草坪，草坪沿着斜坡一直延伸到海边。房子的售价也比较合理。"你为什么要卖这所房子？"珍妮特开始询问房主时，恰好由不伦瑞克海军航空基地起飞的一个中队的海军军机低空掠过。于是卖方出售的理由便成为我们不买的理由。

353

那年 4 月，当珍妮特从亥岛打电话给我的时候，岛上还覆盖着白雪，当时她已经到达这第三处不动产的地点。我从她的声音里听出她对此深感兴趣，于是我说："你就买下来吧。"这处不动产有大约 16 公顷，占据了半个亥岛，包括海边的悬崖和一栋房子。那是一间简单的木屋。我第一次看到它是在 6 月。珍妮特对我的可能的反应惴惴不安。学年结束，我带上孩子开上我们的小车，后头拖着租来的拖车，开车前往我们的新的夏季住宅。我在草坪上放上一把椅子坐下，一边喝着酒，一边欣赏着美景，就这么过了将近一个小时。珍妮特的不安消失了。

我们将木屋进行了重新整修，用作我们的夏季居所，直到孩子们结婚并增添了新的家庭成员为止。如今我们在岛上的房子已化为 7 处居所，包括一栋由普林斯顿建筑师维克多·欧尔焦伊（Victor Olgyay）所设计的房子（我们在麦克斯韦小区的房子也是请他设计的）。我们在亥岛上进行了多次家庭团聚，珍妮特和我在岛上庆祝了我们结婚 50 周年和 60 周年的纪念活动。两次庆祝活动中每一次我们都特地准备了精心设计的 T 恤。满世界旅行之后，我们还是觉得亥岛的家是最清新、最轻松、也最能给人启迪的地方。我们从来不曾后悔买下这处不动产，对房子的设计和布置也从来没有一丝懊悔。无论在室内还是室外，我都能远眺海中突起的礁石和面朝葡萄牙的蔚蓝色海面。

其他地方对我也相当重要：哥本哈根，我在那里加入物理学的国际大家庭并与玻尔建立了持续终生的交往；普林斯顿，我在那里待得最长，并不断有启迪激励我的学生；还有奥斯汀，在那个活跃的 10 年里，我在优秀学生的协助下，一直从事着将相对论与量子论统一起来的工作。但亥岛最特殊。如果在我有生之年我还能发展出任何足以引领物理学跨入 21 世纪的思想，那么这些思想肯定产生于亥岛。

在我 75 岁之际，我已经在奥斯汀的得州大学度过了 10 年。在这里，我放飞自己的思想，自由驰骋在有关时间与空间、黑洞与量子、测量与信息等基本性质的思考中。也是在这里，校方对我远离理论物理学领域的研究热点而投身于我所偏爱的旁门左道给予了非常宽容的理解，我受到鼓励和支持。但在我 75 岁生日来临时，我开始意识到自己应该从正式的大学教授职位上退休了。珍妮特同意我的想法，于是我们开始计划回到普林斯顿，回到儿孙们的身边，也好接近我的老东家——普林斯顿大学。我们在距离普林斯顿 18 千米的亥兹镇找了一所良好的退休社区——草原湖社区——住了进去，那里提供的服务可以照料我们未来的各种状况。（草原湖社区里有 300 名居住者，平均年龄 82 岁，像我们这样的 90 岁以下的人要自称中年人。）

1986 年 3 月，在精心挑选了一些书籍和其他一些拿得动的物品后，我便与珍妮特一道搬到了草原湖社区的一栋迷人的公寓里。如今我们就快乐地住在这里。我几乎每天都从这里去普林斯顿大学慷慨提供给我的办公室工作。从我位于亚德温楼的办公室沿走道走过去就是和我相互启迪的同事瓦尔·菲奇的办公室，再过去是我多年的好朋友威格纳的办公室，他于 1990 年罹患阿尔茨海默症后离开了这里，逝世于 1994 年。这里还有许多其他同事，数不胜数，正

1985年，珍妮特和我庆祝我们结婚50周年。我们的身边子孙环绕，包括三位子女和他们的配偶、八位孙辈和一位孙辈的未来配偶

是这些人让普林斯顿一直保持着充满活力的有吸引力的工作场所。

最近几年，我大胆采用一些在部分同行看来并不属于科学范畴的概念来思考、著述和探索物理世界（这里的科学范畴是指现今为人们普遍接受、有明确定义并为大家广泛实践的科学概念范畴）。宇宙是一种"自激回路"吗，并且只有通过观察才存在？物理学是基于"是/否"的信息单元？物理学定律是否源自大爆炸的奇异瞬间，并终将消亡于大收缩？时间是否只是一种推导出来的次级概念？物理定律是否会像生物组织那样发生突变？是否有一天某种更深层次的原理会使得量子理论成为必然且自然的物理学基础？未来对物理世界的全面理解是否会出现一种不是由下而上——即由无穷多个乌龟层层堆叠的架构——而是将所有部分宏观地联结在一起的观点？我并不是在为这类问题提出辩解，也不是由于头脑逐渐糊涂才想出这些问题。学物理的学生——未来的研究者——不仅需要接受来自相关课题最新进展的刺激，也需要聆听相关领域未来向什么方向发展的推测性分析。爱因斯坦喜欢说，他挣得了犯错误的权力。我希望在我奉献一生的物理学相关领域，我也已经有权力来揣度这一领域的未来面貌。

我回想到17世纪的斯宾诺莎，想到19世的波恩哈德·黎曼（Bernhard

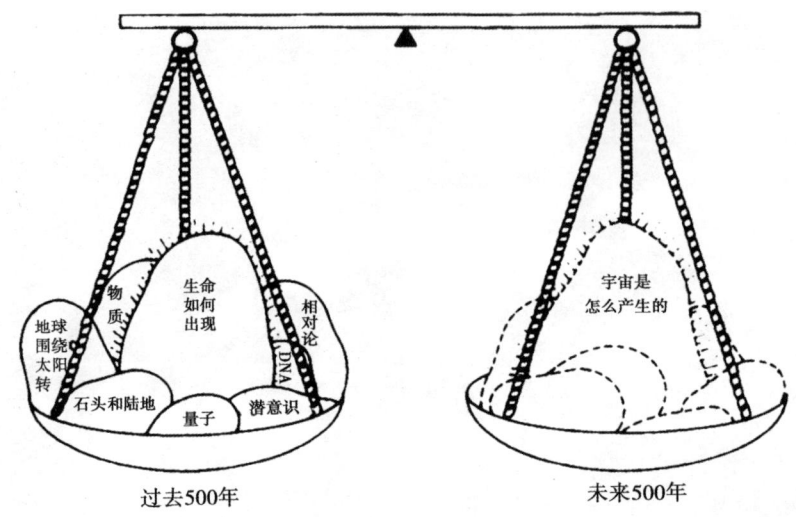

图中文字：

物质　生命如何出现　相对论

地球围绕太阳转　DNA　宇宙是怎么产生的

石头和陆地　量子　潜意识

过去500年　　　　　　未来500年

过去的科学和未来的科学

Riemann）、威廉·金顿·克利福德（William Kingdon Clifford）和恩斯特·马赫，以及20世纪的尼尔斯·玻尔。斯宾诺莎对和谐、美以及自然世界终归可理解的信念对爱因斯坦产生了深远的影响。也正因此，爱因斯坦才会表示，如果广义相对论被证实是错的，那么他会对上帝表示深切的同情。从爱因斯坦到他追随者——狄拉克、盖尔曼（Murray Gell-Mann）、费曼及其他一些人——20世纪的物理学已经发展出这样一套信念：如果理论足够简单且易于理解，并且足够"优美"，那么这个理论必然是正确的。

　　在爱因斯坦之前的半个多世纪，伟大的德国数学家黎曼大胆提出，物理空356　间的几何不必是天赋的欧氏空间，很有可能是另一套几何学。空间的性质应当通过实验而非假设来确定。克利福德认为，空间可能是一种能够变形并可以像波一样传播的动态物质。后来，马赫假定"此处"的惯性源自"彼处"的质量。爱因斯坦将所有这些思考引入到"真实"科学的领域。这并非巧合，至少他在思想上受到黎曼和马赫的影响。

　　尼尔斯·玻尔，作为20世纪最具有创造力的科学家，大胆推测了量子的意义，提出了观察者对于确定实在的作用。我有幸在核裂变研究起步之初就与玻尔共事，看到他在展望未来物理学面貌时是如何面对量子的矛盾奋力前行的。他喜欢"角力"这个词。物理学研究就是一场战斗，对手就是自然。毫无疑问，我在很多方面都受到玻尔的影响——不仅是一点一点地逐步将知识疆界向前推移的处理问题的方式，也包括面对混沌的未来思考问题的方式，这些问题答案远非唯一，而且只有直觉和设想才能指引前进的方向。

1995 年，在我 84 岁时，像普林斯顿物理系的所有同事一样，我为系里学生准备了一些问题。目的是要让学生了解我们这些教员都在思考些什么，以便在学生心中注入一些有可能发展成未来研究主题的概念，同时也有助于他们确定将来跟哪一位教授从事研究。在我提出的 6 个问题里有 3 个是"传统"问题，即可以根据目前成熟的理论框架来进行求解的问题，它们符合系里对学术"适当性"要求的标准模式。第一个问题是 20 世纪 30 年代至今未解的谜团——铅核对伽马射线的散射；第二个问题是有关黑洞的，这种黑洞不是由恒星内爆或星系核内爆形成的，而是由引力波的强烈聚焦形成的；第三个问题是有关特定宇宙模型下的空间几何行为。

对于另外三个问题，我则偏离了适于研究的学术领域，进入到外空间。我问的第一个问题是，如何将小型的地下核爆炸转换成用来给电动军车充电的电力？第二个问题是：如何才能将供全球阅读的资讯显示在月球上以避开独裁者的言论审查？

最后，我在学生面前大胆地提出了我两个最偏爱的问题：存在是怎么回事？以及随之而来的，量子又是怎么回事？我不指望有学生回答："啊哈！这正是我希望研究的问题。"至于我的同事，这些问题并不是为他们提出的。我的目的只是想在学生的脑海里种下一个念头，期望能在 5 年、10 年或 50 年后开花结果。

在我漫长的教学和研究及公共服务生涯里，与年轻心灵的互动一直是我最大的激励和回报。每当许多往日的学生回来告诉我他们的未来计划，以及他们当年奋力探索深奥的问题对他们一生所带来的影响时，我所获得的这种回报可说是利上加利。不只是研究生如此，甚至很多本科生在思考我向他们提出的这些问题时所表现出的精神面貌和崭新的视野，都让我对问题看得更清晰。

但我还是太忙了，忙于追根究底，我没有太多的时间回顾。正如玻尔的朋友皮特·海因（Piet Hein）在他的另一首短诗里写的那样：

> 我希望知道
> 这整出戏剧
> 究竟要表现什么
> 趁它还未落幕之前。

359　　　早年我从父母、弟弟与妹妹那里所获得的爱、

帮助以及我对此的回应，

远远比不上珍妮特和我 63 年婚姻里

感受到的深层爱意与支持。

如今，

我们的企盼和关切是如此缠绵地交织在一起，

我们无法想象若失去彼此，生命还有何意义。

# 致　谢

我们要感谢亚瑟·辛格和阿尔弗雷德·F. 斯隆基金会的资助和道义上的　　361
支持，使我们能够开始本书的著述；还要感谢玛丽·柯南在早期给予的编辑上
的支持，促使我们坚持了下来；感谢德雷克·麦克菲利的后期编辑工作，他缜
密细心地指导我们完成著述。苏珊·米德顿对手稿进行了精心编辑。对本书面
世提供过大力帮助的诺顿出版社的其他工作人员还有：莎拉·斯图尔特、蒂莫
西·徐和乔·安娜·梅琴。我们卓绝的代理人约翰·布洛克曼不仅担任着经纪
事务，而且还提出了许多精辟的评论和建议。

成书过程中许多人慷慨接受了录音采访，他们是：布赖斯·德威特、塞西
尔·德威特-莫瑞特、汤姆·格里菲、戴维·希尔、卡尔森·马克（当时他已
卧病在床，但病情稍微转好便慷慨接受采访，他于 1997 年去世）、沃纳·米
勒、查尔斯·米斯纳、戴维·夏普、劳伦斯·谢普利、泰德·泰勒和约翰·托
尔，以及我的家人珍妮特、艾莉森、雷蒂西娅和詹姆斯·惠勒。

埃德温·泰勒热情地阅读了全部初稿并提出了中肯的批评。基普·索恩阅
读了大量篇幅的后期手稿并提出了珍贵的建议和修改意见。我们还向查尔斯·
米斯纳求助以更正部分疑难问题。我们深深感谢这三位为完善本书所投入的时
间。我的家人也都阅读了大部分手稿并提供了很好的建议。

我们特别要感谢为我们进行事实核对的卡罗琳·艾森胡德，她遍览群书、　　362
网站和物理学家回忆录，数量达百余卷之巨，对本书中描述的事实进行了一丝
不苟的核对。（我们要申明，若读者在书中发现还有错误，那都是我们的责
任，与她无关。）美国物理学会物理学史研究中心主任斯本塞·维尔特除了鼓
励我们之外，也提供了多方面的协助。在提供事实和照片资料方面给予协助的
其他人包括：哥本哈根玻尔档案馆的芬·奥塞拉德和菲利希迪·珀尔斯；美国
物理协会的乔伊·安德森和杰克·斯科特；美国哲学学会的贝丝·卡洛尔-霍
洛克斯、蒂姆·威尔逊和斯科特·德海芬；洛斯阿拉莫斯国家实验室的罗杰·

米德以及普林斯顿大学的专属摄影师罗伯特·马修斯，每当我们需要帮助，他总会放下手头的工作来帮助我们。

许多人慷慨地回答了我们的问题，并告诉我们有关物理学和历史方面的许多事实（有一次还帮忙翻译了意大利文）。他们是：戴维·卡西迪、马吉特·德曼提、弗朗西斯·埃弗略特、瓦尔·菲奇、彼得·加里森、马尔温·戈德伯格、莉莉安·霍迪森、吉拉德·霍尔顿、威廉·考夫曼、马丁·克莱因、威利斯·兰姆、李政道、J. 肯尼斯·曼斯费尔德、菲利普·莫里森、亚伯拉罕·派斯、沃尔夫冈·帕诺夫斯基、米利亚姆·普朗克、罗迪·拉莫尔、斯蒂芬·舒瓦兹、马丁·施瓦西（1997 年我们失去了这位朋友）、希尔万·舒韦伯、罗杰·施迪威、克劳迪奥·泰特伯姆、爱德华·特勒、热姆·蒂奥姆诺、萨姆·特莱曼、弗兰克·冯·希珀尔及亚瑟·怀特曼。我们真诚希望能够列出所有给过我们重要帮助的人的名字，限于篇幅，这里只好割爱了。

我们还要感谢约翰·惠勒的两位秘书：艾米莉·L. 班奈特，她自始至终都给予了行政上的协助；迈克尔·丽尔，她将采访录音制成文稿并忠实地呈现出来。惠勒还要感谢他长期的知识之家——普林斯顿大学，以及得州大学奥斯汀分校，两所学校都提供了优秀的同事和学生。肯·福特则要感谢宾夕法尼亚大学在他著书期间提供的访问学者的职位。

最后，我们衷心感谢我们的两位太太——珍妮特和乔安，以及我们的子女——雷蒂西娅、詹姆斯、艾莉森、保罗、莎拉、妮娜、卡洛兰、亚当、杰森和伊安，感谢他们的忠诚支持和坦率的建议。

约翰·阿奇博尔德·惠勒

肯尼斯·福特

我必须申明我对肯尼斯·福特的衷心感激，他的毅力和决断为本书的面世提供了坚实的保证。

约翰·惠勒

# 索　引

所列数字均指原书页码，即本书中的边码。

斜体数字是指该名词位于该页的图中。数字后的"n"表示该名词位于该页的注释中。

# 译 后 记

当下，提到"黑洞""虫洞"概念，人们首先想到的是霍金；提到第二次世界大战时美国的原子弹研究，首先想到的是奥本海默和费米。再往前，论及对 20 世纪 30 年代末的核裂变模型的贡献，学界公推尼尔斯·玻尔。而实际上，在所有这些研究中，本书的传主约翰·惠勒都做出了不可磨灭的贡献。是他首创"黑洞"一词，来形象地描述大质量天体消亡前的超高密度引起的时空性质，以避免出现数学上奇点的疑难；也是他最先与玻尔一道，从理论上解决了为什么慢中子轰击铀 235 会具有大反应截面的机制问题，并预言了当时尚未发现的 94 号元素（钚）的存在及其性质（这项工作被学界评为这一时期唯一的理论工作[1]）。第二次世界大战期间，他投身产钚的反应堆设计研究，首次发现并解释了反应堆运行中的氙中毒作用。20 世纪 50 年代初，他参与了美国的氢弹研究计划，是氢装置的设计者之一。这之后，他将主要精力转向了爱因斯坦的广义相对论即引力理论的研究，开创了相对论天体物理学这一全新的研究领域。除了"黑洞"概念之外，他还提出了"量子泡沫"、多联通的"虫洞"等概念，将广义相对论的研究推进到一个全新的发展阶段。现在，这些概念已成为引力理论和宇宙论学科的基本概念。

按说，这样一位在不同领域都做出过奠基性工作的物理学大师应该是诺贝尔奖的热门人选，至少也应在物理学史上炙手可热才对。但惠勒不是。至少对当今试图了解或涉猎物理学的中国读者来说，惠勒不是一位耳熟能详、声名与其贡献相称的物理学巨擘。这是为什么呢？在译述之余，掩卷沉思，我想大约可从下述两方面来说明。

---

〔1〕 见《20 世纪物理学（第 1 卷）》（中译本，刘寄星主译，科学出版社，2014 年第一版），第 108 页。

首先是惠勒的研究成果被他人的光芒掩盖了。这种遮掩既有客观的原因，也有主观方面的因素。例如他在 1939 年与玻尔合作的核裂变模型的研究，他一个二十多岁的初入道者，能与玻尔这样的物理学大师进行合作研究已是莫大的荣幸，遑论在合作中主导研究了。因此，在这项被誉为玻尔"对物理学所做的最后的大贡献"[1] 中，他的作用被边缘化就不足为奇了。也正是由于他对玻尔的敬重，使他在与玻尔的第三次合作中，有了新的构想（即解释核变形的集体运动模型）却因为追求宏大完美和等待玻尔的首肯而迟迟没有发表，结果被小玻尔（尼尔斯·玻尔的四子奥格·玻尔）所在的团队占了先机（由雷恩沃特领导的这个哥伦比亚大学研究团队的三个人，第三人是本·莫特森，因 1951 年的这项研究而共同荣获 1975 年度诺贝尔物理学奖）。对此，惠勒在懊恼之余也平心静气地设想了多种可能的原因，本书中对此有非常中肯公允的论述。中年后，国防无虞，他再次回归抽象的理论物理学领域，将研究重点聚焦到早年就心仪的广义相对论和宇宙学上，就宇宙奇点这一问题提出了自己的一套概念和研究思路。无奈这种属于终极之问的纯理论研究不入诺贝尔评委会的法眼，与诺奖绝缘。而在普及宇宙学知识方面，他又被霍金、彭罗斯，甚至被他的学生基普·索恩盖过，因此在圈外知道惠勒是谁的人不是很多。

影响惠勒达到国际物理学界顶峰的另一个因素是他在研究上兴趣过于广泛。他常常同时在不止一个方向上出击，加上他比同时期的其他物理学家更积极地介入国防所需的武器研究，因此他在纯理论方面的研究曾多次中断。如果说第二次世界大战期间的原子弹研制对全美科学家来说都是一次义无反顾的投入的话，那么战后的两次深度介入则完全是出于维持美国在冷战时期的军事优势的考虑。第一次重返武器研究是在 1950 年。为应对苏联拥有原子弹的新的态势，美国紧急启动了研制氢弹的麦克计划，惠勒不顾系里和同事的反对，向普林斯顿校方请了长假，中断正在进行的学术研究（可能正是这次中断使他错过了率先提出前述的集体运动模型），带着研究生来到洛斯阿拉莫斯参加热核炸弹的研制。这一待就是一年。一年后，回到普林斯顿，他又积极筹划建立普林斯顿武器实验室（马特峰 B 计划）并亲自担任第一任实验室主任。第二次介入武器研究是在 6 年后，这时他已转向广义相对论的研究，正带领多名研究生全力攻克有关引力的难题［引力电磁体（即他提出的京子 Geons）、虫洞、引力辐射以及时空量子化等

---

〔1〕 见《20 世纪物理学（第 1 卷）》（中译本，刘寄星主译，科学出版社，2014 年第一版），第 108 页。

概念均是在这一时期提出的]。但得知（1957年）苏联发射了全球第一颗人造地球卫星后，他觉得美国的战略优势又一次受到威胁。惠勒在书中明确指出（原书第271页）："我深信，只要苏联在军事上取得绝对优势，它必然会冒险进行扩张和征服行动，第三次世界大战也许会因此而爆发。"于是，他又一次分拨精力介入到发展导弹的武器研究上（实际上，他早在1955年就已成为研发导弹的康维尔公司的顾问。可以说，从20世纪50年代起，他就没有离开过武器研究领域，一直是武器研究和纯理论研究并行）。对此，他说得很明确（原书第271页）："虽然纯学术研究一直是我的最高理想，但我始终认为帮助国家发展最先进的军力以加强国防是我的责任。在第二次世界大战期间，我出于这种使命感而投身于反应堆研究，制造用于原子武器的钚元素。1950~1953年期间，这种使命感促使我从事热核武器研究。在氢弹计划成功之后，我认为自己应该关注比核武器更广泛的问题来帮助加强国防力量。"

单就纯理论研究而言，惠勒也是多头并进。以引力研究为例，他"一直同时关注经典（非量子）引力和量子引力"（原书第267页）。而且，惠勒的研究风格还具有不喜从众而偏爱独辟蹊径的特点。在施温格、费曼和朝永振一郎的量子电动力学创立之后，"虽然量子电动力学（即我们早年所称的电子对理论）一直是我钟爱的研究方向，但我却不愿跳上施温格-费曼-朝永的这驾马车跟着他们亦步亦趋，尽管他们的这一理论让世界各地的数百位理论物理学家趋之若鹜。每当我看到人们一窝蜂地拥向某个地方，我总喜欢另辟蹊径。"（原书第223页）

所有这些，都使得惠勒能成为一位好的导师但却未必一定能攀上学术顶峰。但惠勒自己对此并不以为意。他在书中这样写道（原书第287页）："在眼看国家受到威胁时，我得挺身来尽一个国民应尽的义务。我对大众也有责任，毕竟，是他们提供了我作为科学家和教授所享有的资源。如今，当我回首过去，我惊奇地发现，自己为了尽这些义务曾参与过这么多种活动。我的精力或许太过于分散了，我走得或许有些过头了。但是慢条斯理不是我的本性。"也许，我们提出的这个问题本身就是一个伪问题。真正热爱科学、献身科学的人并不在意世人的评价。获奖当然好，但它不能左右一个科学家的研究方向。惠勒的学术路径其实正是我国大多数科研工作者尤其是从事国防研究的那些默默无闻的科学家的人生写照。

惠勒的这本传记还为我们提供了研究西方科学家成长、成就直至退休后生活的一个范本。例如，即使在第二次世界大战参加曼哈顿计划这样的非常时期，惠勒也是举家前往，并没有因为项目的绝密性质而限制家属陪同。又例如，惠勒退休后夫妇二人主动搬出普林斯顿入住老年公寓，这对我们如何解决日益严重的高校家属区分离问题不无启发。

其实中国学术界对约翰·惠勒并不陌生。早在 20 世纪 80 年代初，惠勒夫妇就应邀访问过我国，先后在北京、合肥和上海等地进行过讲学，并游历了西安、重庆、三峡、武汉、苏州和广州等地。安徽科学技术出版社曾将惠勒在这三地的演讲结集出版（书名为《物理学与质朴性》，1982 年版）。中国科学技术大学早在 1981 年就已开设了《相对论天体物理学》课程。也正是在这门课上，译者第一次认识了惠勒及其思想，了解到什么是"我们的宇宙"，为什么说脱开可观测性来谈论宇宙在空间上无限延伸、时间上无始无终在科学上是没有意义的等重大命题。（这些在今天看来十分显然的命题在当时可是有"犯上"之嫌，因为当时还是哲学统领科学的时代。）对这些问题的思考不仅丰富了我们这些学子的科学知识，更让我们冲破了自我禁锢的思想藩篱。

较早涉及惠勒思想的文献还有华东师范大学出版社的《科学和艺术中的结构》（1989 年版），其中一章"没有规律的规律"是惠勒所写。另有北京理工大学出版社出版的惠勒回忆集《宇宙逍遥》（2006 年版）。最近，湖南科学技术出版社于 2009 年编译出版了《宇宙极问》一书（原书是为纪念约翰·惠勒 90 岁生日而结集出版的文集），对惠勒的多方面学术贡献及其发展做了简明阐述。该社出版的《完美理论》一书则对广义相对论的诞生和发展做了通俗的、全景式的描述，其中有一章专门论述惠勒的贡献。相信这些书（和本书一起）一定能提高我们对惠勒及其学术贡献的认识。

还需要对本书的翻译说几句。在此之前，本书的中译本已有台湾商周出版社于 2000 年出版的蔡承志译的《约翰·惠勒自传》（大陆目前流行的是 2004 年汕头出版社引进的同一中文版的简体版），这为本书的翻译提供了很大便利（至少在把握不定确切语义时有了参考）。但由于学术名词规范和表述方式上的不同，本书可能更适合大陆学子的阅读（如果读者愿意对比着阅读，相信能够发现更多的异同）。在此，译者对蔡先生和两家出版社表示诚挚的感谢。

惠勒的这本书在写作上运用了电影蒙太奇手法，倒叙穿插，精彩纷呈。但对于想简要了解其一生主要学术经历的读者来说就有点费力了。因此，译者不揣冒昧缩编了一个《约翰·惠勒年谱简编》附于书末，以供参考。

译者

2014 年 7 月 16 日谨识于京北回龙观

# 约翰·惠勒年谱简编

1911 年 7 月 9 日，出生于美国佛罗里达州的杰克逊维尔。父亲是杰克逊维尔公共图书馆馆长，母亲是西班牙裔，一共育有 4 个孩子，三男一女，约翰是家中的老大。和爱因斯坦、费米等第二次世界大战期间移民美国的科学家不同，惠勒父母双方的家族到约翰这里已在美国生活了好几代。

1920 年代，先后在首都华盛顿、俄亥俄州的扬斯敦和佛蒙特州的班森等地完成小学和中学教育。小学期间已显出过人的理解力和对数学的兴趣，喜欢手工制作，已学会用化学药剂制造火药，并在高中时期与朋友合开了一家保安枪械公司，售卖他们自己开发的密码锁和防卫器材。

1926 年秋，16 岁。进入约翰霍普金斯大学，开始时主修工程学，大二后转向主修物理学和数学。那是个量子物理和原子科学大发展大变革的年代。约翰霍普金斯大学为了适应这一变革，走研究型办学的道路，要求物理系高年级学生在学年内轮流跟随系里的每一位教授工作一个月。这使得学生有机会亲身感受并参与教授的研究工作，为他们决定日后走什么样的职业道路提供了很好的预演。在校长丹尼尔·吉尔曼的倡导下，约翰霍普金斯大学还创设了一条从大一到直博的六年一贯制教学体制。惠勒成为这一体制的受益者，用 6 年时间直接拿到了博士学位。

1931 年夏，19 岁。在大三期间去国家标准局打工，协助光谱专家威廉·梅格斯对某些金属氧化物的带状光谱进行测量，并合作撰写了题为"钪、钇和镧等氧化物的带状谱"的论文。这是惠勒平生发表的第一篇论文。

1933 年，22 岁。在赫兹菲尔德教授的指导下攻读博士学位，在《物理学评论》上发表了个人第一篇理论性研究论文："氦的散射与吸收理论"。同年 10 月获博士学位。之后去纽约大学跟布赖特教授做博士后，开始研究电子对理论。

1934 年 9 月，23 岁。到哥本哈根玻尔研究所跟尼尔斯·玻尔从事博士后研究，开始涉及宇宙线粒子物理。

1935年6月，24岁。与珍妮特·赫格纳结婚。随后应聘去北卡罗莱纳大学物理系任助理教授，开始教学职业生涯。

1937年，26岁。提出了现今粒子物理中不可或缺的工具——散射矩阵（S矩阵）方法。

1938年，27岁。应聘到普林斯顿大学物理系任教，由此开始了此后37年的普林斯顿教学研究岁月（第二次世界大战期间离开了3年）。

1939年初，28岁。在玻尔访美期间得知中子触发铀核裂变的实验结果，于是与玻尔二度合作，研究方向转向核裂变理论。他们从理论上解释了为什么慢中子对铀235有更大的碰撞截面，从而为实验上从铀238中提纯铀235制造原子弹提供了理论依据。他们还预言了（当时尚未发现的）更重的94号元素（后来命名为钚239）的性质。这项工作于当年4月完成，6月投寄《物理学评论》，9月发表。发表的当天正值德国入侵波兰。

1941年12月，30岁。日本偷袭珍珠港，美国宣布参战。开始全身心投入战时研究（这也是当时全美大部分物理教授和学生的不二选择）。

1942年1月，31岁。应康普顿之邀前往芝加哥大学，参加冶金研究所的工作，具体任务是设计产钚的反应堆。

1943年初，32岁。奉命前往特拉华州的威尔明顿担任协调员，负责与正承担设计制造更大的产钚反应堆的杜邦公司的协调工作。随后，杜邦公司在华盛顿州汉福德的更大的产钚反应堆投产，又前往汉福德。在此期间首次提出了反应堆自发中毒的概念，并观察到反应堆的氙中毒现象。

1944年10月，大弟乔在意大利战事中阵亡。这对惠勒产生了很深的刺激，是他战后始终关注并介入国防军事研究的重要原因之一。

1945年9月，回到阔别3年的普林斯顿。指导迪克·费曼完成了一篇有关超距作用公式的长篇论文，发表在1945年的《现代物理学评论》上。文章通过对麦克斯韦电磁方程的再分析给出这样的结论：如果宇宙只包含有限数量的物质，那么未来确实会影响到过去。现实生活中之所以没有出现这种违反常识和经验的现象，原因在于宇宙中存在着几乎无限数目的其他带电体。所有这些物体都参与了对时间上向前传播和向后传播的信号的吸收和再辐射的过程。因此尽管单个信号的向前传播（指向未来）和向后传播（指向过去）在物理上都是允许的，即表观上未来或当下可以影响到过去，但无穷多前行信号与返回信号的混杂使得这种神秘行为被抵消了，由此我们的常识与经验才得以保存。

文章的结论以反证的手法证明了宇宙中存在数量庞大的物质，这些物质会对地球上的过程产生重大影响。

筹建创办普林斯顿宇宙线实验室，开始 μ 子物理研究。

1949～1950 年，获古根海姆研究基金，去巴黎和哥本哈根学术度假一年。与玻尔第三度合作，方向是有关核裂变的集体模型。这个模型是要将以前的独立粒子模型和液滴模型结合起来以解释重核的变形（偏离球对称）现象。这次的合作研究是惠勒主导，玻尔参与对研究结果的把关。惠勒想到引入核四极矩概念来解释核的变形（就是如果核内单个粒子的自由活动能够使得整个核处于更低能态，那么这种核内单粒子活动造成的四极矩就会使这种活动持续下去，直到四极矩带来的势能降低与核的表面能增加达到新的平衡为止）。但惠勒自己没有将结果及时发表出来，而是"决定将其综合到更完整的玻尔-希尔-惠勒的文章中。因此当我在一年后接到由哥伦比亚大学的雷恩沃特寄来的他撰写的相同思路的文章预印本时，可想而知我有多失望。正是由于这项发表在 1951 年的成果，雷恩沃特和奥格·玻尔（尼尔斯·玻尔之子）以及莫特森一起共同荣获 1975 年度的诺贝尔奖。"（见原书第 187 页）

1950 年 2 月，鉴于苏联原子弹试验成功，接受邀请参与由爱德华·特勒主持的氢弹研制工作（麦克计划），提前返国前往洛斯阿拉莫斯。

1951 年 4 月，回到普林斯顿，筹建普林斯顿武器实验室（马特峰 B 计划）。目的是与洛斯阿拉莫斯实验室分工合作，承担麦克计划中的热核燃料的点燃、燃烧和整个氢弹爆炸效果的理论计算。

1952 年秋，开始在普林斯顿教授相对论。开始研究引力坍缩问题。自此研究转入新的领域。（惠勒将自己一生的研究归结为三个时期：第一个时期从学术生涯的起点到 1950 年代早期，相信"万物皆粒子"；第二个时期从 1952 年到学术生涯的晚期，改信"万物皆场"；第三个时期在 75 岁前后，又有了全新的观点——"万物皆信息"。相信逻辑和信息对于物理学理论具有基础性作用。）

1953 年春，提出"京子"（geon）概念，这是一种由于电磁场能量密度大到使得电磁辐射发不出去而只能封闭在有限空间内所形成的假设性实体。后来惠勒将它扩展到适用于任何场。例如，如果引力场大到使得引力波都辐射不出去，那么形成的就是"黑洞"。

1955 年，提出"多连通"空间的虫洞概念。加入康维尔公司担任导弹研制顾问。

1956 年，将量子理论引入相对论研究中，提出了"量子涨落""量子泡沫""普朗克长度"和"普朗克时间"等概念。与博士后乔伊·韦伯合作，探讨进行引力波探测的可能性，从而开辟了引力波探测的道路。

1957 年，一年内与学生和年轻同事合作发表了 10 篇论文。应邀出任北约科学技术人才常备委员会下设的咨询委员会主席。10 月，苏联成功发射世界上第一颗人造地球卫星。为应对这一局面，建议设立北约暑期科学学校，以促进科学的国际化交流。

1967 年秋，在由美国航空航天局主持的一次学术会议上首次提出"黑洞"一词，用来指称"完全引力坍缩了的物体"。

1968 年夏，荣获费米奖。开始与查理·米斯纳和基普·索恩合写《引力论》一书，该书于 1973 年出版，分 44 章，有 1279 页。

1972 年，指导学生雅各布·贝肯斯坦研究黑洞的熵，得到"黑洞的视界面积就是黑洞的熵（二者至多相差一个常数因子）"的结论。霍金起初不认可，两年后，在他确认存在黑洞辐射后才接受这一结论。

1976 年夏，65 岁。正式从普林斯顿大学退休，前往奥斯汀，创立并出任得克萨斯州立大学奥斯汀分校理论物理研究中心主任。研究兴趣转向探索物理学中最根本的量子理论与广义相对论的协调性问题上。

1978 年，提出称为"延迟选择实验"的思想实验。1984 年，马里兰大学的卡罗尔·艾里、奥列格·雅库波维奇和威廉·威克斯在实验室里成功演示了这种延迟选择效应。这个实验表明，"测量行为不只是揭示了光子的这段'历史'属性，而且在某种意义上说也'决定'了其历史——宇宙过去的历史由我们现在的测量来决定！"（原书第 337 页）。在这个实验的基础上，进一步提出了宇宙是一种"自激回路"的概念。

1979 年，在奥斯汀带学生詹姆斯·埃森堡（James Isenberg）重拾马赫原理，探索"此处的"惯性起因于"彼处的"质能这一奇妙性质。

写信给美国科学促进协会主席威廉·凯里，建议将心灵学会从这个组织里剔除出去。

1981 年 10 月，应邀访问中国，先后在北京、合肥和上海等地进行讲学，并游历了西安、重庆、三峡、武汉、苏州和广州等地。

1986 年，75 岁。正式从大学教职退休，回到普林斯顿。夫妇俩搬入距离普林斯顿大学 18 千米远的亥兹镇的退休社区——草原湖社区——安度晚年。

1997 年，荣获沃尔夫物理学奖。

1998 年，87 岁。在以前的学生肯尼斯·福特的协助下出版本书《京子、黑洞和量子泡沫——一个物理学家的一生》（中译本译为《约翰·惠勒自传》）。

2000 年，89 岁。出版《探索黑洞——广义相对论导论》一书。

2008 年 4 月 13 日，因肺炎去世。享年 96 岁。

**图书在版编目（CIP）数据**

约翰·惠勒自传：京子、黑洞和量子泡沫 / (美)约翰·阿奇博尔德·惠勒；(美)肯尼斯·福特著；王文浩译. -- 长沙：湖南科学技术出版社，2018.5
书名原文：Geons, Black Holes & Quantum Foam
ISBN 978-7-5357-9625-7

Ⅰ. ①约… Ⅱ. ①约… ②肯… ③王… Ⅲ. ①惠勒(Wheeler, John Archibald 1911-2008)—自传 Ⅳ.①K837.126.11

中国版本图书馆 CIP 数据核字(2017)第 292630 号

YUEHAN·HUILE ZIZHUAN:JINGZI、HEIDONG HE LIANGZI PAOMO

**约翰·惠勒自传：京子、黑洞和量子泡沫**

著　　者：[美]约翰·阿奇博尔德·惠勒　[美]肯尼斯·福特
译　　者：王文浩
责任编辑：孙桂均　吴　炜
文字编辑：唐北灿
出版发行：湖南科学技术出版社
社　　址：长沙市湘雅路 276 号
　　　　　http://www.hnstp.com
湖南科学技术出版社天猫旗舰店网址：
　　　　　http://hnkjcbs.tmall.com
印　　刷：湖南凌宇纸品有限公司
　　　　　（印装质量问题请直接与本厂联系）
厂　　址：长沙市长沙县黄花镇黄花印刷工业园
邮　　编：410137
版　　次：2018 年 5 月第 1 版
印　　次：2018 年 5 月第 1 次印刷
开　　本：710mm×1000mm　1/16
印　　张：24.75
字　　数：378000
书　　号：ISBN 978-7-5357-9625-7
定　　价：78.00 元
（版权所有·翻印必究）